产业与科技史研究

第一辑

主编：武 力

科 学 出 版 社

北 京

内 容 简 介

　　本书收入产业与科技史研究的专题论文，内容涉及侯马铸铜遗址与晋国铸铜业，于阗传统技术产业对北宋消费品市场的影响，中国自行车工业发展史，20 世纪 30 年代手工卷烟业研究，民国时期政府对汽车工业的培育政策，美国页岩业发展战略研究，近代日本财界巨头涩泽荣一的对华经济扩张活动，上海莫干山路工业遗产的保护开发，当代中国产业问题研究综述，以循环经济理念统领资源型城市转型发展与承接产业转移，《被遗忘的"工业起飞"》书评等。研究视角有宏观亦有微观，资料丰富，论理有据，颇具参考价值。

　　本书适于对中国近现代史、经济史、产业史和科技史感兴趣的读者阅读。

图书在版编目（CIP）数据

产业与科技史研究. 第一辑 / 武力主编. —北京：科学出版社，2017.3
ISBN 978-7-03-052418-8

Ⅰ. ①产… Ⅱ. ①武… Ⅲ. ①企业史-技术史-研究-中国 Ⅳ. ①F279.29

中国版本图书馆 CIP 数据核字（2017）第 054829 号

责任编辑：李春伶 /责任校对：钟　洋
责任印制：张　伟 / 封面设计：黄华斌

科 学 出 版 社出版
北京东黄城根北街 16 号
邮政编码：100717
http://www.sciencep.com

北京虎彩文化传播有限公司 印刷
科学出版社发行　各地新华书店经销

*

2017 年 3 月第 一 版　开本：889×1194　1/16
2022 年 8 月第二次印刷　印张：14 3/4
字数：300 000
定价：88.00 元

《产业与科技史研究》

发 刊 词

    中国是一个有着悠久历史和灿烂文化的大国。作为世界四大文明发祥地之一和文明发展没有中断的国家，中国在古代社会曾经创造出世界领先的农业文明，中国的丝绸、陶瓷名满天下。但是，自 18 世纪工业文明在欧洲兴起并快速传播以后，中国的发展开始落后了。1840年以后的一百多年里，中国变成了一个经济落后、任人欺凌的半殖民地、半封建的国家，由农业文明向工业文明的转型艰难曲折。1949 年中华人民共和国的建立，标志着中国通过彻底的社会变革，开始走上快速转型的道路，这就是具有中国特色的社会主义发展道路。

    在由农业文明向工业文明转型发展的过程中，工业化、市场化、城市化、民主化、全球化是其基本内涵。工业化，特别是与之密切相关的生产力的发展，在其中起着决定性的作用。纵观中国近代以来的发展进程，技术进步和产业结构升级是工业化的主要标志，也是文明转型和发展的根本动力和基础。正如 170 多年前马克思指出的那样，"自然科学却通过工业日益在实践上进入人的生活，改造人的生活，并为人的解放作准备"。[①]

    中国作为一个有着悠久历史和高度农业文明的大国，由于在近代向工业文明转型的落后，至今还是一个发展中国家。这种历史阶段的发展错位，使得我们不仅对自己在古代所创造的生产力和科技进步的历史研究薄弱，对近代以来，特别是中华人民共和国建立以来的生产力发展和科技进步的研究也很不足。中国人口众多、幅员辽阔、经济部门完整、产业形态多样、经济结构复杂，是文明转型的最大案例，特

---

① 马克思：《1844 年经济学哲学手稿》，北京：人民出版社，2000，第 89 页。

别是改革开放以来在工业化和经济增长巨大成就背后的产业升级和科技进步经验，非常值得研究。这些经验既具有特殊性，也具有普遍性，是人类社会宝贵的精神财富。因此，长时间跨度地从产业发展和科技进步的角度去研究中国历史，从比较中去总结中国自己的发展规律，不仅是经济史学科、自然科学史学科，甚至是社会学重要的研究方向。进一步讲，这也是我们建设中国特色社会主义政治经济学的必由之路。

为了推动学术界对中国产业发展史和科技进步史的研究，中国经济史学界、中国科技史学界以及研究现实经济问题部门的广大同行，共同发起创办了这个集刊，宗旨是"崇尚科学、鼓励创新、追求严谨、经世致用"，为有志于研究中国产业发展演变和科技进步历史的学者提供一个发表成果和进行学术交流的平台，为中国的产业发展和科技进步提供一个建言献策的渠道，为中国文化走出去和建设国际话语权提供一个窗口。因此，也希望广大同行共襄盛举，一起努力，不辜负时代、国家和人民对我们的要求和期望。

"这里有玫瑰花，就在这里跳舞吧!"

武力

2017 年 2 月 21 日

张卓元

中国社会科学院学部委员，中国社会科学院经济研究所研究员

寄语：研究中国产业发展史和科技进步史，是构建中国发展经济学、产业经济学等的基础，十分重要，前景广阔。

研究中国产业发展史和科技进步史，是构建中国发展经济学、产业经济学等的基础，十分重要，前景广阔。望刊物不断推出精品力作，越办越好！

贺《产业与科技史研究》创刊！

张卓元

二〇一七年二月

汪海波

中国社会科学院学部委员，中国社会科学院工业经济研究所研究员

寄语：从史学视角，聚焦于产业与科技融合，为实现科技进步由跟跑并跑到领跑并跑地转变和产业发展由大国到强国地转变，传播正能量。

从史学视角，聚焦于产业与科技融合，为实现科技进步由跟跑并跑到领跑并跑的转变和产业发展由大国到强国的转变，传播正能量。

汪海波

2017年2月25日

赵德馨

中南财经政法大学教授

寄语：融合经济科技，别开生面。汇通古今中外，自成一家。

融合经济科技，别开生面。
会通古今中外，自成一家。
祝贺
产业与科技史创刊

赵德馨
2017年3月5日

孔丹

中信改革发展研究基金会理事长，中信集团有限公司原
董事长

寄语：融汇产业与科技知今须鉴史，振兴国家和民族继
往可开来。

融汇產业与科技知今須鉴史
振兴國家和民族继往可开来
恭祝
產业与科技史研究创刊
孔丹
丁酉初春

目　　录

侯马铸铜遗址与晋国铸铜业

苏荣誉[*]

摘　要：本文以对侯马铸铜遗址内涵的简要解析为基础，将其置于春秋战国之际的晋国政治态势下，对侯马铸铜作坊及晋国铸铜业若干问题进行了探索。根据作坊所出的铸造遗物，首先明确该作坊是以铸造青铜工具、货币、日用品类商品为核心的作坊，产量大、技艺精、产品良、流布广，经济性能好。其次根据遗址堆积的单一性和社会的剧烈动荡性，对以往的分期重新认识，提出该作坊在春秋晚期持续百年左右，繁荣期约五六十年。最后，结合太原赵卿墓所出大量青铜器，指出作坊的所有者即便不是赵卿，也会是该作坊很长时间的管理者。

关键词：铸铜业　侯马铸铜遗址　晋国　三晋

　　古代中国有素称发达的农业和手工业，因时而异，各个时代突出的手工业或有不同，如旧石器时代的石器开采和加工，新石器时代陶器烧造和玉器制作，青铜时代的青铜冶铸、玉器和骨器制作，铁器时代的钢铁冶炼和铸锻、漆木器制作、丝织印染、车船建造等。其中攻玉、漆木和丝织，长期是中国独有的手工业部门，既有官营作坊，也适合家庭生产，而青铜和生铁冶铸在古代中国生产和生活中起过重要作用，前者还关乎政教，基本上是王室专营和国家经营的大型手工业。

　　然而，我们汗牛充栋的历史文献，自甲骨、金文、简牍帛书到后期印本，却很少记录这些生产，先秦时期更为匮乏。好在大量的实物出自地下，越来越多的产品乃至生产作坊遗址被考古发掘出来，经稽考研究可以构建某时某地的某些手工业生产。其中较为突出的是青铜冶铸手工业。[1]本文即通过侯马铸铜遗址，结合出土青铜器，对春秋战国之际晋国的青铜业试作初步探讨。

　　西周初年，周成王分封唐叔虞于唐，其子燮即更名为晋，居汾河盆地。经春秋初年文侯勤王（公元前760）辅佐天子，春秋早中期之际的晋献公（？—公元前651）"并国十七，服国三十八"，至晋文公（公元前671—前628）成为与齐桓公齐名的霸主，从此，晋对外长期遏阻齐、楚、秦诸强，大量兼并中原小国，内部的诸卿也快速壮大，出现了倾轧甚至诛杀晋公事变，至晋悼公二十八年（公元前550），形成六卿共主国政局面。晋景公十五年（公元前585）迁都于新田（今侯马），至晋亡（公元前376），新田一直是晋的都城（图1）。[2]

　*　苏荣誉，中国科学院自然科学史研究所研究员。

① 苏荣誉、魏秋萍：《古器物的制作技术：非文本文献的知识构建——以殷墟青铜鼎制作为例》，in *Proceedings of the International Symposium on History of Indigenous Knowledge* (ISHIK 2013). pp. 29-43.

②《史记·晋世家》和《竹书纪年》所记晋史有所不同。本文从李孟存、常金仓编：《晋国史纲要》，太原：山西人民出版社，1980。

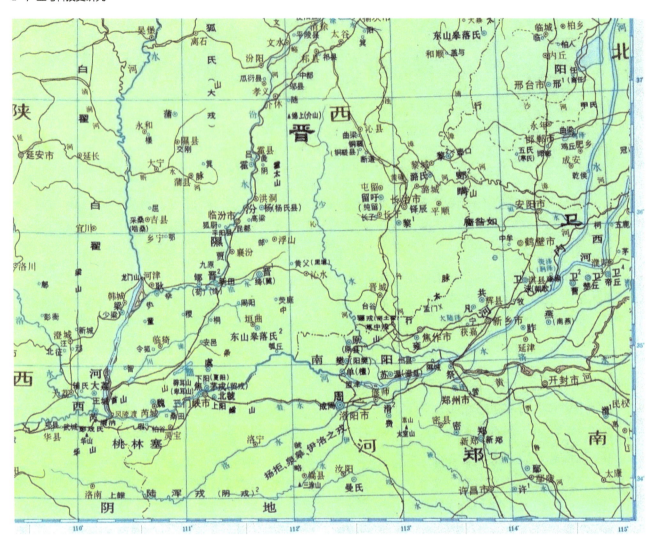

图 1 春秋时期晋国形势（引自《中国历史地图集》第一册第22—23页）

自 20 世纪 50 年代开展的侯马考古调查和研究，发现了多处手工业作坊，表明晋国有多种发达的手工业。在多种手工业中，铸铜工业规模宏大，技术高超。

一、侯马铸铜遗址的发掘

侯马铸铜遗址于 1957 年发现于牛村古城南，面积近 50 000 平方米。该遗址是迄今所知规模最大、保存最好的春秋战国时期诸侯国铸铜作坊遗址，后经历多次多处发掘，揭示了该作坊的宏大规模和丰富内涵（图 2）。

1

2

图2 侯马铸铜遗址分布

1. 侯马白店铸铜遗址发掘位置图（引自《侯马白店铸铜遗址》第2页图1）；
2. 侯马平阳厂发掘地点及遗物采集地点位置图（引自《侯马白店铸铜遗址》第5页图3）

1. 牛村古城

1957—1960 年，在侯马牛村古城南平阳机械厂建设工地的 LIV、XLVII、I、VI、XIV、II 等地发掘面积近 2000 平方米，遗址 II 遗存丰富，出土了大量铸铜遗物。1960—1961 年，除继续发掘遗址 II 外，考古人员还对遗址 III 进行了发掘，面积为 2100 平方米。1961 年下半年发掘了平阳机械厂遗址 XXV、XXVI、XXIX 等，面积 575 平方米。1962—1964 年开始发掘平阳机械厂遗址 XXII，面积 2600 平方米，至 1965 年完成了遗址 XX 和 XXI 的发掘。后两处遗址属石圭作坊和祭祀建筑基址，出土有少量铸铜遗物①，何以如此，尚且不明。需要说明的是，发掘牛村古城铸铜遗址时，由于缺乏发掘经验，条件艰苦，故有不少未尽人意之处。②1993 年出版的《侯马铸铜遗址》，仅是遗址 II 和 XXII 两处的发掘报告和零星发掘、采集的空首布等类范的介绍。③

遗址 II 和 XXII 堆积单纯，20 厘米耕土层下为 30 厘米宋元文化层，其下是厚约 1 米的东周文化层，再下为属于 Q4 次生黄土的原生土。东周文化层内容主要和铸铜有关，包括房子、水井、灰坑、窖穴、活动面、路和墓葬，遗迹之间的叠压打破关系比较复杂，且没有发现明显的间歇性地层，发掘报告认为这是当时铸铜生产繁荣且持续时间相当长的证据④，但也可理解为同一工业垃圾的简单堆积，规模大，持续时间未必很长。⑤所出遗物可分两类，一类与铸铜生产有关，包括熔炉、模范等。发掘报告指出，遗址 II 所出铸型（包括模、范、芯）以铸造礼乐器和车马器为主，另有少量兵器、工具范和熔炉残块。遗址 XXII 所出模范以镬、锛类工具为主，有少量空首布和兵器等范，熔炉残块甚多。另一类为与生活有关的陶器、骨器等。考古学家据之断代，"将遗址年代定为春秋中期偏晚到战国早期，即公元前六世纪初至公元前四世纪初"，延续约 200 年。分三期六段。繁荣阶段在二期三段到三期五段的一百多年间。⑥

遗址 II 所出遗物多和铸铜生产有关。前者包括熔炉炉缸残块 5558 块、炉身 3819 块和鼓风管残片 3819 块，以属于五段的最多，六段和四段远逊于彼。相对来说，熔渣（按：报告作"炼渣"，不确）数量不多，遗址 II 仅出数十块，约 0.05 立方米，遗址 XXII 达 0.9 立方米，而属于五段的占 94%，其中 T675H95 和 H369 出土渣占 70%。出土遗物中以泥型数量最大，遗址 II 出土者多块残碎不可辨，范多未经浇注，少数已合范待铸，数千块模范有纹饰，数量上从早期向晚期递增。⑦遗址 XXII 的铸型绝大多数为范和芯，多镬铸

---

① 山西省考古研究所侯马工作站：《晋国石圭作坊遗址发掘简报》，《文物》1987 年 6 期，第 73—81 页；《山西侯马牛村古城晋国祭祀建筑遗址》，《考古》1988 年 10 期，第 894—899 页。

② 黄景略：《记忆侯马：1960 年代侯马铸铜遗址发掘记》，《中国文化遗产》2006 年 1 期，第 88—97 页。

③ 山西省考古研究所：《侯马铸铜遗址》，北京：文物出版社，1993，第 7—452 页。

④ 山西省考古研究所：《侯马铸铜遗址》，北京：文物出版社，1993，第 9、21 页。

⑤ 苏荣誉：《侯马铸铜遗址与铸鼎——兼论铸鼎技术的鼎革与侯马铸铜作坊》，待刊。

⑥ 山西省考古研究所：《侯马铸铜遗址》，北京：文物出版社，1993，第 441—442、444 页。

⑦ 山西省考古研究所：《侯马铸铜遗址》，北京：文物出版社，1993，第 79 页。经作者 2016 年 7、8 月两度赴侯马调查，承山西省文物考古研究所侯马工作站王金平先生相告，出土的泥型中，模多于范，范占 1/3。在此向王先生谨致谢忱。

型和空首布芯，另有少量属兵器、工具、用具、车马器和钟枚等，数量上晚期占绝对优势，次为中期，早期很少。遗址 LIV 曾发掘出大量浇注后的空首布泥芯头，其他地点发掘或采集的铸型约 1000 块。[①]

1992 年，配合基建在遗址 XXII 北 200 米处发掘 600 平方米，遗址遭受破坏，局部受到彻底破坏。共清理灰坑 152 个，残窑一处，墓葬四座，出土了不少陶片、泥模、泥范和石、骨及角器。泥铸型出自 27 个单位，23 个出自第三层下开口的灰坑，较残碎，计 3000 块左右，可辨器形约 700 块，能配套的有 15 组。相关器形有鼎、钟、环、簪、合页、带钩、削、匕、镞、戈、镈、铲、镢、当卢、车軎、节约、盖弓帽等。发掘简报总结，出土器物在类型上 "突出动物题材，如兽面模、蟠螭模、虎、鸟、蛇、兽等，特别是兽面种类较多"，"车马器范突出"，"动物造型独具匠心，如当卢模、蟠螭形模、虎形模等，装饰纹样丰富"。[②]上述铸型曾选编有图录。[③]1994 年在侯马程王路中段、2002 年在平阳中学西面也发现了大量铸铜遗存，资料尚未发表。

2. 白店

2003 年在侯马修筑大运高速连线时，破坏了侯马白店村西北、牛村古城铸铜遗址西南的白店铸铜遗址，嗣后的考古清理和发掘，开了六条探沟，发掘面积约 220 平方米，发现了 24 个灰坑和四座墓，出土泥模范 3069 块，可辨识的有鼎、豆、壶、鉴、带钩、印章、匕、镜、戈、镈、剑、镞、弩机、軎、环等模和范，没有发现芯。[④]铸型的材料、工艺和反映的铸铜技术与牛村古城一致。发掘报告称，"从出土陶范的数量来看，这里的铸铜业持续了相当长的一段时间"，和以往侯马铸铜遗址是一体、连续发展的。其年代与太原赵卿墓的时代接近或者可能略晚，范的年代相当于春秋晚期后段到战国早中期之交，其中以战国早期和战国早中期之际遗存最为丰富。[⑤]

3. 铸铜产品

因侯马程王路中段、平阳中学西面铸铜遗址材料尚未发表，而白店铸铜遗址只发表部分材料，现据牛村古城遗址 II 和 XXII 遗物讨论侯马铸铜遗址的产品。

发掘报告指出，遗址 II "以钟鼎等礼乐器范为主，其次有车马具范、生活用具以及少量工具范"。[⑥]该遗址出土 14 117 块铸型，其中 10 989 块残碎不可辨。可辨的 3128 块中，1047 块属礼乐器，1336 块属工具和用具，435 块是空首布芯，167 块属兵器，143 块属车马器，其中模占 1/3。显然，礼乐器铸型未见得突出。对照出土遗物分类分期表，这些礼乐器铸型中，鼎 364 块、钟 431 块、壶 55 块、豆 20

① 山西省考古研究所：《侯马铸铜遗址》，北京：文物出版社，1993，第 62—63、76、79—80 页。
② 山西省考古研究所侯马工作站：《1992 年侯马铸铜遗址发掘简报》，《文物》1995 年 2 期，29—53 页。
③ 山西省考古研究所：《侯马陶范艺术》，普林斯顿：普林斯顿大学出版社，1996。
④ 山西省考古研究所：《侯马白店铸铜遗址》，北京：科学出版社，2012。此报告仅发表了部分发掘资料，其余资料在整理中。
⑤ 山西省考古研究所：《侯马白店铸铜遗址》，北京：科学出版社，2012，第 289、303 页。
⑥⑦ 山西省考古研究所：《侯马铸铜遗址》，北京：文物出版社，1993，第 79 页。

块、舟 13 块、簋 4 块、匜 3 块、鬲 2 块，计 892 块；加上圈足 14 块、匕 63 块，计 969 块；再加铺首 29 块、器钮 25 块、虎衔环 24 块[1]，支离破碎。需要说明的是，铸造一件礼乐器需要多块铸型，鼎最少 为 4 块，而大型钟铸型由 94 块范和芯组成，可见遗址 II 所出的礼乐器铸型所能铸造的器物非常有限， 不足百件，不能说它以铸造礼乐器为主。[2]

遗址 XXII 出土铸型 24 640 块，其中镢属 21 632 块（图 3），空首布芯 2319 块（图 4），另有少量 属兵器、工具、用具、车马器和钟枚等。遗址 LIV 曾发掘出铸造空首布的泥芯头，数量估计在 10 万 件以上。遗址 XXII 西北灰坑 PXH 出土带钩范 13 667 块（图 5），车害范芯 407 块及其他类型 1747 块。[3]很明显，这三处的遗物主要是铸造青铜布币、工具、带钩类用具的，零星铸造车马器、兵器和 礼乐器。

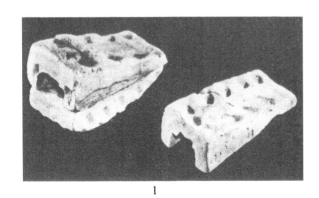
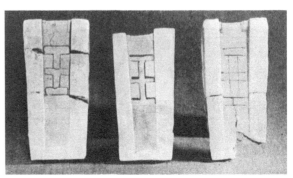

1

2

3

图 3　镢组合铸型

1. 镢组合铸型（引自《侯马铸铜遗址》图版 24.1）；2 镢范（引自《侯马铸铜遗址》图版 24.3）；
3 镢芯（引自《侯马铸铜遗址》图版 26.5）；

① 山西省考古研究所：《侯马铸铜遗址》，北京：文物出版社，1993，表九，80 页。
② 苏荣誉：《侯马铸铜遗址与铸鼎——兼论铸鼎技术的鼎革与侯马铸铜作坊》，待刊。
③ 山西省考古研究所：《侯马铸铜遗址》，北京：文物出版社，1993，第 62—63、76、79—80 页。

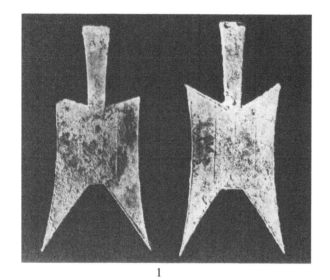

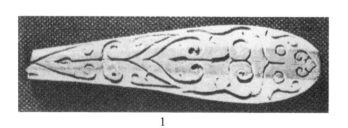

图 4　侯马作坊出土空首布及其铸范芯

1. 空首布（引自《侯马铸铜遗址》图版 292.2）；　　2. 空首布范（引自《侯马铸铜遗址》图版 47.3）；

3. 空首布芯（引自《侯马铸铜遗址》图版 48.2）；

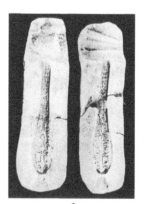

图 5　侯马作坊出土带钩模与铸型

1. 带钩模（引自《侯马铸铜遗址》图版 100.1）；　　2. 带钩模（引自《侯马铸铜遗址》图版 95.1）

上述数字说明，侯马铸铜遗址的主要功能是铸造青铜空首布、工具和用具，兵器、车马器以及青铜礼乐器应处于次要地位。这一现象说明在春秋战国之际的侯马青铜生产中，货币、工具和用具铸造特别重要。据遗址发掘者张万钟先生的研究，牛村古城铸铜遗址出土的镢范可复原 6000 块，两块组成一副铸型，计 3000 副，他根据现代传统泥型铸造铸型可重复使用数十次，以重复十次估计，侯马铸铜作坊铸造镢、锛类工具在三万件左右。[1]沈长云讨论铸币，新中国各地出土东周货币七万余，其中赵国币 1/3 强[2]，说明铸币是赵国重要产业，源远流长。当然，铸铜遗址出土万余块带钩范，说明青铜带钩在那里大量铸造，无疑也是重要的输出商品。贝格立指出，侯马作坊青铜器质量的悬殊，意味着其主顾来自不同的社会阶层。铜器的生产很注重其经济性。[3]

二、侯马铸铜遗址铸型材料与模范制作

侯马铸铜遗址所出铸型材料以土和砂为主，部分范和芯羼和了少量植物。土是深 3 米以下的次生黄土，质地比较纯细，含细砂粒及少量料姜石，经淘洗沉淀为墐泥，干后呈灰白色。遗址 II 的 T35H103、T37H422、T49H510 都出土了这种墐泥块。范中沙子的粒度均匀，显然经过了筛选，呈米黄色或白色。遗址七八米下有沉积砂层，砂粒质地与之相同。遗址所发现的一些井，当和采砂有关，如井 XXIIT627H337 深 10.8 米，井壁有供人上下攀爬、相对的两行脚窝。

发掘报告指出，铸铜所用的模、范和芯功能不同，材质有差。模质地细腻，表面光洁（图 6、图 8）。范材多有面、背之分，范面料和模相若，与墐泥相似；范背略粗，可能是黄土略经淘洗羼和以砂粒或植物质而成。芯较疏松，材质多样。盲芯表层 1—2 毫米，质地细腻，呈红褐色，内部疏松呈海绵状，多孔，可能羼和了大量植物质，故质轻；悬芯质地或若盲芯，或接近范。经分析，泥范的粒度小于 270 目，烧结点在 1100℃。[4]张万钟先生也认为范的面料即墐泥。[5]

谭德睿先生分析了侯马的泥范、泥料和原生土后，指出将墐泥看作铸范材料的看法欠妥，其材料应是"原生土中除去部分过细组分即泥之后，另外加入一定数量 100 目到 260 目的以石英为主成分的细砂，则不仅其粒度和陶范相似，并且化学成分也和陶范、陶模相当了"。并进而指出，"细砂的加入，不仅改变了原生土的粒度构成，还提高了原生土中二氧化硅的含量，降低了氧化钙、氧化镁等的含量，从而调节了范、模中矿物成分的配比，起到提高陶范耐火度，降低发气量并减少收缩、变形、开裂的作用。在侯马铸造遗址多处发现米黄色或白色细砂，应即供此用"。[6]

---

① 张万钟：《从侯马出土的工具范试论青铜农具的铸造与使用》，《中国历史博物馆馆刊》1997 年 1 期，第 60—62 页。

② 沈长云：《关于赵国史研究的几个问题》，《邯郸师专学报》1999 年 2 期，第 1—5 页。

③ Bagley R W. What the Bronzes from Hunyuan Tell Us About the Foundry at Houma. *Orientations*. January 1995. pp. 214-222.

④ 山西省考古研究所：《侯马铸铜遗址》，北京：文物出版社，1993，第 281—282、58 页。

⑤ 张万钟：《从侯马出土陶范试探东周泥型铸造工艺》，《科技史文集》第 13 辑，上海：上海科学技术出版社，1985，第 35 页。

⑥ 谭德睿：《侯马东周陶范的材料及其处理技术的研究》，《考古》1986 年 4 期，第 358—359 页。

白店遗址所出土的模，表面涂有一层黑色物质，可能是在翻制范时的脱模剂（图 6）；情形和牛村古城所出相似。据张子高和杨根观察，"脱模材料用的是草灰或是稻糠灰"。[1]在白店所出模上发现很多设计阴线，说明当时已经具有等分圆的方法（详见下节），并在多件模的背面发现有以陶片加固的现象，表现出很好的经济性。范的分型面都细腻光整，范面大多有榫卯且形式多样，有三角、长条和曲尺形多种，侧面也有合范线。范的设计复杂，阴线和阳线巧妙运用，纹样繁缛华丽，对称性极强，浮雕和平面、主纹与底纹巧妙结合，线条流畅，制作精细、规整，有些纹饰是以往不曾发现的。模块印范、一模翻制多块是这个时期范的主要特点，而预先设计是重要环节。范有带浇口和不带浇口的区别，背后往往凸凹不平，组合成铸型后，外面糊泥进行加固。[2]

图 6　花朵纹模（引自《侯马白店铸铜遗址》图版 98.2）

遗址 XXII 西北铸铜遗址的发掘，"从发现的鼎耳模、钟范及其他器物的附件模范均可看出分铸法的进一步发展；从发现的蟠螭纹、绹纹及斜角云雷纹等模块可看出，模块印制花纹的技术相当普及"，"带钩的制作至少有四种"。"分工较细，雕刻技术高超，专业化程度较高"。"错嵌工艺比较发达，从发现的蟠螭纹模块、带钩模和戈鐏模等足以说明这一问题"，"注重提供功效，如扁环的制作、模块制范的普及和模范的相互翻制等"[3]。

三、侯马铸铜遗址反映的铸造技术

侯马铸铜作坊也体现了青铜时代的社会巨大鼎革，青铜器从古典阶段转向了新兴阶段，生产朝两个

---

① 张子高、杨根：《从侯马陶范和兴隆铁范看战国时代的冶铸技术》，《清华大学学报》1979 年 3 期，第 42 页。

② 山西省考古研究所：《侯马白店铸铜遗址》，北京：科学出版社，2012，第 298—300 页。

③ 山西省考古研究所侯马工作站：《1992 年侯马铸铜遗址发掘简报》，《文物》1995 年 2 期，第 29—53 页。

方向发展。一是普通铸件的大量化或工业化生产倾向，一件器物的不同部位分别铸造后再组装成器，虽然生产的工件总数增多了若干倍，但生产难度则降低了很多，使得那些不是世代相传或训练未必很久的铸工也能铸造器物。加之模印纹饰的通行，使高级铸工从雕镂纤如毫发的繁琐劳动中解放了出来，可以设计制作更多更精美的铸件。二是铸造极端复杂繁复的奢侈品，臻于极致。[①]

以青铜鼎为例，大量的腹部纹饰块模和范，说明器物的造型和工艺是预先整体设计的（图 7），鼎的盖、腹、耳、足模分别制作（图 8），各部分范（图 9）和芯（图 10）单独制作，再分别浇注并通过铸接将各部分结合在一体的。

图 7　鼎模（引自《侯马白店铸铜遗址》图版 143.3）

1　　　　　　　　　　　　2　　　　　　　　　　　　3

图 8　鼎模

1. 鼎盖模（引自《侯马铸铜遗址》图版 213.1）；

2. 鼎耳模（引自《侯马白店铸铜遗址》图版 154.3）；　　3. 鼎足模（引自《侯马陶范艺术》P92.53）

---

① 苏荣誉等：《中国上古金属技术》，济南：山东科学技术出版社，1995，第 179 页。

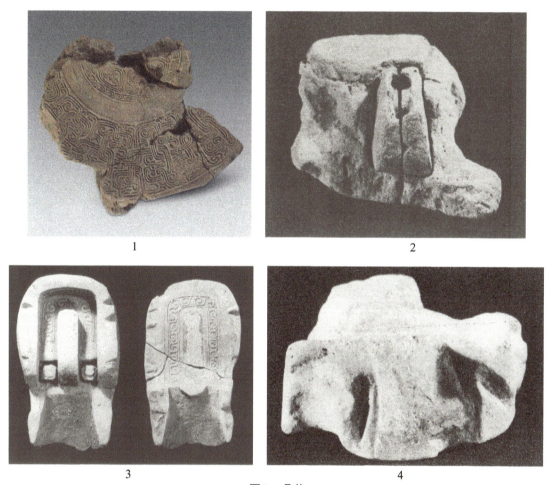

图 9　鼎范

1. 鼎盖范（引自《侯马白店铸铜遗址》图版图版 150.1）；　　2. 盖钮范组合（引自《侯马铸铜遗址》图版 64.1）；

3. 鼎耳范（引自《侯马陶范艺术》401 页 953）；　　4. 鼎底范（引自《侯马铸铜遗址》图版 49.4）

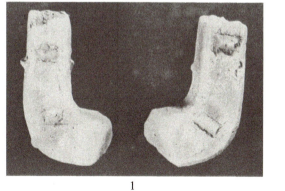

图 10　鼎芯

1. 鼎耳芯（引自《侯马铸铜遗址》图版 54.3）；　　2. 鼎足范、芯（引自《侯马铸铜遗址》图版 51.1）

特别需要说明的是，鼎各部的纹饰，尤其是盖面和腹部纹饰，多是由纹饰块模翻制纹饰块，再将之拼接到范的相应位置而实现的（图 11）。纹饰范块拼接所形成的拼缝，往往十分窄细，在器物上往往表现为"模印"痕迹，其实是范块法中的拼接纹饰范块（英文 block pattern）[①]，陶正刚对此也有清晰说明。[②]

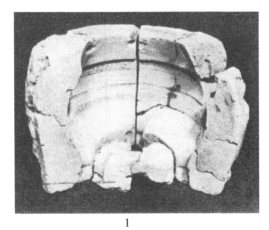

图 11　鼎腹

1. 鼎腹范（引自《侯马陶范艺术》）IIT 24H24：4；　　2. 鼎腹范（引自《侯马陶范艺术》）IIT49H110

器附饰的分铸和纹饰模范的分别制作，降低了泥范块范法的技术难度，减轻了对具有高超技巧工匠的依赖，可大批量铸造器物，以供市场。[③]分铸者多属先铸，单独制模范并铸出接榫，然后将这些附饰嵌入盖范中铸接。

当然，关于侯马晋国铸铜遗址，剖析工场的组织和分工、工序的关联和续接等方面的探讨才刚刚开始[④]，关于其技艺的来源和流向、外来技艺和风格的本土化、产品的分布和机制、工匠个人创造与风格形成等问题，还几乎鲜有触及，有待深入研究甚至有赖未来的科学发掘和研究。

侯马铸铜遗址提供了春秋晚期和战国早期青铜铸造的主要工序及诸多细节，整体来看，工艺规范，用料讲究而经济，用工精细而节省，设计巧妙而合理，技艺精湛而实用，对经济性的追求意味成本管理和利润追求。

四、侯马风格青铜器的流布

侯马铸铜作坊，在考古学和艺术史上，不仅使许多时代不清、来历不明的青铜器得以"认祖归

① Keyser B W. Decor Replication in Two Late Chou Bronze Chien. *Ars Orientalis*. Vol. 11 (1979). pp. 127-162. Bagley R W. Replication Techniques in Eastern Zhou Bronze Casting. in Lubar S and Kingery, W D ed. *History from Things*: *Essays on Material Culture*. Washington DC: Smithsonian Institution. 1993. pp. 231-241.

② 陶正刚：《晋国青铜器铸造工艺中的两个问题》，《文物》1998 年 11 期，第 73—74 页。

③ Bagley R W. What the Bronzes from Hunyuan Tell Us About the Foundry at Houma. *Orientations*. January 1995. pp. 214-222.

④ 常怀颖：《侯马铸铜遗址研究三题》，《古代文明》9，北京：文物出版社，2013，第 102—131 页。

宗"①，也确立了侯马风格及其产地。②

早年张颔即已认识到，从侯马发现的范看，"当时晋国这个城市的铜器铸造作坊所生产出来的铜器除了和当时中原各国的铜器有着共同的作风外，还具有它独特的风格和传统。其共同之处首先是钟、鼎、壶、豆各种器形大致相同，再则是花纹方面有饕餮、夔龙凤、云雷、垂叶等纹饰也大致相同。其所以相同，大概是当时各国之间文化交流的关系"。"晋国和其他各国的铜器在铸造工艺上都会有相互影响"。晋国铜器在侯马范上有如下特点：绚索纹非常盛行，约有七八种；夔龙凤花纹盛行，鳞甲纹广泛应用，后者有八九种之多；翎翼纹、爪、牙均独特。③

关于侯马铸铜遗址的年代，考古学家从陶器演变推断其连续沿用了 200 多年，还指出铸型"形制、纹饰早晚变化比较清楚"。早期范数量少，"除工具范和一件舟范外，其他多为碎块，器形不辨"；"早期纹饰主要有云雷纹、波纹、叶形纹、蟠螭纹、蟠虺纹，多为平面线刻或浅浮雕式，形式变化很少"，一些范可与琉璃阁 M60 出土青铜钟和甗，侯马上马墓地 M13 所出青铜鉴和鼎，长治分水岭 M269、M270 所出鼎上纹饰近似。遗址中晚期所出模范很多，属于后半期的难以分段，一些鼎范可与洛阳中州路 III、IV 期鼎腹和盖纹饰接近，晚期鼎范可与洛阳中州路 M2717、陕县后川 M2040、汲县山彪镇 M1 所出青铜鼎相似。属于 V 段的足范，与陕县后川 M2040、太原金胜村 M251 所出鼎完全相同。④一头双身一正一倒缠绕龙纹，见于太原赵卿墓鼎 M251:541、M251:606、M251:611、M251:632、M251:633、M251:634，长治分水岭鼎 M14，陕县后川鼎 M2040:276，全集 8.23 蟠龙纹鼎，劫掠鼎 A106；双头一身 S 形蟠螭纹见于陕县后川鼎 M2011:1 和 M2121:7；一正一倒横 S 形蟠螭纹见于太原赵卿墓鼎 M251:587、M251:611、M251:616、M251:632、M251:633、M251:634，长子东周墓鼎 M7:2，陕县后川鼎 M2040:276，全集 8.22 蟠龙纹鼎。一正一倒横向勾连蟠螭纹见于赵卿墓鼎 M251:587、M251:616，长治分水岭鼎 M14，长子东周墓鼎 M1:3，陕县后川 M2040:284、M2149:1、M3401:14，全集 8.22 蟠龙纹鼎。上下多层勾连蟠螭纹见于赵卿墓 M251:559、陕县后川鼎 M2011:4、中山王墓鼎 PM2:13；同向横 S 纹蟠螭纹见于长子东周墓鼎 M1:3、劫掠鼎 A106；两 S 形竖向勾连蟠螭纹见于长治分水岭 M20:1。⑤

根据《侯马陶范艺术》罗列，出土的这类青铜器群主要包括：浑源李峪青铜器群、太原金胜村赵卿墓青铜器群、侯马上马春秋墓青铜器群、长治分水岭墓地青铜器群、长子牛家坡墓地青铜器群、潞城潞河墓地青铜器群、万荣庙前村墓地青铜器群、邯郸百家村墓地青铜器群、陕县后川墓地

① 山西省考古研究所：《侯马陶范艺术》，普林斯顿：普林斯顿大学出版社，1996，第 3 页。Bagley R W：《从浑源铜器看侯马铸铜作坊》，《文物保护与考古科学》1998 年 1 期，第 23—29 页。

② 苏荣誉：《论三足锯齿形铸接青铜鼎——以及联裆鼎和侯马铸铜作坊生产诸题》，见北京大学考古文博学院编：《高明先生九秩华诞庆寿论文集》，北京：科学出版社，2016，第 152—187 页。

③ 张颔：《侯马东周遗址铸铜陶范花纹所见》，《文物》，1961 年 10 期，第 31 页。

④ 山西省考古研究所：《侯马铸铜遗址》，北京：文物出版社，1993，第 442—443 页。

⑤ 山西省考古研究所：《侯马白店铸铜遗址》，北京：科学出版社，2012，第 302—303 页。

青铜器群、汲县山彪镇墓地青铜器群、辉县琉璃阁墓地青铜器群等。[①]这些墓葬基本上属于春秋晋文化地区，但侯马风格青铜器流传和影响的地域广泛，远达燕地、中原南部、江淮地区以至吴越、楚和秦等。

五、侯马铸铜业的社会背景、分期断代与管理

西周晚期开始礼崩乐坏，封国之君常被弑杀。随着卿、士坐大，他们强烈干政甚至篡权，并相互倾轧，其中晋国较为突出。晋景公迁都新田，和平日少而纷争日多。

1. 社会背景

据李孟存和常金仓对晋国历史的研究[②]，晋景公（公元前 599－前 581）十五年（公元前 585）自绛迁都新田后，对内公室和诸卿之间、卿大夫间没有停止过纷争，其结果是公室日渐式微，"政在侈家"、诸卿愈益强大；对外和其他诸侯国合纵连横，纷争不断，战事不息。这种情况在晚期更为激烈。所以侯马没有发现大型城址，却有八座小城，可能是晋公室卑而诸卿强的证明。

据《史记•晋世家》，公元前 453 年赵、魏、韩三家分晋[③]，杨宽先生根据临沂银雀山汉简《孙子兵法》，认为在此前六卿早已分晋，六卿政权已属封建形制。[④]三晋势力强大，各自营建大本营，晋君只占有绛和曲沃，一般认为，铸铜作坊为晋室所有，铸铜业并没有因公卿倾轧而止步或废弃。非独不受影响，作坊中期的陶范的纹饰更加精美，工艺技术又达到了一个新的高度，创造了更加丰富多彩的题材，多样性和变化性的特点在该时期的花纹中表现得淋漓尽致。[⑤]此备一说。但以铸铜遗址规模之大，产量之巨，技艺之精，贸易之远，诸卿不染指其中是难以想象的。

2. 侯马铸铜遗址分期

侯马铸铜遗址出土文字资料极少，考古学家认为所出陶器中"一些器物的早晚变化与特点明显"，可"根据地层关系和陶器演变，并结合其他遗迹遗物的变化"进行分期断代。但据以对照的却是洛阳中州路二、三期春秋墓和涧滨东周城址，凤翔八旗屯和高庄春秋墓及南古城所出土的陶鬲、陶甗和陶豆，长安客省庄战国遗址和凤翔高庄战国墓所出陶鬲，"将遗址年代定为春秋中期偏晚到战国早期，即公元前六世纪初至公元前四世纪初"，延续约 200 年。"早、中、晚三期所包括的年代可能相差不多，每期约七十年

① 山西省考古研究所：《侯马陶范艺术》，普林斯顿：普林斯顿大学出版社，1996，第 5－6 页。

② 李孟存、常金仓：《晋国史纲要》，太原：山西人民出版社，1988。

③ 李零先生赐告，《史记》晋世家和三晋世家，年代多误。三家分晋一般认为是公元前 376 年，见苏荣誉：《论三足锯齿形铸接青铜鼎——谦论联档鼎和侯马铸铜作坊生产诸题》，北京大学考古博学院编：《高明先生九秩华诞庆寿论文集》，北京：科学出版社，2016，第 186－187 页。

④ 杨宽：《战国史》，上海：上海人民出版社，1980，第 5 页。银雀山汉墓竹简整理小组：《银雀山汉墓竹简•孙子兵法下编•吴问》，北京：文物出版社，1985 年，第 31 页。

⑤ 山西省考古研究所：《侯马白店铸铜遗址》，北京：科学出版社，2012，第 303－304 页。

左右，即早期约当公元前 600 年至公元前 530 年，中期约当公元前 530 年至公元前 450 年，晚期约当公元前 450 年至公元前 380 年"，每期又分为前后两段共六段，每段也就三十五年左右。[①]

遗址 XXII 早期一段遗迹很少，未发现铸铜遗物；二段遗迹增多，范围扩大，有少量兵器、空首布及工具范发现，可能已扩展为一处铸铜作坊；晚期五段遗迹丰富，铸造遗物数量最多；六段遗迹数量显著减少且大部集中于遗址的东北和西北，反映出规模有所收缩和转移。遗址 II 缺少早期一段遗迹，二段遗迹较多，普遍发现礼乐器范等遗物。中、晚期遗迹和遗物都较多，尤其四、五段最多，六段的遗迹集中于遗址北部，其中 59T10H92 属于遗址最晚单位，基本未发现铸铜遗物，而其他的六段遗迹中出土较多铸铜遗物，发掘报告据以推断"晚期时可能突然地停顿、废弃"。据这两个遗址可知，侯马铸铜作坊始于早期二段并迅即发展、繁荣，至晚期六段突然废弃，铸铜生产持续约一百六十年，鼎盛期约一百年。[②]

很明显，分期的方法和依据值得商榷，每期每段时间长短相若更值得怀疑。按照这一分期，可作如下梳理：

早期一段大约从晋景公晚期历晋厉公（公元前 580—前 573）而及晋悼公（公元前 572—前 558）晚年，铸铜刚开始；铸铜生产在早期二段得到发展，当是晋平公（公元前 557—前 532）和晋昭公（公元前 531—前 526）之世，延及晋顷公（公元前 525—前 512）前半。但昭、顷二世已是六卿专政时期，"晋公室卑，政在侈家"。

中期三段和四段约当晋顷公后半、晋定公（公元前 511—前 475）与晋出公（公元前 474—前 453）时期，出公时智氏是正卿，公元前 458 年与韩、赵、魏分范氏、中行氏地，而前 453 年，韩、赵、魏分智氏地，次年晋出公流亡，三家事实上已经分晋。

晚期五段或在晋哀公（公元前 452—前 434）与晋幽公（公元前 433—前 416）时期，幽公时，"反朝韩、赵、魏之君。独有绛、曲沃，馀皆入三晋"（《史记·晋世家》）。而六段则在晋烈公（公元前 415—前 389）和晋孝公（公元前 388—前 369）时期，烈公十七年（公元前 403），周王室正式承认韩、赵、魏三家为诸侯，与晋侯并列；公元前 376 年，韩、赵、魏废晋静公，将晋公室土地全部瓜分，再次分晋，晋桓公迁离新田。晋都新田后的态势是公室日卑而六卿日强，大卿不断蚕食、瓜分公室。难以想象在中央的政局环境中，铸铜业日益发展壮大，而且是瓜分公室愈烈而铸铜愈益繁荣，于情理不合。

青铜范铸生产属于复杂大型工场[③]，社会稳定才能提供其持续生产的条件。[④]在春秋战国之际，晋国内部剧烈动荡，这一时期保持青铜工业的持续繁荣是难以想象的。事实上，晋国铸铜遗址的铸造遗物相

① 山西省考古研究所：《侯马铸铜遗址》，北京：文物出版社，1993，第 441—442、444 页。

② 山西省考古研究所：《侯马铸铜遗址》，北京：文物出版社，1993，第 27 页。

③ 苏荣誉：《二里头文化与中国早期青铜器生产的国家性初探：兼论泥范块范法铸造青铜器的有关问题》，中国社会科学院考古研究所编：《夏商都邑与文化（一）：夏商都邑考古暨纪念偃师商城发现 30 周年国际学术研讨会论文集》，北京：中国社会科学出版社，2014，第 351—361 页。

④ 山西省考古研究所：《侯马陶范艺术》，普林斯顿：普林斯顿大学出版社，1996，第 7 页。

当单一，说明作坊持续的时间并不很长，持续时间可能为一百年左右甚至更短，集中繁荣在二段晚到四段晚的五六十年间，均在春秋时期，至五段即已毁弃或者已经不能铸造精美的青铜礼器了。

或者，侯马铸铜作坊延续的时间略长，因大量铸造青铜商品，获利丰厚，引发诸卿攫取控制权乃至占有的倾轧。有势力的正卿经营该作坊较长一段时间使之繁荣，倾轧导致作坊停产以至毁弃。繁荣期不过百年。

3. 铸铜作坊所有者蠡测

据上述分析，现有的材料表明侯马铸铜遗址是一个以铸造青铜工具、日用品和货币为主，兼及礼乐器、兵器及车马器的大型铸造工场。规模宏大、技艺精湛、经济性能可观。工业生产所获利益的体量，农业无法望其项背。

关于侯马铸铜作坊的所有者，考古报告在结语中审慎地写道：

> 至于这些铸铜工场的所有者尚没有直接的材料可以论证。几处铸铜遗址规模不等，分布上规律性不强，产品种类、延续和繁荣的时间也不一致，这一切表明它们的形制或许有所不同，是传统的"工商食官"属于晋公室，是属于当时左右政局的六卿或三卿一类人物，还是属于新兴的工商业者，都有待于新的发现和进一步的研究来确定。[1]

一般认为，"侯马铸铜遗址的位置、规模、出土遗迹遗物都表明这里原是晋国最主要的官营铸铜基地之一"[2]。刘绪也认为，"若从所在地点和所属年代分析，最大可能应属晋国公室所有"，"尤其在公元前403年之前"。[3]

春秋时期晋六卿主政，而晚期以赵氏为长且横。"赵名晋卿，实专晋权，奉邑侔于诸侯"（《史记·晋世家》）。银雀山汉墓竹简的《孙膑兵法》，有吴王阖闾与孙膑问对：

吴王问孙子："六将军分守晋国之地，孰先亡？孰固成？"

孙子曰："范、中行氏先亡。"

"孰为之次？"

"智氏为次。"

"孰为之次？"

"韩、魏为次。赵毋失其固法，晋国归焉。"

吴王曰："其说可得闻乎？"

孙子曰："可。范、中行氏制田，以八十步为畹，以百六十步为畛，而伍税之。其□田狭，置士多，伍税之，公家富。公家富、置士多，主骄臣奢，冀功数战，故曰先[亡]。……故为范、中行氏次。韩、魏制田，以百步为畹，以二百步为畛，而伍税[之]，其□田狭，其置士多，伍税

① 山西省考古研究所：《侯马铸铜遗址》，北京：文物出版社，1993，第452页。
② 山西省考古研究所：《侯马铸铜遗址》，北京：文物出版社，1993，第7页。
③ 刘绪：《晋文化》，北京：文物出版社，2007，第132页。

之，公家富。……故是智氏次。赵氏制田，以百二十步为畹，以二百卌步为畛，公无税焉。公家贫，其置士少，主俭臣收，以御富民，固曰固国。晋国归焉。"[1]

这一问对说明赵卿宽待臣民，不征农税，不似魏、韩及其他三卿税赋甚重，故赵将独存。那么赵氏的开销如何解决？想必只能从资源、商贸和手工业税入负担。从铸铜工业收益思考，应是探索的一个方向。

1988 年发掘的太原金胜村大墓及其车马坑，墓主被认定是晋卿赵鞅（公元前 540—前 475），随葬遗物 3421 件，其中青铜器 1402 件，1193 公斤，包括礼乐器 118 件（1058.5 公斤）、兵器 778 件、车马器 181 件、工具 76 件、生活用具 249 件。青铜礼乐器包括鼎 27 件、鬲 5 件、甗 2 件、豆 4 件、簠 2 件、壶 8 件、鸟尊 1 件、鉴 6 件、罍 2 件、匜 2 件、舟 4 件、盘 2 件、炉 1 件、格 2 件、勺 6 件、钩 14 件、镈 19 件。[2]鉴于铸造大型青铜礼器需要多块铸型，大钟甚至需要 94 块范和两块芯，遗址 II 所辨识出礼乐器范，远不敷赵卿墓铸造青铜礼乐器之数。一方面，说明侯马铸铜作坊可能分布的范围要更大，很多尚未发掘出来；另一方面，金胜村 M251 所出巨量的青铜器都是侯马铸铜作坊产品，或许暗示赵卿据有作坊，至少管理作坊的时间较长，将不少产品据为己有。

赵卿墓 M251 出土了 1402 件青铜器，仅一件戈 M251:658 有铭文五字，两件戟 M251:657、M251:702 各有五字和两字铭文，礼乐器没有[3]，就此一点与新郑李家楼大墓和辉县琉璃阁甲、乙墓情形相若，而与寿县蔡侯墓、淅川下寺春秋楚墓、随州曾侯乙墓遗址、平山中山王墓大量铭文大相径庭。[4]赵卿墓和琉璃阁墓分属三晋的赵和魏，均豪奢而不铭，或忌惮僭越，或器物来路不明，或这些铜器本用于贸易，不著铭文。

当然，晋晚期诸卿见的倾轧，也不排除其他强卿，如赵之前的智氏，后来的魏具有或名义上替晋室经营侯马作坊的可能。许多疑团，有待更多资料索解。

① 银雀山汉墓竹简整理小组：《银雀山汉墓竹简·孙子兵法下编·吴问》，北京：文物出版社，1985，第 30 页。
② 陶正刚、侯毅、渠川福：《太原晋国赵卿墓》，北京：文物出版社，1996，第 16、87、244 页。张崇宁认为墓主为赵襄子（公元前 505—前 425），见《太原金胜村 251 号墓墓主探讨》，《中国历史文物》2005 年 1 期，第 64—68 页。
③ 陶正刚、侯毅、渠川福：《太原晋国赵卿墓》，北京：文物出版社，1996 年，第 95—97 页。
④ 河南博物院、台北历史博物馆：《新郑郑公大墓青铜器》，郑州：大象出版社，2001；《辉县琉璃阁甲、乙二墓》，郑州：大象出版社，2011。安徽省文物管理委员会、安徽省博物馆：《寿县蔡侯墓出土遗物》，北京：科学出版社，1956。河南省文物研究所、河南省丹江库区考古队、淅川县博物馆：《淅川下寺春秋楚墓》，北京：文物出版社，1991。湖北省博物馆：《曾侯乙墓》，北京：文物出版社，1989。河北省文物研究所：《𰯼墓：战国中山国国王之墓》，北京：文物出版社，1995。

论于阗三大传统技术产业
对北宋消费品市场的影响

吕变庭 李梦斌 马晴晴*

摘 要：于阗是北宋重要的朝贡贸易国，其因得天独厚的资源条件而形成了珠玉加工、织布和药品生产三大具有地方特色的传统技术产业。于阗生产的玉器、纺织品和药品在进入北宋市场后成为重要的生活消费品，这一方面繁荣了北宋的商品经济，另一方面又导致了北宋奢侈品的过热消费，从而对商品经济的发展产生了不利影响。

关键词：于阗 珠玉加工 织布 药品生产 影响

学界一般都将日本学者古林森的《宋代产业经济史研究》（1987 年）视为宋代产业史研究的奠基之作。随着人们对宋与辽、西夏及于阗之间贸易关系研究的不断深入，于阗与宋朝的朝贡贸易逐渐成为宋代经济史研究者的一个新视点，如黄纯艳的《于阗与北宋的关系》（2009 年）、杨瑾的《于阗与北宋王朝的贸易路线初探》（2008 年）等。在"拒夏亲宋"的政策引导下，于阗和宋朝的朝贡贸易活动十分频繁，尤其是北宋对玉石、布帛和香药的大量需求，在一定程度上刺激了于阗珠玉加工、织布和药材三大传统产业经济的发展。

据统计，在所有对北宋王朝进呈贡物的 87 个国家和地区中，于阗不仅与北宋贡市的次数最多[①]，且以其贡物特色鲜明而享誉华夏。在历史上，于阗因其得天独厚的资源条件而形成了珠玉加工、织布和药品生产三大具有地方特色的传统技术产业，并由此奠定了于阗与中原各个封建王朝贡市的物质基础。当然，就于阗自身的经济性质而言，它通过与北宋贡市这种特定的官方贸易渠道，一方面能够使自己以实物形态向北宋王朝展现其技术产业的优势所在，从而达到"觐展方物以效勤"[②]的政治效果，另一方面北宋皇室及士大夫阶层日益侈化的生活消费也为它的传统手工业产品提供了更加广阔的销售市场，并使之成为北宋生活消费的重要组成部分。故本文拟从珠玉与北宋的玉器消费、织布技术与北宋对西域花蕊布的需求、药品生产与北宋中医药的发展三个方面来探讨于阗三大传统技术产业对北宋消费品市场的影响，不足之处，敬请方家批评指正。

---

* 吕变庭，河北大学宋史研究中心教授；李梦斌和马晴晴系河北大学宋史研究中心硕士研究生。
① 关于北宋与于阗贡市的次数问题，本文依据（宋）李焘《续资治通鉴长编》（中华书局 2004 年版）统计得出。
②（宋）郑獬：《郧溪集》卷 8《赐于阗国男进奉敕书》，影印文渊阁四库全书本。

一、和田玉与北宋的玉器消费

于阗（藏语为"产玉石的地方"），即今新疆和田县，地处昆仑山脉北坡，因受喜马拉雅山地质运动的影响，这里蕴藏着极其独特的玉石资源。但实际上，和田玉并不是专指于阗一地的玉石，而是指西起喀什，东到若羌之整个地带所产的玉石。其发源地昆仑山的玉龙喀什河，就以产玉而闻名于世，在回语里，"玉龙喀什"就是"河中产玉，可往拾取也"①的意思。11 世纪初，于阗国的辖地包括今且末、麦盖提、莎车以南及帕米尔高原，其生产玉石的历史十分悠久，经考古证实，至少在距今 3800 年前于阗（今和田地区）玉就成为人们身上的装饰品了②，如《竹书纪年》卷上载："帝舜有虞氏九年，西王母来朝……献白环玉玦。"③宋人王应麟在《玉海》中亦说："舜时西王母献昭华之琯，以玉为之。"④《管子》更有"玉起于禺氏"⑤的记载，据翦伯赞先生推断，"禺氏"即今之于阗，实为"虞氏"的变音，而"虞氏"本系夏族的一支。这说明早在远古时期，夏族的一支就已西迁至塔里木盆地，并以捞玉为生了⑥。此外，从殷墟妇好墓出土的三件和田玉器来看，在殷商时期，和田玉已经作为珍贵贡品而进献给殷商王朝，同时还获得了帝王玉的专宠。后来周穆王曾赞誉昆仑山说："唯天下之良山，宝玉之所在。"⑦《史记》更有"致昆山之玉，有随和之宝"⑧的说法，因此，和田玉又称"昆山玉"，南朝梁人周兴嗣撰《千字文》说："金生丽水，玉出昆冈"⑨，而唐延龄等在《中国和阗玉》一书用大量科学事实证明："和田玉为中国玉的精英，也是惟一的真玉。"⑩故此，从商代开始，和田玉就通过玉门关经河西走廊而输入到中原，成为皇室及贵妇最喜好的奢侈品之一。明人丘濬说："汉时关中之蓝田，幽州之玉田皆出玉，其时西域未通也，今中国所用之玉皆来自于阗。"⑪在历史上，因这条路线以和田玉为主要载体，所以史学家将它称作"玉石之路"，而这条"玉石之路"跟后来的"丝绸之路"一起构成了中原与西域诸国进行经济和政治联系的交通大动脉。

根据李焘《续资治通鉴长编》的记载，于阗国从建隆二年（961）到哲宗绍圣四年（1097）先后向北宋朝廷贡奉玉品达 44 次。可见，同历代封建王朝一样，和田玉仍然是北宋皇室最为紧俏的生活奢侈品，其消费量十分惊人，以至于宋神宗不得不手诏对李宪说："朝廷奉祀所用圭、璧、璋、瓒，常患乏良玉充

---

① 谢彬：《新疆游记》，上海：中华书局，1923，第 239 页。

② 程越：《古代和田玉向内地输入综略》，《西域研究》，1996 年第 3 期，第 36—42 页。

③ 《竹书纪年》卷上，影印文渊阁四库全书本。

④ （宋）王应麟：《玉海》卷 6《律历》，扬州：广陵书社，2003，第 115 页。

⑤ 郭沫若：《管子集校·国蓄篇》，《郭沫若全集·历史编》，北京：人民出版社，1984，第 162 页。

⑥ 翦伯赞：《中国史论集》，上海：国际文化服务社，1947，第 130 页。

⑦ 《穆天子传》卷 2，影印文渊阁四库全书本。

⑧ （汉）司马迁：《史记》卷 87《李斯列传》，北京：中华书局，2014，第 3088 页。

⑨ 杨忠主编：《〈千字文〉新读》，北京：科学技术文献出版社，2008，第 12 页。

⑩ 唐延龄、陈葆章、蒋壬华：《中国和阗玉》，乌鲁木齐：新疆人民出版社，1994。

⑪ （明）王樵：《尚书日记》卷 5《禹贡》，影印文渊阁四库全书本。

用，近岁于阗等国虽有贡者，然品色低下，无异恶石。尔可博选汉、蕃旧善于贾贩与诸蕃踪迹谙熟者，厚许酬直，令广行收市，并达是意于阿里骨等处求之无害。"①这段记载至少提示我们：第一，和田玉一般被加工成圭、璧、璋等玉品，专供中原朝廷奉祀之用。例如，《诗经·卫风·淇奥》云："有匪君子……如圭如璧"②，又《大雅·生民之什·卷阿》说："颙颙卬卬，如圭如璋"③，而明人贝琼更加明确地说："于阗之玉琢而为圭、为璧。"④第二，北宋皇室的"礼玉"器材料主要来自于阗国，如宋人张世南在《游宦纪闻》中就十分明确地说："国朝礼器及乘舆服饰多是于阗玉。"⑤第三，到宋神宗时，和田玉不能满足皇室消费的需求，因而造成北宋的"玉荒"局面。而北宋中期之所以出现"玉荒"局面，实跟西夏阻断经河西走廊的"玉石之路"有关。因此，北宋政府交好"唃厮啰"的经济目的就是想将其所辖的青海区域变成第二条"玉石之路"。因而自北宋中后期起，和田玉便转而主要经"唃厮啰"辖境来向北宋朝贡了。

在北宋所接受的朝贡玉品中，一般以未经加工的和田玉材为主，如《宋史》载：开宝二年（969），于阗国"遣使直末山来贡，且言本国有玉一块，凡二百三十七斤，愿以上进，乞遣使取之。"⑥苏轼也说："于阗进美玉，上使以玉作小屏风"⑦，《续资治通鉴》又载：政和六年（1116）十月，"时得于阗大玉，逾二尺，色如截脂，帝乃制为宝"⑧。一般而言，北宋皇帝把按自己意愿所加工好的和田玉分做两个用途：其一用作"礼玉"，即在祭祀或朝享、交聘等场合使用的和田玉，因而"礼玉"亦称作"瑞玉"。《周礼·春官宗伯》载："以玉作六器，以礼天地四方：以苍璧礼天，以黄琮礼地，以青圭礼东方，以赤璋礼南方，以白琥礼西方，以玄璜礼北方。"⑨以此观之，前述宋神宗所遇到的"玉荒"恰恰就是由"礼玉"消费所造成的一种严重后果。其二是用于赏赐朝廷大臣，如乾德元年（963），宋太祖赐天雄节度使符彦卿玉带⑩，太平兴国四年（979），宋太宗赐扈从近臣玉带⑪，而在熙宁六年（1073），当宋神宗听到王安石修复熙州、洮、岷等州的消息后将其"所服玉带赐安石"⑫。甚至玉带还多用于赠遗辽人，如左谏议大夫郑雍在元祐六年（1091）奏言："伏见朝廷岁以玉带赠遗辽人，恐岁久有时而尽。请自今令后苑作玉工拣选

---

① （宋）李焘：《续资治通鉴长编》卷 347，元丰七年七月己亥，北京：中华书局，2004，第 8320 页。

② （春秋）孔丘等：《诗经·卫风·淇奥》，呼和浩特：内蒙古人民出版社，2009，第 67 页。

③ （春秋）孔丘等：《诗经·大雅·卷阿》，呼和浩特：内蒙古人民出版社，2009，第 260 页。

④ （明）贝琼：《清江贝先生集》卷 21《送朱昭文赴綦江函序》，四部丛刊初编本。

⑤ （宋）张世南著，张茂鹏校：《游宦纪闻》卷 8，北京：中华书局，1981，第 46 页。

⑥ （元）脱脱：《宋史》卷 490《外国六·于阗传》，北京：中华书局，1985，第 14107 页。

⑦ （宋）苏轼：《苏东坡全集》卷 39《万石君罗文传》，北京：北京燕山出版社，2009，第 4447 页。

⑧ （清）毕沅：《续资治通鉴》卷 92，政和六年十月辛巳，北京：中华书局，2014，第 2392 页。

⑨ （汉）郑玄注，（唐）贾公彦疏：《周礼注疏》，北京：中华书局 1980 年影印《十三经注疏》本。

⑩ （宋）李焘：《续资治通鉴长编》卷 4，乾德元年二月丙戌，北京：中华书局，2004，第 83 页。

⑪ （宋）李焘：《续资治通鉴长编》卷 20，太平兴国四年二月辛亥，北京：中华书局，2004，第 444 页。

⑫ （宋）李焘：《续资治通鉴长编》卷 247，熙宁六年十月辛巳，北京：中华书局，2004，第 6023 页。

精玉旋琢新带,以充岁旧。"①据《宋史》载:凡三品以上的大臣才允许腰服玉带。②这不仅是因为古人认为将和田玉"佩挂在腰部可以治愈肾病"③,而且更是身份和地位的象征。

与唐代消极的榷玉政策不同,宋代放开了对玉石的经营权,故真宗景德三年(1006)四月,北宋置河北缘边安抚使、副使、都监于雄州,时"禁榷场通异物,而逻者得所易珉玉带及妇人首饰等物,(李)允则曰:'此以我无用易彼有用也',纵之"④。紧接着,西夏也在景德四年(1007)置榷场于保安军,"以缯帛、罗绮易驼马、牛羊、玉、毡毯、干草",且"非官市者听与民交易,入贡至京者纵其为市"⑤,而李宪也"欲乞于湟州依雄州火山军等处例,置立榷场于湟州,别置蕃市以居来者"⑥。在这种积极的商贸政策下,北宋的珠玉市场十分活跃,所以东京"开宝寺内有二十四院,惟仁玉院最盛"⑦,而根据《宋史》及《宋会要辑稿》"食货志"的记载,"玉"则成为北宋财政收入的重要来源之一,当然它也是开封、杭州等城市备受士庶工商各阶层青睐的高档类交易商品。例如,《宋会要辑稿》载:"真宗大中祥符九年正月,秦州宗歌般次、回纥李四等贡玉送内藏库。召玉人估价售之,凡玉大小三十九团,内一团非玉……共估钱四百余千。"⑧由三十八团玉价值四十万知,当时每团的市场价值约为 1.05 万。以此为基准,那么,撮其《宋会要辑稿》蕃夷传载西域诸国所贡之和田玉的较大额团数,便可粗略地估计其和田玉的总体价值如下:乾德三年(965)正月,回纥贡玉百团⑨,价值计约 105 万;12 月,甘州回纥贡玉五百余团⑩,价值计 525 余万;大中祥符三年(1010)闰二月,龟兹回纥贡玉六十团⑪,价值计约 93 万。而尚有较小额团数和不知所贡团数的和田玉不计其内,如乾德三年(965)四月,回纥贡玉七团⑫;大中祥符八年(1015),甘州回纥贡玉⑬;景德元年(1004)六月,西州回纥贡良玉⑭;天禧元年(1017)四月,龟兹回纥贡玉⑮等。如果把这些贡玉合起来看,北宋政府的和田玉收入,就应当是一个非常可观的数目了。

① (宋)李焘:《续资治通鉴长编》卷 457,元祐六年四月乙未,北京:中华书局,2004,第 10938 页。
② (元)脱脱:《宋史》卷 153《舆服志五》,北京:中华书局,1985,第 3565 页。
③ 栾秉璈:《怎样鉴定古玉器》,北京:文物出版社,1984,第 6 页。
④ (宋)李焘:《续资治通鉴长编》卷 62,景德三年四月乙酉,北京:中华书局,2004,第 1394 页。
⑤ (元)脱脱:《宋史》卷 186《食货志下八》,北京:中华书局,1985,第 4563 页。
⑥ (宋)李复:《潏水集》卷 1,影印文渊阁四库全书本。
⑦ (宋)孟元老著,伊永文笺注:《东京梦华录笺注》卷 3《上清宫》,北京:中华书局,2006,第 309 页。
⑧ (清)徐松辑:《宋会要辑稿》食货 41 之 49—50。
⑨ (清)徐松辑:《宋会要辑稿》蕃夷 4 之 1。
⑩ (清)徐松辑:《宋会要辑稿》蕃夷 4 之 7。
⑪ (清)徐松辑:《宋会要辑稿》蕃夷 4 之 15。
⑫ (清)徐松辑:《宋会要辑稿》蕃夷 4 之 1。
⑬ (清)徐松辑:《宋会要辑稿》蕃夷 4 之 7。
⑭ (清)徐松辑:《宋会要辑稿》蕃夷 4 之 1。
⑮ (清)徐松辑:《宋会要辑稿》蕃夷 4 之 15。

　　与此同时，北宋因其政治形势较为复杂，与辽、西夏、西蕃及大理等存在多割据和多政权的局面，这给宋人造成了一种在心理上少有的尚古情怀，而这种情怀表现在玉作方面，就是从北宋开始出现了专为皇室碾琢各种实用玉器和仿古玉器的"玉作"。据哲宗元符元年（1098）工部说："文思院上下界金银、珠玉、象牙……等诸作工料，最为浩瀚"[①]，而北宋的仿古玉器具体又可分为三类：一是仿古玉饰，如玉带钩、玉带板、玉钗、玉镯；二是仿古玉礼器，如璧、圭、璋、璋；三是仿古铜器形玉器，如尊、鼎等。其中以仿古玉礼器为大宗，《周礼·大宗伯》云："以玉作六瑞，以等邦国，王执镇圭"[②]，因此，北宋礼制郊庙之祀用镇圭和大圭[③]，"其于祀天，礼以苍璧"[④]。尤其是随着仿古玉礼器的兴起，北宋士大夫阶层逐渐形成一股收藏和考证古文物热，吕大临甚至还编撰了《考古图》十卷，成为我国最早收录古玉的专著，也为北宋金石学的诞生奠定了理论基础。与复杂的外交环境相对应，北宋朝廷内部则形成了君子党和小人党之争。而玉是古代君子最看中的佩饰，如《礼记·玉藻》载："君子无故，玉不去身，君子与玉比德焉，温润而泽，仁也；缜密以粟，知也；廉而不刿，义也；垂之如坠，礼也；天下莫不贵者，道也。"[⑤]所以"古之君子必佩玉"。因此，玉佩作为君子的象征，特别受到北宋士大夫的宠爱，如宋人有"春到已多鸣玉佩"[⑥]和"月夜笙箫玉佩来"[⑦]的诗句，而《宋史》载：宋徽宗大观二年（1108）诏定冕制，始"绶以贯玉，今既有玉佩矣"[⑧]。由此可知，宋代士大夫的冕制改革必然会造成其对和田玉的更大需求，从而有利于进一步拓宽内地和田玉的消费市场。

　　北宋并不限制一般民众对和田玉器的消费，故北宋玉器的玩赏也由皇宫扩延到文人士大夫及寻常百姓的社会生活之中。而鉴于一般民众的实用性审美需要，北宋的世俗玉器消费市场便应运而生，并出现了空前旺盛的繁荣景象，像杯、盘、壶、扇柄、挂屏、笔筒、纸镇等日用类实用玉器，一应俱全，其中不乏艺术珍品，如现藏于故宫博物院的宋代白玉龙把碗、礼乐纹双人耳玉杯、白玉龙纹带饰、仿西周青铜簋之青玉龙首衔耳云龙纹炉、青玉镂空松下仙女图以及白玉浮雕双龙钩等，均取材于和田玉，或白玉或青玉，琢磨细致，层次分明，构图复杂，造型生动自然，表现出极其鲜明的北宋画院之画风特征。华镇有诗云："檀篆金为鼎，榴花玉作觞"[⑨]，而清代学者谢坤在《春草堂集》一书中对宋代玉器艺术则作了更加详尽的描述："宋制玲珑玉塔，塔玉雪白，绝无所谓饭糁瑕疵。高七寸，作七级，其制六面，面面

① （宋）李焘：《续资治通鉴长编》卷 494，元符元年二月庚寅，北京：中华书局，2004，第 11748 页。
② （汉）郑玄注，（唐）贾公彦疏：《周礼注疏》，北京：中华书局，1980 年影印《十三经注疏》本。
③ （宋）李焘：《续资治通鉴长编》卷 305，元丰三年六月庚子，北京：中华书局，2004，第 7419 页。
④ （宋）李焘：《续资治通鉴长编》卷 307，元丰三年八月辛卯，北京：中华书局，2004，第 7452 页。
⑤ （汉）郑玄注，（唐）孔颖达疏：《礼记正义》，北京：中华书局，1980 年影印《十三经注疏》本。
⑥ （清）厉鹗辑：《宋诗纪事》卷 39 薛朋龟《和潘良贵题明州三江亭韵》，上海：上海古籍出版社，1983，第 1120 页。
⑦ （清）厉鹗辑：《宋诗纪事》卷 74 林逢子《游大涤山》，上海：上海古籍出版社，1983，第 1854 页。
⑧ （元）脱脱：《宋史》卷 152《舆服志四》，北京：中华书局，1985，第 3543 页。
⑨ （宋）华镇著，（宋）华初成编：《云溪居士集》卷 11《送湖南提举梁朝散》，影印文渊阁四库全书本。

有栏，栏内佛像螺髻眉目毕现，槺楄间透空细纹。塔顶有连环小索，系顶有连环小索，系诸顶层六角，绝不紊乱，所言鬼斧神工，莫能过之。"①

　　当然，于阗、龟兹等国在向北宋贡玉时，除了大宗的玉材外，也有部分玉成品，而这些成品多为本国玉工所雕作，且以玉佩饰的雕作为主，如玉带、玉鞍、玉銙等②。据《穆天子传》记载：周穆王从于阗返回中原时，"取玉版三乘，玉器服物，于是载玉万乘也"③。晋郭璞在"玉器服物"条下注云："环佩之属"，这表明至少到西周时期于阗的玉佩制作技术就通过"穆天子"而传入中原地区了。汉刘向说："古者天子至于士，王后至于命妇，必佩玉。"④永明元年（483），有司奏贵妃、淑妃佩于阗玉⑤。唐德宗即位后曾"遣内给事朱如玉之安西求玉于于阗，得圭一，珂佩玉五，枕一，带胯三百，簪四十，奁三十，钏十，杵三，瑟瑟百斤，并它宝"⑥。由此可见，到唐朝时期，于阗的玉佩饰制作工艺实际上已经发展到了相当高的水平，而北宋则依托于阗国先进的琢玉技术和玉材资源，很快就在中原地区形成了几个比较稳定的玉佩饰制作与销售市场。首先，于阗玉主要通过西夏所控河西道及回纥所控青唐道这两条线路输入中原，因而居于这两条线路之宋夏和宋纥交界处就自然地渐变成于阗玉材及玉器的销售中心。如熙宁四年（1071），宋人文彦博建议"自来蕃汉客旅博易往还之处，相度置立和市，须至两界首（即宋夏交界处）开置市场，差官监辖"⑦。其中鄯州（今青海西宁市）就是在这种历史条件下为了满足宋夏两国民间商贸需要所形成的一处规模较大的交界市场，《宋史》载："厮啰居鄯州，西有临谷城，通青海，高昌诸国皆趋鄯州贸易，以故富强。"⑧其于阗、高昌等西域商人"交市"的物品有和田玉、花蕊布、狨毛等⑨。又据张舜民《画墁录》记载：青唐城中"积六十年宝货不赀，唯真珠、翡翠以柜，金、玉、犀、象埋之土中"⑩。由此可见，和田玉为蕃汉民间商贸活动的大宗，故此，这里也就成为于阗玉的重要输出地之一。其次，开封既是北宋的首都，又是当时中原地区玉佩器的制作与消费中心。在北宋，伴随着金石学的兴起，收藏古代玉器便成为士大夫的一种高雅"文玩"，而皇帝是当时最大的玉器收藏家，与此相适应，北宋宫廷宗正寺玉牒所与文思院玉作所碾磨的玉器种类繁多，纹饰富丽，层镂细雕，美不胜收。北宋都城最繁华的大相国寺，是民间商品的荟萃地，每月开放五次，其中有专门出售民间玉作坊生产的各

① （清）谢坤：《春草堂集》，影印文渊阁四库全书本。
② （清）徐松辑：《宋会要辑稿》蕃夷4之2。
③ 《穆天子传》卷2，影印文渊阁四库全书本。
④ （宋）郑樵：《通志》卷47《器服略》，北京：中华书局，1987年影印版。
⑤ （宋）马端临：《文献通考》卷254《后妃传》，北京：中华书局，2011，第6854页。
⑥ （宋）欧阳修、宋祁：《新唐书》卷221上《西域传》，北京：中华书局，1975，第6854页。
⑦ （宋）文彦博：《潞公文集》卷19《奏西夏誓诏事》，影印文渊阁四库全书本。
⑧ （元）脱脱：《宋史》卷492《吐蕃传》，北京：中华书局，1985，第14161页。
⑨ （宋）李焘：《续资治通鉴长编》卷299，元丰二年七月庚辰，北京：中华书局，2004，第7272页。
⑩ （宋）张舜民：《画墁录》，影印文渊阁四库全书本。

种时作玉和仿古玉。明彭大翼在《山堂肆考》中载有宋代韩魏公"碎玉盏不惜"及吕夷简"碎玉器不惊"的事例[1]，这从一个侧面反映了北宋都城玉器生产和消费的繁盛景况。

二、于阗织布技术与北宋对西域布产品的需求

据考古发现，德国斯图加特的霍克杜夫村和俄罗斯的巴泽雷克古冢都出土了中国春秋时期的丝织物[2]，而而《穆天子传》则载有周穆王沿河西走廊巡视西域诸国的情况，其行程路线恰与后来的绿洲丝绸之路南道相符合。这个事例说明，在张骞"凿空"西域以前，贯通中西的绿洲丝绸之路早已开通，其地处绿洲丝绸之路上的于阗应是中西商贸十分繁华的西域城郭之一。

从商业经济发展的规律看，任何国家和地区间的贸易活动都是相互的，也就是说奔走于绿洲丝绸之路上的中外商人，他们一方面把中国的丝绸运销到中亚各国，另一方面，他们又将中亚各国的传统物品如花蕊布、玉石等运来中国，此来彼往，互通有无。据考，中国古代的棉花有草棉和木棉之分。其中草棉又称"非洲棉"，是锦葵科一年生灌木状草本，其植株矮小，但耐旱性强，生长期亦短，故又可称作"小棉"，如埃及祭司所服圣衣即为"非洲棉"所织，此外，罗马时期努比亚的卡拉诺格出土物中也有"小棉"布[3]。后来，"小棉"由非洲传播到中亚的伊朗、阿富汗等地，再经阿拉伯商人传入丝绸之路的于阗、鄯善等南道诸国。所以，《穆天子传》载有中原的丝绸早在西汉之前就已经传入新疆于阗、鄯善等地的史实，具体地讲，就是周穆王曾向西王母"献锦组百纯"[4]。而此说已为考古所证实，因为人们在地处丝绸之路南道上的新疆民丰县东汉古墓中发现了目前中国最早的棉织品和棉籽，另外，和田地区的山普拉古墓亦出土了东汉时期的棉织物。[5]经鉴定这些棉织品为草棉，它表明民丰、于田及和田一带地区至少在东汉时期便已学会种植"非洲棉"和初步的棉织布技术了。从两晋南北朝到唐末五代之际，丝绸之路南道各地的棉布生产显然已发展到了一个新的历史水平，如人们在新疆洛浦县出土了晋代的草棉布，于田县喀拉墩古城的南北朝墓葬中发现了蓝白印花棉布和木质纺轮。[6]此时，再联系到和田喀达里克遗址所出土的属于公元 8 世纪前后的一堆草棉种子，我们有理由相信：公元 8 世纪前后，和田一带地区不仅大面积种植棉花，而且其纺织业也十分发达。[7]这就为入宋后，于阗国跟中原王朝建立比较广泛的经贸联系奠定了坚实的物质基础。

---

① （明）彭大翼：《山堂肆考》卷 115《性行篇》，影印文渊阁四库全书本。
② 参见 Biel.J.Treasure from a Celtic Tomb. *National Geographic*. 1980(3). 鲁金科：《论中国与阿尔泰部落的古代关系》，《考古学报》1957 年第 2 期，第 37—48 页。
③ 格里菲斯、克朗福夫人：《尼罗河谷初用棉布》，《埃及考古学报》，XX，1934，第 5—12 页。
④ 《穆天子传》卷 3，影印文渊阁四库全书本。
⑤ 文物出版社编：《新中国考古五十年》，北京：文物出版社，1999，第 349 页。
⑥ 文物出版社编：《新中国考古五十年》，北京：文物出版社，1999，第 491—493 页。
⑦ 陈自仁：《殒命中亚：斯坦因探险考古生涯》，兰州：甘肃文化出版社，2004。

　　当然，在地处丝绸之路南道诸国人的观念里，"布"既指草棉布，也代毛织布。①新疆古楼兰的文物考古证明，南疆地区至少在距今三四千年前就已学会处理羊皮及粗捻毛线和编织毛布了。实际上，毛织技术早在汉唐时期就已经成为和田、民丰等地的优势产业。比如，人们在和田山普拉古墓发现了属于东汉时期的毛织实物，而和田的唐兰城则出土有属于唐代的毛布和毡片。据考古报告称：山普拉古墓的"墓主人一般外穿彩色条纹或方格纹毛布衣服。妇女穿裙子，内衣用毛纱或毛罗缝制。毛布缝制的裤子，毛布制作的帽子等"②。据文献记载，后晋高祖天福三年（938），"于阗国王李圣天遣使者马继荣来贡红盐、郁金、牦牛尾、玉氎等"③。在这里，"玉氎"就是指白氎④，《宋本玉篇》释："氎，徒叶切，毛布也。"⑤用专业性的话说，就是用和田羊毛织作的细布，这是极富新疆地域特征的一种贡布。

　　在古代文献中，对于西域的贡布有"白叠子"和"白氎"的说法，不过，两者是否指同一事物，目前学界尚存在着不同看法。根据刘进宝先生的研究，隋朝以前的史书如《隋书》《周书》《梁书》等都称作"白叠子"。另据吴震先生考证，"白叠子"是梵语"bhardvdji"的音译，即一般所说的草棉花，更准确地讲，应当称为"印度棉"。但从《新唐书》《旧唐书》之后，人们在"白叠子"的基础上，又派生出"白氎"一词，而且在多数情况下，"叠""氎"混用，且"氎"的使用频率更多，甚至后来逐渐过渡到由"氎"取代"叠"而成为西域及西南各民族的主要贡品。这里，"氎"之所指已不是草棉布而是用羊毛织作的毛布了。⑥可见，白氎的出现应是唐宋西域民族经济所发生的重大变化之一。而循着刘先生的思路，再依据宋代西域经济发展的客观实际，笔者进一步认为，北宋于阗国所贡之"花蕊布"实为白氎与氄毛混纺而成的毛布。比如，北宋学者王明清在《挥麈前录》中说："高昌国出白氎、绣文、花蕊布。"⑦《宋史》亦载有于阗国贡"花蕊布"的史实。⑧而"花蕊布"究竟什么样子？明代学者罗曰褧认为：花蕊布乃"花蕊织成者"⑨。但"花蕊"又是何物，罗氏没有说明。今人多以为"白氎、绣文、花蕊布"是棉布的三个不同品种。⑩笔者认为，"白氎绣文花蕊布"应为一个整体，是西域诸国在特定历史时期的创造，中间不能断开，特别是"绣"字本身更提示人们这样一个基本事实，即"花蕊布"上的花卉只能用丝线或绒毛线来绣，而不可能用棉线来绣。另外，在西域诸国进贡给北宋的物品中，"白氎布"与"花蕊布"是不能共存的，因为凡有"白氎布"者就不再有"花蕊布"，反过来，凡有"花蕊布"者亦就不再有"白氎

① 刘进宝：《唐五代敦煌棉花种植研究——兼论棉花从西域传入内地的问题》，《历史研究》2004年第6期，第27—40页。

② 文物出版社编：《文物考古十年1979—1989》，北京：文物出版社，1990，第349页。

③（宋）欧阳修：《新五代史》卷74《四夷附录第三》，北京：中华书局，1974，第917页。

④（宋）王钦若：《册府元龟》卷972《外臣部·朝贡五》，北京：中华书局，1960，第11423页。

⑤（南朝·梁）顾野王：《宋本玉篇》，北京：中国书店，1983。

⑥ 刘进宝：《唐五代敦煌棉花种植研究——兼论棉花从西域传入内地的问题》，《历史研究》2004年第6期，第27—40页。

⑦（宋）王明清：《挥麈前录》卷4，《宋元笔记小说大观》第4册，上海：上海古籍出版社，2007，第3603页。

⑧（元）脱脱：《宋史》卷490《外国六·于阗传》，北京：中华书局，1985，第14108页。

⑨（明）罗曰褧：《咸宾录》，北京：中华书局，2000，第93页。

⑩ 蔡美彪：《中国通史》第7册《西北各族》，北京：人民出版社，1978，第346页。

布"。所以，"白氎布"与"花蕊布"往往是可以相互替代和排异的，而为了弥合棉布与毛布的这个矛盾，有人则提出新疆人称棉花为毛布的观点①，并用现代对棉布整染的第一道工序就是"烧毛"来作为证据。实际上，"花蕊布"无论在考古学和史料学上都找不到直接的证据来证明其所使用的原料纯粹都是棉花。而从目前已知的史料看，"花蕊布"更多的是跟羊或骆的氎毛有关，如英语"blanket"一词的最初含义是指做衣服用的"白色毛布"，直到 14 世纪以后才专门用来指"毯子"。又如《宋会要辑稿》载有回纥贡北宋白氎布 30 段的史例②，而宋代洪浩的《松漠纪闻》却将"白氎布"称作"白氎狨"③，在此，"白氎布"无论如何不能说是纯粹的棉布。再由山普拉古墓墓主人的彩色条纹或方格纹毛布衣服和尼雅汉晋遗址出土的绣花毛毡可知，"花蕊布"是一种彩色的绣花毛布，是于阗、鄯善、高昌等西域诸国最为流行的布料。这跟整个西域地区的寒冷气候有关，而地处北方的北宋都城开封，其冬季的寒冷气候亦在客观上对西域"花蕊布"提出了消费需求，故《宋史》和《挥麈前录》皆云：高昌国出"白氎绣文花蕊布"，而《文献通考》则作"白毡绣文花蕊布"④。把"白氎"写作"白毡"，肯定不是马端临的笔误，而是"花蕊布"本来主要系以羊毛为原材料所织成。例如，汉代文豪蔡琰诗中说："毡裘为裳兮，骨肉震惊。"⑤白居易亦云："碧毡帐暖梅花湿，红燎炉香竹叶春。"⑥《大唐西域记》卷载：于阗"出氎毹细毡，工纺绩绝紬……少服毛褐毡裘，多衣绝紬白氎"⑦。只不过，"花蕊布"较一般的"毡"布多加了"绣文"而已。因此，从本质上说，"花蕊布"也是毡布或氎布的一种，或者是由棉花和羊毛混纺而成的一种毛布。

于阗"花蕊布"很可能起源于东汉，如民丰县东汉古墓中发掘出一件被称为"罽"的毛布，上面就绘有人兽葡萄图案。⑧许慎《说文》释："罽，西胡氎毛也。"⑨唐人孔颖达疏"罽"引舍人释云："胡人续续羊毛为衣。"⑩而宋人林之奇则进一步说："皮制之可以为裘，氎毛织之可以为罽。"⑪在古代，"罽"有时与"毡"义同，故"罽裘"亦可称"毡裘"，上引蔡琰之"毡裘为裳兮"即是一例。元人又称"罽"为"氎布"，如陈师凯说："氎布为罽。"⑫而从唐宋文人的文学用语看，唐人喜称"毡裘"，如刘禹锡诗云：

① 吴震：《关于古代植棉研究中的一些问题》，《第二届吐鲁番国际学术研讨会论文集》，上海：上海辞书出版社，2008，第 27—36 页。

② （清）徐松辑：《宋会要辑稿》蕃夷 4 之 2。

③ （宋）洪浩：《松漠纪闻》卷 1，李兴盛等编《秋笳馀韵》外十八种上，哈尔滨黑龙江人民出版社，2005，第 617 页。

④ （宋）马端临：《文献通考》卷 336《四夷考·车师前后王》，北京：中华书局，2011，第 9291 页。

⑤ （宋）郭茂倩：《乐府诗集》卷 59《胡笳十八拍·第三拍》，北京：中华书局，1979，第 861 页。

⑥ （唐）白居易著，朱金城笺注：《白居易集笺校》卷 34《律诗·洛下雪中频与刘李二宾客宴集因寄汴州李尚书》，上海：上海古籍出版社，1988，第 4 册，第 2578 页。

⑦ （唐）玄奘、辩机著，季羡林注：《大唐西域记》卷 12《瞿萨旦那国》，北京：中华书局，2000，第 1001 页。

⑧ 李遇春：《民雅遗址和东汉合葬墓》，《民雅考古资料》，内刊，1988，第 25 页。

⑨ （汉）许慎撰，（宋）徐铉校：《说文解字》，北京：中华书局，1963，第 157 页。

⑩ （唐）孔颖达：《尚书注疏》卷 5《夏书》，《十三经注疏》中华书局 1983 年影印版。

⑪ （宋）林之奇：《尚书全解》卷 9《夏书》，影印文渊阁四库全书本。

⑫ （元）陈师凯：《书蔡氏传旁通》卷 2《禹贡》，影印文渊阁四库全书本。

"毡裘君长迎风驭，锦带酋豪踏雪衙。"①张籍亦说："去年中国养子孙，今著毡裘学胡语。"②北宋文人除了在专门描述胡人的服装特征时使用"毡裘"一词外，更多的是称"罽裘"，如王安石说："春风荡屋雨添沟，东阁翛然拥罽裘。"③尤其值得注意的是在北宋的文人阶层已开始流行穿"白罽裘"，如刘敞说："早晚凉飚起，重修白罽裘"④，刘攽又说："赐隔青绫被，贫余白罽裘"。⑤由此可见，在北宋，"毡裘"与"罽裘"的施用对象已经发生了很大的变化，其中"毡裘"指胡服，而"罽裘"则特指中原汉族士大夫所穿的一种毛布衣服，即汉服。且从种种迹象表明，中原汉族士大夫所穿的"白罽裘"之"白罽"，应当就是前面提到的"白氎绣文花蕊布"，也即汉代的"文罽""斑罽""氍毹""花罽"之类，如《后汉书·南蛮西南夷列传》载："其人能作旄毡、班罽、青顿、毲㲪、羊羧之属。"⑥同书《乌桓传》又说：其"妇女能刺韦作文绣，织氍毹"。注引《广雅》云："氍毹，罽也。"⑦其实，将羊毛特别是山羊毛先织成毛布，并经矿石粉染作花色（即"花蕊布"），然后再用"花蕊布"缝织成外套穿是整个中世纪西亚居民最流行的高档春秋装之一。而于阗、鄯善、高昌、龟兹、回鹘等西域诸国之流行"花蕊布"，大概受到了此风的影响，如和田地区山普拉遗址出土的上面织有人马图像的缂毛裤，显然是从西亚传过来的技术。又，尉犁县出土了一件红地对人兽树纹罽袍，其风格融希腊文化与早期波斯艺术于一体，罽袍下襟接缝的一片卷藤树纹纬二重罽，花心部分采用了独特的"挖花"技法⑧，所以《宋史》载于阗国自熙宁以来才开始向北宋贡"花蕊布"，而《续资治通鉴长编》亦载有于阗国商人将"花蕊布"拿到私市做交易的现象，这个事实表明于阗国经过长时期的努力之后，一直到北宋中期才在西亚缂毛技术的基础上形成具有本民族特色的毛织技术。因此，在北宋之前，我国古代的史学著述中没有发现"花蕊布"一词，而《宋史》和《续资治通鉴长编》则是目前已知记载"花蕊布"的最早历史文献。

在北宋，"花蕊"即中亚语"gesar"译音，于阗语则作"集市"或"贸易"讲，而《魏略》作"海西布"，其书说：中亚"有织成细布，言用水羊毳，名曰海西布"⑨。也就是说，在于阗人看来，"花蕊布"是用来作贸易的羊毛纺织品（里面亦混纺一些棉花），其原料一般均采自山羊身上的毳绒（即内毛），具体织作可分拔绒、弹茸、捻线、纺布和织花等工序。明代宋应星在《天工开物》一书中说："山羊毳绒亦分两等：一曰搿绒，用梳栉搿下，打线织帛，曰褐子、把子诸名色；一曰拔绒，乃毳毛精细者，以两指

① （清）彭定求等编：《全唐诗》卷359《送浑大夫赴丰州》，北京：中华书局，1960，第4045页。
② （清）彭定求等编：《全唐诗》卷382《陇头行》，北京：中华书局，1960，第4284页。
③ （宋）王安石：《临川文集》卷31《律诗·同陈和叔游北山》，四部丛刊本。
④ （宋）刘敞：《公是集》卷19《五言律诗·夏晚》，影印文渊阁四库全书本。
⑤ （宋）刘攽：《彭城集》卷9《五言律诗·苦寒》，中华书局影印丛书集成本。
⑥ （南朝·宋）范晔：《后汉书》卷86《南蛮西南夷传·冉駹传》，北京：中华书局，1965，第2858页。
⑦ （南朝·宋）范晔：《后汉书》卷90《乌桓传》，北京：中华书局，1965，第2979页。
⑧ 文物出版社编：《新中国考古五十年》，北京：文物出版社，1999，第493页。
⑨ （三国·魏）鱼豢著，张鹏一辑：《魏略》，陕西文献征辑处，1924。

甲逐茎捋下，打线织绒褐。此褐织成，揩面如丝帛滑腻。每人穷日之力，打线只得一钱重，费半载工夫方成匹帛之料。"[1]而"花蕊布"由于既费时又不易仿冒，龟兹国"城有市井而无钱货，以花蕊布博易"[2]，而于阗则把它作为最珍贵的礼物进献给北宋王朝。

诚然，"花蕊布"的消费最初仅局限在宋朝的皇室之内，但是随着北宋经济的进一步发展和皇帝"与士大夫共天下"的家法由政治生活逐渐向经济生活和社会生活方面的延伸，诸如褐子、文罽一类的仿"花蕊布"在北宋中期之后便开始成为文人隐士最具个性化的服装衣料了。关于这一点，我们完全可以从上述王安石、刘敞、刘攽等的诗句中反映出来。此外，苏州博物馆藏明代李士达所绘《西园雅集图》里有穿着褐衣的宋代文人米芾、苏轼和秦观。本来，褐衣是西域诸国一般居民的服装，到北宋则由"胡服"转而成为文人隐士的一种制服，这种着装的变化显然受到了"花蕊布"消费的影响，故朱熹不无感慨地说："今世之服，大抵皆胡服。"[3]与此相应，于阗、高昌等西域诸国的毛织工匠亦开始不断定居内地，他们既是毛布的织造者又是销售者，基于此，毛布织造才在内地成为一种颇有发展前景的新兴手工产业。如宋人说："回纥因入贡往往散行陕西诸路，公然货易，久留不归者有之"[4]，而宋人庄绰更说："泾州虽小儿皆能捻茸毛为线，织方胜花。一匹重只十四两者，宣和间，一匹铁钱至四百千。"[5]

另，从宋人对褐衣的质料记载来看，唐代之前，褐衣的质料是用苎麻布织成，故云："褐者，毛布，贱者之服也。"[6]宋人吕祖谦又说："褐，贱者所服。今夷狄作褐皆织毛为之。"[7]他的言外之意就是说，宋代的的褐衣与唐代以前的褐衣在质量上已经发生了重大的变化，其质料由苎麻布改为毛布，所以宋人赵顺孙以为"以毳织布曰褐"[8]，进而戴侗说：褐"盖以缕捻毛而织之"[9]，所以在此基础上，陈启源始大胆地主张：张："毳衣别是一服。"[10]如此看来，自宋代起褐衣已有苎麻布与毛布的区别，故元人俞琰云："郑氏误以褐为毪，遂云褐，毛布也。毛布乃今之斜毪，价贵于苎麻多矣，此岂贱之服？"[11]可见，为了把苎麻布褐衣跟毛布褐衣相区分，元人干脆称毛布褐衣为毛布毪衣，也有的人称"毳衣"（即花蕊布）。在宋代，毛布的消费不单单是用做衣服，亦是织"兜罗锦"的材料。从字面上看，"锦"应是丝织物，然"兜罗锦"却实为毳布的一种。比如，《宋史·大食国传》载有"兜罗锦"（《松漠纪闻》写作"兜罗绵"）一物，至于"兜罗

① （明）宋应星：《天工开物》卷 2《乃服第二》，上海：上海世界书局，1936，第 44 页。

② （元）脱脱：《宋史》卷 490《外国六·龟兹传》，北京：中华书局，1985，第 14123 页。

③ （宋）黎靖德编，王星贤点校：《朱子语类》卷 91《礼八·杂仪》，北京：中华书局，1986，第 2327 页。

④ （清）徐松辑：《宋会要辑稿》蕃夷 4 之 9。

⑤ （宋）庄绰著，萧鲁阳校：《鸡肋编》卷上，北京：中华书局，1983，第 33 页。

⑥ （宋）李樗、黄熏：《毛诗集解》卷 17，影印文渊阁四库全书本。

⑦ （宋）吕祖谦：《吕氏家塾读诗记》卷 16，四部丛刊本。

⑧ （宋）赵顺孙：《孟子纂疏》卷 4《滕文公章句上》，影印文渊阁四库全书本。

⑨ （宋）戴侗：《六书故》卷 32《褐》，影印文渊阁四库全书本。

⑩ （清）陈启源：《毛诗稽古编》卷 5，济南：山东友谊出版社，1991，第 166 页。

⑪ （元）俞琰：《席上腐谈》卷上，北京：中华书局，1985，第 4 页。

锦"为何物？《瀛涯胜览》这样记载说："榜葛剌国出沙塌儿布，阔三尺五，长四丈，若三梭，有蓦勒阔四尺，长二丈，背皆氄绒，厚可五分，即兜罗锦也。"[①]可见，"兜罗锦"亦应是一种毛布，而不是丝布。

当然，在北宋的于阗国，跟花蕊布一起作为贡物的纺织品尚有"胡锦"或"西锦"，而这些锦品却是真正的西域襄色丝织物，其主要类型有大闲锦、经锦和纬锦。根据《大唐西域记》和藏文《于阗国史》的记载，唐代的瞿萨旦那国（即于阗国）通过"和亲"的手段从东国获得蚕种，之后于阗很快就成为著名的"西域丝都"。接着，中国的丝绸技术经于阗又继续向西传播到波斯（今伊朗），从而使波斯也成为世界上著名的丝绸生产中心之一，故史学家将这条中西交通路线称为"北方丝绸之路"。这段记载可以说明，在唐代之前，于阗并没有本民族的丝织业，而于阗的丝绸技术源自东土中原。但从实践上讲，引入蚕种与取得丝织技术且形成自身的特色本身并不一定同步与同体，两者引进的途径也不一定相同。现在的问题是，于阗的丝织技术究竟源自"东国"（即东土中原）还是源自中亚，抑或是东西两种纺织技术互渗的结果？一般认为，西汉张骞"凿空"西域之后，中国的丝织技术随陆上"丝绸之路"而渐次传入西域及中亚各国。[②]不过，目前的考古资料证实，早在西汉张骞"凿空"西域之前，埃及、叙利亚等地就出现了非中国生产的丝织衣服，如人们在埃及、叙利亚都发现了公元前 3—5 世纪穿丝织衣服的女神像，而赫德森曾说，罗马人将中国的丝绸"解而制成绫"，即对中国丝绸重新进行加工，竭力模仿科斯岛特产的类丝织物——"科恩袍"，且从公元 1 世纪始，其"丝绸衣料普遍取代了科恩织物"。[③]与此同时，普林尼在《自然史》一书中认为，居于爱摩都斯山（即喜马拉雅山）之外的塞里斯人（即中国蜀国的音译，实为于阗、鄯善等西域人），就专门从事倒卖中国丝绸和大秦海西布的商贸活动。正是由于于阗商人的这种贸易活动，才使大秦海西布通过西域传入中原，而中国丝绸作为一种交换物，也通过西域传至罗马。在这里，虽然我们不清楚"科恩袍"的具体细节与技巧，但它是不同于中国传统丝绸技术的一种具有科斯岛特色的古老纺织技术。这一点是毫无疑问的。据马雍先生考证，至少到东汉末期，于阗、鄯善等地已经侨居着不少中亚移民。[④]在这些移民中，既有商人和教徒，也有政客与织工。约撰成于公元 6 世纪的《哥特人战争》一书曾提到有几位生活在于阗的印度僧人为使罗马帝国摆脱波斯商人对丝绸贸易的垄断，他们主动向罗马人传授丝织技术。由这个史例可以推知，于阗国的丝织技术大概也有外来的成分，换句话说，印度僧徒曾把印度的丝织技术传到了于阗，而且构成于阗丝织技术的重要组成部分。当然，从根源上说，丝绸的原产地为中国的四川。据段渝先生考证，大约在商代中期，巴蜀丝绸就传入了印度，然后由印度进一步向北传到阿富汗[⑤]，史称"南方丝绸之路"。有资料显示，"南方丝绸之路"的开辟在时间

---

① （明）马欢著，万明校注：《明抄本〈瀛涯胜览〉校注》，北京：海洋出版社，2005，第 128 页。

② 芮传明：《中华文化通志》第 10 典《中国与中亚文化交流史》，上海：上海人民出版社，1998，第 145 页。

③ 〔英〕赫德森：《欧洲与中国》，上海：上海译文出版社，1986，第 296 页。

④ 马雍：《东汉后期中亚人来华考》，载《西域史地文物丛考》，北京：文物出版社，1990，第 57 页。

⑤ 段渝：《政治结构与文化模式：巴蜀古代文明研究》，上海：学林出版社，1999，第 369 页。

上远早于"北方丝绸之路",这就是说,在中国丝绸技术沿"北方丝绸之路"传播到波斯、罗马以前,从"南方丝绸之路"获得中国丝绸技术的印度、阿富汗等国家,事实上早已形成了各自的丝织特色,并通过本国的商人而向罗马及于阗、鄯善等西域诸国输出。这样,位于"北方丝绸之路"与"南方丝绸之路"交汇点的于阗、喀什等地,其丝织技术必然受到东、西两种文化的相互影响,并在此基础上形成颇具民族个性的丝织产品。

三、于阗药品生产与北宋中医药的发展

于阗具有丰富的药材资源,据调查统计,新疆全区共有药材 2210 种,而于阗地区就占 600 多种,其中阿魏是这里的特产。因此,丝绸、瓷器、珠宝和药材就成了"丝绸之路"的四大贸易商品[1],而"丝绸之路"本身则对西域诸国产生了两个方面的经济意义,其一是造就了许多商业重镇,如"焉耆、龟兹、疏勒、于阗,征西域贾,各食其征"[2],这表明商业贸易早已构成西域诸国的重要财政来源;二是为西域诸国培育了一批资源型的民族产业,像龟兹的库车紫羔皮[3]、于阗的乳香等。特别是从西汉开始,经过唐朝的进一步拓展,到北宋初年,于阗在"丝绸之路"的商贸氛围里,因地制宜,已基本上形成了以玉石、纺织毛皮和中药为特色的产业优势。

据《宋史》记载:于阗国"自熙宁以来,远不踰一二岁,近则岁再至。所贡珠玉、珊瑚、翡翠、象牙、乳香、木香、琥珀、花蕊布、硇砂、龙盐、西锦、玉鞯辔马、腽肭脐、金星石、安息鸡舌香"[4],由此可见,于阗在向北宋王朝进贡的物品中,中药材居于主导性地位。在北宋,于阗玉石不仅是奢侈品,而且更是道家所推崇的仙药之一。司马光说:"昔汉武信神仙之道,谓当得云表之露,以餐玉屑"[5],葛洪又说:"玉亦仙药,但难得耳……得于阗国白玉尤善。"[6]故《增广太平惠民和剂图经本草药性总论》及《重修政和经史证类备急本草》都载有"玉屑"和"玉泉"这两味玉石部的上品药,而陈师文等《太平惠民和剂局方指南总论》则将玉屑用于治疗"积热咽喉痛、上焦壅热、心经烦渴、腮颔结核者",或"喉闭缠喉风者",或"口舌生疮",或"口疳"。[7]同时,陈言还发明了"治伤寒发热、涎潮上厥、伏留阳经、头疼眩晕不可忍者"的"玉屑散"和"治尿血、并五淋砂石、疼痛不可忍受者"的"玉屑膏"[8],等等。从地质结构上看,于阗国位于欧亚大陆的板块边界,是地震和火山的多发带,因而这里出产由火山作用

---

① 郭厚安、陈守忠:《甘肃古代史》,兰州:兰州大学出版社,1989,第 316 页。

② (宋) 欧阳修、宋祁:《新唐书》卷 221《西域传上·焉耆》,北京:中华书局,1975,第 6230 页。

③ 龚予等:《中国历代贡品大观》,上海:上海社会科学院出版社,1992,第 487 页。

④ (元) 脱脱:《宋史》卷 490《外国六·于阗传》,北京:中华书局,1985,第 14108 页。

⑤ (宋) 司马光:《资治通鉴》卷 73《魏纪五》,北京:中华书局,2011,第 2325 页。

⑥ (晋) 葛洪:《抱朴子·内篇》卷 2《论仙药》,管曙光主编《诸子集成》,第 4 册,长春:长春出版社,1999,第 172 页。

⑦ (宋) 陈师文等:《太平惠民和剂局方指南总论》卷下,影印文渊阁四库全书本。

⑧ (宋) 陈言:《三因极一病症方论》卷 16,影印文渊阁四库全书本。

所形成的硇砂（化学名为"氯化铵"），故《宋史》载："北廷北山中出硇砂，山中尝有烟气涌起，无云雾，至夕光焰若炬火，照见禽鼠皆赤。采者著木底鞹取之，皮者即焦。下有穴生青泥，出穴外即变为砂石，土人取以治皮。"①厉鹗亦云："红虎皮者，回纥貛皮也。揉以硇砂，须其软熟，用以为靴也。"②这说明于阗国初以硇砂制造皮革，当时尚不知应用于治疗疾病，而在硇砂输入中原之后，人们才对它的化学性质有了更多的了解和认识，同时也才被比较广泛地应用，如宋代制出并利用了乙酸铵③；又如北宋政和年间，有人用甘肃深山中所产的一种红光草，取其汁且加入硇砂少许，腌于新琢成的玉器纹理之间，然后用新鲜竹枝燃火烧烤，使其红色慢慢渗入玉器肤里，用作玉器作伪，此法被称作"老提油"（用硇砂提出之法上色，称为提油）。苏颂说，硇砂自"西戎来者颗块光明，大者有如拳，重三四两，小者如指面，入药最紧"，但"此物本攻积聚，热而有毒，多服腐坏人肠胃，生用又能化人心为血，固非平居者可饵者。而西土人用淹肉炙以当盐，食之无害，盖积习之久，自不毒也"。④寇宗奭在《本草衍义》中亦有硇砂能腐溃腹中久积的说法，然对其入药却特别慎重："合他药治目中瞖。用之须水飞过，入瓷器中于重汤中煮其器，使自干，杀其毒及去其尘秽。"⑤可见，北宋的医药学家已经懂得硇砂须在复方中应用的方法，而这个方法后来便成为一条极为严格的临床用药原则。硇砂的化积功效显著，故临床用药量较大，因而硇砂在当时成为最紧俏的药物之一，所以就发生了回鹘和于阗的硇砂商与西夏官吏为争夺硇砂而相互争执的事情。对此，《续资治通鉴》载：开宝二年（969），"回鹘、于阗皆遣使来贡方物。回鹘使者道由灵州，交易于市，知州段思恭遣吏市硇砂，吏与使者争直忿竞"⑥。

终北宋一朝，在喀喇汗朝统辖之下的于阗国与宋朝保持着十分密切的经贸关系，其南疆至瓜州间的交通基本上是畅通无阻的，所以于阗商使罗斯温向宋真宗说："今自瓜、沙抵于阗，道路清谧，行旅如流，愿遣使安抚远俗。"⑦即使西夏将西域诸国与宋朝相交通的唐代丝绸之路河西段阻断以后，于阗商人也设法借助西蕃的力量，通过湟水流域和甘青地区，跟宋朝保持着经常性的经贸联系。据李远《青唐录》载："海西皆平衍无垄断"⑧，因此，从北宋中期之后，于阗商人从于阗出发，经且末、若羌，翻越阿尔金山，向东至芒崖镇，再沿柴达木盆地边缘，循昆仑山北麓，过青海湖南面的大非川，越日月山，经林金城，到青唐，然后以青唐为中转，经邈川（今青海乐都县）、杨塔、炳灵寺、河州（今甘肃临夏市）、定羌城（今甘肃广河县）、当川堡、康乐寨、渭源城，最后到达古渭寨（今甘肃陇西县）。随着丝绸

① （元）脱脱：《宋史》卷490《外国六》，北京：中华书局，1985。
② （清）厉鹗：《辽史拾遗》卷15《仪卫志二·国服》，影印文渊阁四库全书本。
③ 李亚东：《中国古代对铵及铵盐的认识和利用》，《中国科学技术学会第二次代表大会论文摘要》，北京：人民出版社，1979。
④ （明）李时珍著，陈贵廷等点校：《本草纲目》卷11《石部》，北京：中医古籍出版社，1994，第285—286页。
⑤ （宋）唐慎微：《重修政和经史证类备急本草》卷5《玉石部下品·硇砂》，北京：人民卫生出版社，1957年影印本。
⑥ （清）毕沅：《续资治通鉴》卷6，开宝二年十一月庚申，北京：中华书局，1957，第135页。
⑦ （元）脱脱：《宋史》卷490《外国六·于阗传》，北京：中华书局，1985，第14107页。
⑧ （明）陶宗仪：《说郛》卷35《青唐录》，上海：商务印书馆，1927。

之路青唐道的开辟，青唐（今西宁）便成为西北地区的一个新兴商业城市，当然也是北宋中后期中外商品的重要集散地，如冯一鹏说：西宁"有大市焉，细而珍珠玛瑙，粗而毡毯藏香，中外商贾咸集"①。而在于阗与内地商人的贸易活动中，尤以药材为交易之大宗，如其"地产乳香，来辄群负，私与商贾牟利；不售，则归诸外府得善价，故其来益多"②。又，元丰三年（1080），于阗使者甚至一次携带乳香及杂物就达 10 余万斤，以至于后来北宋政府嫌其携带货物太多而不得不让他们先在民间跟老百姓进行自由交易。同时作为对于阗商人的回报，北宋政府特别规定，于阗商人到内地贩运茶叶，无须纳税。③所以，从政治和经济两个方面来保证蕃商的实际利益，应当说是于阗国商人不远万里而对北宋政府"朝享不绝"的一个重要原因。

从历史上看，于阗国有着比较深厚的医药学理论与临床实践根基，如公元前 400 多年前，于阗国的哈孜巴义曾编著了一本对希腊医学产生过重大影响的药书，其中包括 312 种中草药、动物药和矿物药的药性、功能和主治等知识，曾吸引古希腊医学家非拉图的来访使者。后来，唐代《新修本草》新增药 114 种，其中就列有于阗出产的硇砂和阿魏，且阿魏又成为佛教饮食的"五辛"之一。公元 8 世纪，于阗国名医比吉·赞巴·布拉罕应聘入藏，并将其所著《医学宝鉴》《尸体图说》等 10 多部医书译成藏文。12 世纪初，于阗国名医阿老丁·穆罕木德·和田尼（1150—1222）撰成《治疗精华》和《法医》两部医书，而另一位名医贾马力丁·阿克萨依则著有《阿克萨依》一书。目前，人们在德国、法国等国家的图书馆里又找到了相当于唐宋时期的《于阗医学文献》，这说明于阗的古代医药学对欧洲医学的发展也起过积极的历史作用。开宝二年（969），于阗曾遣使向北宋贡阿魏子④，而苏颂《图经本草》载："阿魏出西番及昆仑，今惟广州有之。"⑤《证类本草·草部中品之下》附有"广州阿魏"图谱，由此可证，至晚到北宋中期以后阿魏就已经在广州普遍种植了，而且广州阿魏本身已衍化为中药材的一个新品种。实际上，自张骞"凿空"西域之后，于阗、疏勒等国向内地移植其特有草药品种的过程就始终没有中断，如《图经本草》载："红蓝花，即红花也。生梁汉及西域，今处处有之。"⑥唐慎微引《博物志》的话说："黄蓝，张骞所得。今仓魏地亦种之。"⑦又如，《海药本草》转《广志》云：肉豆蔻"生秦国及昆仑。"⑧按《陈藏器本草拾遗》所言"大舶来即有，中国无"的意思来推断，唐代以前我国仍然没有学会种植肉豆蔻，但北宋后期成书的《图经本草》却已载有"今惟岭南人家种之"的话，可见，中国肉豆蔻的种植始

① （清）冯一鹏：《塞外杂识》，借月山房汇钞本。

② （元）脱脱：《宋史》卷 490《外国六·于阗传》，北京：中华书局，1985，第 14108 页。

③ 韩毅：《宋代穆斯林开发西北区域经济的经验与启示》，《青海民族学院学报》，2002 年第 4 期，第 82—86 页。

④ （元）脱脱：《宋史》卷 490《外国六·于阗传》，北京：中华书局，1985，第 14107 页。

⑤ （宋）苏颂著，胡乃长、王致普辑注：《图经本草》（辑复本），福州：福建科学技术出版社，1988，第 211 页。

⑥ （宋）苏颂著，胡乃长、王致普辑注：《图经本草》（辑复本），福州：福建科学技术出版社，1988，第 221 页。

⑦ （宋）唐慎微：《证类本草》卷 9《草部中品之下》，北京：中国医药科技出版社，2011，第 276 页。

⑧ （唐）李珣撰，尚志钧辑校：《海药本草》（辑校本）卷 22《肉豆蔻》，北京：人民卫生出版社，1997，第 27 页。

于北宋，而种植肉豆蔻的知识则很可能得自西域商人。因此，元人许有壬说："比西北之药治疾皆良，而西域医术号精，药产实繁。"[①]

四、于阗传统贸易活动对北宋消费品市场的影响

于阗、疏勒等西域诸国将大量的药物、香料、玉石等商品输入北宋，不能不给北宋的消费市场造成经济影响。一方面，它丰富了内地的商品市场，并在一定程度上满足了内地消费者对香料、玉石的特殊需要；另一方面则是蕃商对北宋金银首饰、铜钱的需求量越来越大，从而引起北宋金银价格的上涨和铜钱的外流，导致北宋奢侈品的过热消费，对其整个商品经济的发展产生了不利影响。

首先，诸如香料、玉石等奢侈商品的输入吸引了北宋大量铜钱，因而给北宋政府造成很大的金融压力。比如，熙宁十年（1077）十月，"于阗国进奉使罗阿斯、难撒温等有乳香三万一千余斤，为钱四万四千余贯"[②]。由于陕西是蕃汉商贾的荟萃之地，也是北宋铜钱外流最为严重的区域之一。章粢曾说："昔日豪宗富室所蓄大小铜钱、旧铸铁钱，岁月浸久，其铜钱或散入夷狄，或迁而输邻路，盖所获利博，岂肯蓄藏于家？前日朝廷遣官就陕西更欲铸铜钱，不惟不足以救官司之急，而所铸虽多，亦恐不能如陕西流行也。"[③]"不能如陕西流行"即是说铜钱多外流至西域诸国或邻路，"实耗国用"[④]，故为了遏制铜钱的外流，北宋政府采取了甚为严厉的刑法措施，如开宝元年诏："以铜钱出外界"，"五贯以上，其罪死"[⑤]。至宋仁宗庆历元年五月则改为"一贯以上，为首者处死"[⑥]。至于携带铜钱出西西北边界者，不论"为首"与否，一贯以上处死。[⑦]可见，西北是北宋铜钱外流的重灾区，也是北宋对携带铜钱出界者用刑最为残酷的地区。为此，北宋政府甚至诏令陕西路禁用铜钱，以绝铜钱外流之患，如元符二年九月"令陕西路并禁使铜钱，违者徒二年，配千里"[⑧]。然而，即使如此，其商贩在陕西"负铜钱以出"[⑨]的现象也是有禁不止，故到宋徽宗时，北宋政府不得不又恢复了铜钱在陕西的流通。当然，从另外一个角度看，北宋在陕西境内禁用铜钱，代之"以布帛、茶及它物市马"[⑩]。这

---

① （元）许有壬：《至正集》卷 31《大元本草序》，续修四库全书本，上海：上海古籍出版社，2002。

② （清）徐松辑：《宋会要辑稿》食货 38 之 33。

③ （宋）李焘：《续资治通鉴长编》卷 512，元符二年七月癸卯，北京：中华书局，2004，第 12180 页。

④ （清）徐松辑：《宋会要辑稿》食货 67 之 1。

⑤ （宋）李焘：《续资治通鉴长编》卷 9，开宝元年九月壬午，北京：中华书局，2004，第 207 页。

⑥ （宋）李焘：《续资治通鉴长编》卷 132，庆历元年五月乙卯，北京：中华书局，2004，第 3122 页。

⑦ 汪圣铎：《两宋货币史》上册，北京：社会科学文献出版社，2003，第 179 页。

⑧ （宋）李焘：《续资治通鉴长编》卷 516，元符二年九月甲戌，北京：中华书局，2004，第 12269 页。

⑨ （宋）苏辙著，俞宗宪校：《龙川略志》卷 8《议罢陕西铸钱欲以内藏丝绸等折充漕司》，北京：中华书局，1982，第 49 页。

⑩ （宋）李焘：《续资治通鉴长编》卷 24，太平兴国八年十一月壬申，北京：中华书局，2004，第 559 页。

种以物易物的贸易方式在特定的历史条件下有利于消费品生产的发展，加之蕃汉商人须以货物形式往返途中，为减少负重之苦，他们必然会在中途进行交易，这样就为培育新的商贸重镇创造了必要的文化氛围和物质条件。

其次，通过政府回赐和民间贸易，于阗的商人用药物、香料、玉石等物品换取北宋的金银、丝绸，结果使北宋金银的价格上涨。从历史上看，自魏文帝时于阗始向中原王朝朝贡，而于阗跟中原王朝发生真正"贡赐贸易"的关系却是从唐高宗开始的。[①]一般地讲，在"贡赐贸易"中"回赐"与"贡奉"之间的交易是不等值的，其中"回赐"的物品和价值远远大于"贡奉"的物品和价值。跟于阗与唐朝的"贡赐贸易"相较，北宋时于阗与唐朝的"贡赐贸易"不仅次数更多，如仅见于《宋史》卷 16《神宗三》、卷 17《哲宗一》、卷 19《徽宗一》和卷 21《徽宗三》所载于阗入贡的次数就有 6 次，而且贡品种类更多，如《宋史·于阗传》记于阗入贡的物品达 16 种。而北宋的"回赐"物品虽比不上"贡奉"物品丰富，但所"回赐"的物品往往是作为贵金属的金与银，如天圣三年（1025）十二月，于阗"贡玉鞍辔、白玉带、胡锦、独峰橐驼、乳香、硇砂。诏给还其直，馆于都亭西驿，别赐袭衣、金带、银器百两、衣著二百"[②]。且熙宁以来，"每赐以晕锦旋襕衣、金带、器币"[③]。又如，元丰八年（1085）十一月十二日，北宋政府回赐于阗贡使钱百有二十万，同年十二月六日特别回赐于阗贡使钱百万等。[④]在北宋，这种"回赐"方式不单是对于阗一个国家，它几乎对所有入贡的国家和地区都适用。此外，北宋尚美奢靡的销金之风以及北宋政府向辽和西夏国交纳的岁币银等，都需要消费大量的金银，然而，北宋金银矿的开采实际上却非常有限，如熙宁七年（1074）至十年（1077），北宋政府"山泽之入"的金银实际收入不过如下：金 997 两，银 129 460 两。而宋神宗后期中央政府的税收总数也只是：金 37 985 两，银 2 909 086 两。[⑤]尽管当时北宋政府"召百姓采取，自备物料烹炼，十分为率，官收二分，其八分许坑户自便货卖"[⑥]。但北宋的金银生产仍然不能满足整个社会对金银消费的需求。早在宋真宗时，金银买卖就出现了"金银价贵"的经济现象，如大中祥符元年（1008）正月，"时京城金银价贵，上以问权三司使丁谓，谓言为西戎回鹘所市入蕃。乙亥，下诏约束之"[⑦]。从历史上看，西域诸国与中亚各国的贸易多以"金钱"流通手段，故《广州记》载："生金出大食国，彼方出金最多，凡诸贸易，并使金钱。"[⑧]《国朝会要》又载："大中祥符

① （宋）欧阳修、宋祁：《新唐书》卷 221《西域传上·于阗》，北京：中华书局，1975，第 6235 页。

② （元）脱脱：《宋史》卷 490《外国六·于阗传》，北京：中华书局，1985，第 14108 页。

③ （元）脱脱：《宋史》卷 490《外国六·于阗传》，北京：中华书局，1985，第 14108 页。

④ （清）徐松辑：《宋会要辑稿》蕃夷 4 之 17。

⑤ 王菱菱：《宋代矿冶业研究》，保定：河北大学出版社，2005，第 32 页、第 121 页。

⑥ （清）徐松辑：《宋会要辑稿》食货 34 之 16。

⑦ （宋）李焘：《续资治通鉴长编》卷 68，大中祥符元年甲戌，北京：中华书局，2004，第 1521 页。

⑧ （晋）顾微：《广州记》，《岭南古代方志辑佚》，广州：广东人民出版社，2002，第 99 页。

九年十一月，大食国以金银各千文入贡。"①因此，于阗商人与中亚各国商人进行商品贸易就不能不使用金银钱，这就促成了北宋大量金银经"西戎回鹘所市入蕃"的经济后果。当然，造成"金银价贵"的原因不独"为西戎回鹘所市入蕃"一个因素，其他如销金之风对金银的消费就很大，诚如丁谓所言："辇毂之下，廛肆相望，竞造金箔，用求厚利，况山泽之宝所得难，致侥纵销镕实为虚费，今约天下所用岁不下十万两。"②到宋仁宗时，包拯在《请断销金等事》奏折中亦说："自近年以来，时俗相尚，销金之作，浸以公行，近日尤甚。"③而由于于阗入贡的商人众多，其"回赐"给北宋政府带来的财政压力是不言而喻的，故元丰元年（1078）十二月，北宋政府规定：于阗国入贡的人数不得超过 50 人。④到哲宗元祐二年（1087）十月，又进一步限定其仅允一人入贡。⑤在此，笔者怀疑"一"为"十"之误，如元祐四年（1089）五月二十八日，"于阗国贡使李养星、阿点魏奇贡方物"⑥。当然，入贡的人数和贡品减少了，但其总的人数和物品并没有减少，只是入贡与民间贸易的地位发生了变化，改以入贡为主为民间贸易为主，即"余令于熙、秦州货易"⑦。

相比较而言，于阗国的毛织技术对陕西纺织业的影响尤为显著。据载，西域毛织技术至少在汉代就传入了中原，如《风俗通义》说："文帝代服衣罽，袭毡帽，骑骏马。"⑧至唐代，中原已有专门培育出来的羊，用其内毛可织出"如丝帛滑腻"的线褐。在北宋，陕西毛织生产和消费都形成了一定的区域特色。根据《鸡肋编》及《清稗类钞·服饰类》的记载，产于陕西的毛织物"方胜"的售价甚至比丝绢的价格还高出 10 倍。⑨而另一种毛织物"绺"，"以真茸为之，一绺有直十余千者"⑩。金朝曾在汴京生产毛褐，而元灭金时得汴京织毛褐工 300 人⑪，同时，又将 300 名西域织金绮纹工安置于宏州（今河北阳原）。因之，西域的织毛技术在中原地区得到了普及与推广。据《宋会要辑稿》载："于阗皆小金花毡笠，金丝战袍、束带，并妻男同来，乘骆驼、毡兜铜铎入贡。"⑫而这些商人中不乏"家秦陇间"者⑬，据李远《青唐录》载，宋时，青唐（今西宁）城的东城住着于阗等"四统往来贾贩之人数百家"⑭。而狄道

① （宋）洪遵撰，杜斌校：《泉志》，济南：山东画报出版社，2013。
② （宋）赵汝愚：《宋名臣奏议》之丁谓《上真宗乞禁销金》，影印文渊阁四库全书本。
③ （宋）包拯：《孝肃包公奏议》卷5《请断销金等事》，《丛书集成初编》，第 0900 册，第 56 页。
④ （清）徐松辑：《宋会要辑稿》蕃夷 7 之 35。
⑤ （清）徐松辑：《宋会要辑稿》蕃夷 7 之 4。
⑥ （清）徐松辑：《宋会要辑稿》蕃夷 4 之 18。
⑦ （清）徐松辑：《宋会要辑稿》蕃夷 7 之 4。
⑧ （汉）应劭：《风俗通义》卷2《正失·孝文帝》，（清）纪晓岚总撰：《四库全书精编·史部》第5辑，北京：中国文史出版社，2013，第 84 页。
⑨ 程民生：《中国北方经济史》，北京：人民出版社，2004，第 311 页。
⑩ （宋）叶梦得著，侯忠义校：《石林燕语》卷 10，北京：中华书局，1984，第 150 页。
⑪ （明）宋濂：《元史》卷 120《镇海传》，北京：中华书局，1976，第 2964 页。
⑫ （清）徐松辑：《宋会要辑稿》蕃夷 7 之 57。
⑬ （宋）李焘：《续资治通鉴长编》卷 111，明道元年七月甲戌，北京：中华书局，2004，第 2584 页。
⑭ （明）陶宗仪：《说郛》卷 35《青唐录》，上海：商务印书馆，1927。

城（今临洮市）为熙州路的经贸中心，这里亦汇集着大量留居达 10 余年左右的于阗、卢甘等国商人。[①] 所以，于阗的织金绮纹工亦是构成陕西新兴纺织业的基本物质力量之一。

最后，迫使北宋政府对消费品市场进行宏观调控。如上所述，鉴于蕃汉之间的私人交易，极易导致铜钱和金银币的外流，所以北宋政府在陕西秦凤路置"市易司"，"借官钱为本，稍笼商贾之利，即一岁之入，亦不下一二千万贯"[②]。因官方相对于私人，资金雄厚，故有利于形成经营规模，且能够更有效地对消费品的生产进行宏观调控。其具体措施是：

（1）制止蕃商与牙侩私市，以增加国家税收。牙侩这种经纪人现象最早出现于唐代，它是一种专事说合买卖的中间人。随着北宋社会经济的繁荣和发展，牙侩作为官营经济的副产物，在北宋经济生活的各个领域表现得十分活跃，如古董市场、人口市场，外贸交易（专以撮合本地及外地客商与蕃人的买卖为业而从中渔利的牙侩）、牲畜交易等，凡"蕃汉为市者，非其人为侩则不能售价"[③]。所以，一方面，牙侩的出现固然有利于封建性私人经济的发展，但另一方面，它在一定程度上却阻碍了国家的财政收入，如李宪曾说："蕃贾与牙侩私市，其货皆由他路避税入秦州。"[④]因而北宋中期以后，政府对牙侩特别是专门从事外贸交易的牙侩，基本上采取限制的政策，如"回纥、于阗、甘卢等国人尝赍蕃货，以中国交易为利，来称入贡，出熙河路，朝廷察知其情，故限之以年，依到本路先后之次，发遣赴阙，而来者不已，守待发遣，有留滞在本路十余年者，其所赍蕃货，散入诸路，多是禁物，民间私相交易，远商物货厚利，尽归于牙侩"。故北宋政府"于湟州别置蕃市以居来者，更不发遣赴阙，使利归于公，货通于下。"[⑤]而市易务可"募牙侩引蕃货赴市易务中，贾私市者许纠告，赏倍"[⑥]，这样，北宋政府就最大限度地取得了"以官府作贾区，公取牙侩之利"[⑦]的税收效果。

（2）实行"和买"制。所谓"和买"即属北宋政府的禁榷之物要"尽数中卖入官"，故亦称"博买"。如香药为禁榷之物，并"于京师置香药易院，增香药之直，听商人市之"[⑧]，大中祥符七年（1014）五月十九日诏："回纥香……私下便钱，令京城门商税院，缉逐告捉。"[⑨]而"于阗国进奉使罗阿厮撒温等有乳香三万一千余斤，为钱四万四千余贯，乞减价三千贯卖于官库，从之。"[⑩]

---

① （宋）李复：《潏水集》卷 1，影印文渊阁四库全书本。

② （清）徐松辑：《宋会要辑稿》食货 37 之 14。

③ （清）徐松辑：《宋会要辑稿》蕃夷 4 之 10。

④ （元）脱脱：《宋史》卷 186《食货志下八》，北京：中华书局，1985，第 4552 页。

⑤ （宋）李复：《潏水集》卷 1《乞置榷场》，影印文渊阁四库全书本。

⑥ （元）脱脱：《宋史》卷 186《食货志下八》，北京：中华书局，1985，第 4552 页。

⑦ （元）脱脱：《宋史》卷 186《食货志下八》，北京：中华书局，1985，第 4547 页。

⑧ （清）徐松辑：《宋会要辑稿》食货 55 之 22。

⑨ （清）徐松辑：《宋会要辑稿》食货 55 之 24。

⑩ （清）徐松辑：《宋会要辑稿》蕃夷 4 之 16。

（3）对入贡物品实行奉章制管理。如绍圣四年（1097）二月八日，于阗国"遣使入贡，押伴所申进奉"①，其所申的内容包括贡使的貌状饰服、人数及物品，有没有官方的表章等，如不符合规定，则诏示"约回"。比如，元丰二年（1079）十月十三日，熙河经略使言："于阗国来贡方物而无国主表章，法不当纳，已谕使去。"②又元丰三年（1080）十月九日，"熙州奏：于阗国进奉般次至南川寨，称有乳香杂物等十万余斤，有违朝旨，未敢解发，诏乳香约回"③。

从辩证的角度看，任何事物都有正反两个方面的作用，于阗三大传统技术产业对北宋消费品市场的影响亦是如此。像上述的几个方面均可以看做是于阗三大传统技术产业对北宋消费品市场所产生的积极影响，是正面的作用。不过，由于于阗的三大传统产业几乎都是中原地区的紧俏商品，自然有利可图，尤其是于阗、龟兹、高昌等地所贡和田玉多为未经加工的原材料，这就给那些仿制古玉器者创造了基本的物质条件，故北宋的宫廷玉院和地方上的一些玉匠就设法应用一定的技术手段，如仿汉代的游丝跳刀法、人工仿沁、造斑法等，利用宋人对考古知识的茫然而大量生产和制造假冒汉代以前的玉品，以此来坑骗中原地区的广大古玉爱好者，大发不义之财，这样就不可避免地给宋代的玉器生产和消费带来一定的消极影响，造成北宋和田玉消费市场的混乱。比如，北宋吕大临的《考古图》专门收有 14 件玉器，而聂崇义的《三礼图》则摹绘和臆造了不少古玉器的图形，所以为了迎合皇室及收藏玩赏者的消费需求，仿制古玉便一跃成为宋代最赚钱的技术产业。因此，北宋不仅有皇室玉院，以仿制古玉器为专业，而且民间盗墓活动猖獗，大兴仿制古玉器之风，甚至其风习一直延及明清，宋代笔记《西湖老人繁胜录》中就载有当时皇室玉院仿制的玉花瓶、玉轸芝、玉劝盘等所谓的"奇宝"。故清代陈性在《玉纪》一书中说："宋宣和、政和间，玉贾赝造，将新玉琢成器皿，以虹光草汁罨之，其色深透，红似鸡血色，时人谓之得古法，赏鉴家偶失于辨，或因之获重价焉。"④在民间的玉器市场上，由于以假乱真的现象比较普遍，有些购买者常常担心上当受骗，因而对销售商所售玉器不免有所疑虑。如南朝宋人鲍照就曾遇到了这样的情况："见卖玉器者，或人欲买，疑其是珉，不肯成市。"⑤

① （清）徐松辑：《宋会要辑稿》蕃夷 4 之 18。
② （清）徐松辑：《宋会要辑稿》蕃夷 4 之 16。
③ （清）徐松辑：《宋会要辑稿》蕃夷 4 之 16。
④ （清）陈性：《玉纪》，《美术丛书》初集第二辑，第 113 页。
⑤ （南朝·宋）鲍照：《鲍明远集》卷 7《见卖玉器者》，影印文渊阁四库全书本。

中国自行车工业的发展：1949—1990 年

关 权[*]

摘 要：本文通过对中国自行车工业发展（1949—1990 年）的考察，旨在实现以下两个目的。第一，提出和验证几个观点：①在计划经济时期，一个行业中的各个企业之间并不完全相同。也就是不完全是同质的，它们之间存在着差异，这些差异有时甚至很大。②这种差异在企业之间不是一成不变的，而是随着时间变化的，企业的地位有升有降，有成长的也有衰退的甚至消亡的。③各个行业都存在龙头企业，它们在行业的发展过程中发挥了积极的作用。第二，从技术进步和企业内教育等方面分析企业之间存在差异的内在原因。笔者认为，虽然计划经济时期的工业发展主要是"粗放型增长"（数量和规模的扩大），但同时也存在一定程度的"内敛型增长"（质量的提高）。而且，虽然计划经济时期在总体上缺乏竞争机制，也不能否认存在一些竞争因素，这些因素支撑了一些企业尤其是龙头企业的发展。不过，当时强调更多的是协调，它同竞争机制一样也具有两面性：既促进了企业的发展，也阻碍了企业的发展。

关键词：粗放型增长 内敛型增长 主成分分析 技术进步 企业内教育

一、引 言

1949 年以后，中国的自行车工业实现了快速发展。1950 年只生产了 1.9 万辆自行车，而 1960 年生产了 176.5 万辆，1970 年为 368.8 万辆，1980 年为 1302.4 万辆，1990 年为 3141.6 万辆。[①]通过这种长期的快速增长，中国早已成为名副其实的世界自行车生产大国，虽然算不上强国。[②]

实际上，在改革开放之前就有一些行业实现了数量（产量）上的高速增长。不仅钢铁、石油、水泥等重工业行业，纺织、布匹、手表、缝纫机等轻工业行业也实现了快速增长。

关于这个时期的增长方式，一种观点认为是它来自重视工业轻视农业，重视重工业轻视轻工业的发展战略；另一种观点认为是单纯追求速度，扩大规模和增加数量的结果。[③]这些观点虽然能够解释当时中

---

[*] 关权，中国人民大学经济学院教授。

[①] 1988 年达到 4139.8 万辆，1995 年进一步达到 4472.3 万辆。

[②] 1989 年自行车生产主要国家和地区的产量如下：中国大陆 3720 万辆，日本 779 万辆，中国台湾 670 万辆，美国 530 万辆。拥有数分别为：中国 3.2 亿辆，美国 0.88 亿辆，日本 0.66 亿辆。参见自転車産業振興協会：《自転車統計要覧（第 24 版）》，1990，第 239—241 页。

[③] 前者参见林毅夫，蔡昉，李周：《中国的奇迹：发展战略与经济改革》，上海：三联书店、上海人民出版社，1994。后者参见南亮进：《中国の经济发展：日本との比較》，東洋経済新報社，1990。

国经济存在的主要问题，但还有一些问题没有解决。例如，如何解释这一时期轻工业的发展？另外，如果单纯是新建企业和扩大规模，不应该有劳动生产率的提高，而事实并非完全如此。

这些都是理解和研究 1949 年以后中国经济发展不可忽视的问题，但目前并没有得到满意的答案。为了在这方面打开突破口，有必要从一个行业（尤其是轻工业）入手做一些深入的考察。然而，由于按行业划分的长期系列资料比较缺乏，这方面的研究相当有限，也相当滞后。从这个意义上说，日本学者清川雪彦的研究就显得十分重要。另外，就自行车工业而言，Zhang Xunhai 的 *Enterprise Reforms in a Gentrally Planned Economy* 是关于自行车工业的概括性研究，但并不是分析性的研究。[①]

本文以自行车工业作为案例展开讨论。笔者关心的问题是：包括计划经济时期在内，自行车工业的发展是单纯由数量扩大实现的，还是伴随着质量的提高；同样在计划经济条件下，企业是否是同质的。我们认为在计划经济时期，与其他工业一样，自行车工业的发展主要是通过新建企业或扩大规模，即所谓"粗放型增长"实现的。但是，同时也包含一些通过技术进步或从业人员的技能提高等"内敛型增长"的部分。因此，我们推测应该存在两种类型的企业：一种是受地方保护主义等思想影响而单纯追求数量扩大的企业；另一种是通过开展企业内教育以及技术创新提高质量的企业。前者属于粗放型企业，后者属于内敛型企业。当然，在计划经济时期，前者的数量更多而后者较少。事实上，这种结构一直延续到改革开放以后，但这种局面随着外资企业和民营企业的参与逐步被打破。笔者认为，这种二元结构式的发展形态，在中国的各个工业行业中都有不同程度的表现，可以说是当时中国工业发展的一大特征。

在以下的分析中，首先在第二部分，分几个阶段概述自行车工业的发展过程，并指出企业发展的特征和存在的问题。在第三部分，使用企业资料找出企业之间的差异，并提出假说，然后通过统计分析验证假说。在第四部分和第五部分，进一步研究第三部分统计分析中发现的特征的原因。具体说，通过技术进步和企业内教育两个侧面进行深入讨论。最后，总结分析中得出的结论，并指出今后的课题。

考虑到资料的限制和产品的差异，这里仅限于整车制造企业的分析。另外，本文使用的很多资料在当时都属于不公开的机密文件。

二、发 展 过 程

1. 1949 年以前（1936—1948 年）

中国自行车工业是在外国自行车进口的冲击中诞生的，这一点与日本自行车工业早期的状况相一致。[②]由于当时只有进口的外国车，坏了需要修理和配件，于是出现了小型的修理门市和配件厂，这些小厂多集中于沈阳、天津、上海、青岛等沿海城市。20 世纪 30 年代曾经也出现过国产自行车，但实际上大

---

① 这本著作侧重介绍自行车工业时间上的演变和地区性的结构。

② 关于日本自行车工业的发展，参见関権：《戦前期における自転車工業の発展と技術吸収》，《社会経済史学》，62 卷 5 号，1997。

部分是使用外国零件组装的。中国最早的几家整车制造厂均为日本人设立。1936 年日本宫田制作所在沈阳设立"满洲"宫田制作所，几乎同时，日本商人小岛和三郎分别于 1936 年在沈阳、1938 年在天津、1940 年在上海设立昌和制作所，这些企业后来都成为新中国自行车工业的鼻祖。[1]日本 1945 年战败以后，国民党资源委员会对这些企业进行了整编，达到了一定的规模。沈阳自行车厂（当时叫沈阳制车总厂）1947 年有 195 台机械设备，256 名职工。天津自行车厂（当时叫天津第二机械分厂）有 320 名职工。然而，这些工厂不仅产量很少，在质量上也存在很多问题。1949 年沈阳生产 2806 辆，天津生产 6899 辆，上海生产 4373 辆自行车，合计 14 078 辆，加上其他工厂的产量，全国总计 15500 辆。[2]当时国产自行车被称为"铁道车"和"过桥车"，比喻刚买来的自行车一过铁道或过一座桥就坏了。

2. 恢复期（1949—1957 年）

尽管如此，这几家整车厂仍然是新中国自行车工业的先驱。尤其在这个时期，几乎是这三家企业的"三分天下"，而且都有了较快的发展。1957 年三家企业共生产自行车 75.25 万，其中沈阳生产 16.4 万辆（1949 年的 58.5 倍），天津生产 30.35 万辆（1949 年的 44.0 倍），上海生产 28.5 万辆（1949 年的 65.2 倍），三家产量占全国总产量（80.6 万辆）的 93.4%，其余为青岛自行车厂（5.3 万辆）以及其他中小企业生产。职工数也有了较大增加，沈阳 2006 人（1949 年的 4 倍），天津 2460 人（1949 年的 6.4 倍），上海 2865 人（1949 年的 4.6 倍）[3]，分别发展成为大型企业。从上面产量的变化超过职工人数这一点不难看出，这些企业的平均实物劳动生产率明显提高了。沈阳从 5.6 辆/人增加到 81.8 辆/人（14.6 倍），天津从 17.8 辆/人增加到 102.9 辆/人（5.8 倍），上海从 7.1 辆/人增加到 71.7 辆/人（10.1 倍）。单位成本也有了明显下降，沈阳从 1951 年的 93.1 元/辆降为 1957 年的 66.4 元/辆，天津从 95.7 元/辆降为 56.8 元/辆，上海从 88.7 元/辆降为 62.3 元/辆。[4]自行车从 1953 年开始出口，1957 年共出口 1.8 万辆。[5]

这个时期的一个重要事件是"资本主义工商业的社会主义改造"。在这个改造中，很多中小企业通过公私合营等方式合并成大企业，1954 年设立的青岛自行车厂就是其中之一，1956 年成为拥有 1497 名职工，生产 3.2 万辆自行车的大型企业。

3. 发展期（1958—1965 年）

1958 年开始的"大跃进"运动对中国经济的各个方面都产生了不小的影响，这些影响有正面的也有负面的。在出现了浮夸风的同时，为了片面追求增加产量不惜粗制滥造。在"以钢为纲"方针指导下，一些

① 中国自行车协会：《中国自行车工业发展简史》，1991，第 1—8 页。

② 中国自行车协会：《中国自行车工业发展简史》，1991，第 8 页。

③ 中国自行车协会：《中国自行车工业发展简史》，1991，第 21 页。

④ 这里是按照 1980 年价格计算的。

⑤ 中国自行车协会：《中国自行车工业发展简史》，1991，第 21 页。

自行车厂试图生产汽车（如天津自行车厂），有的被下放到人民公社管理（如沈阳自行车厂），使企业管理出现了极大的混乱。正面影响的例子是，在"解放思想，破除迷信"新风的吹动下，虽然不够科学，但也创造出了大量的技术革新。1958—1965 年实现技术革新达到 10 万件，如高频制管机、自动电镀生产线、中接头超高液压成型、经典喷漆和红外线烘干花盘、中轴螺丝钢碗冷压等具有当时国际先进水平的新工艺新技术，前叉腿锥形管冷轧生产线填补了国内外空白，自动研磨、自动冲压、金切自动单机等革新成果先后投产。[1]新产品有 1958 年的 81 型赛车，1961 年的自动自行车，1965 年的 65 型赛车，1966 年的 66 型赛车，以及面向农村的载重车，面向城市的小轮车等。这个时期自行车的种类已达到六个系列 100 多种。[2]

这个时期，各地还新建了一批工厂。1958 年设立的有天津第二自行车厂、上海第三自行车厂、长春自行车厂、哈尔滨自行车厂、无锡自行车厂、苏州自行车厂、成都自行车厂；1959 年设立的有广州自行车厂、南通自行车厂；1960 年设立的有安阳自行车厂等。这些工厂虽然在后来的岁月里经历了大风大浪，但大多数成长为骨干企业，到 1965 年已经有 13 家整车厂，总计 19 972 名职工。[3]1958—1965 年，生产自行车的地区还有北京（1786 辆）、安徽（189 辆）、福建（1728 辆）、广西（282 辆）、湖南（159 辆）、湖北（149 辆）、陕西（680 辆）、云南（100 辆），但由于生产成本较高，质量不高，先后停止了整车的生产。[4]

4. "文化大革命"时期（1966—1976 年）

1966 年开始的"文化大革命"给自行车工业的打击是沉重的，尤其在初期损失是惨重的。1966 年自行车产量为 207.3 万辆，1967 年减少到 177 万辆，减少了 30 多万辆。[5]而且在混乱中，企业管理几乎陷于瘫痪，产品质量没有保证。然而，"文化大革命"期间并没有完全停产，1969 年以后反而增长很快。1976 年生产达到 665.4 万辆，是 1966 年的 3.2 倍。自行车出口 39.3 万辆，是 1966 年 18.9 万辆的 2 倍多。[6]当然，这种产量的增长主要来自新建企业，也就是上面说到的"粗放型增长"（见图 1）。1976 年自行车工业有 44 家整车厂（24 省/市）和 359 家零件厂，职工 12 万人。[7]

当然，这个时期也并不都是数量的扩大，在技术创新方面也有一些成果。例如，大卷板开料机组、四联扎带钢生产线、前叉腿锥形管冷轧成型机、脚闸身螺旋孔型横轧机、中轴冷墩机、轴档多工位冷墩、钢珠自动轧制、曲柄金切生产线、电泳上漆线、可控气氛氢化自动淬火炉，以及可控硅整流代替直流电机用于电镀电源等。[8]

① 中国自行车协会：《中国自行车工业发展简史》，1991，第 24 页。
② 中国自行车协会：《中国自行车工业发展简史》，1991，第 24 页。
③ 中国自行车协会：《中国自行车工业发展简史》，1991，第 29 页。
④ 中国自行车协会：《中国自行车工业发展简史》，1991，第 29 页。
⑤ 中国自行车协会：《中国自行车工业发展简史》，1991，第 30 页。
⑥ 中国自行车协会：《中国自行车工业发展简史》，1991，第 34 页。
⑦ 中国自行车协会：《中国自行车工业发展简史》，1991，第 33—34 页。
⑧ 中国自行车协会：《中国自行车工业发展简史》，1991，第 33 页。

5. 改革开放时期（1977—1990 年）

1976 年"文化大革命"结束，中国经济迎来了新的时代，自行车工业也出现了新的动态。

第一，在 20 世纪 80 年代，有众多企业特别是机械工业大企业（大多为军工企业）和外资企业（超过 50 家）加入自行车工业。①机械企业，如沈阳五三工厂（辽宁）、黎明机械厂（辽宁）、新阳机械厂（辽宁）、沈阳拖拉机厂（辽宁）、白云机械厂（吉林）、龙江电工厂（黑龙江）、洛阳第一拖拉机厂（河南）、湘华机械厂（湖南）、湘峰机械厂（湖南）、洪源机械厂（湖南）、连胜机械厂（江西）、星火机械厂（江西）、山川机械厂（四川）、朝阳机械厂（四川）、先锋机械厂（陕西）、胜利机械厂（甘肃）、第二机械厂（内蒙古）等①；②外资企业，如深圳中华、深圳亚洲、深圳银海、广州凯迪、鞍山万路达、天津丹华、江门斯比利达、厦门国际、厦门欧拜克、天津斯普等。②1980 年整车厂达到 115 家。

第二，地区之间的横向联合接连不断，尤其是永久、凤凰、飞鸽、金狮等集团规模最大。1986 年由 14 家企业联合成立的永久集团，1990 年达到 57 家企业，职工 5 万人。③在市场原理作用下，一些企业遭到淘汰，就连中国最早的沈阳自行车厂也在 1997 年宣布破产。

第三，从供给不足的时代迎来了供给过剩的时代。自行车产量在 1979 年突破 1000 万辆，1983 年达到 2758 万辆。这时供给已经超过需求，然而产量继续攀升，1988 年突破 4000 万辆。④结果出现大量积压，影响了企业的收益，从此自行车行业迎来买手市场的时代。

6. 小结（1949—1990 年）

1949—1990 年大约 40 年时间，自行车工业与其他工业行业一样，在经历了曲折的过程之后，实现了长足的发展。1990 年有 600 多家生产企业，职工 30 余万人，固定资产原值 29 亿元，净值 21 亿元，生产能力 5000 万辆。1988 年达到最高产量 4122 万辆，产值 75.96 亿元。1949—1990 年总共生产自行车 4.1 亿辆，平均年增长率为 20.4%。自行车种类齐全，包括七大类 2000 多个品种。⑤

生产技术上，通过技术革新、技术改造、技术引进，生产机械化和自动化程度达到 90% 以上。1990 年全行业拥有高频自动焊管机 200 多台，各种形式的热处理、油漆和电镀自动生产线接近 1000 条，使得制管、热处理、焊接、油漆和电镀等关键的热加工工艺基本上实现了自动化。金切和冲压加工以及链条、辐条等生产基本上采用了高效的自动或半自动专机。全行业拥有 12 万台设备，其中专用设备 4 万台。1980 年

---

① 中国自行车协会：《中国自行车工业发展简史》，1991，第 36—46 页；中国企业概况编辑委员会：《中国企业概况（7）》，北京：企业管理出版社，1988，第 332—381 页。

② 中国自行车协会：《中国自行车工业发展简史》，1991，第 54—55 页。

③ 中国自行车协会：《中国自行车工业发展简史》，1991，第 154—157 页；上海自行车集团公司：《上海轻工业志·自行车工业篇》，1991，第 163—170 页。

④ 中国自行车协会：《中国自行车工业发展简史》，1991，第 36 页。

⑤ 中国自行车协会：《中国自行车工业发展简史》，1991，第 58 页。

全国自行车社会拥有量接近 1 亿辆（9617 万辆），1984 年 2 亿辆，1990 年全国自行车拥有量达到 3.5 亿辆，平均 3.2 人一辆。1953 年开始出口，仅 1885 辆，1990 年达到 377 万辆，38 年间累计出口 2700 万辆。[①]

三、假 说 验 证

1. 假说的提出

上一部分，笔者通过对几个具有典型特征的时期的历史性考察，确认了自行车工业的发展过程和一些特点。总的来说，自行车工业的发展是以新企业的设立和规模扩大实现的，即所谓"粗放型增长"[②]。不过，也有一些通过技术革新和企业内教育，从而提高劳动生产率的"内敛型增长"的部分。通过对企业的考察，我们还发现，虽然同样是国有企业或集体企业，它们的经营状态和技术水平却并不一样，企业之间存在着差异。

图 1 表示了企业数量的增加与企业在各省普及之间的关系。从这个图我们可以了解以下两点：第一，直至 20 世纪 80 年代初期，企业数量及企业在地区上的普及持续增加，整体上呈现 S 形状。尤其在"大跃进"时期（1958—1960 年）、"文化大革命"时期（1966—1976 年）、改革开放初期（1978—1982年）这三个时期新建了很多企业。第二，新增企业的大部分是过去没有自行车工厂的地区。关于这一点，从直感也能看得出来，二者之间是密切相关的（相关系数为 0.981）。

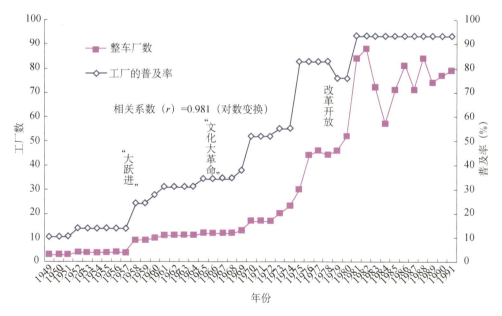

图 1　自行车整车厂数及普及率

资料来源：参见正文

注：（1）工厂数有缺失

（2）普及率的分母为省份（不包括海南省）

[①] 中国自行车协会：《中国自行车工业发展简史》，1991，第 59 页。
[②] 这里，关于"粗放型增长"主要指企业或工厂在数量上的增加。

虽然，我们从图 1 中看出改革开放以前自行车工业的发展基本上是由工厂的新建和扩充实现的，然而事实并不这么单纯。如果完全是数量的扩大和增加，就不应该有劳动生产率的提高。虽然在企业之间存在差异，但大多数企业的劳动生产率都有提高（表 1）。于是，我们可以确认两点：第一，自行车工业的发展不完全来自数量的扩大，同时也伴随着质量的提高。第二，企业之间并不是完全相同的，存在着差异。为了进一步说明问题，我们提出以下三个工作假说：①虽然同样处在计划经济下，同样属于国有企业或集体企业，企业之间存在差异，这种差异有时是比较大的；②即使在计划经济时期，企业也有进有出，有涨有落；③尽管企业之间的变动很大，但有些企业一直是优秀的和领先的，它们成为这个行业的领头羊，发挥了重要作用。

表 1 按类型分组的生产和经营指标

年份	工厂类型（工厂数）	实物劳动生产率（辆/人）	利润率（%）	单位成本（元）	工厂平均职工人数（人）
1965	平均值（全部）	72.17	89.37	76.12	1760.09
	优良企业群（3）	189.79	274.35	59.77	2969.33
	传统企业群（2）	61.53	39.48	67.85	2521.50
	"大跃进"企业群（6）	42.40	13.51	87.01	901.67
1970	平均值（全部）	120.42	170.90	83.40	1995.67
	优良企业群（3）	209.31	577.75	63.85	3664.33
	传统企业群（2）	80.02	47.49	76.48	2759.00
	"大跃进企"业群（6）	102.10	40.71	90.07	1164.50
	"文化大革命"企业群（1）	44.46	-21.72	115.84	450.00
1975	平均值（全部）	127.61	36.38	106.53	1829.32
	优良企业群（3）	324.54	203.95	65.68	3561.33
	传统企业群（2）	144.30	30.85	84.70	2831.00
	"大跃进"企业群（6）	152.80	20.65	95.49	1432.83
	"文化大革命"企业群（8）	30.68	-13.28	135.57	1226.75
1980	平均值（全部）	117.97	24.59	119.83	1672.96
	优良企业群（3）	412.26	190.04	66.98	4393.33
1980	传统企业群（2）	175.54	32.47	85.10	3972.50
	"大跃进"企业群（6）	195.96	44.02	94.61	2763.67
	"文化大革命"企业群（32）	82.07	6.07	130.55	1239.19
	改革开放企业群（5）	54.54	17.39	127.07	588.20

年份	工厂类型（工厂数）	实物劳动生产率（辆/人）	利润率（%）	单位成本（元）	工厂平均职工人数（人）
1985	平均值（全部）	204.62	20.42	99.59	2031.27
	优良企业群（3）	468.05	127.91	68.76	6374.67
	传统企业群（2）	180.26	17.84	101.26	5494.00
	"大跃进"企业群（6）	238.60	30.74	96.16	4605.83
	"文化大革命"企业群（28）	183.03	9.13	99.12	1731.64
	改革开放企业群（26）	197.11	9.84	106.74	1864.85
	机械企业群（5）	96.77	13.66	104.05	2028.40
1996	平均值（全部）	187.91	5.49	164.24	1978.44
	优良企业群（3）	422.42	85.59	118.31	7891.33
	传统企业群（2）	100.26	−21.77	148.93	5765.50
	"大跃进"企业群（6）	204.27	−0.34	158.98	4292.67
	"文化大革命"企业群（26）	142.96	0.08	162.14	1992.46
	改革开放企业群（33）	216.86	5.17	155.16	953.39
	机械企业群（8）	70.82	−8.60	216.98	1791.00
	外资企业群（3）	362.61	43.10	208.45	566.33

资料来源：自行车情报站资料

注：（1）利润率、单位成本为 1980 年价格

（2）数字都是单纯平均值

（3）各企业群的判断标准如下：①优良企业群，依据图 2 和图 3；②传统企业群为"大跃进"以前开办的；③"大跃进"企业群为大跃进时期（1958—1960 年）开办的；④"文化大革命"企业群是"文化大革命"时期（1966—1976 年）开办的；⑤改革开放企业群是改革开放时期（1977 年以后）开办的；⑥机械企业群是 1980 年以后参入的大型机械企业；⑦外资企业群是外资参与的合资企业

2. 假说验证

（1）资料介绍

在这一节，我们将通过统计分析验证以上假说。在此之前，有必要介绍一下使用的资料。众所周知，由于种种原因，关于改革开放以前各个行业的统计资料十分缺乏，尤其涉及各个企业的较为详细的、能够进行统计分析的数据更为难得。因此，过去关于各个行业的研究和分析只能停留在行业整体的变化趋势上，有相当多的问题得不到确认和解释，甚至成为一个黑匣子。实际上，有关这个时期各个行业的生产经营状况也有一些较为详细的统计资料，只不过一般难以入手或保存不够完整，也有一些属于机密文件。当然，资料本身的质量和调查项目也比较少，分析时比较困难。

在计划经济时期，大致有以下三种统计资料：①政府统计，即各级统计部门通过企业统计部门上报的资料，带有指令性色彩。②行业交流资料，是由各个行业的组织（名称不一，现在多叫"协会"，自行车工业称为"中国自行车协会"，成立于 1985 年）在行业内各企业之间进行交流的资料。不具有指令

性，但对各个企业来说是有益处的。一家企业给行业提供了自己的信息，就可以获得其他企业的信息。③由专门的调查机构进行的一次性调查。这种调查在当时比较少，工业普查属于这一类。这三种统计资料各有优缺点。第一种资料比较全面，便于从宏观角度把握行业的情况，但由于已经高度抽象，没有各个企业的具体数据，无法进行详细分析。第二种由于不具有指令性，有时统计不够完整，但能够反映企业的具体情况，便于做各种分析。第三种资料是工业普查，它的优点是详细准确。缺点有二：一是信息往往不全部公开，尤其很少公开各个企业的信息；二是一次性调查不能反映发展和变化的情况，只能说明调查时点的情况，如第二次工业普查包含了1980年和1985年的情况。

本文的分析以第二种资料（以下称为"协会资料"）为主，另外两种资料为辅。在这里具体地指，中国自行车协会下属的全国自行车工业科学技术情报站对加入协会的成员企业收集的资料，即《全国自行车行业技术经济指标汇编》。每年的内容有些差异，但大体有如下项目：产品名称、产量、产值、职工数、单位成本、利润总额、投资额、粗固定资本额、设备数量、土地面积、建筑面积等。有些年份还有工人数、技术人员数、技改投资额、纯固定资本额、出厂价、市场价、本厂销售额、库存量、生产能力等。虽然看上去指标并不少，但有些对经济分析更为有价值的指标，如企业性质、增加值、原材料和燃料使用量、工资、职工年龄、工龄、学历等却没有记录，这就限制了分析的深度和广度。

（2）统计分析

在这里，将通过统计分析验证上面提出的假说。由于可以得到长期系列资料，考察的时间可以一直向前延长到1949年。但如上节所述，越往前企业的数量就越少，于是我们把分析的时间定在1965—1990年的25年。[①]为了全面地观察这25年的情况，选择每5年作为一个观察点，即1965年、1970年、1975年、1980年、1985年、1990年。至于20世纪90年代以后的情况，这里暂时不作分析。原因有二：第一，我们没有收集到1990年以后的资料；第二，1990年以后市场进一步开放，各种形态的自行车企业（包括个人合伙的组装厂等）参入进来，可以说自行车工业进入到了"战国时期"。对这个时期的情况，需要从一个新的角度理解和分析。

验证由两个步骤组成：第一个步骤是将各个企业的特性找出来。这里使用主成分分析方法，确定各个企业在各个时期的相对位置，从中发现各类企业的特性。第二个步骤是根据主成分分析的结果，通过生产函数分析各类企业的生产效率。

主成分分析使用的变量与表1是一致的，即实物平均劳动生产率（X_1）固定资本利润率（X_2）单位成本的逆数（X_3）职工数（X_4）。[②]前三个变量（X_1、X_2、X_3）是反映企业经营管理的指标，可以称为"技术

---

① 由于1960年"大跃进"，企业还没有真正走上生产轨道，分析的偏差会增大。另外，1958年以前只有四个厂家，分析企业间的差异意义不大。

② 本来还有生产额的数据，但由于这里的分析限于整车厂，所以生产量更有意义。特别是在计划经济时期，很多企业都是"大而全，小而全"的，每个企业生产的零部件都不尽相同，难以直接衡量企业间的差异。需要指出的是，这里资本是粗固定资本（固定资产原值），劳动为职工数，利润是利润总额。所有年份的金额都换算成了1980年价格（依据工业产品出厂价格指数）。

和效率指标"，第四个变量（X_4）可以看做是"职工规模指标"[①]。也就是说，如果四个指标（尤其是前三个）都很高，意味着企业的生产技术和经营效率都比较好，规模也较大；如果都很低，则表明企业的经营状况较差，规模较小。限于篇幅，图 2 只表示了 1980 年和 1990 年的分析结果，其他年份的情况也差不多，都有一个比较好的结果（累积贡献度都超过 80%）。[②]而且，1975 年以后各时点（包括 1980 年和 1990 年）都显示出第一主成分为"技术与效率轴"，第二主成分为"规模轴"。

从图 2 可以看出以下几点：第一，与其他企业相比，上海自行车厂、上海第三自行车厂、天津自行车厂在生产技术和企业管理两方面明显优良，因此我们将这几家企业称为"优良企业"。第二，到 20 世纪 80 年代前期，支撑自行车工业发展的企业还有天津第二自行车厂、沈阳自行车厂、青岛自行车厂、广州自行车厂、无锡自行车厂等一批中坚企业。这当中有历史悠久的"传统企业"（如沈阳自行车厂、青岛自行车厂），也有"大跃进"时期设立的企业。第三，与 20 世纪 90 年代前期的外资企业相呼应，一批新的企业在成长。需要指出的是，这里的企业类型是依据统计分析做出的，因此只能代表一种"事后"的特征，并不一定是严密的。

根据以上主成分分析的结果，结合历史的变化，我们将企业分成①优良企业，②传统企业，③"大跃进"企业，④"文化大革命"企业，⑤改革开放企业，⑥机械企业，⑦外资企业，共 7 个群体（表 1）。除了优良企业外，其他类型的企业都不同程度地受到时代的影响。从表 1 可以看出以下几个事实：第一，所有时点优良企业的各项指标都是最好的，尤其是劳动生产率和利润率远远高于其他企业。第二，从整体看，1965—1985 年企业的发展较快，而后速度放慢了。也就是说，自行车工业的数量增长已经在这个时期达到高峰，此后应该更加重视质量的提高了。第三，新设企业的业绩一般刚开始不太好，随着经验的积累得到了一定的改善。这在经济学上被称之为"干中学"，体现在经济指标上就是单位成本的下降。[③]"大跃进"企业、"文化大革命"企业、改革开放企业大都如此，但机械企业却是个例外。第

---

① 这里使用职工人数作为工厂或企业的规模，而没有采用产量或固定资产，是因为职工人数在当时比较稳定。而产量和固定资产，或者不够稳定，或者数据有缺失。

② 1965 年、1970 年、1975 年、1985 年的分析结果如下：

1965 年：
$$Z_1 = 0.929X_1 + 0.739X_2 + 0.939X_3 + 0.949X_4$$
$$Z_2 = -0.111X_1 + 0.673X_2 - 0.299X_3 - 0.119X_4$$
累积贡献率：79.8%＋14.2%＝94.0%（样本数：11）

1970 年：
$$Z_1 = 0.907X_1 + 0.718X_2 + 0.955X_3 + 0.937X_4$$
$$Z_2 = -0.082X_1 + 0.693X_2 - 0.255X_3 - 0.193X_4$$
累积贡献率：78.2%＋14.7%＝92.9%（样本数：12）

1975 年：
$$Z_1 = 0.964X_1 + 0.932X_2 + 0.932X_3 + 0.958X_4$$
$$Z_2 = -0.159X_1 - 0.166X_2 - 0.141X_3 + 0.518X_4$$
累积贡献率：86.2%＋8.5%＝94.8%（样本数：19）

1985 年：
$$Z_1 = 0.787X_1 + 0.888X_2 + 0.830X_3 + 0.654X_4$$
$$Z_2 = -0.530X_1 + 0.200X_2 + 0.166X_3 + 0.697X_4$$
累积贡献率：63.1%＋20.9%＝84.0%（样本数：70）

③ 关于这一点，后面会有比较深入的讨论，也可以称之为"学习效应"和"经验效应"。

$$Z_1 = 0.900X_1 + 0.926X_2 + 0.954X_3 + 0.793X_4$$

$$Z_2 = -0.361X_1 - 0.092X_2 - 0.075X_3 + 0.614X_4$$

累计贡献率：79.8%＋13.0%＝92.8%

样本数：48

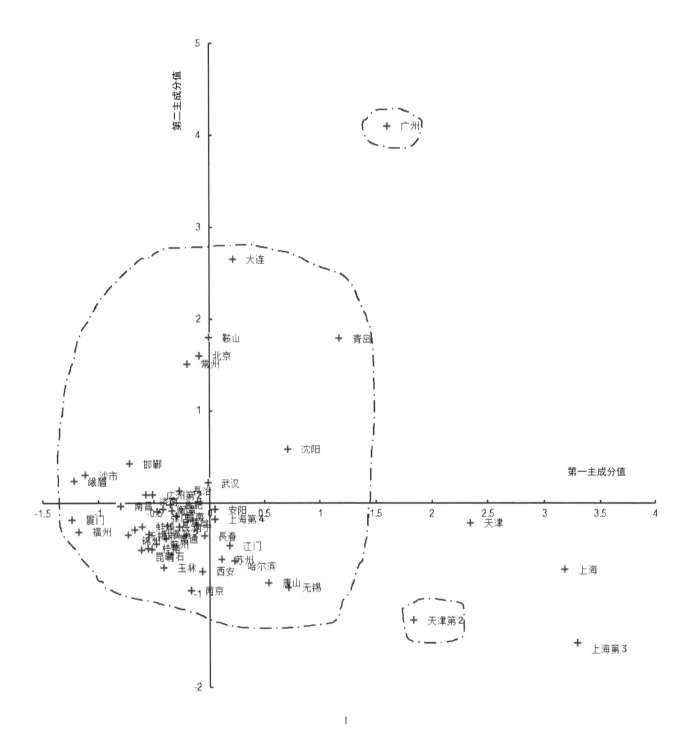

$$Z_1 = \quad 0.810X_1 + 0.819X_2 + 0.645X_3 + 0.293X_4$$

$$Z_2 = -0.337X_1 - 0.247X_2 + 0.343X_3 + 0.867X_4$$

累计贡献率：45.7%＋26.1%＝71.8%

样本数：81

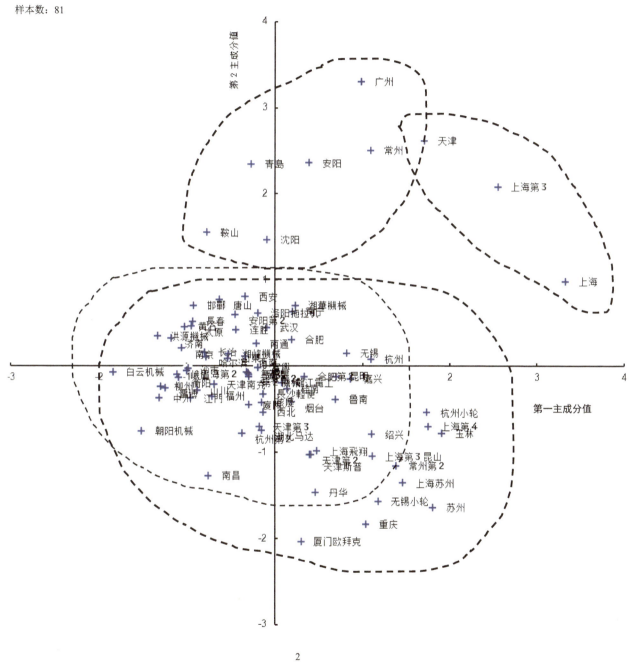

2

图2　1980年（a）和1990年（b）整车厂的地位

1. 1980年整车厂的地位；2. 1990年整车厂的地位

四，进入20世纪90年代以后，外资企业表现出不同寻常的优势。这也在意料之中，因为外资是带着更先进的生产技术和产品型号进入的。例如，山地车这种类型的自行车在此前中国企业不能生产。

　　进一步，观察企业群之间的长期变动情况。图 3 显示了优良企业群一直处于与其他企业游离的状态，尤其用第一主成分值衡量时远远大于其他企业。单纯从第一主成分值（距离）看，可以说自行车工业一直处于一个优良企业集团和其他企业集团并存的局面。不过，在其他企业集团里也有良莠之分。较好的，早期有传统企业群，后来有"大跃进"企业群。从长期看，如果将优良企业群看成第一集团，这两个集团可以看成第二集团。第三集团就是"文化大革命"企业群和改革开放企业群。业绩最差的是机

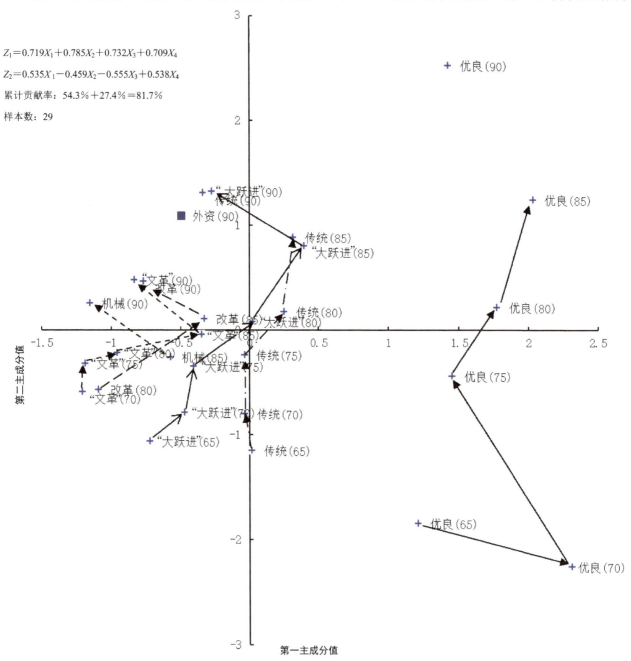

$Z_1=0.719X_1+0.785X_2+0.732X_3+0.709X_4$

$Z_2=0.535X_1-0.459X_2-0.555X_3+0.538X_4$

累计贡献率：54.3%+27.4%=81.7%

样本数：29

图 3　企业群的位置变化（1965—1990 年）

械企业群，应该说这些企业向自行车工业的进入是一个失败。相反，外资企业群的势头直追优良企业群，大有取而代之之势（表1）。[①]

3. 生产率分析

以上，通过多元统计分析方法确定了各种企业在长期经营过程中的相对位置和变化，还找出了优良企业以及其他企业群的特征。也就是说，到此为止大致上证明了在前面提出的假说。然而，这仅仅停留在判别企业的特征上，并没有对企业群的生产率及其原因给予解释。这里，先通过简单的生产函数分析各企业群的性质及其与生产率之间的因果关系。[②]进而，将计算单纯的科布·道格拉斯型生产函数。

$$Ln（V/L）＝C+\alpha Ln（K/L）+（\alpha+\beta-1）Ln（L）+\sum bX$$

式中，V 为粗附加价值额；L 为劳动投入；K 为资本投入；C 为常数；α 和 β 分别为资本和劳动的生产弹性；X 为包括企业类型虚拟变量在内的其他变量。劳动投入的系数（$\alpha+\beta-1$）为正说明存在规模经济，如果为负则不存在规模经济。企业类型虚拟变量是上一部分确定的 7 个企业群。其他变量包括新设备比率（20 世纪 80 年代）。

为了进行对比，在这里使用了三种资料：协会资料、工业普查资料（1980 年、1985 年）、银行调查（1980 年）。工业普查资料虽然不是连续的，但它有增加值以及机械设备额等信息，因此可以用来推算协会资料的增加值。也就是用工业普查资料估算 1980 年和 1985 年的协会资料和银行资料的相关指标。工业普查资料里没有的企业数据，用工业普查资料的平均值进行计算。不过，工业普查资料也有它的弱点：第一，样本较少；第二，只记录了大中型企业的信息。在计算时，关于 1980—1990 年三个时点直接使用了当年的数据。而关于 1965—1975 年，由于样本较少，只好将 1965 年、1970 年、1975 年三年的信息集合起来使用。另外，所有有关金额的变量都用 1980 年工业产品出厂价格指数进行了调整。

表2　生产函数的测算结果（1965—1990 年）

项目	1965—1975 年（a）	1980 年（a）	1980 年（b）	1980 年（c）	1985 年（a）	1985 年（b）	1990 年（a）
常数项	2.578	**5.929	2.511	−2.607	**6.605	*5.114	1.659
	(1.222)	(2.892)	(0.756)	(−0.800)	(2.909)	(1.998)	(0.715)
Ln(K/L)	*0.374	0.014	0.265	**0.792	0.097	−0.155	**0.710

[①] 关于外资企业的发展状况，本文涉及很少。因为，本文涉及的时期外资刚刚进入中国，它们真正的发展是在此后，而这超出了本文研究的时期。

[②] Keijiro O, Liu D Q, Murakami N. *Industrial Reform in China: Past Performance and Future Prospects*. Oxford：Oxford University Press. 1998. 通过分析个别产业的生产函数，研究了中国改革开放的效应，值得参考。

续表

项目	1965—1975年 (a)	1980年 (a)	1980年 (b)	1980年 (c)	1985年 (a)	1985年 (b)	1990年 (a)
	(1.942)	(0.071)	(0.754)	(2.761)	(0.430)	(-0.625)	(2.804)
Ln(L)	**0.489	*0.231	*0.430	0.278	0.056	*0.463	-0.03
	(3.194)	(1.787)	(2.146)	(1.135)	(0.412)	(3.837)	(-2.48)
优良企业虚拟变量	*0.498	**2.055	**1.371	**3.382	**1.988	**0.706	*1.042
	(1.884)	(5.458)	(2.765)	(3.797)	(4.172)	(2.773)	(2.237)
传统企业虚拟变量		*0.827		*2.020	0.721		
		(1.918)		(2.049)	(1.380)		
"大跃进"企业虚拟变量		**0.835	**0.600	**2.215	**1.026		0.396
		(3.203)	(2.457)	(3.092)	(2.547)		(1.218)
"文化大革命"企业虚拟变量				*1.209	*0.585		
				(2.177)	(1.902)		
改革开放企业虚拟变量		0.373			*0.581		*0.339
		(1.249)			(1.813)		(1.711)
							*1.235
							(2.352)
外资企业虚拟变量						**0.026	
						(5.033)	
1980年出厂代设备比例	0.462	0.617	0.479	0.502	0.258	0.665	0.305
调整后的 R^2	40	42	32	43	63	33	74
样本数							

注：（1）各年的（a）为行业统计，（b）为工业普查资料，（c）为银行调查资料

（2）括号内的数值为 t 值。**为 1%显著，*为 5%显著

（3）工业普查之外的"增加值"为估计值

（4）1965—1975 年为生产额。1965—1975 年是以 1965 年、1970 年、1975 年为基础计算的

（5）均为 1980 年价格

　　回归分析的结果显示在表 2 中。由于资料来源、性质、精度有所不同，计算结果也有所差异。除了个别结果不太好以外，总体上可以说明我们的问题。与事先想象的一样，企业类型变量（虚拟）的系数符号和数值都达到了满意的水平。尤其是优良企业群的系数大多在 1%统计水平上显著，"大跃进"企业群的情况也比较好，其他企业群在不同程度上显著。可以说，基本达到了我们想要通过企业类型说明生产率的目的。

　　"大跃进"企业群的成长来自经验的积累以及它们处在较为发达（如机械工业较为发达）的大城市（如天津、哈尔滨、长春、无锡、广州）。传统企业群（沈阳自行车厂、青岛自行车厂）自 20 世纪 80 年代后期开始步入衰落。从某种意义上说，老企业更加不适应向市场经济的转换，当然也有其他原因，如投资少，设备陈旧。"文化大革命"企业群不如改革开放企业群发展得快，是因为"文化大革命"企业更多地受到地方保护主义的影响，当地很可能不具备发展自行车企业的条件，如没有生产零配件的能力。改革开放企业群的成长得益于联营企业（如上海苏州、天津南充）和中小企业的优势（表 1）。再有，机械企业进入自行车工业基本上是失败的。[1]与此形成对照的是，外资企业群的优越性也在生产率当中得到了反映。

　　劳动投入的系数大部分显著，说明在 1985 年以前存在规模经济，即规模越大的企业其生产率水平越高。反过来，进入 20 世纪 90 年代以后，随着市场经济的进一步发展，面对供给过剩的市场以及外资企业的进逼，规模经济难以发挥作用了。资本劳动比率的系数不是很稳定。尤其是工业普查资料的符号有的是负号，有些出乎意料[2]，但也不是不能解释。第一，它偏向于大企业[3]，尤其比较老的企业往往倾向于拥有过时的设备。[4]例如，最为古老的沈阳自行车厂（1936 年设立）的新设备比率为 44.4%，青岛自行车厂（1954 年设立）为 45.0%，而较新的绍兴自行车厂（1980 年设立）则为 90.9%。[5]第二，在计划经济时期，企业往往拥有过剩的设备和冗员劳动力。关于这一点，也可以从新设备比率（1985 年）的计算结果得到印证，即新设备比率越高的企业生产率水平也越高。进一步说，新设备对于提高生产率发挥着关键作用。

　　为什么会存在上述现象（二元结构）呢？原因当然是多方面的。上文已经谈到，由于地方保护主义而盲目新建了一些工厂，这些工厂的新建未必都经过周密的科学的论证，当地是否有条件建立这种整车厂。不过，也并不是所有新建工厂的地区都缺乏条件，如北京自行车厂和大连自行车厂的短命就都不属

① 类似的情况，在第二次世界大战以后的日本也出现过。战后，三菱重工、日本金属产业、中西金属、半田金属、不二越钢材、富士产业、高砂钢铁、片仓工业、西日本工业、中山太阳堂、大同制钢等战争中的大型军需企业有缺乏市场而进入到了自行车行业。这些"转型企业"虽然拥有精度很高的加工设备和水平很高的技术人员，但缺少销售渠道。最终，这些企业借助朝鲜战争的爆发重新返回了重工业。参见佐野裕二：《自転车の文化史》，文一综合出版，1985，第 321—326 页。

② 南亮进、本台进：《企業改革と分配率の変動》，南亮进、牧野文夫编《大国への試練：転換期の中国経済》，第 8 章，日本評論社，1990。该文总结了关于生产弹性的研究。其中，Woo Wing Thye, et al. How Successful has Chinese Enterprise Reform Been? Pitfalls in Opposite Biases and Focus. *Journal of Comparative Economics*. 1994. Vol.18 No.3. Theodore G, et al. Autonomy and Incentives in Chinese State Enterprises. *Quarterly Journal of Economics*. 1994. Vol.109 No.1.中也有资本弹性为负值的行业。

③ 工业普查的企业分类标准如下：自行车年生产能力在 100 万辆以上的为大型，30 万—100 万辆的为中型，30 万辆以下的为小型。参见国务院全国工业普查领导小组：《中华人民共和国 1985 年工业普查资料》（第二册，上下），北京：中国统计出版社，1987，第 3 页。

④ 例如，1949 年以后的 40 年中，天津、上海、沈阳、青岛、广州等较早的自行车厂的投资额为 13 亿元，占全部投资的 31%。这些企业的上缴利润总额为 89 亿元，占 88%。相反，新建企业的投资为 28 亿元，占全部的 69%，它们的上缴利润为 12 亿元，占 12%。参见中国自行车协会：《中国自行车工业发展简史》，1991，第 60—61 页。

⑤ 国务院全国工业普查领导小组：《中华人民共和国 1985 年工业普查资料第二册下：大中型工业企业概况》，北京：中国统计出版社，1987，第 640 页、657 页。根据这里的记录，绍兴自行车厂是 1951 年成立的。不过，1980 年以前为农业机械厂。参见中国企业概况编纂委员会：《中国企业概况（7）》，北京：企业管理出版社，1988，第 359 页。

于上面的情况，至少这两个地区并不是机械工业不发达或者缺少配套企业。于是，还应该从其他一些方面寻找原因，下面我们分别考察技术进步和企业内教育这两个侧面。

四、原因分析（1）：技术进步

通常，经济学在研究技术进步或技术创新时使用全要素生产率（TFP）或技术进步率这个指标。近些年来，关于中国工业生产率和技术进步的研究很多，但是在计算和结果的分析上依然存在争论。例如，Jefferson 等（1992，1996）认为中国国有企业的生产效率有了大幅度的提高，但 Woo 等(1994)则持相反意见。[1]不过，他们的争论更多地集中在分析的方法和资料的使用上，技术创新和技术进步的内容和原因等更为重要的问题并没有多少讨论。相比之下，本文不仅利用上文提到的资料计算自行车工业的 TFP，还将在此基础上进一步讨论 TFP 背后的实际内容。本文的特点是，将计划经济时期与改革开放时期分开计算，并且利用了企业的数据。需要说明的是，这里的分析依然局限于整车厂。

1. 技术创新的效应

TFP 是与劳动生产率和资本生产率等相对应的概念，是实际生产量的增加部分中用生产要素的增加解释不了的剩余的部分。一般来说，这个剩余的部分越大，其技术进步对生产的贡献也越大。不过，其中包含了规模经济、组织进步、管理水平的提升等诸多因素，并不都是工程学意义上的技术创新的效应。即便如此，技术创新依然可以看做是剩余的重要成分。

（1）计算方法和数据

TFP 的计算有两种方法，这里采用所谓"剩余法"。自行车工业的实际增加值 V 的增长率可以分解为职工数 L 和劳动生产率 V/L 的增长率。$G(\ )$ 表示增长率。

$$G(V)=G（L）+G（V/L）$$

劳动生产率增长率的一部分依赖于资本劳动比率（K/L）的提高，K 表示资本，其效应可以通过用资本的生产弹性 E 乘以 K/L 增长率求得。但是，生产率的提高不仅仅是这些，还包含规模经济和技术进步等多种因素，即剩余 R。于是，

$$G(V/L)=R+EG(K/L)$$

成立。R 实际上是从 $G（V/L）$ 中减去 $EG(K/L)$ 得到的。

在计算剩余时，需要实际增加值、实际固定资本、职工数、资本或劳动的分配率数据。但现实中自行车工业的这些数据十分有限，只好在某种假设的基础上对其中的一部分进行估计。

能够对自行车工业进行分析的长期系列数据很少，如果限定于整车厂就更少，好在我们能够获得行业协会的数据，从中可以得到按企业划分的生产额、职工数、粗固定资本等信息，当然一部分企业是有缺失的。

---

① 刘德强：《生产性の变化とその要因》，南亮进、牧野文夫编《大国への试练：转换期の中国经济》，第 7 章，日本评论社，1999。作者对这类研究进行了较为全面的梳理。

首先，将其空白部分补上，然后将企业数据进行合计，整理出整车厂全体的生产额、职工数、粗固定资本三个系列。但是，行业统计中没有增加值和分配率的数据，只能用其他方法进行替代。在这之前，先要用工业产品出厂价格指数剔除价格的影响，然后用轻工业整体的增加值比率计算自行车工业的增加值。

剩下的问题更为棘手，即分配率的估计。分配率由资本的分配率和劳动的分配率构成，估计方法也有资本接近法和劳动接近法两种。就中国（特别是改革开放以前）而言，工资比较稳定，于是这里采用了劳动接近法。所谓劳动分配率是指增加值中劳动的分配份额（W/V），本来劳动的分配份额是工资，但中国的特殊国情导致了仅用工资难以作为劳动的分配份额。因为，在低工资时代，在工资之外还有一些福利，如住宅等提供的利益。[1]我们可以获得工业整体的工资总额以及国有企业的福利费用比率，但即使将这些加入到工资中依然很低。因为，住宅的部分没有得到反映，而住宅的数据难以获得，即使获得了也难以进行估价。无奈，在工资基础上加上福利费用再乘以 10%。即使如此，依然有低估的可能性，于是再乘以 10%。这样，就获得了三个系列的劳动分配律。也就是工资加福利费用为系列①，用①乘以10%得到系列②，用②再乘以 10%得到③。

（2）增长率的分解

本文根据增长会计方式对自行车整车企业的增长率进行了分解。结果显示在表 3 中，从中可以看出以下几个情况。第一，从全部时期（1950—1990 年）看，G（V）为 22.24％，G（L）为 12.41%，G（V/L）为 9.84%。可以说，整车厂的生产扩大相对于生产率来说，更多地依赖于劳动力的增加。这与上面讨论的"粗放型增长"和"内敛型增长"的观点是一致的。也就是说，整车厂的增长主要依靠资本和劳动力的投入完成的，当然也不能忽视技术进步的贡献。第二，全部时期的 R 为 6.93%—7.71%，EG（K/L）为 2.13%—2.91%，说明生产率的提高比起资本劳动比率的上升来，技术进步的贡献更大。不过，这主要是在"文化大革命"时期以前发生的现象，此后出现了相反的情况。第三，除了有关资本的指标 G（K）、G（K/L）以及 EG（K/L）之外，其他指标（G（V）、G（L）以及 G（V/L）），越是前面的时期其增长率越高。这种倾向特别是在"大跃进"时期更为明显。也就是在"大跃进"前生产率的增长来自资本投入之外的因素（如技术进步）的贡献更大。第四，与第三点相对应，全部时期的资本投入比较均衡，因此除了"大跃进"前的 1950—1957 年以外，资本劳动比率的提高超过了生产率的提高，结果技术进步所有下降。按照企业分组看，越是新建的企业资本投入越大，"大跃进"企业群（1958—1965 年）和"文化大革命"企业群（1970—1977 年）属于典型。第五，技术进步依据时期不同有较大变化。以"大跃进"为界，以前显示了较大的正值，以后逐渐下降，改革开放时期反而变成了负值。不过，从企业类型看，"文化大革命"前（特别是"大跃进"前）优良企业群和传统企业群都很高，"大跃进"前传统企业甚至高于优良企业。"文化大革命"时期（1965—1977 年）各个企业群都显示了较为稳定的技术进步。但

---

[1] 南亮进、本台進：《企業改革と分配率の変動》，南亮進、牧野文夫编：《大国への試練：転換期の中国経済》，第 8 章，日本評論社，1999。作者计算了 20 世纪 80 年代的分配率。

是，改革开放时期（1977—1991 年）相对于老企业来说，新建企业（除了机械企业群）显示出了优势。也就是，技术创新的主要贡献率在不同的时期有所变化。

表3　按企业类型分组的增长率的分解

整车厂全部	1950—1990 年	1950—1957 年	1957—1965 年	1965—1977 年	1977—1990 年
$G(V)$	22.24	66.81	15.33	12.37	11.61
$G(L)$	12.41	30.20	7.93	8.10	9.55
$G(K)$	16.14	25.19	13.76	13.52	15.14
$G(V/L)$	9.84	36.61	7.40	4.27	2.06
$G(K/L)$	3.89	-2.69	5.72	5.03	5.25
$EG(K/L)$[1]	2.91	-1.84	3.92	3.91	3.91
$EG(K/L)$[2]	2.52	-1.57	3.35	3.41	3.38
$EG(K/L)$[3]	2.13	-1.30	2.78	2.90	2.86
R[1]	6.93	38.45	3.47	0.36	-1.85
R[2]	7.32	38.18	4.05	0.87	-1.33
R[3]	7.71	37.91	4.62	1.37	-0.80
优良企业群	1950—1990 年	1950—1957 年	1957—1965 年	1965—1977 年	1977—1990 年
$G(V)$	18.76	60.67	13.85	10.59	6.77
$G(L)$	8.36	28.82	3.99	1.93	5.98
$G(K)$	12.08	21.90	11.16	7.07	11.97
$G(V/L)$	10.40	31.85	9.86	8.65	0.80
$G(K/L)$	3.98	-4.42	6.81	5.06	5.77
R[1]	7.41	34.99	5.06	4.70	-3.49
R[2]	7.81	34.55	5.74	5.21	-2.92
R[3]	8.21	34.11	6.42	5.72	-2.34
传统企业群	1950—1990 年	1950—1957 年	1957—1965 年	1965—1977 年	1977—1990 年
$G(V)$	20.64	86.70	8.17	10.10	2.48
$G(L)$	7.88	28.12	4.02	1.55	5.21
$G(K)$	12.01	30.15	7.15	9.92	7.17
$G(V/L)$	12.76	58.58	4.15	8.56	-2.72
$G(K/L)$	4.65	3.02	3.51	8.33	2.84
R[1]	9.24	56.16	1.76	2.10	-4.83
R[2]	9.70	56.46	2.11	2.93	-4.55
R[3]	10.17	56.76	2.46	3.77	-4.26
"大跃进"企业群			1958—1965 年	1965—1977 年	1977—1990 年
$G(V)$			10.81	13.60	9.89
$G(L)$			7.11	5.36	8.65
$G(K)$			22.90	12.05	12.24

"大跃进"企业群			1958—1965 年	1965—1977 年	1977—1990 年
$G(V/L)$			3.70	8.24	1.24
$G(K/L)$			14.77	6.38	3.76
$R^{①}$			-6.41	3.29	-1.53
$R^{②}$			-4.93	3.93	-1.15
$R^{③}$			-3.45	4.57	-0.77
"文化大革命"企业群				1970—1977 年	1977—1990 年
$G(V)$				52.82	19.26
$G(L)$				36.83	6.57
$G(K)$				54.61	13.64
$G(V/L)$				15.99	12.69
$G(K/L)$				13.78	6.63
$R^{①}$				5.19	7.72
$R^{②}$				6.57	8.38
$R^{③}$				7.95	9.05
改革开放企业群					1982—1990 年
$G(V)$					12.53
$G(L)$					6.04
$G(K)$					11.15
$G(V/L)$					6.49
$G(K/L)$					5.13
$R^{①}$					2.71
$R^{②}$					3.23
$R^{③}$					3.74
机械企业群					1982—1990 年
$G(V)$					9.90
$G(L)$					10.40
$G(K)$					9.19
$G(V/L)$					-0.49
$G(K/L)$					-0.84
$R^{①}$					0.15
$R^{②}$					0.06
$R^{③}$					-0.02

资料来源：自行车工业的生产额、固定资本额、职工数为"行业统计"（参见正文）；轻工业的增加值为国家统计局工业交通统计司：《中国工业经济统计年鉴》，北京：中国统计出版社，1992；国家统计局社会统计司：《中国劳动工资统计资料》，北京：中国统计出版社，1987；国家国家统计局社会统计司、劳动部综合计划司：《中国劳动统计年鉴》，北京：中国劳动出版社，1992

注：（1）V 为 1980 年价格粗增加值，K 为 1980 年价格粗固定资本额，L 为职工人数，R 为增长率残值=$G(V/L)-EG(K/L)$，E 为资本分配率，G 为增长率

（2）3 年移动平均值

（3）①分配率（1）=工资+福利，②分配率（2）=分配率（1）×10%，③分配率(3)=分配率（2）×10%

（4）企业分类参见上文，优良企业数=3，传统企业数=2，"大跃进"企业数=8，"文化大革命"企业数=31，改革开放企业数=36，机械企业数=8

　　这里出现一个问题。前面说过，主要厂家的技术创新在改革开放时期比之前的时期更加活跃，但并没有反映在 TFP 上。相反，前面的时期虽然并没有更多的技术创新活动，却显示了较高的 TFP。我们认为，这应该是相对于资本的投入在各个时期比较均衡，生产的扩大（增长率）是下降的。换言之，改革开放时期虽然有技术进步，但不如要素（特别是资本）的投入增加得快。

　　2. 技术创新的性质

　　接下来，考察自行车工业技术创新的性质。图 4 显示了按照企业类型划分的技术进步的过程。这里为了研究整车厂技术创新的性质，以资本系数为被解释变量，以劳动系数为解释变量进行了回归分析（图 4 注释）。[①]先看整车厂整体的技术进步类型，整个时期的劳动系数和资本系数的组合面向原点大幅度地移动。也就是，劳动生产率和资本生产率同时提高了。这意味着在此期间发生了某种技术进步，不过技术进步在不同时期显示了不同的性质。最引人注目的是，1950—1959 年发生的略带劳动密集型的技术进步，它具有使得整车厂的生产率大幅度提升的效果。但是，紧跟着的"大跃进"时期（1959—1962年）不仅没看到技术进步，生产率也退回到了 1956—1957 年的水平上。1962—1972 年显示了略带资本密集型的技术进步，但在 1972—77 年虽然资本增加了，劳动生产率却下降了。进而，1977—1990 年存在着资本密集型的技术进步。

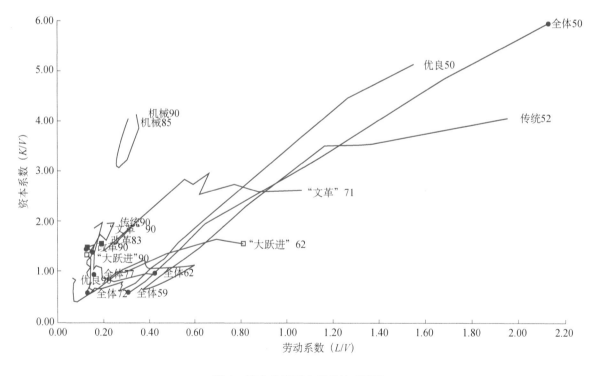

图 4　按企业类型分组的技术变化

---

① 关于这种形式的计算含义，参见佐久间昭光：《イノベーションと経験効果のダイナミクス》，今井賢一编：《イノベーションと組織》，東洋経済新報社，第 6 章，1986。

按时期划分的技术变化性质（整车厂全体）：

1950—1990 年：$Y=0.428+2.448X$ 调整的后 $R^2=0.890$
               $(0.864)(18.045)$

1950—1959 年：$Y=-0.157+2.944X$ 调整后的 $R^2=0.993$
               $(-1.850)(35.821)$

1959—1962 年：$Y=-0.485+3.490X$ 调整后的 $R^2=0.989$
               $(-6.253)(16.403)$

1962—1972 年：$Y=0.431+1.514X$ 调整后的 $R^2=0.828$
               $(8.106)(7.019)$

1972—1977 年：$Y=-0.841+11.375X$ 调整后的 $R^2=0.909$
               $(-3.746)(7.119)$

1977—1990 年：$Y=2.611-10.817X$ 调整后的 $R^2=0.612$
               $(7.748)(-4.461)$

资料来源：行业统计（见正文）

注：（1）3 年移动平均值

（2）图中简称分别为：全体=全部整车厂，优秀=优秀企业群，传统=传统企业群，"大跃进"="大跃进"企业群，"文化大革命"="文化大革命"企业群，改革开放=改革开放企业群，机械=机械企业群

（3）简称后面的数字为年份

（4）回归分析中 $X=$ 劳动系数，$Y=$ 资本系数

接下来，研究企业间技术水平的差距。第一，从长期看，优良企业明显比其他企业拥有更高的技术。例如，1990 年优良企业显示了最高水准，紧跟在后面的是"大跃进"企业，再后面是改革开放企业、"文化大革命"企业、传统企业、机械企业。第二，根据企业类型不同，技术进步发生的时期和性质也有差异。"文化大革命"企业在初期实现了资本集约型的技术进步，后来略带中性的技术进步。"大跃进"企业也有类似的倾向。但是，机械企业在初期有过很大的进步，但后来很快退回到了原先的水平。第三，具有讽刺意味的是，改革开放时期并没有观察到明显的技术进步。除了"文化大革命"企业和改革开放企业，资本投入更大，而生产率并没有提高。

五、原因分析（2）：企业内教育

一个国家的经济发展是否能成功，最终取决于人力资源是否被有效利用。从国外的经验看，日本及韩国等资源相对缺乏而人力资源得到有效利用的国家经济发展取得了成功；相反，一些资源丰富但人力资源没有得到很好利用的国家，如中东产油国的经济发展不尽如人意。中国在 1949 年以后也曾经历过两种截然相反的经验和教训，如不讲科学而盲目发展工业的"大跃进"时期和忽视人才培养的"文化大革命时期"属于反面教训，而 20 世纪 50 年代初期的"扫盲"和"文化大革命"后的"双补"则属于后

者。从宏观角度看，即使一国有丰富的自然资源，如果缺乏人力资源的作用，也很难保证经济发展；从微观层面上看也如此。在其他条件不变的情况下，人力资源丰富的企业将更有竞争力。前面讨论的企业之间的差距，从根本上说是人力资源的差距，而人力资源的形成除了学校教育之外，还可以通过企业内教育来实现。

关于企业内教育的研究相对有限，特别是针对改革开放以前时期的研究更是凤毛麟角。何光 1990 年在《当代中国的劳动力管理》一书中对于作为劳动管理一环的企业的职业培训进行了解说[1]；木崎翠研究了国有企业职工的培养制度[2]；牧野文夫、罗歡鎮利用武汉机械工业调查的资料研究了 20 世纪 90 年代企业内培训的情况。[3]还有一些关于改革开放时期企业内教育的研究，如中国职工教育和职业培训协会的《"八五"职工教育和职业培训研究获奖论文集》，小岛麗逸利用零散的资料整理了从 20 世纪 50 年代到"文化大革命"时期的技术人才的演变过程。[4]此外，中国人民大学复印资料"职业技术教育"和"成人教育与其他类型教育"中收集了不少这类文章。

人类的知识和技能积累不仅仅依赖于学校教育，也可以在企业开展。后者还可以分为两种：一种是被称为"Off-JT(off-the-job training)"的方式，职工要从工作岗位离开一段时间，集合到指定的场所（如教室），由专门的人员进行授课或讲座，以及参观等方法进行集体性质的培训。另一种是职工一边工作、一边掌握技能的教育方式，被称之为"OJT(on-the-job training)"或叫"干中学"。由于资料所限，本文只讨论前者。

1. 学习效应

我们通常可以将企业内教育的效应表达为生产的"经验效应"或"学习效应"。这里所说的经验效应或学习效应，指的是某种产品的单位成本随着该产品的产量和时间的累积而快速下降的情况。其下降的形式和特征被称为"学习曲线"，表现在几何图形上，纵轴为单位成本时测量到的累积产量会出现大幅度的向右下角倾斜。横轴之所以使用累积产量，是因为将产量的累积作为生产经验积累的代理变量考虑的。生产经验的累积意味着生产工人的经验是从生产现场提供的学习机会中积累的。这种经验效应或学习效应并不一定完全依据于生产现场的经验积累而实现的"干中学"，也包含了通过企业内教育和培训获得的知识和技能提高。[5]

图 5 显示了主要整车厂单位成本的变化倾向。这里为了比较企业间的差异，横轴换成了累积时间（年份）。[6]从学习曲线看，每个工厂的学习效应都很大（顺序相关系数为-0.7 至-1.0）。[7]也就是，初期

① 这套"当代中国丛书"中，也包含了如机械工业、化学工业、电子工业等行业的发展史。其中，一部分记录了企业内教育的内容。
② 木崎翠：《现代中国の国有企业：内部构造からの试论》，アジア政经学会，1996。
③ 牧野文夫、罗歡鎮：《熟练と企业内教育》，南亮进、牧野文夫编：《大国への试练：转换期の中国经济》，日本评论社，1999。
④ 小岛麗逸：《中国の经济と技术》，轻草书房，1975。
⑤ 西田稔：《日本の技术进步と产业组织》，名古屋大学出版会，1987，介绍了关于学习效应的各种理论和实证分析。
⑥ 本文的企业各自都有自己的生产数量，难以统一到同一条曲线中。另外，换成时间之后并不影响与纵轴之间的关系。
⑦ 本文样本（年份）较少，因此计算了 Kendall 和 Spearman 的顺序相关关系。

（20 世纪 50 年代）的自行车生产成本因学习效应而大幅度下降了。这不仅属于狭义的学习效应，而且也包括管理经验的积累和技术改良等广义意义上的学校效应。不论怎样，初期的生产经验积累明显取得了收益。[1]

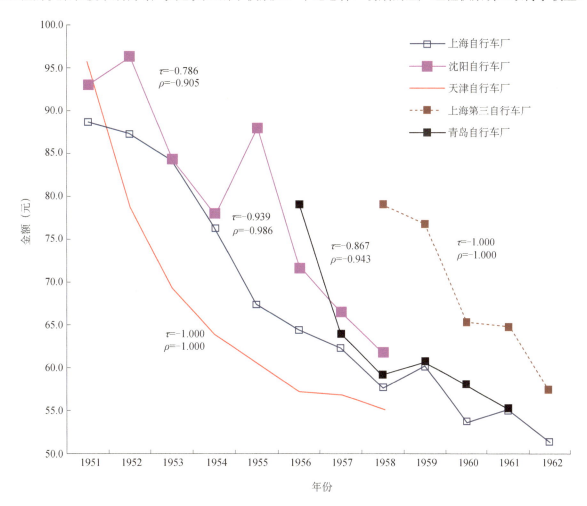

图 5　主要整车厂的单位成本（学习效应）

资料来源：自行车协会资料"行业统计"[2]

注：（1）金额用工业产品出厂价格指数进行了调整

（2）τ 为 Kendall 的顺序相关系数，ρ 为 Spearman 的顺序相关系数

2. 技术进步

下面从技术进步的角度考察企业内教育的效应。上面已经提到，企业内教育的目的是提高工人的专门知识和技能以及熟练程度等人的能力（人力资本）。如果能够实现这些能力，在工人身上体现的技术或技能就会提高，在使用相同生产设备（资本）时会发生经济进步。这是在资本劳动比率不变的条件下发生的技术进

---

① 也有关于 20 世纪 60 年代以后的信息，但曲线在一段时间的平坦之后出现了上扬倾向。因为，此后开发出了很多新型号自行车，整体上平均成本出现了上升。也就是，只要没有后来时期按照车型划分的资料，这种分析就难以进行。

② 関権：《中国自転車工業のアンバランス的発展：外延的成長と内包的成長をめぐって》，《一橋論叢》，第 123 卷第 5 号，2000；関権：《中国自転車工業の発展とイノベーション》，《一橋論叢》，第 124 卷第 5 号，2000。

步，通常被称之为：希克斯意义上的中性技术进步。[1]但是，现实中资本劳动比率完全不变是很少见的，绝大多数情况是相对会有所偏向。下面，对于自行车工业企业内教育的技术进步效应进行一些考察（图6）。

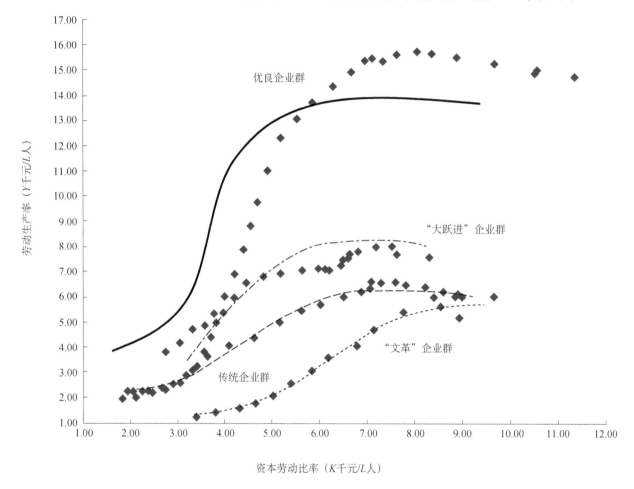

图6　按企业类型划分的生产率函数

资料来源：自行车协会资料，"行业统计"[2]

注：7年移动平均值。由于数据所限，各类型企业的时间有所不同

图 6 显示了自行车整车厂的生产率函数，这里是按照几个企业群划分的。所有的企业群的劳动生产率都随着资本劳动比率的增加而逐渐提高，之后略有下降。也就是，生产率函数基本上是遵循边际生产率递减原理变动的。不过，生产率曲线的变动在企业群之间是有差异的，优良企业群的生产率曲线处在远远高于其他企业群的位置上。特别是资本劳动比率在 7.00 之前的时期里显示了大幅度的上扬。这意味着，经营管理的改善或劳动力的熟练程度和技能的提高对于生产率的贡献大于资本的投入。虽然从图中可以看出这种倾向，但需要做进一步的验证。

① 关于技术进步的类型，参见荒憲治郎：《经济成長論》，岩波書店，1969。

② 関權：《中国自転車工業のアンバランス的発展：外延的成長と内包的成長をめぐって》，《一橋論叢》，第 123 卷第 5 号，2000；関權：《中国自転車工業の発展とイノベーション》，《一橋論叢》，第 124 卷第 5 号，2000。

要检测两组样本是否是从相同分布的母体中抽选出来的，通常使用非参数检验的方法。其中之一是 Waid-Wolfowitz 检验（游程总数检验），这里使用这种方法对于企业群之间的同一性进行检验。[①]具体说，从各个企业群的劳动生产率对上年增加部分减去资本劳动比率对前年增加部分的差，检验它们之间是否存在差异。换言之，劳动生产率的增加部分比资本劳动比率的增加部分大时（差为正），与资本增加相比，企业内教育以及经营管理的改善等的效应更大。也就是，劳动生产率的提高来自于所谓的"内敛型增长"。相反，这个数字较小时（差为负），劳动生产率的提高更多地依赖于资本的增加，其增长被称之为"粗放型增长"。详见图 7。

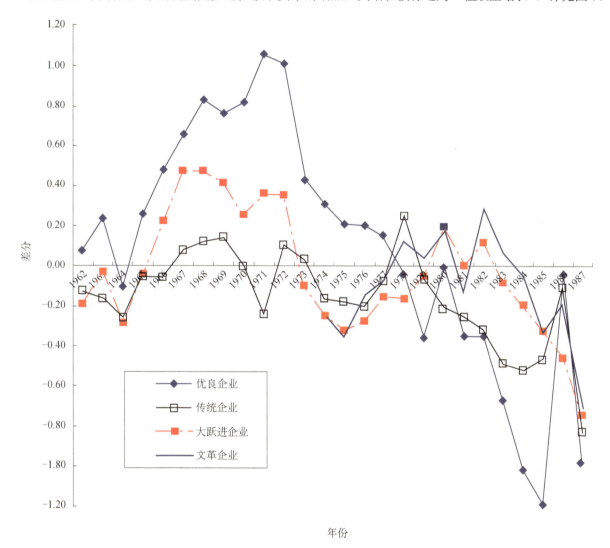

图 7　按企业类型划分的劳动生产率和资本劳动比率增加的差分

资料来源：自行车协会资料，"行业统计"[②]

注：差分是指劳动生产率比上年增加的部分与资本劳动比率比上年增加部分之差

---

① 关于检验方法，参见 Gibbons J D. *Nonparametric Methods for Quantitative Analysis (3rd ed)*. American Sciences Press, Inc. 1997.

② 関権：《中国自転車工業のアンバランス的発展：外延的成長と内包的成長をめぐって》，《一橋論叢》，第 123 卷第 5 号，2000；関権：《中国自転車工業の発展とイノベーション》，《一橋論叢》，第 124 卷第 5 号，2000。

图 7 显示了按照企业群划分的劳动生产率对前年增加部分与资本劳动比率增加部分之间的差。总体上，可以看出以下的倾向：第一，以 1972 年前后为界，1972 年以后增加开始下降，可以认为是边际生产力从递增向递减的转变。这种变动（从递增到递减）在优良企业群表现得更突出。第二，前半段 3 个企业群的变动基本上是相似的，后半段则不同。优良企业群与传统企业群的下降比其他企业群要早一些。另外在后半段，"文化大革命"企业群的变动与"大跃进"企业群相似。

验证的步骤如下：首先，计算各个企业群的劳动生产率和资本劳动比率对前年的增加部分。然后，从劳动生产率的增加部分减去资本劳动比率的增加部分，得到二者之差。接着，将要被检测的两个企业群的差从小到大排列，计算游程数。最后，利用样本数和游程数查询游程检验的显著水平（0.5）的临界值。这里进行二者之差最大的 1965—1977 年优良企业群、传统企业群、"大跃进"企业群三组的比较。也就是，对企业内教育的效应最大（可能性）的时期进行检验。样本分别为 13 个，传统企业群和"大跃进"企业群之间有 7 个游程，优良企业群和"大跃进"企业群之间有 8 个，优良企业群与传统企业群之间有 2 个。0.5 显著水平的临界值为 10—18，因此三个组的比较的结果是原始假说（它们出自同一个母集团）都被否定。也就是，优良企业群、传统企业群、"大跃进"企业群分别为异质性企业。进一步说，按照优良企业群、"大跃进"企业群、传统企业群的顺序，劳动生产率的提高超过资本劳动比率的增加。也就是，优良企业群比其他两个企业群，"大跃进"企业群比传统企业群，各自在企业内教育和经营管理改善方面的效应要大。

从这个检验结果来看，与其他企业群相比，传统企业群具有某种程度的劣势，但这未必与前面的叙述相矛盾。因为，每个企业之间的比较是困难的，难以仅仅依靠描述进行判断。另外，前面的介绍只能局限于拥有资料的企业，没有具体记录的企业（如"大跃进"企业）则难以进行详细分析。所以，依据现有数据只能相信统计分析得出的结果。换言之，所有的企业都进行了企业内教育（带有计划经济色彩），但其效应却不尽相同。

六、结　论

通过以上分析，笔者得出了自行车工业整体发展的部分结论。第一，改革开放之前自行车工业的发展基本上属于扩大规模的"粗放型增长"，但同时也包含"内敛型增长"的部分，而这部分不应该被忽视。第二，在计划经济时期，企业也并非完全一样的生产主体，企业之间存在着技术和管理等方方面面的差异。在技术及管理方面做得比较好的企业属于优良企业，它们作为行业的龙头企业发挥了积极的作用。第三，可以根据设立年代和背景将企业分类，如本文划分的传统企业、"大跃进"企业、"文化大革命"企业、改革开放企业、机械企业、外资企业等，它们各自具有不同的特点。这样分类，对于理解和分析中国的经济发展具有重要意义，笔者认为这并不局限于自行车工业。第四，在行业的长期发展过程中，各类型的企业之间发生了较大的变化，有后来居上者也有落伍者，如传统企业的落伍，"大跃进"企业的成长，机械企业的失败，外资企业的跃进等。

本文进一步分析了企业发展差异的原因，主要从两个侧面进行了考察：一个是技术进步（创新），一个是企业内教育。关于自行车工业的技术进步有如下结论：第一，自行车工业在长期当中进行了不少产品创新和工程创新，而这些创新活动在很大程度上受到政治变动的影响。第二，技术创新的成果基本上反映在生产活动当中。也就是，自行车工业的生产率增长不仅来自于劳动和资本等生产要素的投入，而且也包含了技术进步。这支持了上述"粗放型增长"和"内敛型增长"的主张。不过，技术进步在不同的时期和不同企业是不尽相同的。第三，长期看，整车厂整体在前期（20世纪50年代）呈现出了中性技术进步，后期（20世纪80年代）显示出了资本密集型技术进步。而且，与前期相比，后期的技术进步率是下降的，这可能与资本在各个时期当中几乎是均等投入相关。第四，技术创新的变动背后有组织和政策的作用，这也受到政治变动的强烈影响。另外，中国的技术政策发挥了提高企业竞争意识的作用。

关于企业内教育有如下结论：第一，整体上中国的国有企业在企业内教育上投入了财务和物力，而且具有明显的特征。例如，企业内教育带有强烈的社会主义色彩。不管是普通教育还是特殊教育，教育费用基本上都由企业承担，一部分教育内容本来应该由社会公共教育（学校）负责。20世纪50年代初期的扫盲运动和"文化大革命"后的"双补"就是典型代表。原因是1949年以前和"文化大革命"时期的学校教育都是很不充分的，甚至遭到破坏。第二，企业内教育的形式是多种多样的。其中属于中等教育的技校，高等教育的电大、夜大、函授大学等发挥了较大的作用。技校取代了学徒制度，成为重要的培养技术工人的教育形式，事实上也的确发挥了这种作用。"文化大革命"后开办的各类高等教育形式为企业培养了大批管理人员和技术人员，也为工人提高理论知识提供了机会。第三，国有企业的企业内教育效应基本上可以用市场经历理论进行解释。例如，随着生产经验的积累，生产成本就会下降。这些被称为"学习效应"或"经验效应"的逻辑也适用于计划经济时期的国有企业。另外，生产函数理论也可以测量企业内教育的效应。第四，通过企业内教育效应的分析，揭示了国有企业之间的差异。也就是，"内敛型增长"企业的企业内教育效应更大，而"粗放型企业"的效应则比较小。换言之，对企业内教育投入较多的企业的生产率较高，增长率也较高；反之亦然。

最后，有必要指出，本文的研究集中于1949—1990年大约50年自行车工业的发展状况[①]，而此后的情况没有涉及，主要原因是缺乏相关的统计资料，有待于将来做进一步的研究。如果能将两个时期进行对比，估计会得出更有意义和价值的结果。

---

① 个别分析包含了1991年。

20 世纪 30 年代的中国手工卷烟业

皇甫秋实[*]

摘 要：在 20 世纪 30 年代的经济危机中，由于购买力大幅衰退，低端廉价卷烟受到消费者的青睐。机制卷烟碍于税制的束缚，无法满足消费者对廉价卷烟的需求，不受统税约束且技术和资本门槛较低的手工土制卷烟业趁势而起，填补了机制卷烟业留下的市场真空。为了维护卷烟统税的税源，南京国民政府与机制卷烟厂商积极合作，从手工卷烟的外观、原料、设备、销售范围和组织等方面加强了对手工卷烟业的控制。但出于稳定社会秩序的考虑，南京国民政府并没有立即取缔该行业，只是分期减少手工卷户的数量。但在市场需求的拉动下，成千上万的手工卷户仍规避政府的限制，凭借较低的原料、生产和销售成本，继续以这种原始的方式为市场提供大量的廉价卷烟。

关键词：手工卷烟业 经济危机 国民政府

20 世纪 30 年代，手工卷烟业在中国各地广泛兴起，成为驻华英美烟公司和华商卷烟企业不可小觑的竞争对手。据估计 1934 年手工卷烟已取得了整个中国卷烟市场 25% 的市场份额。[①]1935 年，华商卷烟厂业同业公会会长邬挺生在给财政部的呈文中称："近年手制卷烟充斥市面，最近每月约有二万五千箱"，而且在山东、河南、安徽等省"所有摊贩均以手制卷烟为其大宗销售品，公然陈列，不论乡镇城市，无处无之"。[②]据 1938 年的调查数据表明，手工卷烟仍占中国卷烟消费量总量的约 10%。[③]20 世纪 30 年代手工卷烟业迅速兴起的原因何在？为什么会出现手工卷烟对机制卷烟的反向替代？南京国民政府对手工卷烟业的态度如何？中外机制卷烟厂商又如何应对？在种种政策限制之下，手工卷烟怎样进行合法或非法的生产和运销？这些都是本文将关注的问题。

手工卷烟业中有很大一部分是违法产销私烟的"地下产业"，加上绝大多数手工卷烟业的构成者不固定、规模小、分布散，从业人员的文化水平低，所以由手工卷烟的生产者和销售者留下的资料非常稀

---

[*] 皇甫秋实，复旦大学历史系副教授。

[①] Cox H. *The Global Cigarette: Origins and Evolution of British American Tobacco, 1880-1945*. Oxford: Oxford University Press. 2000. p. 187.

[②]《邬挺生折呈请将手制卷烟一律照机制者课税》(1935 年 4 月 11 日)，中国第二历史档案馆藏，卷宗号：3(5)-121。

[③] Gibbs, B J. *Tobacco Production and Consumption in China*. Washington DC: U.S. Bureau of Agricultural Economics. September 1938. p. 34.

缺,这也是至今鲜有相关研究问世的原因之一。[①]而本文主要利用的是政府税收机关和机制卷烟企业的档案中关于手工卷烟业的记述,一方面借此勾勒手工卷烟业迅速兴起的市场和制度背景,并梳理南京国民政府和机制卷烟厂商对手工卷烟业的应对方法;另一方面则采取反读法,通过从反面解读机制卷烟企业有关取缔手工卷烟业的建议、政府税收和缉私机关限制手工卷烟业的各项政策、不断弥补政策漏洞的种种办法,以及查处各种违法行径的记录等,来了解手工卷烟业如何规避机制卷烟企业和政府的联合打压,突破原料和设备的政策限制,以开展生产和运销,从而全面探讨 20 世纪 30 年代中国手工卷烟业广泛兴起的原因。

一、手工土制卷烟的复兴

烟草自1550年左右传入中国,在此后的三百余年时间里,中国人消费烟草的方式以旱烟和水烟为主。直至19世纪80年代,卷烟才开始在中国人当中流行开来,逐步取代了旱烟和水烟。布罗代尔(Fernand Braudel)认为,相较于印度的胡椒、中国的茶叶,以及伊斯兰国家的咖啡,烟草是一种没有文化作为其依凭的商品。[②]韩格理(Gary Hamilton)也认为中国人迅速接受卷烟的原因在于,卷烟是不具文化内容的项目,不会与儒家的生活方式相龃龉。[③]然而,自从卷烟开始由英美现代化的工厂大批量地生产,英美的现代工业文明便成了卷烟的坚实后盾。与其他发展中国家一样,卷烟在中国也被建构成了"现代""西方"和"都市"的象征。[④]强势的西方现代工业背景,往往遮蔽了卷烟在中国的真实起源,以及卷烟在华生产和销售的传统面相。

一般认为 19 世纪末传入中国的卷烟均由机器生产,而"手工卷烟由仿制机制卷烟而产生"。[⑤]但实际上,在机制卷烟从英美传入中国以前,手工卷烟和雪茄早在 19 世纪初就已由东南亚传入华南,又于 19 世纪 80 年代传入上海和天津等沿海通商口岸。[⑥]这些手工卷烟和雪茄主要以生长于吕宋岛的烟草制造,

① 此前霍华德·考克斯和班凯乐的研究都注意到手工卷烟业在中国迅速发展的现象。另有论文考察了 20 世纪 30 年代河南省手工卷烟业的无序发展和政府监管。但对于中国手工卷烟业的起源、在 20 世纪 30 年代广泛兴起的原因,以及如何规避政府限制等问题,仍有待进一步的考察。参见 Cox H. *The Global Cigarette: Origins and Evolution of British American Tobacco, 1880-1945*. Oxford: Oxford University Press. 2000;Benedict C. *Golden-Silk Smoke: A History of Tobacco in China, 1550-2010*. Berkeley, Los Angeles, London: University of California Press. 2011;陈洪友:《民众生存、政府监管与利益博弈——以 20 世纪 30 年代河南手工卷烟业为中心的考察》,《中国经济史研究》2013 年第 2 期,第 95—96 页。

② Braudel F. *Civilization and Capitalism, 15th–18th Century Vol.1: The Structures of Everyday Life*. Berkeley: University of California Press. 1992. p.262.

③ Hamilton G G. Chinese Consumption of Foreign Comodities: A Comparative Perspective. *American Sociological Review*. Vol.42. December 1977. pp.877-891;另见韩格理着,张维安译:《中国人对外国商品的消费:一个比较的观点》,《中国社会与经济》,第 191—217 页。

④ Relli S. *Smoking, Culture and Economy in the Middle East: The Egyptian Tobacco Market 1850-2000*. London: I.B. Tauris. 2006.

⑤ 中国烟草通志编纂委员会:《中国烟草通志》,北京:中华书局,2006,第 264 页。

⑥ Benedict C. *Golden-Silk Smoke: A History of Tobacco in China, 1550-2010*;Berkeley, Los Angeles, London: University of California Press. 2011. p.134.

所以在中国被通称为"吕宋烟"。不少中国商人不仅从事吕宋烟的对华销售，还加入了吕宋烟的生产行列，19 世纪末一批广东香山商人于在上海开办的永泰栈便是其中一例。[①]永泰栈在菲律宾设有一家泰记烟厂，利用当地生产的烟叶制造"绿树牌"和"真老头牌"雪茄，再运回上海销售。[②]正是在此过程中，永泰栈初步建立起了基于地缘的经销网，为以后改组为永泰和烟草股份有限公司，成为英美烟公司在华最大的经销商奠定了基础。

中国商人不仅在东南亚投资劳动密集型的手工卷烟业，而且很快将之引入了中国。1899 年三名广东商人筹集一万两白银在湖北宜昌南门外开设了中国第一家卷烟厂——宜昌茂大卷叶烟制造所。工厂的规模虽然不大，但采取了专业化分工，将工厂分成齐叶场、卷叶场、包箱场，另在工厂旁边设事务所负责销售业务。此外值得注意的是，茂大引进了东南亚手工卷烟的生产技术，雇佣了三名在菲律宾实习过的技师在工厂中指导生产。但它并没有从东南亚进口原料，而是采用了产自四川成都府金堂县、什邡县和叙州府富顺县、自流井等地的本土烟叶。茂大的日产量达到了 5000 枝，每 50 枝为一匣，每匣的价格从 80 钱到 3 元不等。其产品主要销往上海，在上海四马路棋盘街设立贩卖所，后来也销往天津、营口等地。但由于北方义和团运动的兴起和企业内部经营不善，宜昌茂大卷叶烟制造所只经营了两年，于 1901 年停业。此后中国的雪茄制造业仍以手工业为主，1911 年成立的湖北汉昌公司和 1918 年创办的四川益川工业社都将手工制造雪茄烟的工艺延续到了 1949 年以后。[③]

与此同时，与制造雪茄烟工艺相近的手工卷烟业作坊也开始出现于上海、天津等通商口岸。1899 年，范善庆创办了上海第一家手工卷烟作坊"范庆记"。范庆记最初仅有 10 名工人，之后逐渐增加到 50 人，其中大多是女工。此后上海又有"朱宽记""许昭记""成昌"等手工卷烟作坊相率而起。这些手工卷烟作坊主要以旱烟叶刨丝作为原料，兼向机制卷烟厂收购烤烟烟末，与旱烟丝混合，再购买现成的刀纸，将烟丝和烟末放在卷纸上，模仿进口卷烟的外观，用小型木制手推卷烟机卷成纸烟。每人日产量从 500—1000 枝到 1500—2000 枝不等。以旱烟丝为主制成的手工卷烟，比以美国弗吉尼亚烤烟和土耳其烟

---

① 根据笔者现有的资料，关于永泰栈创立的确切时间和创始人还难以考定。创立时间大致在 19 世纪末。依据永泰和烟草股份有限公司高级职员程仁杰的回忆，郑伯昭在三十岁时（1893 年）进入永泰栈当职员。这说明永泰栈设立于 1893 年，甚至更早，并且创始人并非郑伯昭。参见程仁杰：《英美烟公司买办郑伯昭》，《上海文史资料选辑》，第 1 辑，上海：上海人民出版社，1978，第 130 页。高家龙在书中曾提到"在他（郑伯昭）于 1912 年担任英美烟公司杭州的经销商之前，他的公司已有 30 年的历史，主要由家族经营"，由此推断永泰栈创立于 1882 年。参见〔美〕高家龙：《中国的大企业——烟草工业中的中外竞争》，北京：商务印书馆，2001，第 49 页。有记载称永泰和是光绪二十一年（1895 年）由郑馥泉、杨星门、杜杰卿等广东商人在上海英租界三马路口组建以销售雪茄烟为主的商业机构。而郑伯昭为郑馥泉之子。参见《上海雪茄烟业形成与发展》，http://www.tobaccochina.com/culture/ encyclopedia/knowledge/20104/2010421143421_405979.shtml，访问日期：2011 年 11 月 28 日。另外还有认为永泰栈是由郑伯昭创立的说法，参见刘源源：《"洋烟销售大王"郑伯昭》，《民国春秋》1998 年第 5 期，第 31 页；赵刚：《郑伯昭》，徐矛主编：《中国十买办》，上海：上海人民出版社，1996，第 195 页；陈曾年：《郑伯昭》，熊尚厚、严如平主编：《民国人物传》第 11 辑，北京：中华书局，2002，第 122 页。

② 程仁杰：《英美烟公司买办郑伯昭》，《上海文史资料选辑》第 1 辑，上海：上海人民出版社，1978，第 130 页。

③ 中国烟草通志编纂委员会：《中国烟草通志》，北京：中华书局，2006，第 369—371 页。

叶制成的机制卷烟，更辛辣刺激，较为符合长期吸食旱烟的中国消费者的口味。再加上手工卷烟的成本低廉，每担烟末只需 1 元，每箱全部成本仅为 8 元，还不及英美烟公司一箱卷烟成本的 10%，因而价格也远低于机制卷烟，颇受劳动阶层消费者的青睐。上海的手工卷烟除行销本地及附近的江浙地区以外，还远销福建、广东、广西等地。[①]清末天津也陆续开设了"张文亨家庭工业社""兴华家庭工业社""新世界手工制烟社""珍记家庭卷烟工业社"等手工卷烟作坊，生产情况与上海的手工卷烟业相仿，产品主要销往河北、山东、山西等地。[②]

19 世纪末，当通商口岸的中国人越来越多地消费从东南亚进口和本土生产的手工卷烟时，英美的卷烟制造商从 1883 年才刚刚开始采用美国人邦萨克（James Albert Bonsack）新发明的邦萨克卷烟机，以此逐步取代手工生产，并通过他们在中国口岸城市的代理商，将机制卷烟和手工卷烟一起推销给中国的消费者。从 19 世纪 80 年代初开始，许多美国烟草公司都开发了大量的手工卷烟出口贸易。当时的一份烟草贸易报告表明，至少到 1886 年，美国的杜克公司出口到中国的卷烟仍以手工卷烟为主。[③]但机器化大生产具有显著的效率优势和长期的成本优势，邦萨克卷烟机每分钟能制造 200 枝卷烟，每天能生产 120 000 枝，而即便最娴熟的手工卷烟工人每天也只能卷制 3000 枝卷烟。因此，工业化取代手工生产成为卷烟行业中的大势所趋。随着以英美烟公司为代表的西方卷烟工业的在华扩展，以及 1905 年以后中国华商卷烟工业的兴起，至 20 世纪 20 年代，机制卷烟基本上在中国取代了手工卷烟。[④]

1930 年以后，经济大萧条、国内军事冲突和自然灾害、日本入侵等因素使中国消费者的购买力普遍下降。在这种情况下，卷烟作为一种不能满足衣食住行等基本需求的消耗品，其消费的合理性普遍遭到质疑。届时消费者大体会有两种应对策略：第一种是减少卷烟消费量，甚至彻底戒吸卷烟；第二种则是转而消费更廉价的卷烟或替代品，因此中小华商卷烟公司所生产的廉价低端机制卷烟会畅销于市，抢占了英美烟公司的市场份额。但由于南京国民政府在 1930—1937 年不断增加低端卷烟的税负，对最廉价卷烟征收的实际税率从 20.25%提高到 80%[⑤]，而持续低迷的购买力又致使低端卷烟的生产者（主要是中小华商卷烟企业）无法通过涨价的方式将税负转嫁给消费者。究竟是提高售价以应对国民政府税负的增加？还是降低价格以吸引囊中羞涩的绝大多数消费者？低端卷烟的生产者在此两难处境中举步维艰。不少夹缝中的中小卷烟企业只好将成本和利润一降再降，直至无以为继。30 年代初倒闭的华商烟厂达 130 余

① 方宪堂：《上海近代民族卷烟工业》，上海：上海社会科学院出版社，1989，第 11—12 页。

② 曲振明：《天津早期的手工卷烟》，http://www.tobaccochina.com/culture/history/wu/200912/20091211142252_387827.shtml，访问日期：2011 年 11 月 28 日。

③ Cox H. Learning to do Business in China: The Evolution of BAT's Cigarette Distribution Network, 1902-1941. *Business History*. Vol.39 (1997). endnote 15.

④ 值得注意的是，最早的华资机制卷烟企业没有一家是由手工卷烟作坊发展而来的。换言之，与西方卷烟业不同，中国的卷烟业并未遵循从手工业向机器大工业嬗变的道路。方宪堂：《上海近代民族卷烟工业》，上海：上海社会科学院出版社，1989，第 15 页。

⑤ 财政部财政年鉴纂编处编：《财政年鉴》，上海：商务印书馆，1935，第 940—944 页。

家。[1]而仍在勉力维持的厂商,在卷烟统税的重负之下,也无法再降低甚至维持低端卷烟的价格。市场对廉价卷烟的需求仍在不断增加,无奈机制卷烟厂商无力满足这种需求,从而形成市场真空,为手工卷烟业的广泛兴起提供了机遇。

此外,手工土制卷烟在 20 世纪 30 年代复兴还有两方面的原因。一是国产烤烟种植范围的扩大和产量的提高。1931 年之后,进口烤烟的数量锐减,国产烤烟的数量已经超过了进口烤烟,在烤烟原料总量中所占的比例也逐年提高。[2]1934 年当美国烤烟因亢旱歉收而供不应求时,国产烤烟甚至大量出口,以满足国际市场对美国烤烟的需求。[3]国产烤烟的普及为制造手工土制卷烟提供了充足而廉价的原料。"各地所产烟叶,其较优者,已供给于机制烟厂,或充制造旱烟之用,其质劣而过剩者,则贬价贱售,以供制造手工土烟之需。"二是在于失业者增多。1933 年有时论分析认为:"年来国事多故,地方不靖,驯致农村经济,日呈衰落,失业既日多一日,谋生亦愈趋愈难。苟有微利可沾,孰不赴之若渴。况土烟之原料,既便于取给,所需资本,又微乎其微,甚或区区数金,亦可勉强经营,而其销路,方日形活跃,更无虑有停滞之虞",因此大量失业者都涌向了手工卷烟业。[4]

二、国民政府的平缓调控

在日本的卷烟企业开始侵蚀东北以外的中国市场之前,正是这些遍布各地的手工卷烟作坊构成了对英美烟公司和华商机制卷烟厂商的最大威胁。1934 年英美烟公司的董事长坎利夫-欧文爵士(Hugo Cunliffe-Owen)在伦敦董事会上对中国当局"不科学的税收"表示强烈不满。英美烟公司在上海的管理层多次通过外交途径与掌管财政部的孔祥熙交涉,敦促其降低机制卷烟的税率,并取缔影响机制卷烟销量的手工卷烟业[5];而对高度依赖低端市场的中小华商卷烟企业而言,廉价手工卷烟对他们产品的销路影响更大。各地的卷烟厂商屡次呈请财政部查缉私制冒牌手工卷烟。[6]华商卷烟厂业同业公会会长邬挺生为此亲赴京皖豫鄂一带,考察手工卷烟业状况,为政府整治手工卷烟业献计献策。[7]他还代表华商卷烟厂业呈请南京国民政府,将手工卷烟的税率加至与机制卷烟相等的 80 元。[8]随着手工卷烟对机制卷烟市场的侵

① 陈真:《中国近代工业史资料》第 4 辑,中国工业的特点、资本、结构和工业中各行业状况,北京:生活·读书·新知三联书店出版社,1961,第 459 页。

② 陈翰笙著:《帝国主义工业资本与中国农民》,陈绛译,上海:复旦大学出版社,1984,附录三、附录四,第 89、91 页。

③《许州烟叶畅销国外,因美国烟叶歉收供不应求》,《国产导报》1934 年 174 期,第 28、29 页。

④ 俞伴琴:《整理皖北手工土制卷烟征税之经过概况》,上海市华商卷烟厂业同业公会编印:《卷烟特刊》,1933 年 11 月,第 16 页。

⑤ Cox H. The Global Cigarette: Origins and Evolution of British American Tobacco, 1880-1945. Oxford: Oxford University Press. 2000. p. 187;上海社会科学院经济研究所:《英美烟公司在华企业资料汇编》,北京:中华书局,1983,第 906、907 页。

⑥《财政部就上海华商卷烟厂业同业公会等呈请各地方政府公安军警协助查缉私制冒牌卷烟咨各省政府文》(1931 年 10 月 6 日);《财政部复电上海市商会要求遵行卷烟新税制并规定查缉漏税私烟四条办法》(1934 年 12 月 11 日);《财政部据杭州市卷烟业同业公会呈请查缉私制卷烟咨各省政府文》(1934 年 6 月 12 日),见杨国安:《中国烟业史汇典》,北京:光明日报出版社,2002,第 730—731 页。

⑦ 邬挺生:《考察京皖豫鄂一带手制卷烟状况报告书》,《卷烟季刊》第 1 卷第 2 期,1932 年 10 月。

⑧《邬挺生折呈请将手制卷烟一律照机制者课税》(1935 年 4 月 11 日),中国第二历史档案馆藏,91-3(5)-121。

夺日趋加剧，政府所蒙受的税收损失也越来越大。1933 年上海华商卷烟同业公会称："（手工卷烟）影响税收减少，六月达五六十万之谱。"[①]据财政部统计，1935 年 1 月至 7 月仅半年之间，各机制卷烟厂的产量骤减"逾于一倍"，每月国库损失已达二百万元。[②]

然而，南京国民政府对手工卷烟的征税却一降再降。1928 年手工卷烟与机制卷烟的税率同为 32.5%，此后在各地方政府和手工卷户的屡次请求下，1931 年降至每箱（五万支）售价 80 元以下者征税 15 元，1932 年政府对售价 40 元以下的手工卷烟仅征收 10 元，此后也一直维持这个税率。[③]相较而言，1933 年卷烟统税施行新两级制后，即便最便宜的机制卷烟，每箱也需缴纳 80 元。由此可见手工卷烟和机制卷烟税负相差之悬殊。其原因主要有以下三点：

首先，手工卷户具有不固定、分布散、规模小、易隐蔽等特点，即便征收如此之低的捐税，已经让税收机关力不从心，若提高税率，税款更是无从征收。

其次，由于手工卷烟业的从业者大多是社会最底层的贫民，如果政府取缔该行业或提高赋税无疑会打破他们的饭碗。从保障民众生计和维持社会稳定的角度考虑，政府对手工卷烟业通常抱持宽容的态度。在产量达到相当规模以前，不对手工卷烟征税。即便达到了征税的规模，也给予他们较低的税率。

最后，对手工卷烟征收的捐税属于地方税收，中央政府对它的重视程度自然不比直接收归国库的卷烟统税，而地方政府鉴于手工卷烟业对当地民众生计的重要性，对手工卷烟业非但不打压，甚至还有提倡之举。1934 年山东省政府计划投资官商合办的手工卷烟企业，利用本省所产烟叶大量制造手工卷烟。[④]同年，山东省政府为救济灾民，又将该省纳税 10 元的手工卷烟售价从 40 元提高到 60 元，并将销售区域扩展至整个山东省。[⑤]河南省政府甚至公然支持当地发展手工卷烟业，他们认为："（一）手工卷烟取缔极为困难；（二）手工卷户生活贫困异常；（三）厂制香烟销路，多销售于上层社会，手工卷烟多销售于下层社会，彼此销路不妨碍；（四）应顾及手工卷烟为本国国货，政府对于本国手工业应设法扶植，期谋与外商竞争挽回利权，籍免外漏；（五）地方治安应加以顾虑。"[⑥]

在以上两方面的情况下，南京国民政府为了兼顾财政税收和民众生计，精心制定了一套平缓调控手工卷烟业的方案。一方面从原料、设备、组织等方面逐步加强对手工卷烟业的控制，直至最终完全取缔该行

① 《上海华商卷烟业公会条陈取缔土烟办法及请恢复上年三月二十一日以前税率》，1933 年 11 月，中国第二历史档案馆藏，卷宗号：422-（4）-451。转引自陈洪友：《民众生存、政府监管与利益博弈——以 20 世纪 30 年代河南手工卷烟业为中心的考察》，《中国经济史研究》2013 年第 2 期，第 90 页。

② 《财政部呈文》（1935 年 11 月 25 日），见杨国安：《中国烟业史汇典》，北京：光明日报出版社，2002，第 801 页。

③ 《财政部呈文稿》（1936 年 1 月），中国第二历史档案馆藏，96-192-112；《战前各地手工土卷烟概况》（1935 年），杨国安：《中国烟业史汇典》，北京：光明日报出版社，2002，第 802—803 页。

④ 《鲁省提倡手工制卷烟》，《工商半月刊》第 6 卷第 5 号，1934 年 3 月 1 日。

⑤ 《财政部呈文稿》1936 年 1 月，中国第二历史档案馆藏，96-192-112；《山东省手工土制卷烟征税办法》（1934 年 12 月 12 日），杨国安：《中国烟业史汇典》，北京：光明日报出版社，2002，第 794—795 页。

⑥ 《河南手工卷烟调查报告书》，1937 年 7 月，中国第二历史档案馆藏，卷宗号：422（6）-369。转引自陈洪友：《民众生存、政府监管与利益博弈——以 20 世纪 30 年代河南手工卷烟业为中心的考察》，《中国经济史研究》2013 年第 2 期，第 95—96 页。

业，以维护卷烟统税的税源；另一方面则在一定时期内允许山东、河南、安徽三大烤烟产区附近手工卷烟业的存在，并且维持了远低于机制卷烟的税率，从而保障贫民卷户的生计并给予他们充裕的转业时间。

在控制手工卷烟业的问题上，南京国民政府与中外机制卷烟厂商结成了利益共同体，1933 年卷烟缉私协助委员会的成立就是这种共同利益的最佳体现。该委员会作为卷烟缉私的"调查建议机关"[1]，由税务署直属机关人员和中外烟商共同组成，负责协助调查"各种卷烟或原料等走私漏税"情况，委托协助侦查税务人员或缉私人员的营私舞弊嫌疑，以及制定卷烟查缉办法等[2]，以期"官商合作，克收实效"。[3]在卷烟缉私协助委员会的建议下，1934 年 9 月，税务署将私烟盛行的地区划分为六个区（表 1），分区派员缉查"未经核准登记的手工私制卷烟及私制原料"。[4]

表 1　卷烟稽查区域

编号	范围	查缉重点
第一区	京沪及沪杭甬铁道沿线各地	上海一带
第二区	浙江沿海各地	宁波、海门、温州一带
第三区	江北各县	海州、清江浦、德清、扬州、崇明、六合
第四区	津浦铁道沿线及皖北各地	浦口、滁州、蚌埠、凤阳一带
第五区	陇海铁道沿线东西段及平汉南段各地	郑州、开封、洛阳、许昌一带
第六区	津浦路沿线北段及烟潍胶济两路沿线各地	有徐州至济南、及坊子、潍县一带

资料来源：《卷烟缉私协助委员会为分区派员查缉私烟事致卷烟业务委员会公函》（1934 年）；《战前各地手工土卷烟概况》（1935 年），杨国安：《中国烟业史汇典》，北京：光明日报出版社，2002 年，第 795、804 页；《公函江苏安徽浙江山东河南省政府为手工私制卷烟日益充斥划定区域责令主管税务署遴派查缉专员赳日出发侦缉希查照转饬各市县政府及公安局随时充分协助以利进行仍盼见复由》，财政部税务署：《税务公报》第 3 卷第 3 期，1934 年 9 月，沈云龙主编：《中国近代史料丛刊三编》第 62 辑，第 12—13 页

在自身利益的驱动下，卷烟缉私协助委员会中的中外卷烟厂商，在整顿手工卷烟业的过程中发挥了关键作用。英美烟公司和大美烟公司，利用他们遍及各地的广告系统和经销网络，协助财政部税务署将缉查私制手工卷烟的布告张贴到全国各地。[5]1932 年，时任上海华商卷烟厂业同业公会会长的邬挺生根据自己在京皖豫鄂一带调查到的情况，初步提出了取缔手工卷烟业的办法，大体归纳为以下两点：其一，"将烟枝加长，或用中文钢印，又其烟牌，当令其另自创设，或用各本人姓名，以示与机制烟显有区别"；其二，"从公卖纸圈着手……进而调查手制卷烟之数量"。[6]1933 年，作为卷烟缉私协助委员会的主委之一，邬挺生向实业部上呈《取缔土烟办法》：（甲）机制卷烟的卷纸采用白色；（乙）土制卷烟的卷纸

---

① 《税务公报》第 3 卷第 3 期，第 97 页。
② 《税务公报》第 3 卷第 4 期，第 28 页。
③ 《战前各地手工土卷烟概况》，见杨国安：《中国烟业史汇典》，北京：光明日报出版社，2002，第 804 页。
④ 《税务公报》第 3 卷第 3 期，第 13 页；《卷烟缉私协助委员会为分区派员查缉私烟事致卷烟业务委员会公函》（1934 年）；《战前各地手工土卷烟概况》，见杨国安：《中国烟业史汇典》，北京：光明日报出版社，2002，第 795—796、804 页。
⑤ 《财政部税务署为发布缉私布告致各地通函》（1934 年），见杨国安：《中国烟业史汇典》，北京：光明日报出版社，2002，第 796 页。
⑥ 邬挺生：《考察京皖豫鄂一带手制卷烟状况报告书》，《卷烟季刊》第 1 卷第 2 期，1932 年 10 月。

全部改用黄色或蓝色，以示区别，杜绝假冒；（丙）把土烟税率从规定的每五万支箱纳税 20 元，减至 10 元或 5 元，使手工卷烟厂户纳税负担减轻，不再公然漏税，如仍有违章或漏税者，应另订专条，处之以刑罚，或者将土烟税款加在卷纸售价之中（如每箱需卷纸 7 元，加税 10 元于卷纸售价内，以 17 元售予手工卷烟户）。卷纸先由税务署拨款购备，再让土烟商向当地稽征机关购买，否则以漏税论处。① 以此为基础，从 1933 年颁布的《皖省手工土制卷烟征税单行办法》开始，各省对手工卷烟的征税管理办法，都规定手工卷烟必须在外观上与机制卷烟有所区别，"不用牌名，只准于烟枝上加印某某为记之标识，或某人制之之戳记，一律用中国文字，违即不准登记"。② 《卷烟查验处罚章程》中也明白规定，"各烟厂登记商标旧盒，不得私行收集"。③

为了从官卖卷烟纸着手控制手工卷烟业，邬挺生还专赴对华大量走私卷烟纸的日本调查。在了解到走私卷烟纸"近因取缔綦严，偷运不易，故价值日见增长"的情况后，他吁请卷烟缉私协助委员会拨款，向日商购买了卷烟用纸 126 箱（每箱 50 卷，每卷可卷制卷烟五万枝以上），专供经核准登记的手工卷户领用。（而且根据他的提议，税务和关务部门协商决定，将海关和各地走私稽查处缉获的走私卷烟纸移交给税务署，拨给手工卷户领用。④ 此后税务署又设立了卷烟缉私专款，拨资在沪购存大批卷纸，分由各地统税机关备发。⑤）邬挺生还建议"卷户领纸时，除按手工土制卷烟征税暂行办法规定，每五万枝卷烟纳税十元，照章纳税外，所领用之卷烟，暂不收价，使各卷户知登记纳税，有免价领纸之利益，较诸私卖卷烟，成本低廉，且能公开营业"，他预计这样一来"贫民惟利是趋，无不乐于就范，一俟逐渐利导，使各私烟卷户，纳于正轨，然后从而取缔，自属易收效果"。⑥

邬挺生有关官卖卷烟纸的设想很快就在税务署出台的政策中得以体现。1934 年 9 月 1 日，税务署颁布了《手工土制卷烟报经登记各卷户领用官有手工卷烟用纸暂行办法》，并于 11 月开始施行正式的《官卖手工卷纸办法》。该办法规定，手工卷户每领取官卖卷烟纸一刀（每长 840 毫米，宽 30 毫米为一条，

① 《上海华商卷烟业公会条陈取缔土烟办法及请恢复上年三月二十一日以前税率》，1933 年 11 月，中国第二历史档案馆藏，卷宗号：422-（4）-451。转引自陈洪友：《民众生存、政府监管与利益博弈——以 20 世纪 30 年代河南手工卷烟业为中心的考察》，《中国经济史研究》2013 年第 2 期，第 89 页。
② 《皖省手工土制卷烟征税单行办法》（1933 年 3 月修订奉部令核准备案）；《鲁豫区手工土制卷烟征税单行办法》（1933 年 9 月修订奉部令核准备案）；《冀晋察绥区统税局手工土制卷烟登记稽征暂行规则》（1934 年 6 月 15 日国民政府财政部核准备案），见杨国安：《中国烟业史汇典》，北京：光明日报出版社，2002，第 792—794 页。
③ 《财政部就四川缉获冒牌卷烟指令驻四川特派员》（1936年6月20日），见杨国安：《中国烟业史汇典》，北京：光明日报出版社，2002，第734—735 页。
④ 《财政部就查获考城县私运卷烟纸案咨河南省政府文》（1936 年 12 月 18 日），见杨国安：《中国烟业史汇典》，北京：光明日报出版社，2002，第 820—821 页。
⑤ 《战前各地手工土卷烟概况》，杨国安：《中国烟业史汇典》，北京：光明日报出版社，2002，第 804 页。
⑥ 《上海市卷烟工业同业公会为杜绝日商私售纸圈、由会长邬挺生等赴日调查、并建议筹组经理处、集中进销同财政部等机关来往的文书》（1935 年 1 月），上海档案馆藏，S68-1-141；《财政部关于手工土制卷烟户领用官有卷纸暂行办法、海关缉获私纸处理办法等事务与税务、关务署的来往文书》，中国第二历史档案馆藏，95-3（8）-13373。

每 500 条为一刀，可制 70 毫米卷烟 6000 枝），只需附带购买手工土制卷烟印花税票一元二角（按土制卷烟税率每五万枝征税 10 元计算），并支付纸价及运输、裁切等费一角二分（即每五万枝收取 1 元）。[1]换言之，手工卷户合法地向官方购买制造一箱（五万枝）卷烟的卷烟纸，附加各种税费，总共仅需 11 元，而冒风险在市场上采购走私卷烟纸却要花费 16—17 元，相比之下，领用官卖卷烟纸的优势立即显现出来。这种因势利导的举措显然较以前仅凭硬性清查登记的方法更为奏效[2]，一经实施，济南、郑州、蚌埠三所管辖区手工卷烟每月的纳税数便增加了九倍有余，从 1933 年度的 285 元增加到 2841 元。[3]

除外观和用纸之外，税收机关对手工卷烟的烟丝原料也做了严格的限制。1935 年 3 月，财政部通令各地统税机关，严厉查禁刨烟丝店采用烤烟叶刨丝，或将晾晒烟刨制的土烟丝私自出售给手工卷户，供作手工卷烟之用。[4]这使远离烤烟产区的手工卷户，烟草来源大大受阻。同年 8 月，税务署又规定手工卷户每次购买烟叶都必须上报采购烟叶的数量、预计可以卷烟的数量、采购地点、行户名称等信息，向统税机关申请准购单，而且每次购用烟叶数量以 45 斤为限。税收机关每月还会核查手工卷户购用烟叶的数量是否与之领用卷烟纸、购买印花和生产卷烟的数目相符。[5]政府的各种限令之间可谓是环环相扣。

而制造手工卷烟的设备也是税收和缉私部门管理的重点。1934 年 12 月，财政部税务署颁布了《取缔私制购运手工卷烟使用器具规则》，并于 1935 年 7 月予以修订，禁止制造、运销和购买"一、铁质及杂有木质或以电力运动之各种手摇卷烟机；二、木质或镶有铁质之各种手推卷烟机；三、其他关于手工制上直接需用之一切卷烟器具"，并规定贫民手工卷户不能再添购新设备，只能使用已经由当地主管统税机关验明编号烙印的木质卷烟机。卷烟缉私协助委员会还为检举者提供最高达 100 元的赏金。而违反规定者一旦被缉获，不但卷烟设备将被销毁，还会按价值处以 10 倍以下的罚金。[6]政府通过切断生产设备的供给来阻止手工卷户扩大生产规模，并迫使他们随着机器的损耗，迟早退出该行业。

---

① 1935 年 3 月，每刀卷烟纸的纸价及运输、裁切等费提高到三角六分（即每五万枝收取 3 元），并规定"得由税务署随时体察情形酌量增减"。《手工土制卷烟报经登记各卷户领用官有手工卷烟用纸暂行办法》（1935 年 3 月 6 日财政部税务署修订公布）；《财政部税务署修正公布手工土制卷烟报经登记各卷户领用官有手工卷烟用纸暂行办法训令各地税务局所》（1935 年 3 月），见杨国安：《中国烟业史汇典》，北京：光明日报出版社，2002，第 818 页。

② 此前办理登记，卷户"每多意存观望"，收效甚微。《战前各地手工土烟概况》，见杨国安：《中国烟业史汇典》，北京：光明日报出版社，2002，第 805 页。

③《关于卷烟业务委员会主席邹挺生前于整理卷烟各要案意见摘要》，中国第二历史档案馆藏，95-3（8）-13373；《手工土制卷烟报经登记各卷户领用官有手工卷烟用纸暂行办法》（1934 年 9 月 1 日），中国第二历史档案馆藏，95-3（8）-13373；《吴署长折呈整理手工卷烟计划》1935 年 12 月 13 日，中国第二历史档案馆藏，91-3（5）-121。

④《令冀晋察绥、鲁豫等区统税局：四机关通饬查禁各地刨烟丝店制销卷烟用丝以绝私烟原料》，《财政日刊》第 2100 号，1935 年 3 月 11 日。

⑤《鲁豫区熏烟产地核准登记手工土制卷烟户购买熏烟叶切丝自用暂行办法》（1935 年 8 月 24 日财政部税务署呈奉核准备案），见杨国安：《中国烟业史汇典》，北京：光明日报出版社，2002，第 805—806 页。

⑥《湘鄂赣区统税局关于遵行财政部、税务署所颁取缔私制购运手工卷烟使用器具等规则与各方往来文书》（1934 年 12 月 22 日），中国第二历史档案馆藏，96-192-112；《财政部税务署修改取缔私制购运手工卷烟使用器具规定及有关文书》（1935 年 7 月 10 日），中国第二历史档案馆藏，94-3（8）-7817；《财政部公布取缔私制购运手工卷烟使用器具规定》（1935 年 12 月 3 日），《税务署转发财政部取缔私制购运手工卷烟使用器具规则的公函》（1935 年），见杨国安：《中国烟业史汇典》，北京：光明日报出版社，2002，第 798 页。

此外，手工卷烟的行销范围和行业组织也在政府控制之列。各地的手工土制卷烟征税办法中都明文规定，手工卷烟都只能就地纳税、贴花、销售，不发运照，不能销往外地。1935 年 6 月，财政部还以"手工土制卷烟一业，素以冒牌私制为能事，既碍国家税源，复害烟厂营业"，而各地设立的手工卷烟公会多行擅用验戳、私发运照、运销冒牌私烟，以及聚众抗税等违法之事为由，禁止各地手工卷户以任何名义组设公会，并勒令解散所有已经成立的手卷烟公会。[①]

为了向广大商民卷户说明国民政府整理手工土制卷烟的相关政策，财政部税务署还专门拟具了以下简明易懂、富有韵律的布告，下令在原有登记卷户的区域广泛张贴：

> 手工土制卷烟，订有办法多年。颇少遵章完税，私伪日益蔓延。
>
> 多由私贩卷纸，供给卷户使然。本应禁止制售，维护正业税源。
>
> 因关贫民生计，一时禁绝殊难。原有土烟区域，姑准制造相沿。
>
> 饬属续办登记，期限并予从宽。卷纸专归官卖，杜绝私贩为先。
>
> 许各卷户领用，必曾登记在前。领纸具书申请，各宜依式照填。
>
> 只须领花纳税，纸价暂不取钱。俾令悉循正规，以示曲予矜全。
>
> 向无土烟处所，查禁仍应加严。绝对不准登记，严挐私制机关。
>
> 私烟较多之处，经派查缉专员。分区巡回缉究，根本尽除其奸。
>
> 再如私运卷纸，以及烟丝熏烟。铁制手摇机等，均在严禁之间。
>
> 破获定行重办，务各改悔前愆。兹当整理伊始，通告议题勉旃。[②]

尽管南京国民政府与机制卷烟厂商积极合作，从手工卷烟的外观（区别于机制卷烟）、原料（卷烟纸、烤烟叶和土烟丝）、设备（铁质手摇机、木质手推机等）、销售范围（就地销售）和组织（取缔手工卷烟公会）等方面加强了对手工卷烟业的控制，但出于稳定社会秩序的考虑，南京国民政府并没有立即取缔该行业，而是采取了相对缓和的调控办法，在相当长的时间里依然允许手工卷烟业合法存在，只是分期逐步减少手工卷户的数量，而且维持了手工卷烟远低于卷烟统税的税率，从而保障了从业贫民的生存空间，并给予他们较为充分的转业时间。1936 年 1 月 22 日，财政部长孔祥熙颁布了《手工土制卷烟取缔规则》，规定分四期撤销手工卷户，凡经登记的手工卷户必须参加 1936 年 1 月、5 月和 9 月，以及 1937 年 1 月的抽签，每次被抽中的卷户必须在抽签后的四个月内停止运营，直至 1937 年 4 月手工卷烟业被完全取缔。未经抽中撤销登记的卷户，可暂准继续卷制，均应先向本部水务署购领官有卷纸，并领取特许行销证。每五万枝最高售价不得超过 60 元，只准就地行销，不发给运照，不能运往外地行销。[③]

---

① 《财政部为制止组织手工卷烟公会咨各省市政府文》（1935 年 6 月 22 日），见杨国安：《中国烟业史汇典》，北京：光明日报出版社，2002，第 806—807 页；《财部咨请各省市查禁手工卷烟公会》，《中央日报》，1935 年 7 月 4 日。

② 《训令：为整理手工卷烟拟具简明韵语不高令发原有登记卷户区域张贴俾众周知由》，财政部税务署《税务公报》第 3 卷第 3 期，1934 年 9 月，见沈云龙主编：《中国近代史料丛刊三编》第 62 辑，第 16—17 页。

③ 《手工土制卷烟取缔规则》1936 年 1 月 22 日，中国第二历史档案馆藏，96-192-112；《财部取缔手工卷烟》，《申报》第 1 张第 3 版，1936 年 2 月 4 日。

面对南京国民政府的调控，一些手工卷户试图通过合法途径赢得政府的谅解，从而改善自身的处境。1935 年 1 月，河南许禹襄郾长手工卷烟职业工会联合会呈请财政部将手工卷烟的税率提高至价值的50%，但能够发给运照，允许手工卷烟行销外地。[①]1935 年 4 月，安徽蚌埠杜孝思等呈请财政部恢复蚌埠卷烟业职业公会，并授权其假借会址刨制手工卷户所需的烟丝。[②]1936 年 8 月，河南开封等县手工卷烟工人呈请政府按成本高低纳税。[③]但这些请求均与中央政府维护机制卷烟销量的初衷相忤，因而被政府一一驳回。由于市场上存在廉价卷烟的真空，以及自己谋生的需求，更多的手工卷户选择无视政府的新规定，继续为无力购买机制卷烟的消费者生产价格更为低廉的手工卷烟。根据 1937 年对河南省手工卷烟业的调查，"此辈抽中之户，则仍继续存在。或则迁地私制，或则另易标志，亦殊无法可以取缔"。对于国民政府所说的让手工卷户改业，卷户"咸呈踌躇之状"，表示"恃此小本生意，尚可养活一家数口。若使改业，既无本钱，谈何容易"。而登记的卷户多为城市手工卷户，从业人员多为失业军人，尤以徐州、蚌埠、开封、郑州等处为最多；未经财政部登记的卷户在 90% 以上；乡村卷户几乎全未登记。[④]根据烟草专家吉布斯（Barnard Gibbs）在 1938 年提交给美国农业部的报告，"有数千卷户没有登记，并且继续使用走私的卷烟纸"。[⑤]直到 1936 年经济回暖，消费者的购买力逐渐恢复，机制卷烟的在华销售量才恢复到20 世纪 30 年代初的水平，并于 1937 年达到了 20 世纪上半叶的顶点。

三、手工卷户的生存之道

从政府查缉的重点区域来看，手工卷烟的生产者主要分布在两类地区：一类是长江流域、华北、华中等主要卷烟市场；另一类是安徽、河南、山东等烤烟产区。由于东北地区较少种植烟叶，而且受到日伪统治者的严格控制，手工卷烟业在东北对机制卷烟业的威胁远不如在关内这样严重。[⑥]无论是政府税务和缉私部门，还是中外机制卷烟企业，对手工卷户的分布和规模都没有一个全面而准确的统计。根据邬挺生 1932 年对京皖豫鄂一带手工卷烟业的调查，"开封城厢，业手制卷烟者达二百余家。其向税局注册者仅七十余家，未经注册者一百五六十家"；京皖豫鄂一带"总计手制卷烟每月销额，约达到

① 《批河南许禹襄郾长手工卷烟职业工会联合会：呈一件为再恳变通办法加重手工土制卷烟税率按值价十分之五纳税准予发给运照俾便行销由》，《财政日刊》第 2054 号，1935 年 1 月 16 日。

② 《训令蚌埠分区统税管理所据蚌埠卷烟业职业公会呈拟假借会址刨供卷户用丝恳予援例登记一案核与成案及公会法未合仰即查复并先传谕伤遵由》，财政部税务署《税务公报》第 3 卷第 10 期，1935 年 4 月，见沈云龙主编：《中国近代史料丛刊三编》第 62 辑，第 12、13 页。

③ 《财政部就河南开封等县手工卷烟工人代表呈请按成本纳税训令鄂豫区税务局》（1936 年 8 月 1 日），见杨国安：《中国烟业史汇典》，北京：光明日报出版社，2002，第 807 页。

④ 《河南手工卷烟调查报告书》，1937 年 7 月，中国第二历史档案馆藏，卷宗号：422（6）-369。转引自陈洪友：《民众生存、政府监管与利益博弈——以 20 世纪 30 年代河南手工卷烟业为中心的考察》，《中国经济史研究》2013 年第 2 期，第 95 页。

⑤ Gibbs B J. *Tobacco Production and Consumption in China*. Washington DC: U.S. Bureau of Agricultural Economics. September 1938. p.66.

⑥ Gibbs B J. *Tobacco Production and Consumption in Manchuria*. Washington DC: U.S.Office of Foreign Agricultural Relations. 1940. p.19.

三千箱之谱"。①同年经南京卫生事务所秘查,在南京夫子庙一带,以及朝天宫、三牌楼、狗儿巷、下关江边码头等处,均有手工卷户用小木机制造卷烟,由小贩向行人兜售。②同年济南市手工卷烟业的调查表明,手工卷烟业者共计一千零六十余家,其中三百余家尚未领到许可证。③根据 1934 年《中国经济年鉴》的统计,"现在许昌及许昌附近十九县制造烟卷的家庭工业级手工作坊已达六百处以上","皖北凤阳、涡阳一带的产烟区,亦有同样的情形,卷烟卷成为农民主要副业,烟卷作坊已有数十家存在"。④截至 1935 年年底,"手工木机卷烟之业经核准登记者,仅限于山东、河南、安徽三省及徐州等处共计三千九百余户"。⑤此外,1935 年上海卷烟业的近况调查表明,上海"近以经济恐慌之深化,大众购买力锐减,手卷烟之销路转佳。于是稍具资力者,亦纷起经营手卷烟业,进而成为一种正式之小工业。租界当局,亦视为烟店之一种,每季令缴烟店捐四元,而发给营业执照。该业获得此项保障,一时开设者,达五百家之谱。大都分布于租界内劳动者聚居之区,如东区之杨树浦,北区之北河南路、北福建路,西区之曹家渡,南区之唐家湾一带"⑥。

手工卷烟业的资本门槛虽低,但收入尚足糊口。1932 年时,在安徽蚌埠仅需三五元本钱便可以生产手工卷烟,铜圆一枚可购两三枝,每箱可收入三十七八元,除去成本(烟料廿一二元,纸卷九元等),仍能获利润五六元。每日制造四千至五千枝卷烟,便可日得工资五六角。⑦在上海等大城市经营较具规模的手工卷烟业所需成本更多,但经营项目也更多,收入亦愈丰。1935 年在上海租界开设手卷烟行,"计其资本不过百元至二百元,租屋一间,设置桌椅秤具及容器,聚从业员三人至五人,即可开业"。除出售已制成的手工卷烟以外,手卷烟行还出售卷烟器,烟丝及卷烟纸等。每盒十枝手工卷烟,售铜圆四枚至六枚;卷烟器每具售半角至二角;烟丝每斤售角半至七角不等;卷烟纸(已切成之长方形纸片)每令(五百张)售洋六分至二角。每一行家,每日营业额在十元至十五元之间。⑧正因为手工卷烟业本微而利厚,大萧条中众多的失业贫民和退伍军人,以及倒闭的机制卷烟厂所遣散的工人及其艺徒纷纷涌向这个行业。⑨一些贫苦儿童也受雇于手工卷烟作坊,"赖着改造香烟头以过活"。⑩相比于机制卷烟业,手工卷烟

① 邬挺生:《考察京皖豫鄂一带手制卷烟状况报告书》,《卷烟季刊》第 1 卷第 2 期,1932 年 10 月,第 2—3 页。

② 《禁止以地上拾得之纸烟头制成纸烟向人兜售案》,《南京市政府公报》第 118 期,1932 年 10 月 31 日,第 65 页。

③ 《济南市手工卷烟工业之调查(二)》,1935 年 10 月 28 日,《1930—1950 年代初期经济类简报资料》(八),编号:0099,上海社会科学院经济研究所企业史资料研究中心藏。

④ 《技术园艺作物生产促进农村手工业的发展》,见章有义编:《中国近代农业史资料》第 2 辑,北京:生活·读书·新知三联书店,1957,第 571 页。

⑤ 《财政部呈文》(1935 年 11 月 25 日),见杨国安:《中国烟业史汇典》,北京:光明日报出版社,2002,第 802 页。

⑥ 《沪市卷烟业近况调查:手卷烟行突起竞销,烟厂营业备受打击,华菲烟草公司成立,生产采用最新机器》,《申时经济情报》总第 1426 号,烟业第 5 号,1935,第 1 页。

⑦ 邬挺生:《考察京皖豫鄂一带手制卷烟状况报告书》,《卷烟季刊》第 1 卷第 2 期,1932 年 10 月,第 2 页。

⑧ 《沪市卷烟业近况调查:手卷烟行突起竞销,烟厂营业备受打击,华菲烟草公司成立,生产采用最新机器》,《申时经济情报》总第 1426 号,烟业第 5 号,1935,第 1 页。

⑨ 《财政部呈文稿》1936 年 1 月,中国第二历史档案馆藏,96-192-112。

⑩ 罗毂荪:《儿童年中的流浪儿童》,《东方杂志》第 32 卷第 7 号,1935 年 4 月 1 日。

业享有更廉价的劳动力，而且不用担心工人罢工。[①]河南许昌、安徽蚌埠、江苏徐州等地的手工卷户还组成了类似同业公会的组织，帮助当地手工卷户拓展销路，规避政府的各种限令。[②]

靠近烤烟产区的手工卷户大多直接向烟农收购低档国产烤烟和晾晒烟作为原料，而卷烟市场附近的手工卷户则向刨烟店购买烤烟叶或晾晒烟刨制的烟丝，或者收购被人丢弃的烟头，抽取其中的烟丝，集中日晒后再用于制作卷烟。河南许昌一带烤烟产区的失业贫民或失业军人多"利用劣级烟叶于彼外商之弃置弗顾者，或采拾或购买，几经剔捡，然后加以利用，卷制成烟，籍维生计"。[③]用俯首拾得的"香烟屁股"制成的卷烟，形象地被称为"弯腰牌"或"磕头牌"香烟，其制造者也被戏称为"磕头实业家"，在上海、南京等大城市里尤为常见。[④]根据老资格中国通卡尔·克劳（Carl Crow）的生动记述，在 20 世纪 30 年代的上海街头，"目光敏锐的老人监视着人行道上的这种垃圾，用装在手杖一端的叉子捡起具有商业价值的烟蒂，并把它们放入一个空听。在雨天，他的捡烟蒂的业务完全丧失，他除去烟蒂烧焦的一端，把烟丝从卷烟纸中弄出来，接着通过手工把这种材料卷成大量容易出售的香烟。就纯收入而言，这是世界上最赚钱的香烟生意。这种生意既没有原料开支，也没有广告费用，生产者收到的每一分钱就是纯利润"。[⑤]除了自己收集什锦烟丝，以及自己制造卷烟的手工卷户之外，还有一些专门拾烟尾的穷人，他们终日在大街闹市、茶坊酒肆中以"一只破布口袋（或纸盒），一副竹筷"猎取别人丢弃的烟头，但自己并不制造卷烟，而是将"一段段三五分长的烟尾，积得多时可卖给专收的摊户……每天平均可得三四百文钱"。据估计，这样靠拾烟尾度日的人，仅在上海一地也有千人以上。[⑥]不少流浪儿童也加入了拾烟尾的行列，将人们丢弃的香烟头视为"恩物"[⑦]，张乐平笔下的三毛就是这些孩子的代表。[⑧]新生活运动发起后，曾有报刊将

① Benedict C. Golden-Silk Smoke: A History of Tobacco in China, 1550-2010. Berkeley, Los Angeles, London: University of California Press. 2011. Chapter 6, endnote 57.

② 邬挺生：《考察京皖豫鄂一带手制卷烟状况报告书》，《卷烟季刊》第 1 卷第 2 期，1932 年 10 月；《财政部为制止组织手工卷烟公会咨各省市政府文》（1935 年 6 月 22 日），见杨国安：《中国烟业史汇典》，北京：光明日报出版社，2002，第 806—807 页；《财部咨请各省市查禁手工卷烟公会》，《中央日报》，1935 年 7 月 4 日。

③ 《河南手工卷烟调查报告书》，1937 年 7 月，中国第二历史档案馆藏，卷宗号：422（6）-369。转引自陈洪友：《民众生存、政府监管与利益博弈——以 20 世纪 30 年代河南手工卷烟业为中心的考察》，《中国经济史研究》2013 年第 2 期，第 84 页。

④ 参见《拾烟尾》，《文摘》第 1 卷第 4 期，1937 年 4 月 1 日，第 115 页；《禁止以地上拾得之纸烟头制成纸烟向人兜售案》，《南京市政府公报》第 118 期，1932 年 10 月 31 日，第 65 页；《沪市卷烟业近况调查：手卷烟行突起竞销，烟厂营业备受打击，华菲烟草公司成立，生产采用最新机器》，《申时经济情报》总第 1426 号烟业第 5 号，1935 年；滏伧：《香烟外史》，《东亚联盟月刊》第 3 卷第 7 期，1943 年 7 月 30 日，第 104 页；《磕头烟》，《烟草月刊》第 2 卷第 2—6 期，1948 年 6 月，第 265 页。

⑤ 〔美〕卡尔·克劳著：《四万万顾客》，夏伯铭译，上海：复旦大学出版社，2011，第 43 页。美国人 Carl Crow 于 20 世纪上半叶在上海经营一家广告公司，他将在中国推销商品的经验写成《四万万顾客》一书，最早于 1937 年 3 月在美国出版。该中译本所依据的英文版为 Carl C. Four Hundred Million Customers. London: Hamish Hamilton. 1937.

⑥ 《拾烟尾》，《文摘》第 1 卷第 4 期，1937 年 4 月 1 日，第 115 页。

⑦ 罗毂苏：《儿童年中的流浪儿童》，《东方杂志》第 32 卷第 7 号，1935 年 4 月 1 日。

⑧ 张乐平：《不慎失火》，《三毛流浪记全集》，北京：人民美术出版社，1984，第 107 页。

香烟头绝迹报道为新运促进团取缔吸烟的成效。对此有人讽刺道："在未实行新生活之前，市上也何曾有堆积于途的烟头？即有，也早已被捉蟋蟀（俗称烟头为蟋蟀）的老枪、叫花子拾去换钱了，还会让它堆积在路上吗？"[①]

在 1936 年浙江嘉兴民丰造纸厂试制卷烟纸成功以前，中国无法自行生产卷烟纸，所有的卷烟纸都要从法、意、日、美等国进口。[②]正规纸商和烟厂若要订购和运销卷烟纸，均须先向政府关务和税务机关登记，申请准购单和运照。而手工卷户为了逃避政府税收，通常暗中购买走私卷烟纸。这些私纸大多来自日本，每卷为 32 毫米宽，1560 毫米长，每卷售价自 3 元 5 角至 7 元不等。[③]泰半经由上海和香港流入内地。1932 年"一·二八"事变以后，走私卷烟纸改由大连转口。[④] 从海外走私到通商口岸的卷烟纸，或经包装后通过邮政系统邮递，或委托铁道部门运输，或由火车乘客在行李中夹带，由沿海港口再销往内地。[⑤]由于盘形卷纸引人注意，易于发现，一些走私者还将整张未经裁成长条状的卷烟纸用布匹裹成长方形，外观与布匹无异，通过邮局以包裹的形式寄出，希图掩人耳目。[⑥]1930 年以后，为了控制手工卷烟的蔓延之势，政府一方面加强了对卷烟纸进口和运销的监管力度[⑦]；另一方面以远低于私纸的价格诱导手工卷户购买官卖卷烟纸。官纸的规格与私纸不同，每刀宽 30 毫米，长 420 000 毫米，可制 70 毫米卷烟 6000 枝，连税仅售 11 元。而等量的走私卷烟纸却要卖到 16—17 元。从税收增加的情势来看，的确有不少手工卷户转而领取官纸。但与此同时，缉获私烟和走私卷烟纸的案件未曾间断，可见私纸纵贵，但制成的卷烟可以逃避政府征税，权衡得失后仍有大量手工卷户购用走私卷烟纸。而另有一些卷户甚至使用没有特种延烧性[⑧]的普通纸张来制造卷烟。[⑨]

大多数手工卷户使用原始的木质手推卷烟机，每小时能制造卷烟 50—100 枝。[⑩]还有一些规模较大的卷烟作坊甚至采取了简单的机械化生产，使用以电力驱动的铁质及杂有木质的各种手摇卷烟机。"手摇铁

① 《香烟头绝迹》，《社会周报》第 1 卷第 47 期，1935 年 3 月 29 日，第 938 页。

② 俞宁颜：《外商垄断下之卷烟业》，《商业月报》第 10 卷第 12 期，1930 年 12 月 25 日。

③ 邬挺生：《考察京皖豫鄂一带手制卷烟状况报告书》，《卷烟季刊》第 1 卷第 2 期，1932 年 10 月。

④ 《财政部呈文稿》（1936 年 1 月），中国第二历史档案馆藏，96-192-112。

⑤ 《财政部就蚌埠统税管理所缉获私运卷烟纸案咨请铁道部协助文》（1933 年 7 月 15 日），见杨国安：《中国烟业史汇典》，北京：光明日报出版社，2002，第 814 页。

⑥ 《咨交通铁道部据税务署案呈据郑州管理所呈报郑县邮局查货私纸内有整张卷纸改变包装情形咨请饬属协助查验扣留随时通知统税机关究办以杜私运并希见复由》，财政部税务署《税务公报》第 3 卷第 1 期，1934 年 7 月，见沈云龙主编：《中国近代史料丛刊三编》第 62 辑，第 8—9 页。

⑦ 《财政部公布取缔卷烟用纸规则》（1931 年 10 月 9 日公布）；《卷烟用纸购运规则》（1933 年 11 月 13 日修正公布），杨国安：《中国烟业史汇典》，北京：光明日报出版社，2002 年，第 813—814、814—817 页。

⑧ 特种延烧性指"任燃一处，即便蔓延四周，徐徐引燃，如蚕食状，能使全纸化为灰烬"。《咨交通部准咨关于取缔整张卷烟用纸将于增修卷烟用纸购运规则列入在未修正前仍请查明前今咨明各节再予行知邮政总局饬属协助办理由》，财政部税务署《税务公报》第 3 卷第 8 期，1935 年 2 月，见沈云龙主编：《中国近代史料丛刊三编》第 62 辑，第 6—7 页。

⑨ 《财政部就四川缉获冒牌卷烟指令驻四川特派员》（1936 年 6 月 20 日），见杨国安：《中国烟业史汇典》，北京：光明日报出版社，2002，第 734—735 页。

⑩ Gibbs B J. *Tobacco Production and Consumption in China*. Washington DC: U.S. Bureau of Agricultural Economics. September 1938. p.35.

机与机制厂商所用之机器，效率相等，出烟极其迅速。考其制烟之速率，铁质手摇者，日可达七八万枝上下，约合一箱半左右，木质手推者，日可达三五千枝上下。"[1]

按照各地手工卷烟的征税办法，"手工卷烟包装应分二十枝、五十枝二种，用软纸包装，包面须印明与烟枝上所加同样之标识或戳记，不得用硬纸包壳或其他式样之包壳"，以区别于机制卷烟。市场上销售的手工卷烟因为价格低廉，大半以 50 枝装成一包，尺寸与机制卷烟相同。蚌埠附近的手工卷户还制造一种长卷烟，尺寸较普通卷烟长一倍。手工卷户往往仿冒市场上流行的机制卷烟的商标，1932 年在安徽蚌埠以仿冒"欢迎牌"为多，1935 年在湖南、湖北两省，以仿冒英美烟公司的"哈德门""黄金""三八牌"为多。而且手工卷烟主要仿冒中低档机制卷烟品牌，"不见其有大炮台、茄力克与美丽、白金龙，而只为欢迎、仙岛、红枪、双刀等普通烟类"。这是因为"中等以下之机制卷烟，原供经济地位中等以下之吸户，以及贩夫走卒，乡僻农愚。初未尝鉴别真伪，但以形式相同，价值低廉为喜"。[2]手工卷烟以假乱真令机制卷烟的生产者大为恼火。但据手工卷烟的制造者自陈，"若辈本多不愿仿冒各牌，亦不知仿冒有何法律关系。惟视何牌行销最广，即认为便于推销，从而仿冒之"，只是用流行的品牌来招揽顾客而已。而每当顾客购烟时，他们都会询问顾客是想买正品还是仿冒品，然后由消费者自己选购，并不会以次充好，欺骗顾客。还有一些手工卷户由于不懂商标法，不知需要自己新创商标，曾以市上流行的牌名和图样向商标局注册，自然被商标局驳回。20 世纪 30 年代以后，政府税务机关加强了对手工卷烟的控制，禁止手工卷烟使用牌名。但为生计所迫，不少卷户仍继续仿冒机制卷烟的品牌。另有一些制造稍精的手工卷户以真烟二三枝，并假烟七八枝，夹杂装入机制卷烟的空烟盒中，冒充机制卷烟混销于火车上及栈房等处，蓄意从事冒牌和欺诈。[3]

政府限定手工卷烟只准就地销售，不予颁发运照。根据 1935 年 1 月，英美烟公司和卷烟缉私协助委员会对湖北、湖南两生手工卷烟业的调查，手工卷烟主要由当地的摊贩销售，少数烟店也有出售，还有些手工卷户当街随卷随销。[4]也有手工卷户不顾"就地行销"的规定，将手工卷烟销往外地。但由于税务署四处查缉堵截，手工卷户又将手工卷烟装箱装包，冒充杂货，通过各地邮政局寄运到外地。[5]英美烟公司就曾向税务署报告："河南省有大宗冒牌私烟，用箱装载，表明杂货字样，其初利用平汉铁路分运北平等处混销，嗣因铁道部令饬平汉铁路当局禁运，遂改由邮局以包裹邮递，畅销各地。"[6]甚至还有手工卷烟的经销商"假借军队名义，包庇私运"。[7]

① 《财政部税务署修改取缔私制购运手工卷烟使用器具规定及有关文书》（1935 年 7 月 10 日），中国第二历史档案馆藏，94-3（8）-7817。
② 俞伴琴：《整理皖北手工土制卷烟征税之经过概况》，上海市华商卷烟厂业同业公会编印：《卷烟特刊》，1933 年 11 月，第 17 页。
③ 邬挺生：《考察京皖豫鄂一带手制卷烟状况报告书》，《卷烟季刊》第 1 卷第 2 期，1932 年 10 月，第 1 页。
④ 《英美烟公司调查湖北湖南两省各市县私制手工卷烟报告表》（1935 年 1 月 10 日），中国第二历史档案馆藏，94-3（8）-7817。
⑤ 《财政部训令有关统税所所制止邮寄烟件》（1934 年 11 月 17 日），见杨国安：《中国烟业史汇典》，北京：光明日报出版社，2002，第 732 页。
⑥ 《财政部训令》，税字第八五零一号，1934 年 9 月 27 日，《财政日刊》第 1969 号，第 1—3 页。
⑦ 《税务署抄送行政院指令》（1936 年），见杨国安：《中国烟业史汇典》，北京：光明日报出版社，2002，第 800—801 页。

不计其数的手工卷烟生产者具备靠近销售市场或原料产地之便，采用低档国产烤烟、晾晒烟，甚至回收的烟丝，雇佣廉价劳动力，而且不用投资或维护昂贵的卷烟机械设备，并通过仿冒机制卷烟的商标和包装坐享他人之利，从而大大节省了运输、生产和广告成本，加上他们不必缴纳愈发沉重的卷烟统税，因此其价格远远低于最便宜的机制卷烟。"其每千枝售价，不出七八角，间有一二种，每千枝售银一元。"再加上从业者颇多，营业竞争非常激烈，因此每箱（五万枝）的售价，还不及三十七八元。①

余　　论

相悖于一般情况下对传统与现代的认知，以及从手工业演化为机械工业的路径，在各方因素共同造成的经济压力之下，中国的卷烟业中"传统"和"现代"之间的边界不再泾渭分明，并且呈现出手工卷烟对机制卷烟的反向替代。手工卷烟业利用传统制作工艺和基于地缘关系的经销网，生产和销售一种标准化的、象征现代的产品。对于习惯吸食卷烟的消费者而言，手工卷烟既可以让他们继续享受标准化卷烟的便携与卫生、它所彰显的"现代性"，以及其品牌对身份的建构功能，也符合他们在购买力减弱时对低价的要求，因此在一定程度上替代了中外卷烟厂商用现代化工业技术生产出的机制卷烟。

市场对廉价卷烟的需求不断增加，无奈机制卷烟厂商在卷烟统税的束缚下无力满足这种需求，从而形成了一个市场真空，为手工卷烟业的广泛兴起提供了机遇。广泛兴起的手工卷烟业因"售价既属低廉，推销编辑各地"，严重侵夺了机制卷烟的市场，"致华商烟厂低级卷烟，营业陷于绝境"。②中外机制卷烟厂商均试图借助南京国民政府税收部门的力量，打压乃至铲除各地的手工卷户。而中央政府精心制定了一套平缓调控手工卷烟业的方案。一方面从原料、设备、组织等方面逐步加强对手工卷烟业的控制，直至最终完全取缔该行业，以维护卷烟统税的税源；另一方面则在一定时期内允许山东、河南、安徽三大烤烟产区附近手工卷烟业的存在，并且维持了远低于机制卷烟的税率，从而保障贫民卷户的生计并给予他们充裕的转业时间。而在市场需求的拉动下，为数众多的手工卷户为求生计而置政府的禁令于不顾，继续以这种原始的方式为市场提供大量的廉价卷烟。

① 邬挺生：《考察京皖豫鄂一带手制卷烟状况报告书》，《卷烟季刊》第1卷第2期，1932年10月。这种说法也得到了蚌埠统税管理所调查的验证，"以切实调查各卷户制成烟枝，每五万枝，成本三十四五元，其售价每千枝七角，贵者不过八角。是每五万枝，只售三十五元，至四十元"。《战前各地手工土卷烟概况》，见杨国安：《中国烟业史汇典》，北京：光明日报出版社，2002，第803页。
② 《笺函杭州市中华国货卷烟维持会据呈请恢复卷烟报内附装彩券未便率仰遵照部定四项原则办理由》，财政部税务署《税务公报》第4卷第10期，1936年4月，见沈云龙主编：《中国近代史料丛刊三编》第62辑，第18—19页。

市场需求与产业政策应对

——以国民政府培育汽车工业为例

摘 要: 1937 年前, 国民政府出于经济与军事的双重考虑, 创办了具有特权的中国汽车制造公司作为培育汽车工业的政策工具。中国汽车制造公司采取中外合作的方式, 以组装进口零件作为初期发展策略。1937—1945 年期间, 国民政府虽有意培植汽车工业, 但缺乏明确的政策, 中国汽车制造公司只能面向市场自行发展。战时需求使该公司得以维持并提升了制造零部件的能力, 但无法实现制造汽车的目标。战后, 在市场需求与政策导向的双重诱导下, 中国汽车制造公司放弃了制造汽车。后发展国家的产业政策与市场需求存在着张力, 为培育新兴产业, 产业政策应驾驭市场而非单纯顺应市场。

关键词: 产业政策 汽车工业 新兴产业 中国汽车制造公司

汽车自 20 世纪初年传入中国后, 中国人逐渐产生了创立本国汽车工业的想法, 并于 20 世纪 20 年代后期开始付诸实践。南京国民政府成立后, 国家采取了多种措施来培育汽车工业。然而, 到 1949 年为止, 中国仍然缺乏批量制造汽车的能力, 国民政府的产业政策可谓失败。这一失败, 反映了后发展国家培育新兴产业所面临的困境, 其历史教训值得总结。目前, 学界对近代中国产业政策的研究, 多从宏观着眼[①], 较少联系特定产业展开具体分析。有学者曾论述国民政府时期的汽车制造, 认为特殊的历史环境与条件制约了汽车工业的创立[②], 其探讨仍限于宏观层面。然而, 产业政策的实施, 最终要落实于微观层面的企业, 国民政府对新兴产业的培育尤其依赖于特定企业承担重任。因此, 以中国汽车制造公司这一国民政府有意扶持的企业为中心展开研究, 或能对近代中国培育汽车工业的困境有更深刻之理解, 进而对后发展国家新兴产业演化的规律有更深入之认识。

---

* 严鹏, 华中师范大学中国近代史研究所副教授。

① 代表性成果如下, 宗玉梅、林乘东:《1927—1937 年南京国民政府工业政策初探》,《民国档案》1994 年第 2 期, 第 84—90 页; 王卫星:《1927—1937 年南京国民政府的工业发展政策》,《学海》1998 年第 6 期, 第 112—116 页; 邱松庆:《南京国民政府初建时期工业政策述评》,《中国社会经济史研究》1998 年第 4 期, 第 89—92 页; 朱宝琴:《论南京国民政府的工业政策 (1927—1937 年)》,《南京大学学报 (哲学·人文科学·社会科学)》2000 年第 1 期, 第 130—136 页; 张燕萍:《抗战时期国民政府工业政策评析》,《江海学刊》2005 年第 6 期, 第 131—137 页。

② 关晓武:《国民政府时期的汽车制造与研究》,《内蒙古师范大学学报 (自然科学汉文版)》2006 年第 4 期, 第 504—508 页。

　　必须指出的是，产业政策的本意就在于提升工业制造能力，这是产业政策存在的理由。从理论上说，处于不同技术起点的产业可匹配相应的政策，而技术起点相似的产业在不同的政策作用下绩效可能不同。例如，国民政府时代，中国未能建立真正的汽车工业，新中国成立初期，中国工业的技术水平并未有本质提升，却在很短的时间内通过政策手段跨越式地创造出了汽车工业。因此，技术能力是动态的，如果一国缺乏某种技术能力，更应通过适当的产业政策来培养，不能因基础薄弱或条件欠缺而简单地认为技术能力提升缺乏可能性。工业史的经验表明，后进国的政府和企业不主动努力，产业升级的基础永远是薄弱的、条件永远是欠缺的。因此，若结合新中国成立初期的经济史自然实验结果看，不能认为国民政府打造汽车工业的失败系受限于当时中国的工业基础，相反，蕴涵着主观努力的产业政策更值得检讨。

一、国家资本与比较优势政策的实施

　　汽车具有经济与军事上的双重价值，在 20 世纪 20 年代，中国人对此已多有认识，并开始尝试自己制造汽车。汽车是一种具有复杂技术的机械产品，生产汽车需要较大资本投入，而当时中国机械工业的发展水平不高，技术与资本均极稀缺，故制造汽车的重任主要由政府承担。1928 年，奉系军阀的民生工厂开始试制汽车，张学良拨款 80 万元，聘请了美国工程师，1931 年成功地组装了"民生牌"汽车，这是中国自主制造汽车的开端。[①]因此，和不少新兴产业相仿，汽车工业在中国萌发之初也是靠政府引导的。这一点符合格申克龙（Alexander Gerschenkron）揭示的后发展国家工业化往往依靠政府推动的一般规律。[②]

　　不过，"九一八"事变后，东北地方政府制造汽车的努力被日人入侵打断，培植汽车工业的重任，此后主要由作为中央政权的南京国民政府承担。南京国民政府内部派系林立，存在着行政碎片化的现象[③]，故 1937 年前该政权制定过多个培育汽车工业的计划。这些计划中，由技术官僚曾养甫提议创立的中国汽车制造公司时间较早，亦最为成功。曾养甫为广东人，1923 年赴美留学，归国后踏上仕途，20 世纪 30年代初任浙江省建设厅长，对交通建设贡献尤多。[④]据中国汽车制造公司 1945 年的宣传稿所述，曾养甫提议创办该公司是因为感到中国单纯依靠进口汽车，不仅花费巨大，而且"一旦海疆有故，且恐因无法入口，交通上发生严重问题"，故希望"筹设大规模汽车制造事业"以"未雨绸缪"。[⑤]这表明曾养甫创办汽车制造公司的提议，具有经济与军事上的双重考虑。当时，中国各界对培育汽车工业的鼓吹，亦同时着眼于"民生"与"国防"[⑥]，故曾养甫的构想与社会一般心态相合。不过，就创办中国汽车制造公司而

① 《中国汽车工业史》编审委员会：《中国汽车工业史（1901—1990）》，北京：人民交通出版社，1996，第 9—10 页。

② 亚历山大·格申克龙：《经济落后的历史透视》，张凤林译，北京：商务印书馆，2009，第 53 页。

③ 戴维·佩兹：《工程国家：民国时期（1927—1937）的淮河治理及国家建设》，姜智芹译，南京：江苏人民出版社，2011，第 43 页。

④ 张晰：《民国时期的实干家——曾养甫》，《浙江档案》2007 年第 5 期，第 36—37 页。

⑤ 中国汽车制造公司：《中国汽车制造公司创办经过所负任务及其贡献（稿）》，1945 年 1 月 4 日，重庆市档案馆藏档 0212-1-0023。

⑥ 关云平：《民国工程界创立自主汽车工业民族主义的构想》，《深圳大学学报（人文社会科学版）》2012 年第 4 期，第 156—160 页。

言，曾养甫背后尚有更高层的国家意志。在写给陈绍宽的函稿中，曾养甫称："1935 年间弟奉委座命以商业化方式创办汽车事业，于次年组织成立中国汽车制造公司。"[①]这显示出曾养甫是在蒋介石支持下投身于汽车工业的。实际上，早在 1934 年以前，国民政府就打算用商业化方式培育汽车工业，并由交通部组织军事交通考察团赴德国、意大利等欧洲国家考察。[②]因此，从一开始，创立中国汽车制造公司的计划就具有军事色彩，因而由蒋介石主导。[③]进一步说，尽管中国汽车制造公司采取了"商业化"的形式，其本质还是国家意志对产业的介入。

所谓"商业化方式"，主要是指中国汽车制造公司采取了股份公司这一制度形式，与江南造船厂、中央机器厂等完全由政府出资并运营的国有独资企业不一样。该公司虽被时人及后人习称为"中国汽车制造公司"，但其全名"中国汽车制造股份有限公司"已经清楚地表明了该企业所采取的制度。然而，这一所谓"商业化"的形式难掩企业由国家资本控制的本质。公司最初资本为 150 万元，于 1936 年 12 月 8 日在南京举行了创立会，选出董事 19 人，既包括曾养甫、张静江、宋子文、陈果夫、俞大维等党政要员，又包括胡文虎、卢作孚等工商名流，监察人则有张学良、刘航琛等。[④]即使只从表面上看，公司董事长曾养甫为政府官员，股东张静江、宋子文、陈果夫等亦复如是，故该公司与一般民间商人集资所办股份公司不同。有一份 1938 年的资料表明，在中国汽车制造公司的 150 万元资本中，官股为 17 万元，商股共 133 万元。[⑤]然而，曾养甫谓中国汽车制造公司系"由中央及各省市政府投资"[⑥]，亦有今人查证私人资本仅占该公司全部资产的 1.97%。[⑦]这两种说法、数据间的差异，可能源于公司在发展过程中，资本构成有所变化。但另据该公司管理人员回忆，公司在 1937 年前即由中国农民银行投资，并由中国银行提供外汇。[⑧]因此，在"商业化"的制度形式之下，中国汽车制造公司具有国家资本的底色。有学者认为，在南京国民政府时期，政府控制企业的手段可以有多种，判断企业的性质要以是否由国家控制为标准，公开的官股之有无并不重要。[⑨]这一标准是符合历史实情的。以此来看，中国汽车制造公司虽被时人认为"由商股所办"[⑩]，却绝非普通民营企业，而受国民政府之掌控。

---

① 曾养甫致陈绍宽函稿，1945 年 9 月 26 日，重庆市档案馆藏档 0212-1-0038。

② 《重庆机床厂简史》编辑委员会：《重庆机床厂简史（1940—1994）》，重庆机床厂，1995，第 1 页。

③ 柯伟林：《德国与中华民国》，陈谦平等译，南京：江苏人民出版社，2006，第 229—230 页。

④ 佚名：《中国汽车制造公司开创立会》，《江南汽车旬刊》1936 年第 68 期，第 3 页。

⑤ 张忠民、朱婷：《南京国民政府时期的国有企业（1927—1949）》，上海：上海财经大学出版社，2007，第 127 页。

⑥ 曾养甫致陈绍宽函稿，1945 年 9 月 26 日，重庆市档案馆藏档 0212-1-0038。

⑦ 《重庆机床厂简史》编辑委员会：《重庆机床厂简史（1940—1994）》，重庆机床厂，1995，第 1 页。

⑧ 张柏春访问整理：《民国时期机电技术》，长沙：湖南教育出版社，2009，第 83 页。

⑨ 朱荫贵：《中国近代股份制企业研究》，上海：上海财经大学出版社，2008，第 74 页。

⑩ 资源委员会工业处：《湘桂机械工业考察报告》，中国第二历史档案馆编：《中华民国史档案资料汇编》第 5 辑第 2 编《财政经济》（六），南京：凤凰出版社，1997，第 256 页。

作为一家由政府掌控的企业，中国汽车制造公司实际上就是政府推行产业政策的载体，肩负着为中国培育汽车工业的重任。因此，在该公司尚未正式创立时，国民政府就提前给了它一定程度的特权，极尽扶持之意。1936 年，实业部规定，从当年 11 月 1 日起，中国汽车制造公司"在湖南、湖北、江苏三省及上海、南京两市区内享有柴油汽车专制权 5 年"①。当时，上海的民营企业新中工程公司也在尝试制造柴油发动机汽车，实业部的规定可以说为中国汽车制造公司排挤了这一潜在的竞争对手，让中国汽车制造公司在 5 年时间内享有在上海等重要市场的垄断权。此外，财政部亦免征该公司所制汽车零件 3 年的转口税。②而中国汽车制造公司在获取特权后，即着手在湖南衡阳筹备成立总厂，另在上海高昌庙购地建设分厂。根据公司的规划，上海分厂将采取循序渐进的汽车制造办法，其工作分为 3 期："第 1 期先开办配件工作，第 2 期试制零件，第 3 期制造引擎，以期全部汽车由我国自制。"同时，上海分厂将先生产货车，等扩充后再生产客车。③因此，中国汽车制造公司选择了先组装后制造、先零件后整车、先商用车后乘用车的发展战略，而这一战略与中国薄弱的经济基础是相匹配的，顺应了比较优势原则（comparative advantage）。

中国汽车制造公司的此种发展战略，除了与国情相适应外，也与国民政府采取中外合办汽车工业的政策密不可分。在 20 世纪 30 年代，中国与德国关系紧密，德国的戴姆勒•奔驰公司（Daimler Benz）为中央军的德械化师提供车辆，使国民政府认为德国的柴油发动机汽车优于美国的汽油发动机汽车，从而更愿意引进德国技术。1935 年，德国商人老奥托•沃尔夫（Otto Wolff）在同蒋介石的直接谈判中，建议中国先建 1 座载重车装配厂，作为实现汽车完全国产化的第一步。当年，中德间达成了协议草案。④由前文可知，早在 1934 年以前，国民政府就有培育汽车工业的计划，因此，中国汽车制造公司的创立主要基于国民政府自身的战略考量，并不取决于德国人的建议。但是，自中德于 1935 年达成协议后，次年成立的中国汽车制造公司就成为落实中德合作的政策工具了。1937 年前，中国汽车制造公司与奔驰公司签订了进口 2000 辆 2.5 吨卡车零部件的合同，由奔驰公司提供全套生产图纸，并出售机器设备，以及派员工来华指导，中国汽车制造公司则派张德庆等工程师赴奔驰公司实习、考察。⑤可见，国民政府为培育汽车工业，推行了以中外合作为核心的顺应比较优势的产业政策，由国家资本掌控的中国汽车制造公司是该项政策实施的载体。

在筹建中国汽车制造公司的同时，国民政府尚有别的培育汽车工业的计划。1934—1935 年，实业部曾先后与美国福特汽车公司、通用汽车公司、捷克厂家、意大利飞翼（即菲亚特，FIAT）等外国企业洽

① 《江苏省政府训令建字第 1262 号》，《江苏省政府公报》1936 年第 2432 期。
② 《实业部通知工字第 17816 号》，《实业部公报》1936 年第 307 期，第 44 页。
③ 佚名：《中国汽车制造公司上海分厂即将开工》，《实业部月刊》1937 年第 2 卷第 3 期，第 224 页。
④ 柯伟林著，《德国与中华民国》，陈谦平译：南京：江苏人民出版社，2006，第 230 页；郭恒钰、罗美君主编：《德国外交档案：1928—1938 年之中德关系》，许琳菲等译，"中央研究院"近代史研究所，1991 年，第 123 页。
⑤ 张柏春访问整理：《民国时期机电技术》，长沙：湖南教育出版社，2009，第 83 页。

商合资办厂事宜。当时,实业部长为陈公博,属于行政院院长汪精卫一系,与蒋介石是有矛盾和对立的,故实业部的计划当与中国汽车制造公司存在竞争关系。不过,就中外合作这一点来说,两者一致,这表明靠引进国外技术来培育本国汽车工业是国民政府内部各派的共识。从实业部最初的考虑来看,是主张办"制造厂"的,但外商"多主先办配合厂",即只肯运零件来华组装。考虑到中国汽车市场有限,福特厂 1 天的产量就可以供给中国 1 年而有余,实业部对外商作了让步,但在设厂地点上仍与外商不合。[1]后来,实业部的计划不了了之,这与汪精卫遇刺、陈公博去职恐怕有一定关系。而蒋介石接管行政院之后,曾于 1936 年密令实业部"建设汽车制造厂,以期自能配合制造",实业部等机构在相关会议中则表示:"关于汽车制造,已有中国汽车制造公司负责进行,照目前需要及国家财力,似可即由全国经济委员会随时与该公司密切联络,协助进行,并与各有关机关取得联络。"[2]至此,中国汽车制造公司成为1937 年前国民政府汽车工业产业政策的唯一担当者。

综上,1937 年前,国民政府为了培育汽车工业,实施了与外商合作办厂的产业政策,该政策与中国薄弱的工业基础和狭小的汽车市场是相适应的。为落实这一政策,政府利用国家资本创立了中国汽车制造公司,并给予其若干特权。然而,比较优势政策使中国汽车制造公司的活动局限于将进口零件组装成整车,与制造汽车差距较大。实际上,外商坚持组装优先,本就是一种避开关税和降低运费的变相销售方式[3],并无帮助中国建立汽车工业之意。因此,中国汽车制造公司能否依靠这一渐进策略养成制造能力,也是未定之数。然而,1937 年日本全面侵华打断了中国汽车制造公司的正常演化,该公司在战时经历了意料之外的成长历程。

二、战时需求推动企业制造能力提升

1937 年前,中国汽车制造公司的员工不到 50 人,其上海分厂曾于 1937 年 8 月前组装好 100 辆四缸 2.5吨柴油卡车,交给军政部交通司,其株洲总厂则已建有若干厂房。战争全面爆发后,总公司迁至香港,并在荃湾设立南华铁工厂,继续组装汽车,上海分厂迁往桂林良丰,株洲总厂的发电机组则被运往重庆筹建分厂。[4]因此,中国汽车制造公司在全面抗战初期主要由香港、桂林和重庆的 3 个分厂构成,随着香港、桂林的陷落,至战争结束时,公司只剩下重庆的华西分厂。战时需求对于中国汽车制造公司的发展一度有所推动,公司的制造能力因之生成,但战争整体而言仍然阻碍了企业完成其制造汽车的政治使命。

---

① 陈公博:《实业部呈报对于国防工业筹商经过情形》,中国第二历史档案馆编:《中华民国史档案资料汇编》第 5 辑第 1 编《财政经济》
  (五),南京:凤凰出版社,1994,第 927 页。

② 《行政院关于筹建汽车制造厂等三案给实业部密令(1936 年 7 月 21 日)》,中国第二历史档案馆编:《中华民国史档案资料汇编》第 5 辑第 1 编
  《财政经济》(五),南京:凤凰出版社,第 961、962 页。

③ 《行政院致全国经济委员会公函(1935 年 5 月 8 日)》,中国第二历史档案馆编:《中华民国史档案资料汇编》第 5 辑第 1 编《财政经济》
  (五),南京:凤凰出版社,第 906、907 页。

④ 张柏春访问整理:《民国时期机电技术》,长沙:湖南教育出版社,2009,第 84—85 页。

为了与日寇持久对峙，战时的大后方急需各类运输车辆，这在客观上成为推动汽车工业形成的有利因素。时人谓"马达一响、资金万两"[1]，可见后方市场对于汽车的需求。国民政府亦因势利导，继续尝试培育汽车工业。1940 年 2 月 18 日，蒋介石曾有手令，称："轻重工业在此三年之内，务望能加一倍乃至二倍之成绩，尤以炼钢铁、制汽车与燃料生产为必须，于此三年内能达成自立之工作。"[2]由此可见政府最高层培育汽车工业的国家意志并未减弱。而与 1937 年前国民政府仅仅依靠中国汽车制造公司来落实政策不同的是，全面抗战期间，资源委员会的中央机器厂也曾尝试通过组装进口零件的方式制造汽车，并获得了初步成功。[3]可惜该厂遭日军轰炸后中止了制造汽车的计划。此外，民营企业新中工程公司内迁湖南后，亦继续尝试汽车制造。在这种形势下，中国汽车制造公司实际上丧失了垄断特权，而这也意味着国民政府培育汽车工业的产业政策不再具有明确的指向性，只是泛泛而论。尽管如此，单纯的战时需求已足以使中国汽车制造公司有所发展。在香港沦陷前，公司的南华铁工厂共组装近 2000 辆汽车，几乎全部卖给了军政部交通司[4]，这是公司 1937 年前事业的延续与扩大。不过，与将进口零件组装为整车相比，战时需求对公司制造能力的提升更具意义。

全面抗战期间，大后方车辆有限，而繁重的运输任务使车辆维修率高，经常需要更换零部件，这为汽车零配件制造提供了广阔的市场。例如，1943 年 10 月，交通部公路总局重庆公共汽车管理局曾向中国汽车制造公司求助，称："敝处柴油车自本月初起以油泵心子无法补充，陆续停驶者已达 10 辆以上，渝市每日行驶柴油车 19 辆，现仅能维持 10 辆。"[5]自然，汽车管理局补充零件的需求为中国汽车制造公司带来了生意。同时，日寇侵占了中国沿海地区后，国统区不仅进口汽车零部件困难，就连用以制造汽车零部件的机器设备也不易进口，但这反而激发了本土企业对于汽车零部件及相关机器设备制造的热情。中国汽车制造公司即自称："目前内地精细工具机及特种工作机异常缺乏，自外洋购运至为困难，本厂有鉴于此，正竭力从事于上项机具之制造，除以此充实自身设备以期大量增加生产外，并兼应外界需要。"[6]因此，战时大后方的外贸困境成为中国工业企业实现进口替代的契机。[7]为应对战时需求，中国汽车制造公司对其内地两厂进行了分工，桂林厂"专制柴油汽车及汽油汽车主要配件，如各种活塞连附件、各种轴承、各种弹簧、橡胶制品等"，重庆厂则"以制特种工具设备及工作母机等为主，而以汽车配件及普通金工器具为辅"[8]。实际上，公司的客户并不局限于汽车相关领域。例如，1943 年 4 月，航空委员会第四飞

① 章绳治：《中国汽车制造公司》，《申报》1947 年 7 月 19 日，第 2 张第 7 版。
② 翁文灏：《翁文灏日记》，北京：中华书局，2010，第 431 页。
③ 史久荣：《中国公路行驶车辆之需要与资源牌货车之设计及其成绩》，《资源委员会公报》1941 年第 1 卷第 3 期。
④ 张柏春访问整理：《民国时期机电技术》，长沙：湖南教育出版社，2009，第 84 页。
⑤ 黄寿嵩致吴新炳函，1943 年 10 月 9 日，重庆市档案馆藏档 0212-1-0047。
⑥ 中国汽车制造公司：《中国汽车制造公司华西、桂林分厂概况》，1941，重庆市档案馆藏档 0212-1-0021。
⑦ 郑友揆：《中国的对外贸易和工业发展（1840—1948）》，上海：上海社会科学院出版社，1984，第 275 页。
⑧ 中国汽车制造公司：《中国汽车制造公司华西、桂林分厂概况》，1941，重庆市档案馆藏档 0212-1-0021。

飞机制造厂即向桂林分厂订购了 4 只柴油机活塞肖子、4 只柴油机活塞肖子铜婆斯和 8 只柴油机气门。[①]
因此，在战时各类机械均短缺的局面下，中国汽车制造公司并不固守于汽车工业，而是直接面向市场。
这与国民政府缺乏明确指向性的汽车工业产业政策或不无关系。而图 1 所示中国汽车制造公司主要产品
的历年产量，充分体现了战时需求对公司成长的推动作用。

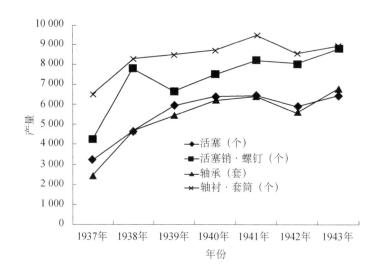

图 1 中国汽车制造公司主要产品历年产量（1937—1943 年）

资料来源：整理自 Principal Products of the China Automotive Company, Ltd，1943，重庆市档案馆藏档 0212-1-0047

由图 1 可见，在全面抗战期间，中国汽车制造公司的主要产品，即活塞、活塞销、轴承、轴衬和套
筒等汽车零件，产量均呈增长之势。惟其如此，该公司在战时能增募资本至 3000 万元，且能够于 1941
年 11 月间还清外债 25 万英镑。[②]同时，尽管中国汽车制造公司自始至终未能成长为大企业，但在 1941
年，公司已有职员 150 人，工匠 450 人[③]，比之 1937 年前的员工不到 50 人，规模扩张显著。而与规模扩
大相应的是，公司各分厂原本采取主任负责制，"设立正副主任各一人，承总公司之命处理全厂一切事
宜"[④]，1943 年则改为厂长负责制。改组后，孙家谦、吴曾植分别任桂林分厂的正、副厂长，朱清淮任华
华西分厂厂长。[⑤]中国汽车制造公司分厂管理体制的改组，增加了科层结构，这与其活动的日益复杂化相
匹配。而公司活动的复杂化，主要也就是制造能力的不断扩大。

---

① 《中国汽车制造公司桂林分厂、航空委员会第四飞机制造厂合约》，1943 年 4 月 19 日，重庆市档案馆藏档 0212-1-0065。

② 中国汽车制造公司报告，1942 年 10 月 26 日，重庆市档案馆藏档 0212-1-0021。

③ 中国汽车制造公司：《中国汽车制造公司华西、桂林分厂概况》，1941，重庆市档案馆藏档 0212-1-0021。

④ 《中国汽车制造公司桂林、华西分厂组织章程》，1941，重庆市档案馆藏档 0212-1-0219。

⑤ 《中国汽车制造公司桂林分厂厂桂字第 6375 号文》，1943 年 4 月 3 日，重庆市档案馆藏档 0212-1-0594；《中国汽车制造公司新渝字第 4517 号
文》，1943 年 10 月 27 日，重庆市档案馆藏档 0212-1-0219。

作为由国家资本掌控的企业，中国汽车制造公司的自我定位具有某种政策导向性。该公司宣称自己"每制一品，务使其必适合公定标准与规范，不让舶来，始敢出而问世，匪特为信誉计，且妄冀为国家制造技术谋一彻底之解决"①。也就是说，尽管国民政府在战时并未对中国汽车制造公司特殊照顾，但该公司仍然具有一定的政策工具属性，或自我标榜如此。而受惠于战时需求，中国汽车制造公司也确实在技术上取得了若干成绩。油泵心子是一种普通的汽车零件，在战时，由于"各方需要甚殷"，中国汽车制造公司认为"应积极增加产量"②。实际上，为了制造该产品，公司的华西分厂花了两年时间试制，于1942年冬始能小批量生产。作为一种"精细"产品，油泵心子的制造及测验需要特殊的进口设备，但该种设备在战时"采购非易"。于是华西分厂的技术人员"乃勉强自行设计，造成油压推动擦孔机一部，暂为应用"。依靠这种自力更生的办法，华西分厂对于制造油泵心子的技术问题最终"完全解决"③。尽管油泵心子只是一种简单的零件，但考虑到中国汽车制造公司成立时间不长，连基本生产技术也需要花时间步入正轨④，且战时环境极为恶劣，故该公司攻克技术难关的努力颇值称许。为了克服技术上的难题，该公司对于员工不吝奖励。例如，华西分厂自1943年10月奉命铸造汽缸头后，尝试了5次，费时月余，"所有技术上之种种困难均赖王阿菊技术员匠心研究，逐项克服"。为此，公司给予王阿菊2000元奖金。⑤该企业对于技术的重视于此可见一斑。

除了简单的汽车零件外，中国汽车制造公司在战时也开始尝试制造技术上更复杂的核心部件，即发动机。公司的南华铁工厂在香港沦陷前，业务活动已逐渐由组装汽车向制造汽车发动机拓展，于1940年获得成功。该发动机为奔驰四缸柴油汽车发动机，约45马力，缸体、曲轴系自制，油泵、油嘴、发电机则靠进口。⑥可以说，南华铁工厂的汽车发动机制造处于起步阶段，仍留有浓厚的组装痕迹。香港沦陷后，公司继续试制发动机，其桂林分厂于1943年向汉江交辎学校借奔驰六汽缸发动机绘制图样。该厂并于同年另向陆军机械化学校借用奔驰柴油汽车，拆下零件后绘制草图。⑦这是后发展国家企业制造先进技术产品时常采用的测绘仿制方法。值得一提的是，由于战时柴油供应困难，中国汽车制造公司的工程师改用桐油作为汽车燃料，进行了大量试验，对奔驰发动机的结构进行改造，"更改发动机预燃室内之容

① 中国汽车制造公司：《中国汽车制造公司华西、桂林分厂概况》，1941，重庆市档案馆藏档0212-1-0021。

② 中国汽车制造公司致华西分厂函，1943年1月12日，重庆市档案馆藏档0212-1-0047。

③ 张功炳：《油泵心子制造报告》，1943年1月5日，重庆市档案馆藏档0212-1-0047。

④ 中国汽车制造公司华西分厂：《本厂第3次厂务会议记录》，1940年10月5日，重庆市档案馆藏档0212-1-0784。

⑤ 《中国汽车制造公司华西分厂总（卅二）字第5822号呈文》，1943年12月15日；《中国汽车制造公司致华西分厂文电稿》，1943年12月21日，重庆市档案馆藏档0212-1-0047。

⑥ 中国汽车制造公司：《中国汽车制造公司华西、桂林分厂概况》，1941年，重庆市档案馆藏档0212-1-0021；张柏春访问整理：《民国时期机电技术》，长沙：湖南教育出版社，2009，第84、86页。

⑦ 吴新炳致孙家谦函，1943年10月5日；《中国汽车制造公司桂林分厂厂桂字第8447号文》，1943年11月11日，重庆市档案馆藏档0212-1-0047。

量，使之完全符合桐油之性能"①。故公司在战时制造的汽车发动机主要是具有中国特色的桐油发动机，该型发动机也被命名为"中国号"。1944 年桂林分厂陷落，制造发动机的重任又转移到了华西分厂。1945 年，中国汽车制造公司制订了一个战时每年生产 1000 部桐油发动机的计划，指定华西分厂负责，并以完成该项发动机作为华西分厂此后的"基本中心工作"②。根据档案，华西分厂当时似不只试制一种发动机。1945 年 7 月 10 日，公司称"朋驰（奔驰）95H.P.引擎之制造亟需筹划"，要求华西分厂派人绘制该项发动机的图样。同月 25 日，公司称某"单汽缸引擎"的图样华西分厂"已大部齐全"，该厂可着手进行制造。③这表明公司当时有制造多种型号发动机的计划。据华西分厂厂长朱清淮回忆，在 1945 年前后该厂按照奔驰提供的图纸和制造工艺，生产过少量缸径 100 毫米的 45 马力四缸汽车发动机，该发动机的缸体、油泵、活塞、轴承等由华西分厂自制，曲轴、变速箱、底盘和车厢则从美国购买。④综上，中国汽车制造公司在全面抗战后期已经开始计划制造多种类型的汽车发动机，尽管其制造活动仍极为依赖进口零件，但自制零件的范围已有所扩大。例如，南华铁工厂要进口油泵，华西分厂则可以自制。因此，中国汽车制造公司为满足战时需求而发展出的制造简单零件的能力，有逐渐向制造核心部件升级的趋势。

尽管战时需求推动了中国汽车制造公司制造能力的提升，但战争本身对企业的发展有较大阻碍。公司香港、桂林分厂的相继陷落可以说是战争给企业造成的直接打击。而原料供应困难则是战时大后方一般机械制造企业所面临的共同难题，中国汽车制造公司亦难幸免。⑤1941 年，公司即称"各种合金钢料及轻金属合金等，国内尚无出产，须仰给国外，购运极感困难，不特价昂而已"，故"颇延误工程之进行"⑥。为此，公司积极进行原料国产化的工作，但"仍有少数原料必须向外洋购运补充"⑦。表 1 显示的是 1943 年中国汽车制造公司主要原料的库存数量。

表 1   中国汽车制造公司主要原料库存数量（1943 年）

原料名称	单位	每月所需数量	现在库存数量	可用月数
铝合金	吨	0.5	0.5	1
生铁	吨	9.0	100.0	11.1
各种钢料	吨	1.5	90.0	60
锡	吨	0.1	0.6	6

① 中国汽车制造公司：《桐油汽车发动机试验经过》，时间不详，重庆市档案馆藏档 0212-1-0023。

② 中国汽车制造公司文电稿，1945 年 4 月 23 日，重庆市档案馆藏档 0212-1-0080；《中国汽车制造公司渝新字第 10427 号文》，1945 年 3 月 1 日，重庆市档案馆藏档 0212-1-0287。

③ 《中国汽车制造公司新渝字第 11700 号文》，1945 年 7 月 10 日；《中国汽车制造公司渝新字第 11821 号文》，1945 年 7 月 25 日，重庆市档案馆藏档 0212-1-0287。

④ 张柏春访问整理：《民国时期机电技术》，长沙：湖南教育出版社，2009，第 87 页。

⑤ 唐礼：《中国汽车制造公司访问记》，《新工商》1943 年第 1 期，第 113 页。

⑥ 中国汽车制造公司：《中国汽车制造公司华西、桂林分厂概况》，1941，重庆市档案馆藏档 0212-1-0021。

⑦ 中国汽车制造公司致中国银行总务处函稿，1943 年 3 月 24 日，重庆市档案馆藏档 0212-1-0021。

续表

原料名称	单位	每月所需数量	现在库存数量	可用月数
铅	吨	2.0	8.6	4.3
铅丹	吨	2.2	11.5	5.2
硫酸	吨	0.6	0.5	0.8
铜	吨	0.5	5.7	11.4
焦炭	吨	26.0	140.0	5.4
燃料油	吨	8.0	30.0	3.8
其他	吨	2.0	10.0	5
共计	吨	52.4	397.4	7.6

资料来源：整理自中国汽车制造公司致中国银行总务处函稿，1943 年 3 月 24 日，重庆市档案馆藏档 0212-1-0021

由表 1 可见，中国汽车制造公司 1943 年的原料储量平均只够支撑 7.6 个月，尚不足 1 年。公司虽储备了较多的生铁、钢料、铜等普通原料，但对于制造汽车零部件来说特别重要的铝合金、锡、铅等，则极为匮乏。同样欠缺的是对汽车工业而言不可或缺的燃料油。据一份可能为 1945 年初的报告，华西分厂生产活塞每月需铝合金 600 公斤，但厂中仅剩 300 余公斤。该厂生产铅铜轴承需铜、铅、锡、锑等原料至少 3000 公斤，但"紫铜料方到 2000 公斤，铝、锡、锑等料，则迄无消息，是以铅铜轴承亦无从进行"。汽缸套筒活塞及活塞环等产品则受"近 3 个月来生铁及洗焦供应时虞不继"的困扰。[①]活塞、轴承等为中国汽车制造公司最基本的产品，故战时原料短缺的加剧已经影响到企业的正常生产了，更遑论其制造能力之提升。至于战时环境下物价高涨、工人情绪不稳定、流动资金匮乏等困难，则是绝大多数工业企业都要承受的痛苦，中国汽车制造公司自难独善其身。不过，相对于后方一般企业，该公司境况较好。1943 年，银行调查称中国汽车制造公司有流动资金 900 余万元，每月销售额约 50 万元，"流动资金应敷周转"[②]。由于公司直到 1944 年确实仍"有较快发展"[③]，故其状况应较乐观，这自然与公司的产品能适应战时需求有直接关系。

然而，中国汽车制造公司真正的困境在于，作为一家为配合政府培育汽车工业而成立的企业，公司难以实现原本被国家赋予的政策目标。战时需求为公司提供了至关重要的市场，但这种需求也诱导企业偏离了主业。作为市场需求的一种，战时需求也具有周期性，致使企业会不时感到"制作能力较外界需要为大"。因此，中国汽车制造公司作为国家资本打造的企业，虽标榜其工作"应以事业为前提，不应以利润为目的"，但因为丧失了战前政府给予的特权，也不得不谋求具有利润导向的"产销之平衡"[④]。然而，这样一种利润导向，主要着眼于短期市场利益。由于短期内的市场更欢迎简单的汽车零件，中国汽

---

① 中国汽车制造公司华西分厂呈总公司函，估计为 1945 年 1 月 21 日，重庆市档案馆藏档 0212-1-0077。
② 《经济部工矿调整处训令工矿（32）财字第 5483 号》，1943 年 9 月 8 日，重庆市档案馆藏档 0212-1-0051。
③ 《重庆机床厂简史》编辑委员会：《重庆机床厂简史（1940—1994）》，重庆机床厂，1995，第 4 页。
④ 中国汽车制造公司：《中国汽车制造公司华西、桂林分厂概况》，1941，重庆市档案馆藏档 0212-1-0021。

车制造公司以"加紧制造市面需要之配件"为"急务",尤其注重多制造畅销者,以便"周转灵活",而"免资金积滞"①。即使公司在战争后期决定华西分厂以发动机制造为中心工作时,也不忘强调"应一面尽量利用厂有机力、人力多制能收入现款之各项制品,以裕收入"②。这表明公司能够投入到发动机制造中的资源其实是比较紧张的。从企业经营的角度说,中国汽车制造公司注重短期市场需求的策略是很正常的。但是,制造完整的汽车是一项耗时甚长的活动,对于技术基础薄弱的中国来说尤其如此。所以,中国汽车制造公司为满足战时需求而采取的短周期市场导向策略,与长周期的汽车制造活动是相矛盾的,这就决定了该公司在战时难以真正实现为中国培育汽车工业的重任。当然,国民政府在战时本身也缺乏具体的、有针对性的汽车工业政策,中国汽车制造公司对主业的偏离似亦情有可原。

综上所述,在全面抗战期间,大后方对汽车零部件的需求给中国汽车制造公司带来了发展的契机,并推动了企业由组装进口零配件向自己制造零部件转型。然而,市场需求的短周期性与技术升级的长周期性之间存在着矛盾,中国汽车制造公司为了谋求生存,不得不搁置长周期的完整的汽车制造活动,实际上放弃了公司在战前所肩负的培育汽车工业的政策使命。国民政府在 1937 年前曾给予中国汽车制造公司垄断特权,可以视为规避短期市场风险的扶持性的产业政策,但该项政策在战时无形取消,这就使中国汽车制造公司由事实上的政策工具回归为普通的市场主体。政策工具既已丧失其功能,培育汽车工业的政策目标自然无法顺利实现。

三、战后需求诱导企业偏离汽车工业

抗日战争胜利后,中国汽车制造公司一度尝试重新担负培育汽车工业的重任,但很快就陷入困境。公司于战争结束后不久就呈请政府发还在战时沦于敌手的南华铁工厂和上海分厂,不过,这两家分厂均遭劫掠甚重③,似因恢复不易而未见有较大作为。因此,中国汽车制造公司在战后的主体是位于重庆的华西分厂。然而,在多种因素作用下,战时对汽车零部件的需求在战后急剧萎缩,华西分厂为了生存不得不面向新的市场需求,转而从事纺织机械制造。由此,中国汽车制造公司偏离了汽车工业这一主业。在这一历史时期,国民政府仍然缺乏明确的汽车工业政策,近代中国培育汽车工业的努力亦最终失败。

在全面抗战后期,中国汽车制造公司曾开始尝试批量制造汽车发动机这一核心部件,与此同时,公司也有一个"战后每年制造汽车 30 000 辆"的计划。④囿于史料,目前尚难知晓该计划的细节。实际上,交通部在 1946 年初曾放出"设法自造汽车"的消息,并表示汽车厂"将由官商合办,并征求外人

---

① 中国汽车制造公司报告,1942 年 10 月 26 日,重庆市档案馆藏档 0212-1-0021。

② 《中国汽车制造公司渝新字第 10427 号文》,1945 年 3 月 1 日,重庆市档案馆藏档 0212-1-0287。

③ 曾养甫致陈绍宽函稿,1945 年 9 月 26 日;徐瑛清致苏乐真函,1945 年 12 月 16 日,重庆市档案馆藏档 0212-1-0038。

④ 中国汽车制造公司文电稿,1945 年 4 月 23 日,重庆市档案馆藏档 0212-1-0080。

投资"①。交通部的设想与 1937 年前国民政府依托中国汽车制造公司培育汽车工业的战略如出一辙。中国汽车制造公司的高层管理人员孙家谦、吴新炳，早在 1945 年初就以交通部考察员的身份赴美②，故可以推测交通部的计划与中国汽车制造公司的计划有一定关系，而该公司仍然具有政策工具的属性。战后，公司又派出朱清淮等赴美。据朱清淮回忆，他于 1946 年秋到美国，"为筹建中国汽车制造公司而买机器、搞设计"，直到 1950 年才离开美国。③由于公司早已成立，此处所谓"筹建"，当指公司计划着手真正地制造汽车。另据 1947 年《申报》的一篇报道，中国汽车制造公司在战后共派出 6 名工程师赴美国工厂实习，并向美国贷款 500 万美金用以订购制造汽车的机床。但是，报道亦指出："美国的条件，需要我国政府担保，当时虽然经最高当局批准了，但为了按照官价结汇的关系，尚搁置在行政院中。"④综合这些史料来看，中国汽车制造公司在战后确实曾有过从美国引进技术制造汽车的计划，并得到了国民政府决策层的支持，但该计划进展缓慢，最后随着大陆政权的鼎革而流产。这可以反映国民政府在战后仍缺乏有效的汽车工业产业政策。至于作为公司主体的华西分厂，在战后初期继续制造油泵心子等汽车零部件。⑤

然而，1946 年初，华西分厂一度陷于瘫痪的困境。当年 2 月 15 日，公司在致朱清淮的信中，称华西分厂"业已全部停工"，责令身为厂长的朱清淮对遣散工人、赶交订货等事"分别办竣结束"，并强调要避免拖延。⑥这次停产持续了数月之久，有员工回忆称中国汽车制造公司在战后"解体"了⑦，或系由此而来。事实是，中国汽车制造公司当时并未解体，华西分厂也于同年复工，故公司的瘫痪只是暂时的。对于这次波折的原因，有观点认为系战后美国商品涌入中国市场，汽车配件滞销所致。⑧诚然，以美货为主的大量外国机器产品在战后行销于中国，确实对中国本土机械企业造成了极大的打击。例如，战后上海的汽车修配业曾兴盛一时，但由于进口零件的价格甚至"较原料还便宜"，一些规模较大的企业如宝锠汽车材料制造厂，只好放弃制造活动，将业务局限于修理方面。⑨再如，从战前就开始尝试制造汽车发动机的新中工程公司，原本计划在战后大展拳脚，无奈"外国汽车发动机进入中国市场，搞汽车发动机没有销路"，也不得不从汽车制造领域退出。⑩因此，战后外货的大量涌入，肯定是会对中国汽车制造公司带来同样的冲击。不过，具体到 1946 年的停工，恐怕未必是直接由美货涌入造成的，而是由战时需求的消失所致。在战争时期，原本经济落后的西南、西北等大后方地区突然迁入了包括中国汽车制造公司

① 佚名：《我将设工厂自行造汽车》，《申报》1946 年 1 月 9 日，第 1 张第 1 版。

② 张柏春访问整理：《民国时期机电技术》，长沙：湖南教育出版社，2009，第 85 页。

③ 张柏春访问整理：《民国时期机电技术》，长沙：湖南教育出版社，2009，第 87 页。

④ 章绳治：《中国汽车制造公司》，《申报》1947 年 7 月 19 日，第 2 张第 7 版。

⑤ 中国汽车制造公司致华西分厂函，1946 年 1 月 5 日，重庆市档案馆藏档 0212-1-0004。

⑥《中国汽车制造公司新渝字第 12934 号文》，1946 年 2 月 15 日，重庆市档案馆藏档 0212-1-0077。

⑦ 张柏春访问整理：《民国时期机电技术》，长沙：湖南教育出版社，2009，第 89 页。

⑧《重庆机床厂简史》编辑委员会：《重庆机床厂简史（1940—1994）》，重庆机床厂，1995，第 4 页。

⑨ 上海市工商行政管理局等：《上海民族机器工业》下册，北京：中华书局，1979，第 759 页。

⑩ 张柏春访问整理：《民国时期机电技术》，长沙：湖南教育出版社，2009，第 110 页。

在内的大批企业、机构，形成一个基本能够自给的工业经济系统，所谓战时需求，即此种系统内部各企业、机构间相互依赖的市场关系。然而，战争结束后，大批企业回迁东部，大后方原本相对完整的工业经济系统被肢解拆散，战时需求自然随之消弭。更有甚者，国民政府的收缩政策加速了原大后方企业的困境。主管重工业的资源委员会即称："若再维持后方零星事业，财力人力均感不足，且自国际贸易复常以后，后方产品势难与欧美大规模生产事业之制品争雄市场，故不得不早事收缩，以免日后之累。"①这可以代表政府的一般心态。然而，收缩政策推行后，像中国汽车制造公司华西分厂这样留在后方的企业，就难免受到冲击，被迫停工。

因此，中国汽车制造公司在战后面临的困境，实际上是产品市场的萎缩。无论是战时需求的消失，还是外货的冲击，都意味着企业遇到了此前未曾经历过的市场危机。不过，作为一家在战争期间就以市场需求为导向的企业，中国汽车制造公司在战后也颇能灵活应对。一方面，中国汽车制造公司仍继续从事汽车零部件的制造，以满足某些特殊客户的需求。例如，1946 年 4 月，公司命令华西分厂赶制油泵心子，因为"重庆公共汽车管理处每月经常必须予以供应 120 只左右"②。再如，公司曾卖给中国石油公司重庆营业所"柴油及植物油两用引擎及配件"③。这些可以视为战时需求的延续，尽管其规模是不断萎缩的。另一方面，公司也将产品范围拓展至汽车工业之外，如为交通部造船处制造船用发动机等。④此种船用发动机系汽车发动机改良而成，公司进行这种改良正是由于战后"大批现成汽车蜂拥而入"导致原有产品"几乎全部失去了时效"⑤。综上，中国汽车制造公司为了应对市场萎缩的危机，采取了多元化经营的策略。这种策略，早在战时即曾为该公司所用，但在战后，公司对这类产品的生产压倒了对汽车相关产品的制造。在非汽车相关产品中，纺织机械成为战后中国汽车制造公司的主业。

据文献记载，中国汽车制造公司开始转产纺织机械，正是为了应对 1946 年华西分厂的停产风波，主持其事的是公司总工程师张世纲。⑥中国汽车制造公司在战时赖以自豪的产品桐油汽车发动机，正是"胆子大"的张世纲提出试制的⑦，可见他头脑灵活。然而，此时选择背离汽车这一主业，当是迫不得已。不过，1946—1947 年，在多种因素作用下，中国的棉纺织工业"进入了一个空前繁荣的时期"⑧，棉纺织业业的繁荣为纺织机械提供了充分的市场需求，以至于有的纺织机械制造企业感慨："国内各纺织厂纷纷

①《资源委员会关于战后办理后方工业建设紧缩概况及今后建设方针签呈稿》，中国第二历史档案馆编：《中华民国史档案资料汇编》第 5 辑第 3 编《财政经济》（四），南京：江苏古籍出版社，1999，第 71 页。

②《中国汽车制造公司新渝字第 13230 号文》，1946 年 4 月 16 日，重庆市档案馆藏档 0212-1-0077。

③ 张世纲致苏乐真函，1946 年 8 月 24 日，重庆市档案馆藏档 0212-1-0391。

④ 交通部造船处致中国汽车制造公司函，1946 年 11 月 4 日，重庆市档案馆藏档 0212-1-0688。

⑤ 章绳治：《中国汽车制造公司》，《申报》1947 年 7 月 19 日，第 2 张第 7 版。

⑥《重庆机床厂简史》编辑委员会：《重庆机床厂简史（1940—1994）》，重庆机床厂，1995，第 4 页。

⑦ 张柏春访问整理：《民国时期机电技术》，长沙：湖南教育出版社，2009，第 91 页。

⑧ 王菊：《近代上海棉纺业的最后辉煌（1945—1949）》，上海：上海社会科学院出版社，2004，第 152 页。

要求向本公司定货，生意不是没有，只怪本公司无法全部接受。"①在抗战期间以生产动力装备为主的昆明机器厂，也大力承制纱锭、纱机、梳棉机等。②中国汽车制造公司在此时进入纺织机械制造领域，可谓恰逢其时。果然，1947 年 10 月，张世纲在给公司董事长曾养甫的信中，就提到"渝厂自兼制纺纱机以来，工作骤增"，并表示工人"不敷分配"，拟"再招训一两百名"。此情此景，与 1946 年的被迫停工不啻霄壤，曾养甫亦对张世纲等"能适应环境与需要创制纺纱机件"感到"佩慰"③。中国汽车制造公司制造的纺织机械的种类及月产量如表 2 所示。

表 2　中国汽车制造公司所造纺织机械种类及月产量

名称	数量
全部纺机设备式样如下：钢丝机、细纱机、头道粗纱机、二道粗纱机、并条机	2 000 锭
细纱锭子	10 000 套
粗纱锭杆	1 000 根
粗纱锭壳	1 000 只
细纱锭胆	30 000 只
钢领圈	15 000 只
钢丝机大锡林	8 只

资料来源：《中国汽车制造公司华西分厂制造纺机每月产量一览表》，估计为 1947 年，重庆市档案馆藏档 0212-1-0386

中国汽车制造公司的纺织机械生产，据报道"全部注重在西南各省"④。各纱厂为了购买纺织机械，曾申请向国家行局贷款⑤，而中国汽车制造公司为了周转资金，也向中国银行等国家银行寻求"国策生产贷款"。⑥此处所谓"国策"，是指当时国民政府制订了推进纺织机械制造的政策，并同意向相关企业贷款。⑦因此，与缺乏明确的汽车工业政策相比，国民政府在战后对于发展纺织机械工业更为积极，实施了具有导向性的产业政策。国民政府推行该政策具有面向市场的考虑，即"现在机器工业处境甚为困难，纺织工业是机器工业最好之买主"⑧。在政策导向与市场需求的双重作用下，直到 1949 年 7 月，中国汽车制造公司仍能不断接获隆新、泰安、沙市等纱厂的订单，其中不乏"待用至急"的客户。⑨因此，尽管

---

① 黄伯樵：《为本公司经济情形危迫向同人呼吁加倍努力》，1947 年 3 月 18 日，上海市档案馆藏档 Q192-23-194。

② 佚名：《各纱厂力图增产扩充设备，中央机器厂昆厂承制纱锭多起》，《征信新闻》1947 年第 565 期。

③ 张世纲致曾养甫函，1947 年 10 月 22 日；曾养甫致张世纲函，1947 年 11 月 3 日，重庆市档案馆藏档 0212-1-0386。

④ 章绳治：《中国汽车制造公司》，《申报》1947 年 7 月 19 日，第 2 张第 7 版。

⑤ 佚名：《后方各机器厂所做纱锭优良适用，各纱厂向国家行局贷款订购》，《征信新闻》1947 年第 574 期。

⑥ 中国汽车制造公司致中国银行重庆分行函稿，1948 年 5 月 18 日，重庆市档案馆藏档 0212-1-0271。

⑦ 《经济部纺织机器制造会议记录》，1948 年 3 月 12 日，上海市档案馆藏档 Q459-1-50。

⑧ 《经济部纺织机器制造会议记录》，1948 年 3 月 12 日，上海市档案馆藏档 Q459-1-50。

⑨ 《中国汽车制造公司业（38）字第 242 号文》，1949 年 7 月 8 日；《中国汽车制造公司业（38）字第 244 号文》，1949 年 7 月 8 日；《沙市纺织公司渝（卅八）第 0055 号文》，1949 年 7 月 12 日；《中国汽车制造公司业（38）字第 255 号文》，1949 年 7 月 16 日，重庆市档案馆藏档 0212-1-0055。

由于物价飞涨等因素，中国汽车制造公司的困境是不断加深的[1]，但仅从市场需求来看，该公司尚有一定生存空间，而这也说明公司转入纺织机械领域是一个正确的选择。只是，公司的这一选择，与为培育汽车工业而设立的初衷，已南辕北辙了。

总而言之，国民政府在战后确实继续推行过培育汽车工业的产业政策，但缺乏实效。在可以直接大量进口汽车及其零部件的市场环境下，政府培育自主汽车工业的动机被削弱了。1947 年，行政院在一份声明中欢迎外商来华直接投资，对于"大型动力机、工具机、汽车、机车、飞机及较大轮船等项之制造业尤所欢迎"[2]。这些产业都是中国当时缺乏比较优势的高端制造业，本土企业发展不易。相反，国民政府积极介入的纺织机械工业，因与纺织业相联系，更能适应中国以轻工业为主导的市场环境。因此，国民政府在战后发展机械工业的政策，整体上是顺应市场需求与比较优势的。于是，一方面市场确实对纺织机械有更大的需求，另一方面政策导向又强化了这种需求，受其诱导，中国汽车制造公司只能偏离主业以求生存，而政府培育汽车工业的努力亦告失败。

四、结　论

对后发展国家而言，所谓"新兴产业"往往只是先进国家已经相对成熟的产业，这正是"后发展"的特性与体现。因此，一些在先进国家由市场自然孕育的产业，在后发展国家却需要依靠政府助产，故保育性的产业政策极为必要。[3]然而，即使后发展国家的政府有意推行产业政策，在各种因素制约下，新兴产业也不易培育成功，国民政府未能创立汽车工业不过是中外各国诸多失败案例中的一个。在诸多制约性因素中，产业政策与市场需求之间的张力不可忽视。

从理论上说，产业政策必然具有"反市场"的色彩，否则政府大可听任市场自行引导产业演化。因此，产业政策与市场需求之间的张力是先天存在的。然而，在实践中，产业政策与市场的关系却非常复杂。就经济史观之，后发展国家在培育新兴产业的初期，产业政策须大力扭曲市场需求，方易成功。以汽车工业来说，与国民政府同时期的日本、苏联两国也致力于培育这一新兴产业，其成绩均比中国优异，抛开技术起点与工业基础的差异不论，产业政策上的区别亦值得探究。与中国相似的是，日本也有如同新中工程公司那样尝试制造汽车的民间企业，即丰田、日产，同时，日本军方出于军事考虑，也有极强的培植汽车工业的动机[4]，这又与中国 1937 年前相仿。然而，由于技术落后，日本的国产车即使接受了陆军给予

---

① 《重庆机床厂简史》编辑委员会：《重庆机床厂简史（1940—1994）》，重庆机床厂，1995，第 5 页。
② 《行政院对于外商来华投资工业问题的声明》，中国第二历史档案馆编：《中华民国史档案资料汇编》第 5 辑第 3 编《财政经济》（四），第 81 页。
③ 弗里德里希·李斯特著：《政治经济学的国民体系》，陈万煦译，北京：商务印书馆，2012，第 292 页。
④ 天谷章吾：《日本自动车工业の史的展开》，亚纪书房，1982，第 29—32 页。

的每辆 1000 日元的补贴，售价仍比进口车高 300 日元[1]，在市场上完全缺乏竞争力。因此，在市场需求的主导下，福特、通用等美国厂商一度有将日本汽车工业扼杀于萌芽之势。但是，日本政府在 1936 年颁布了《汽车制造事业法》，限制汽车的进口以及外资车企在日本的经营[2]，该政策"保护了丰田和日产两家汽车公司"[3]。直到 20 世纪 50 年代初，日本政府仍然实施了限制进口战略产业商品的保护主义政策，从而"有效促进了汽车、电气设备等工业的发展"[4]。由此，日本政府为培育汽车工业采取了扭曲市场需求的产业政策。与日本相似，苏联创立汽车工业的成绩在当时的后发展国家中同样不俗。[5]由于实施了计划经济，苏联新兴产业的发展，从一开始就摆脱了本国产品竞争不过进口商品等市场原则的束缚。但是，苏联培育汽车工业绝非闭门造车，在 20 世纪 30 年代初，其老汽车厂阿莫厂（AMO）装备了"美国的最新技术"，同时又"在福特汽车公司援助下建起了一座全新的高尔基厂"[6]。而苏联举全国之力培育汽车工业的发展战略，也引来了同时代中国汽车界人士的倾慕，呼吁中国应学习苏联"不惜工本，不惜牺牲，务底于成"[7]。总之，日本与苏联的产业政策路径极为不同，前者重视公私合作[8]，后者则完全由国家包办产业，但两国均扭曲而非顺应市场，从而为本国幼稚的新兴产业创造了适宜的发育环境。

反观国民政府培育汽车工业的产业政策，从一开始就具有顺应市场的基调。客观地说，国民政府在 1937 年前创立中国汽车制造公司并赋予特权，也是对市场需求的扭曲，具有保护主义政策的色彩。但是，国民政府既没有像日本那样通过限制外资来保护民营企业，也没有像苏联那样由纯国营企业替代市场进行运作。国民政府组建的中国汽车制造公司，既具有排挤民营企业的国家资本的性质，又与外资合作顺应市场比较优势，这给政策的实际走向预留了多种可能性。由于抗日战争很快全面爆发，对国民政府 1937 年前汽车工业政策的实效无从检验。在全面抗战期间，大后方对汽车零配件的需求使中国汽车制造公司能够持续成长，并提升制造能力。然而，国民政府在战时虽仍抱有发展汽车工业的意志，但缺乏指向性明确的产业政策，中国汽车制造公司实际上由 1937 年前的特权企业沦为普通企业，公司也就无法作为政策工具发挥作用，只能面向市场自求出路。战后，国民政府的产业政策整体上具有迎合市场需求的性质，而当时的汽车及其零部件市场出现萎缩，纺织机械则需求旺盛，故在市场需求与政策导向的双重作用下，中国汽车制造公司不再制造汽车，转而制造纺织机械，以该公司为载体的汽车工业产业政策也就遭到了彻底的失败。

① 樱井清：《战前の日米自动车摩擦》，白桃书房，1987，第 182 页。
② 日本自动车工业会：《日本自动车产业史》，日本自动车工业会，1988，第 27—33 页。
③ 岸信介等著：《官场政界六十年——岸信介回忆录》，周斌译，北京：商务印书馆，1981，第 8 页。
④ 中村隆英编：《日本经济史·"计划化"和"民主化"》，胡企林等译，北京：生活·读书·新知三联书店，1997，第 63 页。
⑤ Lewis H. Siegelbaum. *Cars for Comrades: The Life of the Soviet Automobile*. Ithaca: Cornell University Press. 2008. p.23.
⑥ A. C. 萨顿著：《西方技术与苏联经济的发展（1930—1945）》，安冈译，北京：中国社会科学出版社，1980，第 256—257 页。
⑦ 王树芳：《目前汽车配件之制造与发展战后自动车工业之计划》，《交通建设》1943 年第 3 期，第 63—66 页。
⑧ Evans P. *Embedded Autonomy: States and Industrial Transformation*. Princeton: Princeton University Press. 1995. p.12.

　　因此，后发展国家在培育新兴产业的初期，通过产业政策来抑制市场需求对幼稚产业的不利导向实属必要。自然，这一论断主要适用于那些建设周期长而需要大量资本、复杂技术的产业。后发展国家的此类产业在成长初期通常难以与先进国家竞争，如果听任市场需求自然选择，只会使本国产业受到抑制，一如中国汽车制造公司放弃制造汽车。故后发展国家产业政策的要旨在于驾驭市场而非单纯顺应市场。所谓驾驭市场，也就是不局限于短期的市场需求，而是诱导资源进入需要长周期才能获取回报的领域，这是产业政策的应有之义，也是后发展国家培育新兴产业必须忍受的阵痛。

美国页岩气发展战略研究

林 珏[*]

摘 要： 本文对美国页岩气发展战略的出台背景、内容、实施及效果、影响进行了研究。笔者认为"页岩气革命"最先发生在美国，是因为其具备了三个基本条件：科研的深入与技术的突破；政府政策的支持；能源价格的上涨。美国的页岩气开发给予中国一定的启示。中国在大力发展风能、太阳能等可再生能源外，也可增大天然气在化石能源中的比重，以替代煤炭。本文建议政府在页岩气开采技术的研发项目上给予资金支持；以技术折股方式鼓励外国投资者向中国转移开采技术；以税收优惠的条件吸引国外投资者来华投资；政府应在企业能源转换与替代、并网方面做好协调与服务工作，进而对企业由此产生的成本给予一定的补贴。

关键词： 页岩气发展战略 美国 世界油气

页岩气是一种蕴藏在页岩层中、其成分以甲烷为主的非常规天然气资源。世界很多地方都蕴藏页岩气资源，但不少地区因其埋藏深（一般深度在 200 米以下，有的可达 3000 米），开采技术难度高、成本大，仅处于勘探、待开发或试开发状态。目前页岩气开发主要在美国，由于技术获得重大突破，成本下降，页岩气已得到商业性的规模开发。

一、美国页岩气发展战略的出台及相关立法

第二次世界大战（以下称"二战"）后的最初 20 多年，世界市场石油价格低廉，美国对外进口的原油逐渐增多，从 1945 年的 7433.7 万桶增加到 1969 年的 5.1 亿桶，原油进口依存度从 4.2%增加到 13.2%。20 世纪 70 年代中东爆发"石油战争"，石油输出国组织（OPEC，中译名"欧佩克"）对支持以色列的美国及西方国家实行石油禁运、提高价格、国有化等措施，导致西方世界一度出现油荒，并引发 1975 年战后最严重的一场世界性经济危机。此后石油价格走向波动上升，保障石油安全供给成为包括美国在内的主要石油进口国的重要关注点，非常规能源等新能源和可再生能源的开发、节能提效日益被强调。2007 年美国非常规能源——页岩气开采技术获得重大突破，吸引中小企业纷至沓来，全国产量大幅

---

* 林珏，上海财经大学国际工商管理学院教授。

度提高，引发一场"页岩气革命"。分析这场革命的动力，一来自需求，二来自美国联邦政府对包括页岩气在内的新能源发展战略以及相关政策的助推。

（一）美国页岩气开发历史

美国页岩气发展战略的酝酿和推动立法是从 20 世纪 70 年代中期开始，取得重大技术突破是在 2007 年。不过，就美国页岩气开采历史而言，最早可以追溯到 19 世纪 20 年代。1821 年一位名叫威廉·哈特（William Hart）的美国年轻人为获得照明燃料，在纽约州弗雷德尼亚镇（Fredonia）附近的泥盆系页岩上凿下了一口气井[①]，成功地获得了页岩气，由此建立了美国第一家天然气公司，即弗雷德尼亚天然气照明公司（Fredonia Gas Light Company），威廉·哈特为小镇居民提供了照明燃料，因此他被人们誉为"天然气之父"（father of natural gas）。随着美国工业化进程，天然气（页岩气）的应用从照明扩大到发电、机械动力上，商业性的规模开采由此出现。

1915 年肯塔基州弗洛伊德县裂缝性泥页岩发现大砂气田（big sandy gas field），吸引油气公司纷至沓来，到 1976 年开发区域已经从肯塔基州东部扩展到西弗吉尼亚州西南部，数千平方公里的土地上遍布着大小气井，单单肯塔基一个州，气井就达 5000 口。

页岩气商业性开采带来竞争压力，为了降低成本，开发商不断探寻新的低成本的开采技术。20 世纪 40 年代开发商采用的是井下爆炸技术，1965 年有开发商采用水力压裂技术，该技术大大提高了产量，使得那些较低收益的页岩井增加了产值。不过，直到 20 世纪 70 年代初，美国都未考虑出台鼓励页岩气等非常规能源开发的立法。

1954 年以前美国的石油出口在世界出口中占比 60%，西欧的石油市场完全为美国所垄断。随着美国汽车和石油化工业的兴起，石油需求快速增长，美国开始从石油净出口转为净进口。中东石油公司通过争取与大石油公司利润对半分成和石油国有化，逐步掌握本国石油资源，并摆脱西方大石油公司在生产、储运、炼制、销售，以及原油定价的控制。20 世纪 60 年代，被称为"七姊妹"的美孚、埃克森、壳牌等西方大石油公司大幅度降低石油标价，促使中东石油公司为稳定油价走向联合，成立了欧佩克。欧佩克成立后迫使西方石油公司把标价恢复到 1960 年前的水平。由此，不难看出：二战后美国石油公司把中东廉价的原油源源不断地进口到美国，美国呈现出战后二十年最美好的繁荣景象；这一时期美国页岩气的开发无论是从产量，还是从战略上都处于微不足道的位置。

（二）美国页岩气发展战略的出台及相关立法

页岩气属于非常规天然气，在统计计算中往往将其产量归到天然气生产中。二战后随着欧、美、日的经济恢复与振兴，这些地区或国家对能源的需求日益旺盛，推动石油、天然气勘的探开发迎来了

[①] 该井不过 27 英尺（相当于 8.2 米）深，而现代气井一般要达到 3 万英尺（等于 9100 米）深。1 英尺=0.3 米。

高潮。1950 年在世界一次能源中，煤炭占比 50.9%，石油占比 32.9%，天然气占比 10.8%；到 1970 年，煤炭占比已经下降到 20.8%，石油占比上升到 53.4%，天然气达到 18.8%。不过，世界天然气比重的上升主要贡献来自苏联。苏联是一个天然气资源非常丰富的国家，二战后该国大力开发天然气资源，使其天然气工业迅速崛起，1970 年苏联的天然气储量已经达到 29.49 万亿立方米，产量达到 1979 亿立方米，天然气储量和石油储量分别比 1951 年增加了 169 倍和 30 多倍。进而苏联的天然气储量超过美国，成为世界上天然气储量最多的国家。[①]

1973 年中东爆发石油危机，为了应对危机，1975 年 12 月福特总统签发《能源政策与保护法》（*Energy Policy and Conservation Act*）。这是一部有关能源发展的综合性法规，其目的是增加能源生产，保障能源供给，降低能源需求，提供能源效率，并给予行政部门在应对能源供应中断时以更多的权力。根据该法，美国建立起战略石油储备，而这之前的石油储备主要为企业的商业储备。此外，该法也制定了消费者产品节能计划，以及公司平均燃料节约标准的规则。总之，开源节流是该法的核心思想。

1975 年以后，美国国会在能源方面又制定了一系列立法，根据立法的宗旨，可以分为三类：①综合性的法案，总目标是保障供给，实现能源安全；②专门性的法案，目标是发展可再生能源、清洁能源，保护环境，经济可持续发展；③配套或辅助性的法案，目标是节约能源、提高能效。

页岩气是非常规天然气，而天然气属于清洁能源，因此页岩气发展战略既属于非常规能源开发战略，也属于低碳排放的清洁能源发展战略，更是实现美国能源全面自给战略目标的一个组成部分。页岩气发展战略首先通过相关立法推出，而后通过具体部门的规划或计划及政策措施加以贯彻。

1. 综合性全面立法，实现能源安全

1975 年 12 月福特总统签署《能源政策与保护法》该法旨在促进天然气市场化改革，放松市场交易和价格管制，使得价格趋于合理水平。1978 年 11 月卡特总统签署《1978 年国家能源法》（*National Energy Act of 1978*），1980 年 6 月又签署《1980 年能源安全法》（*Energy Security Act of 1980*）。前一个法案包括 5 个单一法案，后一个法案包括 7 个单一法案，这两个综合法案旨在放松电力产业规制，鼓励新能源和可再生能源的发展，强调节能和能效，以实现能源的自给。

1992 年 10 月布什总统签署《1992 年能源政策法》（*Energy Policy Act of 1992*），其目的是减少国家对进口能源的依赖，增加清洁能源的使用，提高整体能源的效率。1993 年克林顿上台，通过对《能源政策与保护法》的修订，动用战略石油储备作为调控国内能源市场的重要手段，同时引入商业化运作机制，通过抛售一定的战略石油储备来筹集储备设施建设和运转所需的资金。

---

① 《天然气产业发展史一览》，国际燃气网，2015-06-29，http://gas.in-en.com/html/gas-2294868.shtml。

2001 年小布什上台，成立了由副总统切尼领导的国家能源政策制定小组，负责起草国家能源政策报告。2001 年 5 月《国家能源发展集团的报告》（*Report of National Energy Policy Development Group*）发布，扉页上小布什总统的题词为："美国必须有一个未来的能源政策计划，以满足今天的需求。——我相信我们可以开发我们的自然资源和保护我们的环境。"该报告指出，对于新世纪初美国所面临的能源挑战，美国需要从多方面进行部署，包括节能和能效、新能源和发展可再生能源等。与此同时，美国国会也在酝酿一部新的大型的综合性能源法案，政府提出的部分政策建议被吸纳到该法案中。2005 年 8 月《能源政策法》（*Energy Policy Act of 2005*）在经过众参两院一致认可下，由小布什签署生效。2007 年 12 月小布什又签署了《2007 年能源独立和安全法》（*Energy Independence and Security Act of 2007*）。

从 1992 年、2005 年的《能源政策法》和 2007 年《能源独立和安全法》来看，这些法案均属于综合性的法规，其立法目的就是为了保障能源供给，维护美国的能源安全。

2. 制定专门法，鼓励可再生能源、清洁能源的发展

二战后随着石油化工、汽车工业、机械制造等重化工业的发展，人们对日趋严重的环境污染忧心忡忡。1962 年美国海洋生物学家蕾切尔·卡森夫人（Rachel Carson，1907—1964）出版了《寂静的春天》（*Silent Spring*）一书，该书以大量的事实展现了在农业中过度使用杀虫剂等化学品而导致严重的环境污染和生态破坏的现状。该书引发了美国朝野有关杀虫剂滥用的大辩论。1970 年美国颁布了《清洁空气法》（*Clean Air Act of 1970*），这是一部美国最全面、最有影响力的空气质量法规。虽然，之前美国曾经颁布过《空气污染控制法》（*Air Pollution Control Act*）和《空气质量法》（*Air Quality Act*，1967），但是新法律在对空气污染的控制上做了大量的补充和修正，扩大了联邦政府在处理工业固定的和移动的污染源上的权限。根据该法，1970 年 12 月美国成立了环境保护署，负责研究、监测环境污染问题，制定环境标准，以及实行环境执法。1977 年、1990 年《清洁空气法》先后两次被修正。

这一期间，罗马俱乐部委托德内拉·梅多斯（Donella H. Meadow）等学者[①]的《增长的极限》（*The Limits to Growth*，1972）报告发表。该报告基于五个变量——世界人口、工业化、污染、食品生产和资源消耗建立模型，探索增长趋势。该报告认为五个变量在成倍增长，而技术提高资源可用性的能力仅仅是线性时，未来地球承载能力将达到极限，届时世界粮食将短缺，环境将遭破坏，经济出现衰退。《增长的极限》也促使学术界"经济-能源-环境"（3E）理论的形成。不管怎么说，这些研究促使美国政府出台政策，鼓励可再生能源、清洁能源的发展。

1970 年、1974 年和 1980 年美国国会对地热能研究和开发先后进行立法；1974 年、1978 年、1990 年鼓励太阳能开发的法律相继出台；1980 年鼓励开发风能、海洋能、生物质能的立法也相继出台。

---

① 他们是德内拉·梅多斯（Donella H. Meadow）、乔根·兰德斯(Jorgen Randers)、丹尼斯·梅多斯(Dennis L. Meadows)、威廉·贝伦斯三世(William W. Behrens Ⅲ)。

3. 配套立法，节约能源，提高能效

确保能源安全和经济的可持续发展，需要节能减排、提高能效政策相辅助。20 世纪 70 年代到 80 年代，美国国会在能源节约方面颁布了一系列法律，这些法律后来经过多次修正。比如，1975 年《能源政策和节约法》和 1976 年《能源节约和生产法》就经过多次修正。1976 年还出台了《可再生能源和能效技术竞争力法》。1978 年、1980 年又出台了《资源节约和回收法》等，见表 1。

表 1　1970 年以来美国部分能源法案一览表

目标	法案名称	
	中文	英文
综合性的： 1. 放松管制 2. 保障供给 3. 发展新能源 4. 节能、提高能效 目标：实现能源安全与自给	1975 年能源政策和保护法（1994 年修订）	*Energy Policy and Conservation Act,1975*
	1978 年国家能源法（包括公用事业管制政策法、1978 年能源税收法、国家节能政策法、电厂和工业燃料使用法、天然气政策法共五个法案）	*National Energy Act of 1978*
	1980 年能源安全法（包括美国合成燃料公司法、生物质能和酒精燃料法、可再生能源法、太阳能和节能法、太阳能和节能银行法、地热能法、海洋热能转换法、1978 年国家能源法七个法案）	*Energy Security Act of 1980*
	1992 年能源政策法（综合）	*Energy Policy Act of 1992*
	2005 年能源政策法（综合）	*Energy Policy Act of 2005*
	2007 年能源独立和安全法（综合）	*Energy Independence and Security Act of 2007*
	2008 年能源改进和延长法	*Energy Improvement and Extension Act of 2008*
专门性的： 1. 发展可再生能源 2. 研究新能源技术 目的：保护环境，实现经济可持续发展	1970 年地热蒸汽法	*Geothermal Steam Act of 1970*
	1970 年清洁空气法（1977、1990 年修订）	*Clean Air Act of 1970*
	1974 年地热能研究、开发和示范法	*Geothermal Energy Research, Development and Demonstration Act of 1974*
	1974 年太阳能供热和制冷示范法	*Solar Heating and Cooling Demonstration Act of 1974*
	1974 年太阳能研究、开发和示范法	*Solar Energy Research, Development and Demonstration Act of 1974*
	1978 年可再生资源推广法	*Renewable Resources Extension Act of 1978*
	1978 年太阳能光伏研究、开发和示范法	*Solar Photovoltaic Energy Research, Development and Demonstration Act of 1978*
	1980 年地热能法	*Geothermal Energy Act of 1980*
	1980 年风能系统法	*Wind Energy Systems Act of 1980*
	1980 年林业剩余物利用法	*Wood Residue Utilization Act of 1980*
	1980 年海洋热能转换法	*Ocean Thermal Energy Conversion Act of 1980*
	1980 年生物质能和酒精燃料法	*Biomass Energy and Alcohol Fuels Act of 1980*
	1990 年太阳能、风能和地热能发电	*Solar, Wind, and Geothermal Power Production Incentives Act of 1990*
	2005 年约翰·瑞修欧地热蒸汽法案修正案	*John Rishel Geothermal Steam Act Amendments of 2005*

续表

目标	法案名称	
	中文	英文
配套性的 1. 节约能源 2. 提高能效 3. 资源回收 目的：辅助能源战 略的实施	1975 年能源政策和节约法（多次修正）	*Energy Policy and Conservation Act,1975*
	1976 年能源节约和生产法（多次修正）	*Energy Conservation and Production Act,1976*
	1976 年资源节约和回收法	*Resource Conservation and Recovery Act of 1976*
	1978 年国家节能政策法（多次修正）	*National Energy Conservation Policy Act of 1978*
	1980 年太阳能和节能法	*Solar Energy and Energy Conservation Act of 1980*
	1980 年太阳能和节能银行法	*Solar Energy and Energy Conservation Bank Act of 1980*
	1989 年可再生能源和能效技术竞争力法	*Renewable Energy and Energy Efficiency Technology Competitiveness Act of 1989*
开发非常规天然气 方面 1. 确定概念 2. 税收优惠、补 贴政策 3. 支持技术研发	1978 年天然气政策法	*Natural Gas Policy Act of 1978*
	1980 年原油暴利税法	*Crude Oil Windfall Profit Tax Act of 1980*
	1989 年天然气井口解除管制法	*Natural Gas Wellhead Decontrol Act of 1989*
	1992 年能源政策法（税收优惠与补贴）	*Energy Policy Act of 1992*
	1997 年纳税人减负法（税收优惠）	*Taxpayer Relief Act of 1997*
	2003 年能源税收激励法（税收抵免）	*Energy Tax Incentives Act of 2003*
	2004 年能源法（政府投资研发）	*Energy Act of 2004*
	2005 年能源政策法（生产补贴）	*Energy Policy Act of 2005*
	2009 年美国复兴与再投资法（财政拨款）	*American Recovery and Reinvestment Act of 2009*
	2009 年美国清洁能源和安全法（清洁能源项目）	*American Clean Energy and Security Act of 2009*

资料来源：（1）罗涛《美国新能源和可再生能源立法模式》,《中外能源》2009 年第 7 期，第 19—20 页；（2）王南等《美国和加拿大页岩气产业政策借鉴》,《国际石油经济》2012 年第 9 期，第 70 页；（3）WIKIPEDIA, https://en.wikipedia.org/ wiki/Windfall_profits_tax；（4）EAP, US Environmental Protection Agency, https://www.epa.gov/laws-regulations；等等

4. 开发非常规天然气，扩大天然气储量

在上述法案中，页岩气方面的法律规定包含在非常规能源或天然气法规内。1978 年《国家能源法》之《天然气政策法》，将页岩气、致密气、煤层气统一规划为非常规天然气，确立了天然气行业的监管框架，以及对非常规天然气开发的税收和补贴政策。

1980 年为平衡由于美国国内放松能源价格管制使得国内油价与国际油价同步上升而受到损害的消费者利益，卡特总统签署了《原油暴利税法》(*Crude Oil Windfall Profit Tax Act*)。不过在该法第 29 条 "非常规能源生产税收减免财政补贴政策" 中规定：1980—1992 年钻探的非常规天然气（包括煤层气和页岩气）可享受每桶油当量 3 美元的补贴。1992 年在该法该条修正案中，进一步规定：设立能源生产税收津贴，持续非常规气补贴政策。

1989 年美国政府颁布《天然气井口解除管制法》(*Natural Gas Wellhead Decontrol Act of 1989*)彻底废除天然气价格管制，将管道运输和天然气销售业务分离，在天然气行业引入市场竞争机制。

1992 年美国政府在《能源政策法》（*Energy Policy Act of 1992*）中扩展了非常规能源的税收补贴政策，1997 年在《纳税人减负法》（*Taxpayer Relief Act of 1997*）中延续了非常规能源的税收补贴政策。

2003 年《能源税收激励法》（*Energy Tax Incentives Act of 2003*）对《1986 年税法》进行了较大幅度的修改，新法案不仅对新能源和可再生能源的电力生产实行税收抵免、对代用汽车和燃料税收实行激励，而且还针对所有的能源生产（包括洁净煤）和消费过程中的节能和能效在税收方面实行激励机制。

2004 年《能源法》（*Energy Act of 2004*）进一步规定，10 年内美国政府每年投资 4500 万美元用于支持非常规天然气的研发。2005 年《能源政策法》（*Energy Policy Act of 2005*）规定，2006 年投入运营的生产非常规能源油气井，可在 2006—2010 年获得每桶油当量 3 美元的补贴。[①]

2005 年《能源政策法》提倡能源节约，通过优惠政策鼓励居民使用新能源。该法要求总统和能源部长采取措施，保证可再生能源电力在联邦政府每年的购电量中占有一定的比重：2007—2009 财政年度不低于 3%，2010—2012 财政年度不低于 5%，2013 年之后不低于 7.5%。由此保证政策的落实。要求能源部长制定规章，落实不同阶段可再生燃料在汽车燃料中的比重。

2009 年面对美国经济严重衰退，新上任的奥巴马总统推动国会通过了《美国复兴与再投资法》（*American Recovery and Reinvestment Act of 2009*）。该法的目标是创造就业、对那些受经济衰退影响最严重的部门提供临时救济，投资基础设施、教育、健康和可再生能源，明确对新能源给予财政激励。经济刺激方案财政拨款总经费为 10 年（2009—2019 年）7870 亿美元（后来修正为 8310 亿美元），其中能源部能源效率和可再生能源局（英文缩写"EERE"）获得拨款 168 亿美元，这笔经费中有 25 亿用于支持该局的应用研发与部署计划，包括生物质项目 8 亿美元、地热技术项目 4 亿美元。该法案还设计了新能源的市场融资方式，允许各州和地方政府总共发行 40 亿美元的清洁能源债券，即 16 亿美元的可再生能源债券和 24 亿美元的合格节能债券。[②] 同年美国还推出《美国清洁能源和安全法》（*American Clean Energy and Security Act of 2009*），开发绿色能源，提高能效，支持可再生能源项目、清洁能源项目、智能电网改造，发展新能源，实现能源独立。

值得一提的是，虽然页岩气属于非常规天然气，在消费中属于低碳排放的清洁能源，但页岩气在开采中却会产生出污染物（尤其是后来采用水力压裂技术产生出大量的废水）和挥发性有机化合物（VOC）。为了防止这些废水、废气进入江河等水源和大气中，美国政府出台了相关法律条款。比如，1990 年的《清洁空气法修正案》（*1990 Amendments to the Clean Air Act of 1970*）[③]，该法对 1970 年的《清洁空气法》进行了修正，对按国家有害空气污染物排放标准规定的 189 个有毒污染物授权要求加以控

---

① 王南等：《美国和加拿大页岩气产业政策借鉴》，《国际石油经济》2012 年第 9 期，第 70 页。

② U. S. Congress. *American Recovery and Reinvestment Act of 2009*. signed into law on Feb.17,2009. by President Barack Obama；张宪昌：《美国新能源政策的立法演进》，《学习时报》，2014-07-21。

③《清洁空气法》最早颁布于 1963 年，1970 年重新颁布该法，1977 年、1990 年先后两次对 1970 年《清洁空气法》进行修正。

制，并建立了许可程序要求，扩展和修改了国家环境空气质量标准规定，以及确立了执法机构。该法鼓励开发和销售替代燃料，以减少有害物质的排放。运输燃料除了汽油和柴油外，还应有比前者更加清洁的天然气、丙烷、甲醇、乙醇、电力和生物柴油。该法还要求环境保护署制定一个国家可再生能源计划，这个计划就是增加可再生能源混合到汽油和柴油中的数量。① 1996 年美国国会修正了《安全饮用水法》（*Safe Drinking Water Act*）②，修正法强调对基于风险设置合理而科学、具有灵活性的小型供水系统，加强技术援助；要求社区授权对水资源进行评估和保护，公众应有知情权，禁止油气商在江河湖泊、水库和地下水水源附近进行页岩气水力压裂；未经美国环保局批准，禁止任何人向任何水源排放污染物。此外，该法还要求设立几十亿美元的国家循环贷款基金，对水系统基础设施进行援助。

20 世纪 90 年代之前美国国会也出台了诸多法规，制定施工中危险化学品的登记或备案制度、施工材料的安全和废物回收等规定。比如，《1970 年职业安全与健康法》（*Occupational Safety and Health Act of 1970*）规定运营商应该将施工中使用的危险化学品材料清单提交政府备案；1976 年的《资源保护和回收法》（*Resource Conservation and Recovery Act*）有关于施工废物回收和处理的规定。1984 年美国国会扩大了《资源保护和回收法》的范围，制定了《危险和固体废物修正案》（*Hazardous and Solid Waste Amendments*），要求危险废物焚化使用焚化炉，关闭不合格的垃圾填埋场。这些法规对页岩气开采、生产过程均适用。由此，通过相关立法规范了页岩气开采流程，避免可能出现的各类污染问题。

二、美国页岩气发展战略的内容及实施

（一）美国页岩气发展战略的主要内容

美国国会各项立法对联邦政府页岩气开发项目予以法律保障和经费支持。纵观 20 世纪 70 年代以来美国政府在页岩气发展上的众多项目和报告，它们构成了美国开发页岩气资源、促进页岩气行业发展的定位、目标和战略。这里挑选几个具有代表性的项目、战略和报告进行考察。

1. 1976 年东部页岩气项目

1976 年联邦政府启动东部页岩气项目（Eastern Gas Shales Project），期望通过与私营公司之间的合作，改进页岩气开发技术，以提高肯塔基和西弗吉尼亚大砂气田产量。从 1976 年到 1992 年，联邦能源管理委员会每年都增加天然气资源研究所的研究预算，将天然气出口关税用于页岩气等非常规能源开采技术的研究。1993 年后联邦能源管理委员会（Federal Energy Regulatory Commission）负责的项目绩效改革使得具有远大前景的非常规能源的研究获得政府更多的经费资助以及政府更好的服务。联邦能源管理委员会不仅给天然气研究所等机构研究拨出预算，而且还邀请多所大学、研究机构和私营企业加入到研

---

① U. S. Environmental Protection Agency. *The Plain English Guide To The Clean Air Act*. April 2007. p.9.

② 《安全饮用水法》1974 年颁布，1986 年、1996 年、2005 年、2011 年、2015 年五次修正。

发中，由此促进技术突破。此外，从 1980 年到 2000 年，联邦政府对泥盆系页岩气生产放开价格管制，对非常规天然气实行部分税收抵免。这一系列扶植政策促使页岩气开采技术获得突破。

1976 年联邦政府资助的摩根敦能源研究中心（Morgantown Energy Research Center）的两名工程师获得页岩定向钻井专利。其后美国桑迪亚国家实验室（Sandia National Laboratories）在微地震成像、水力压裂技术和海上石油钻井技术的研究上获得成果，并通过能源部与私营天然气公司在商务合作、技术应用上取得实际效果。1986 年天然气公司成功打下第一口空气钻多裂缝页岩气水平井。此后，肯塔基和西弗吉尼亚大砂气田上开始大规模采用水力压裂法和水平钻井技术。

"政-产-学-研"模式使得页岩气开采技术不断进步并趋于成熟，开采成本的下降吸引了众多私营公司开发的热情，不仅在东部，在中西部、南部、西部的页岩气也得到开发，由此促使美国页岩气产量在 2007 年后大幅提高。

2. 《全方位国家能源战略——通向经济可持续增长之路》

2012 年 3 月奥巴马总统指出：我们不能因一个上世纪的能源战略让我们陷入到过去，我们需要有一个未来的能源战略，这就是为美国制造提供能源来源的 21 世纪全方位的能源战略。

2014 年 5 月，美国白宫经济顾问委员会提交了《全方位能源战略——通向经济可持续增长之路》（*The All-of-the-Above Energy Strategy as a Path to Sustainable Economic Growth*）报告，该报告将未来能源战略设定了三个目标：第一，支持经济增长和工作创造；第二，增强能源安全；第三，发展低碳能源技术，为清洁能源的未来奠定基础。[①]

该报告指出，美国正在生产更多的石油和天然气，采用可再生能源如太阳能和风能发电，减少（消耗更少的）石油发电量。[②]这些进步给予经济和能源安全带来的好处是：有助于减少能源部门的碳排放量，有助于应对气候变化带来的挑战。同时，这种趋势也有助于推进全方位能源战略的实施。

全方位国家能源战略的内容是：①提升能源安全，推广低碳能源技术并为清洁能源的未来奠定基础；②提高能源利用效率，降低对化石燃料特别是石油的依赖；③规定可再生能源发电量，提高燃料经济性标准，降低碳排放；④重视新能源开发，增加投资，鼓励新能源相关技术的研究和应用。

值得注意的是该报告对包括页岩气在内的天然气发展的支持。报告指出，天然气已经充当了清洁能源未来的中心角色，与其他能源资源相比，天然气更加清洁，政府部门正在支持它以更加安全和负责的方式发展。现在建设的天然气发电基础设施未来将会被广泛地部署到可再生能源的发电上。报告将 2006 年、2010 年和 2014 年不同时期能源信息署对天然气产量的预测进行了比较（图 1），从中可见：随着页

---

① The White House, President Barack Obama. *New Report: The All-of-the-Above Energy Strategy as a Path to Sustainable Economic Growth.* MAY 29, 2014. https://www.whitehouse.gov/blog/2014/05/29/ new-report-all-above-energy-strategy-path-sustainable-economic-growth.

② 该报告指出，自 2007 年以来，美国汽油消费量下降 5.5%，或每天消费量约 100 万桶。同时可再生能源生产迅速增加，2008 年以来，风力发电量增加了 3 倍，太阳能发电量增加了 10 倍以上。

岩气产量的提高，天然气在清洁能源中的地位提高，政府对天然气产量的预测也在提高。可以确信，在未来 20 多年的时间里，美国政府将继续支持和维护这种发展势头。

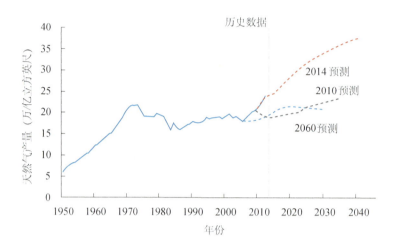

图 1 1950—2040 年美国天然气产量

资料来源：The White House, President Barack Obama. *New Report: The All-of-the-Above Energy Strategy as a Path to Sustainable Economic Growth*, MAY 29, 2014. Source：EIA

3. 各类研究报告

美国能源信息署每年都会发布有关能源展望的年度报告，并提出未来的能源发展趋势或目标。比如，2015 年 4 月发布的《2015 年度能源展望》（*U.S. EIA's Energy Outlook 2015*），重点预测了到 2040 年美国能源市场的各种因素对美国能源自给率的影响。该报告认为 2040 年原油和天然气仍是美国主要的能源种类，但是节能提效将使能源需求增长缓和，从而减少美国对进口能源供应的依赖。根据该报告预测，2028 年美国能源进口和能源出口将达到平衡。报告也估计了在不同油价下美国实现能源净出口国的年份，认为在高油价和天然气资源较丰富下，2019 年美国将成为能源净出口国；而在低油价下，美国到 2040 年才成为能源净进口国。

此外，美国能源管理部门还召开包括页岩气在内的能源与环境方面的会议，提出能源发展中存在的问题。比如，2010 年 12 月在新墨西哥州圣达非，美国能源委员会召开"全球能源和环境问题会议"，能源信息管理局副局长霍华德（Howard Gruenspecht）作了《页岩气和美国能源前景——目前的发展》（*Shale Gas and the U.S. Energy Outlook Recent Developments*）的报告。[①]该报告指出：页岩气已经成为在技术性上可开采的资源；页岩气产量的增长，增加了天然气储备；页岩气发电替代煤炭火力发电的关键因素仍在燃料成本；目前和未来天然气价格的下降，将增加对天然气的消费，增加天然气发电机的运营和新建。

---

① U.S. Energy Information Administration. *Shale Gas and the U.S. Energy Outlook Recent Developments*. December 10, 2010.

（二）美国页岩气发展战略的实施

从上可知，20 世纪 70 年代石油危机使得联邦政府注重国内非常规能源的开发，能源部出台《东部页岩气项目》，期望通过与私人公司的合作，改进技术，以提高肯塔基和西弗吉尼亚大砂气田产量。1978 年《天然气政策法》将监管权力交给联邦能源监管委员会，并要求逐步取消页岩气等非常规天然气的价格控制，由此促进了页岩气等的能源发展。1980 年联邦政府又出台《能源法》，提出页岩气等能源的税收抵免政策，制定受益行业规则。1989 年《天然气井口解除管制法》将天然气价格逐步放开，其后 1990 年在纽约商品交易市场上市了天然气期货交易，天然气产业体系发展在逐步完善，竞争也日益激烈。

20 世纪 90 年代中期美国天然气工业遭遇困境。一是生产出现徘徊不前甚至滑坡；二是竞争加剧，企业利润暴跌；三是行业分工细化，天然气价格上升并非对各环节都会带来好处或机遇，不具备竞争实力的经营者面临退出本行业的困境。1995 年美国天然气剩余探明储量同比仅增长 0.94%，为 46 398 亿立方米，只能维持 8 年开采；天然气产量 5562 亿立方米，同比下降 0.85%。全国 16 个产气盆地共有 29.4165 万口产气井，其中 1995 年钻了约 7800 口，同比下降 12%。[①]

从页岩气行业看，尽管美国天然气资源研究所的研究和"东部页岩气项目"的实施使得阿巴拉契亚盆地南部和密歇根盆地的天然气产量有所增加。但是直到 20 世纪 90 年代末，页岩气行业依然被视为是一个不赚钱的边际行业，2000 年美国页岩气产量在天然气总产量中占比仅为 1.6%。开采成本的高昂，使天然气公司深信：一旦政府取消各种刺激措施，东部页岩气行业就会衰落。为此，20 世纪 90 年代美国并没有形成页岩气开发的热潮。1995 年《美国地质调查》指出，东部页岩气产量的未来取决于技术进步。而技术进步需要政府的支持。

美国政府在鼓励页岩气发展和促进技术突破方面的贡献主要表现在以下几个方面。

1. 拨款建立专门的能源研究机构，并加强与私营企业的合作

联邦政府拨款建立天然气资源研究所，与私营公司合作，将实验室的研究应用到实际开发中。

实际上，早在 20 世纪 70 年代末 80 年代初，联邦政府就开始资助"非常规天然气藏"提取方法的研究，包括估算页岩层、致密砂岩和煤层的气体，改善从这些岩石中提取气体的方法。从 80 年代至 90 年代初，米切尔能源公司（Mitchell Energy）结合大裂缝设计、水平井，以及更低成本和水力压裂技术，使得克萨斯州巴耐特页岩区块页岩气的开采具有了经济性。1997 年水压增产技术成熟了，次年公司通过减阻水压裂法（slick-water fracturing）首次经济地实现了巴耐特页岩的断裂（虽然水平井压裂技术早期试验很不成功，但垂直井压裂技术获得很大成功）；1999 年重复压裂增产技术获得突破；2003 年水平井技术也趋于成熟；2006 年水平井与分段压裂综合技术获得突破……到 2005 年，巴耐特页岩很多新的气井采用水平井压裂技术，到 2008 年水平式钻探井已经占到全部钻探井的 94%。

① 胡秋平：《美国天然气工业现状与发展新战略》，《勘探家》，1997 年 3 月。

上述公司在技术上的每一个突破都离不开政府的支持。整个 20 世纪 90 年代，美国能源部天然气资源研究所（Gas Resource Institute）一直在与米切尔能源公司合作，在巴耐特页岩中应用若干技术。米切尔能源公司副总裁后来坦言：开采技术的研究工作"不能减少能源部的参与"。

从图 2 可见，随着开采技术的突破，美国页岩气产量逐步扩大，尤其 2007 年以来增长速度很快，平均每口井的价格变动趋势经过了从上升到下降的过程。开采成本的下降，吸引更多企业进入到页岩气开发中。

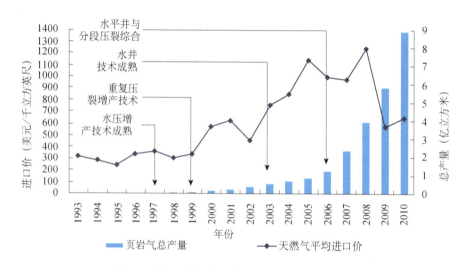

图 2　美国页岩气技术突破及产量提高相关图

资料来源：中国能源网(http://www.china5e.com)，源自美国能源信息署(EIA)资料整理，2011 年 5 月 9 日

2. 确立清洁能源天然气发展规划，并加大政府的投资力度

首先，政府在技术转换上加大投资。前面笔者已经考察了近 40 多年来美国政府在包括页岩气在内的清洁能源发展战略上的规划和支持。从近期看，美国政府对实验室技术转换成企业技术即科技成果转换上加大投资。

2016 年 6 月 21 日，美国能源部宣布投入 1600 万美元帮助有前景的能源技术从能源部国家实验室（DOE National Laboratories）走向市场，实现商业化。这个技术商业化基金（Technology Commercialization Fund）将支持 12 个国家实验室涉及若干个私营部门合作伙伴的 54 个项目。该基金由美国能源部技术转移办公室（DOE's Office of Technology Transitions，OTT）管理，基金的目的是扩大能源部研究、开发、示范和部署活动，提高投资组合的商业化影响。

2016 年国家能源部实验室收到来自实验室系统的 104 份项目申请书，这些申请分为两个主题：第一，需要额外投资的技术成熟项目，以吸引私人合作伙伴；第二，在实验室和工业伙伴之间合作开发项目，旨在加强实验室开发技术的商业应用。2016 年 2 月国家能源部实验室从中挑选部分，要求 OTT 进行项目拨款。美国能源部科学与能源副部长琳恩·奥尔（Lynn Orr）指出：部署新的清洁能源技术是美国引领 21 世纪经济和应对气候变化的一个重要组成部分，这些项目将有助于加快美国实验室尖端能源技术商业化，促使这些技术能够更广泛地提供给美国消费者和企业。能源部技术转移办公室主任黄捷达（Jetta Wong）认为，国家实验室的大量工作和通过美国能源部资助的项目使得能源部成为联邦政府内部技术转移的最大支持者之一，技术商业化基金选择将进一步加强能源部将技术推向市场的重要使命。美国能源部国家实验室已经支持了关键性的研究，这些关键性研究发展出了今天市场上的很多技术，包括电池供电的电动汽车、互联网服务器基础、DVD 光学数字录音技术等。[①]

其次，政府在开发节能技术上的投资。2016 年 6 月 8 日，各国清洁能源部长级会议在美国华盛顿召开，这次会议的主题是"全球照明挑战"。会上美国能源部宣布将在"高效照明的研究和开发"（Efficient Lighting Research and Development）项目上投资 1000 多万美元，支持固态照明核心技术研究、产品开发和制造研发共 9 个项目。这个计划将加快高质量发光二极管（LED）的发展和有机发光二极管(OLED)的生产，使美国家庭和企业减少电力的使用，通过降低能源成本来确保美国在全球的竞争力。美国能源部长厄内斯特·莫尼兹（Ernest Moniz）指出，固态照明的研发已经在过去 15 年为美国能源节约了 28 亿多美元，进一步改进技术将增加的更多。他估计到 2030 年固态照明可以减少近一半的国家照明用电，这相当于目前 2400 万个美国家庭消耗能源总量，每年将为家庭和企业节约 260 亿美元。获得1050 万美元的 9 个入选的项目，见表 2。

表 2　2016 年入选美国能源部资助的 9 个项目及所属公司和大学

单位英文名称	单位中文翻译	所在地	技术目标
Cree, Inc.	科锐有限公司	北卡罗来纳州达勒姆	开发高效发光二极管照明灯具、显色性好且具有色光调节功能
Columbia Univ.	哥伦比亚大学	纽约州纽约市	开发量子点，以提高效率，降低二极管成本
GE Global Research	通用电器公司全球研究	纽约州尼什卡纳	开发高效的发光二极管灯具，具有可互换模块，可简化制造和定制性能规格
Iowa State University	爱荷华州立大学	爱荷华州艾姆斯	论证一个方法，即通过改变有机发光二极管的内部特征，可显著增加有机发光二极管白光的输出
Lumenari, Inc.	罗曼纳瑞有限公司	肯塔基州列克星敦	开发窄带宽红色荧光粉，以改善荧光粉转换为发光二极管的效能
Lumileds	亮锐公司	加利福尼亚州圣何塞	提高发光二极管的设计，通过使用图案化蓝宝石基板倒装芯片结构，使其更有效
North Carolina State Univ.	北卡罗来纳州立大学	北卡罗来纳州罗利	研究一种方法，让更多的发光二极管使用低成本的波波基板
Pennsylvania State Univ.	宾夕法尼亚州立大学	宾夕法尼亚州斯泰特科利奇	开发一条途径，能更好地理解和预测发光照明面板，以降低故障率和发生短路
University of Michigan	密歇根大学	密歇根州安娜堡	开发三个创新方法，以利用有机发光二极管的光
合计	5 所高校和 4 家公司		经费：1050 万美元

资料来源：根据 Energy. Gov. *Energy Department Invests More than $10 Million in Efficient Lighting Research and Development*. June 10, 2016 信息制表

[①] Energy.Gov. *Announces $16 Million for 54 Projects to Help Commercialize Promising Energy Technologies*. June 21,2016.

这些项目将有助于进一步降低成本，提高照明产品的质量。这些项目实施带来的成本降低贡献相当于对公共-私营部门投资了 1350 万美元。[①]

最后，政府在可再生能源技术研究上进行投资。2016 年 6 月 14 日，美国能源部公布在核能研究、设备接入、横切技术开发上投资 8200 万美元，并且在 28 个州设立基础设施奖。总共有 93 个项目获得基金。这一资助有助于推动创新的核技术商业化和进入市场。这些获奖项目通过核能大学项目（Nuclear Energy University Program）核科学用户设施（Nuclear Science User Facilities）和核能使能技术（Nuclear Energy Enabling Technology）项目，为核能相关研究提供资助。除了财政支持外，若干基金获得者还通过核加快创新网关（Gateway for Accelerated Innovation in Nuclear）接受技术和监管援助。能源部长厄内斯特·莫尼兹指出，核能是美国最大的低碳电力来源，是既能提供负担得起的电力供应，又能应对气候变化的一个重要组成部分。为此在核能研究上的获奖项目将有助于科学家和工程师们在先进核能技术上继续创新。[②]

3．加强北美自由贸易区成员国的合作，实现能源技术创新

2016 年 6 月第七届清洁能源部长级会议在美国旧金山召开，美国能源部长、加拿大自然资源部长、墨西哥能源部长回顾了他们之间为促进能源可持续发展，为应对气候变化并鼓励经济增长的合作。三国部长共同确定在清洁能源创新技术上进行合作，并将此作为北美优先事项。这次会议宣布将加快清洁能源研究和发展，并将其作为创新计划的一个部分，未来五年投资增加一倍；将通过招募企业实施 ISO 50001 标准以改善工业中的能源效率，提高北美经济竞争力；将为企业提供工具和培训资源，促进标准实施；将开展北美可再生能源的一体化研究，整合不断增长的可再生能源，如太阳能、水能和风能进入到电网中；将通过继续对清洁能源解决方案中心的支持，进一步推进清洁能源、能源创新，以及向低碳经济转型。三个国家共同愿景是加快清洁能源的发展，以解决气候变化和能源安全，共同推进清洁能源的增长。三个国家认为只有当北美向低碳经济转型时，北美才可能成为全球能源的领导者。[③]

从上可见，美国政府的研发投入、政策支持、立法保障，促使页岩气开采技术取得进展。巴耐特页岩水力压裂开采技术的突破使得页岩气可以经济地提取，规模生产成为可能，天然气生产潜力成倍提高。加上这时期油气价格不断上涨，为页岩气等非常规天然气的大规模商业化开采提供了契机。而国际社会对低碳经济的强调，进一步推动政府在天然气等清洁能源使用上的支持力度，以及鼓励企业采取能源替代的行动，如发电行业以天然气替代煤炭，运输业中以天然气替代石油，冶炼业中以天然气替代煤

① Energy.Gov. *Energy Department Invests More than $10 Million in Efficient Lighting Research and Development*. June 10, 2016. http://www.energy.gov/articles/energy-department-invests-more -10-million-efficient-lighting-research-and-development.

② Energy.Gov. *Energy Department Invests $82 Million to Advanced Nuclear Technology*. June 14,2016. http://www.energy.gov/articles/energy-department-invests-82-million-advanced-nuclear-technology.

③ Energy.Gov. *Canada, Mexico and the United States Show Progress on North American Energy Collaboration*. June 3, 2016. http://www.energy.gov/articles/canada-mexico-and-united-states- show-progress-north-american-energy-collaboration.

炭使用等。需求刺激供给，清洁能源的使用需求推动从得克萨斯、路易斯安纳、宾夕法尼亚、阿肯色到俄克拉荷马、西弗吉尼亚等诸多州开采页岩气的热情，由此页岩气产量不断提高。天然气生产中来自页岩气的比重开始增加，天然气在一次能源中的比重也随之上升。

根据国际能源署（IEA）统计，天然气储采比从 125 年增加到 250 年。[①] 1996 年美国页岩气产量为 85 亿立方米，在天然气产量中占比 1.6%；到 2006 年页岩气产量已经提高到 310 亿立方米，占比上升到 5.9%。截止到 2005 年美国页岩气气井已达到 14 990 口。仅 2007 年还创造了一年新建 4185 口气井的纪录。[②]

值得一提的是，美国非常规天然气开发内容多样，包括页岩气、致密气以及煤层气等。20 世纪 70 年代中期后美国不仅对国内的页岩气的开采技术进行研究，对致密气、煤层气等其他非常规油气的勘探和研究的步伐也都在加快，页岩气的开采技术应用到或启发了其他非常规油气的开采和技术研究。

当然非常规天然气开发中规模最大的还是页岩气。根据美国能源信息署统计，2008 年美国页岩井开采量达到 2.87 万亿立方英尺，超过煤层气井 2.02 万亿立方英尺的开采量，其后产量快速提升，到 2011 年已经达到 8.5 万亿立方英尺。而该年非常规天然气井开采量在所有油气井开采量中的比重已从 2007 年的 16.18% 上升到 36.1%，见图 3。

图 3　2003—2011 年美国页岩井、煤层井开采的非常规天然气

资料来源：根据 U.S. Energy Information Administration. *Natural Gas*. June 28, 2013 数据计算制图

注：（1）缺乏 2003—2006 年从页岩井开采的数据；（2）"非常规天然气比重"指包括页岩井、煤层井等在内的非常规天然气井开采量在全部油气井开采量中的比重；（3）左轴为开采量；右轴为比重

根据美国能源署化石能源办公室数据，2015 年美国页岩气产量已经在天然气产量中占到 16% 比重，并且比重还在不断增加。

① *Shale Gas in the United States*. WIKIPEDIA. https://en.wikipedia.org/wiki/Shale_gas_in_the_ United_States#cite_note-rff.org-28, 2016-07-06.

② Kuuskraa V A. Reserves, Production Grew Greatly During Last Decade.*Oil & Gas Journal*, 3 Sept. 2007, PP.35-39；Durham L S. Prices, Technology Make Shales Hot. *AAPG Explorer*. July 2008. p.10.

三、美国页岩气发展战略的实施效果

美国东部页岩气开发的成功刺激了具有相同地质条件的中西部、南部和西部地区各州纷纷效仿。尤其是在经济不景气时候，地方政府将页岩气开发视为促进就业、刺激地方经济的途径，给予政策支持。为此，一大批中小型企业进入页岩气开采热潮中。各州页岩气开发的热潮，最终导致美国出现"页岩气革命"。

（一）"页岩气革命"带来天然气产量的增加

所谓"页岩气革命"是指开采技术水平的不断提高和重大突破，使得人们对页岩气的勘探开发形成热潮，一种清洁的、非常规天然气被大量开采，并逐渐地取代污染较大的石油和煤炭为动力能源；这一替代不仅带来能源结构的变化，而且还带来供电系统、生产工艺的变革；清洁低碳的概念输入人们的头脑，为可再生能源的再替代奠定思想上的基础。

总结美国"页岩气革命"的产生，除了能源短缺的压力、政府政策的引导、产学研的技术创新模式或体制、国会的立法保证、中小私营企业的投资热情等因素外，美国国内页岩气资源的丰富也是一个重要因素。美国本土 48 个州都拥有页岩或页岩气产生的条件。据美国能源信息署统计，全国页岩气资源总储量约为 187.5 万亿立方米，技术可开发量超过 24 万亿立方米（1 立方英尺=0.028 316 800 001 立方米）。目前已发现落实的页岩气区块有 20 多个。仅西部页岩油潜在可采量就达 8000 亿桶，相当于沙特阿拉伯已探明石油储量 2670 亿桶的两倍。[①]

美国"页岩气革命"首先带来天然气产量的提高。表 3 显示的是各州页岩气井的产量，从中可见得克萨斯、路易斯安纳、宾夕法尼亚、阿肯色、俄克拉荷马等州页岩气井产量快速增长。美国政府认为，大力开发页岩气等非常规天然气资源，不仅有助于降低美国对外能源的依赖度，减少进口和贸易逆差，而且还可以增加美国运输燃料供应以及来源的多样化，降低工业成本，并且通过开发页岩油（气）为美国创造成千上万个就业岗位。为此，联邦政府计划到 2020 年将天然气产量中的页岩气比重提高到 64%。[②]目前美国西部 70%以上的页岩油气区属于联邦政府的土地，处于封闭的、未开发的"冬眠"状况，如何加以规划，加强环境保护，利用先进的技术进行开发，是美国政府正在考虑和谋划的工作。

当然，各州页岩气生产状况不一。从表 3 可见，一些州如得克萨斯、宾夕法尼亚、俄克拉荷马、西弗吉尼亚、俄亥俄、北达科他、科罗拉多等州的产量增长很快；而一些州，如阿肯色产量增长放慢；还有一些州产量出现下降，如路易斯安纳、怀俄明、加利福尼亚等州产量下降。不过，就全国而言，总产

---

① 数据来自中国能源网(http://www.china5e.com/)以及 Energy API, U.S. *Oil Shale: Our Energy Resource, Our Energy Security, Our Choice*. www.api.org.

② American Petroleum Institute. *Facts About Shale Gas*. http://www.api.org/policy-and-issues/ policy-items/exploration/facts_about_shale_gas.

量在不断上升，因为不断出现页岩气产量达到或超过 10 亿立方英尺的州，2007 年有 10 个州页岩气产量超过 10 亿立方英尺，2009 年有 13 个州，2010 年有 14 个州，2011 年 15 个，2012 年达到 18 个。

表3 2007—2014 年美国各州页岩气产量（单位：亿立方英尺）

年份	2007	2008	2009	2010	2011	2012	2013	2014
得克萨斯	9 880	15 030	17 890	22 180	29 000	36 490	38 760	41 560
宾夕法尼亚	10	10	650	3 960	10 680	20 360	30 760	40 090
路易斯安纳	10	230	2 930	12 320	20 840	22 040	15 100	11 910
阿肯色	940	2 790	5 270	7 940	9 400	10 270	10 260	10 380
俄克拉荷马	400	1 680	2 490	4 030	4 760	6 370	6 980	8 690
西弗吉尼亚	0	0	110	800	1 920	3 450	4 980	8 690
俄亥俄	0	0	0	0	0	140	1 010	4410
北达科他	30	30	250	640	950	2 030	2 680	4 260
科罗拉多	0	0	10	10	30	90	180	2 360
密歇根	1 480	1 220	1 320	1 200	1 060	1 080	1 010	960
蒙大拿	120	130	70	130	130	100	190	420
怀俄明	0	0	0	0	0	70	1 020	290
新墨西哥	20	0	20	60	90	130	160	280
加利福尼亚					1 010	900	890	30
弗吉尼亚						30	30	30
肯塔基	20	20	50	40	40	40	40	20
密西西比						20	50	20
堪萨斯						10	30	10
全国	12 930	21 160	31 100	53 360	79 940	103 710	114 150	134 470

资料来源：根据 U.S. Energy Information Administration. *Natural Gas，Shale Gas, Estimated Production.* 11/19/2015. http://www.eia.gov/dnav/ng_enr_shalegas_a_EPG0_R5302_Bcf_a.htm 数据制表

注："0"表示产量不足 10 亿立方英尺，而空格则表示没有产量

从图 4 和图 5 可见，天然气气井中来自页岩气井的产量与比重在不断上升，发电量也在上升。根据美国能源信息管理局预测，2016 年天然气发电量将达到创纪录水平，预计平均每天将提供 380 万 MW·h，比前一年高出 4%。

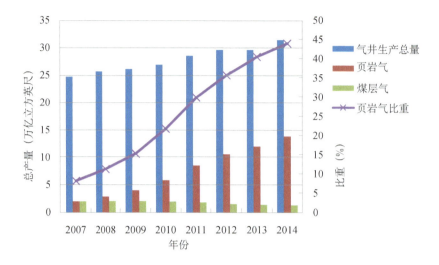

图4 2007—2014 年美国气井生产总量中页岩气占比

资料来源：根据 U.S. Energy Information Administration. *Natural Gas Summary*，http://www.eia. gov/dnav/ng/ng_sum_lsum_dcu_nus_a.htm, June 30,2016 数据计算制图

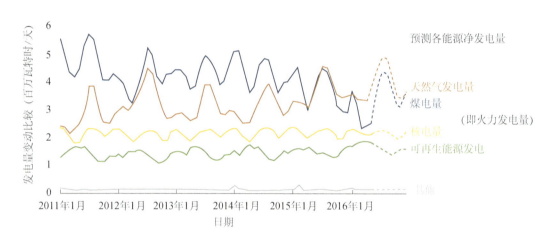

图5 2011 年 1 月至 2016 年 1 月各类能源净发电量变动比较

资料来源：U.S. Energy Information Administration. *Short-Term Energy Outloo*k, July 2016, see Natural gas-fired electricity generation expected to reach record level in 2016, July 14, 2016. http://www.eia. gov/todayinenergy/detail. cfm?id=27072

（二）天然气行业创造就业岗位，失业率下降

从图 6 可见，经济危机后美国通过量化宽松、新能源开发等政策刺激经济，取得一定的成效，表现为失业率不断下降。2010 年 10 月美国失业率高达 10.1%，到 2016 年 12 月已经下降到 4.7%，虽然不少政策在经济复苏、失业率下降上发挥了作用，但鼓励新能源开发和页岩气大开发，无疑对得克萨斯、路易斯安纳、宾夕法尼亚、俄克拉荷马、西弗吉尼亚、俄亥俄、北达科他等州的就业岗位的增加作出了贡献。

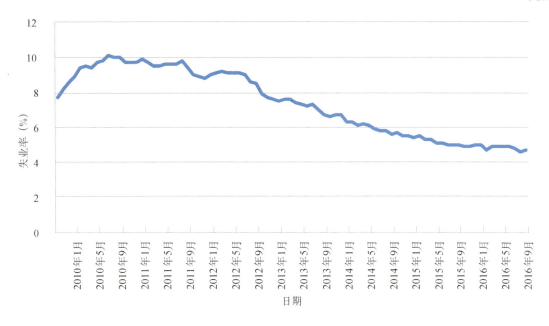

图6　2010年1月至2016年12月美国失业率变动

资料来源：根据 U. S. Department of Labor, Bureau of Labor Statistics. Economic News Release, *Employment Situation Summary*. https://www. bls. gov/news. release/empsit. nr0. htm 历年数据制表

注：按16岁及16岁以上就业情况计算

当然，页岩气开发受到国际油气价格波动的影响，当油气价格上升时，进入该部门的企业就会比较多，反之，当油价下降到一定点时，后进入该领域的企业就会面临着因还未收到回报就负债累累的境况。2014年上半年国际油价震荡上升，到年中达到 100 美元/桶以上，但下半年开始油价持续下跌。根据英国石油公司统计数据，2015 年美国西得克萨斯中质原油已经从前一年每桶平均 93.26 美元下降到 48.71 美元。原油价格下跌影响天然气价格，亨利能源公司天然气每百万英热单位价格从 2014 年平均 4.35 美元下降到 2.60 美元，远低于国际天然气价格。美国国内一些新进入页岩气行业的企业或成本过高的企业处于入不敷出状况，或倒闭或不得不退出该行业。但若从 2012 年以来进行考察，可以看到上述所述各州除个别外，大多数州在石油和天然气开采部门 2015 年就业比之 2012 年有显著增长（见图7）。图 7 中路易斯安纳州 2014 年在该行业就业人数为 9840 人，比 2012 年就业人数增加 1.7%，2015 年受油气价格影响，就业人数下降到 9400 人；俄亥俄 2013 年该部门就业人数一下子下降，但 2014—2015 年就业人数上升，2015 年比之 2013 年增加 14.1%，但仍未超过 2012 年就业人数。显然，总体上，页岩气大开发在创造就业方面有一定贡献，但由于企业进入先后不一，生产能力不一，技术条件不一，受油气价格冲击的抗震能力也就不一，为此页岩气大开发对各州就业创造的影响也就不一样。

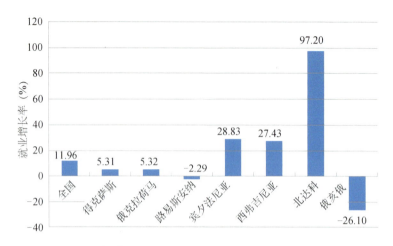

图7   2012—2015 年美国全国及一些州石油和天然气开采部门就业增长状况

资料来源：根据 U. S. Department of Labor, Bureau of labor Statistics. *Labor Force Statistics from the Current Population Survey*. 18b. Employed persons by detailed industry and age, 2011 annual averages, https://www.bls.gov/cps/lfcharacteristics. htm#occind 历年数据计算制图

（三）能源自给率提高

页岩气大开发带来了美国天然气进口量的下降，对外能源依赖度下降。2007 年美国天然气净进口量每天超过 100 亿立方米，到 2015 年已经下降到每天 26 亿立方英尺。

从图 7 可见，自 2005 年后美国天然气净进口持续下降，净出口不断增加。虽然美国天然气消费量除经济危机时一度下跌外，总体趋势呈上升态势。同时天然气生产量也在增加，2015 年接近消费量。美国进口的天然气主要来自加拿大管道天然气，少量液化天然气来自特立尼达，并有所下降；美国的天然气主要出口到墨西哥和加拿大，此外液化天然气和压缩天然气出口到多个国家。美国能源信息管理局预计到 2017 年年中美国将成为天然气净出口国。

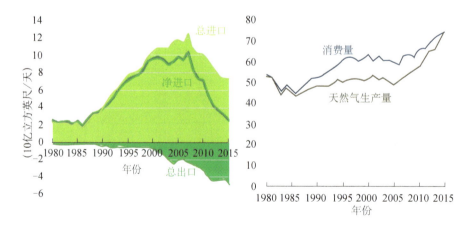

图8   1980—2015 年美国天然气贸易、生产和消费情况（单位：10 亿立方英尺/天）

资料来源：U. S. Energy Information Administration. *Natural Gas Monthly, Natural Gas Trade, Production, and Consumption (1980-2015)*. April 29, 2016. http://www.eia.gov/todayinenergy/detail. cfm?id=26032

注：左图为 1980—2015 年美国天然气每天总进口、净进口和净出口情况；右图为 1980—2015 年美国天然气每天生产和消费情况

（四）天然气价格下降，为再工业化战略的实现降低成本

页岩气产量的井喷，带来天然气价格的下降，这一状况一方面使制造、运输等行业降低成本，但另一方面也使天然气行业利润减少。不过在经济景气、需求旺盛时，一些实力雄厚的页岩气企业通过扩大生产规模可以应对，但在经济不景气、需求减少时，一些企业就难以维计了。这是因为页岩气的开采初始需要投入很多。2014 年 7 月底国际油价开始持续下跌（图 9），在给消费者带来好处的同时，减少了能源部门的利润，影响到美国如火如荼的页岩气大开发。

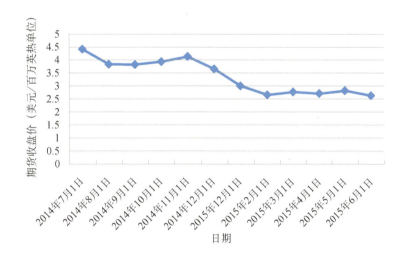

图 9　2014 年 7 月至 2015 年 6 月美国纽约商品交易所天然气最近期货收盘价

资料来源：中华人民共和国商务部，商务数据中心，国际市场能源数据，http://data.mofcom.gov.cn/ channel/includes/list.shtml?channel=spjg&visit=info&prod_id=0300022. 2015-7-30 查询制图

图 9 显示的是美国纽约商品交易所天然气最近期货收盘价。从中可见，2014 年 8 月天然气价格下跌，11 月一度有所上升，但直至 2015 年 6 月基本趋势是下降的。一年里天然气的价格从 2014 年 7 月 3 日的每百万英热单位 4.41 美元下降到 2015 年 7 月 2 日的 2.82 美元。

价格的下跌也起到优胜劣汰的作用，真正有效率的开发商生存下来。较低的天然气价格也成为美国"再工业化"战略制定者确立目标的一个基本依据。新能源技术的创新是以降低能源开发和生产成本为主要目标的，由此为制造业提供廉价的动力燃料。图 10 显示的是美国能源信息管理局在《2016 年度能源展望》中有关推动工业和电力部门使用美国天然气消费量增长的预测。从中可见，2005—2015 年电力部门和工业部门天然气消费量在不断增加，未来 25 年这两个部门的天然气消费量将会有所扩大。此外运输部门天然气消费量有会有一定的增加，但居民住宅和商业使用天然气数据会保持不变，甚至有所下降，当然其中有可再生能源（太阳能、风能、地热、生物质能等）使用的扩大和节能提效因素。

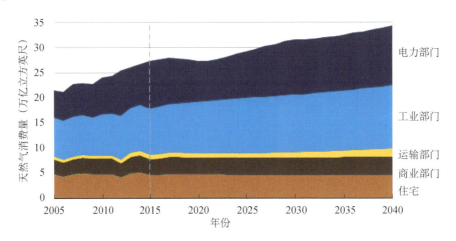

图 10　2005—2040 年按最终使用部门计算的美国天然气消费量

资料来源：U. S. Energy Information Administration. *Annual Energy Outlook 2016*. U. S. Natural Gas Consumption by End-Use Sector（2005-2040）. May 26, 2016. http://www. eia. gov/todayinenergy/detail. cfm?id=26412

注：2005—2015 年为历史数据；2016—2040 年为规划预测数据

根据美国能源信息管理局预测，美国天然气消费量将从 2015 年的 28 万亿立方英尺增加到 2040 年的 34 万亿立方英尺，年均增长约 1%。其中工业部门和电力部门的天然气消费量将分别增长 49%和 34%。

当然，美国页岩气的开发也面临着资源浪费等问题。由于价格的低廉，开发商不愿意通过建造管道和储气罐来处理生产过程中释放的天然气，不少油气田的天然气被白白地燃烧掉。根据报道，2012 年美国北达科他州空烧的天然气总量比前一年上升了约 50%；仅仅五年，美国白白烧掉的天然气就增加了两倍。[①] 为此，联邦政府通过立法加强了监管。

四、美国页岩气发展战略对本国经济和世界能源市场的影响

美国页岩气发展战略不仅正在对本国经济产生影响，而且也正在对世界经济产生影响。

（一）对国内经济的影响

1. 美国对外油气依赖度不断下降

2000 年美国页岩气出口在能源出口中的份额不足 2%，2010 年已经达到 23%，估计 2035 年将达到 49%。美国对进口石油的依赖度也迅速降低，2005 年美国进口石油（包括原油和石油产品）占全国石油消费 60%，2012 年下降到 40%。

图 11 显示的是近 32 年来美国天然气进口与出口变化状况，从中可见，随着美国国内页岩气的开发，天然气进口量出现下降，出口量增多，净进口量减少。

---

① 英国金融时报网站：《页岩气繁荣现在可从太空看到》，2013-01-27，见《参考消息》，2013-01-29(4)。

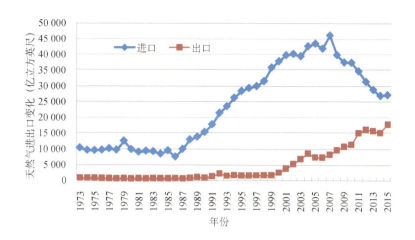

图 11　1973—2015 年美国天然气进出口变化

资料来源：根据 U.S. Energy Information Administration. *U.S. Natural Gas Imports by Country；U.S. Natural Gas Exports and Re-exports by Country.* 06/30/2016. http://www.eia.gov/naturalgas/ data.cfm 数据制图

图 12 显示的是自 1975 年以来的美国原油进口依赖度变化状况。2007 年是美国原油进口依赖度最高年份，该年原油进口 36.6 亿桶，出口 1 亿桶，进口依赖度达到 66.5%；不过，其后进口不断下降，出口不断增多，到 2015 年原油进口已经下降到 26.8 亿桶，出口增加到 1.67 亿桶，相应地，进口依赖度下降到 45.1%。

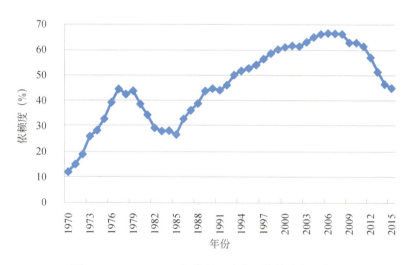

图 12　1970—2015 年美国原油进口依赖度变化状况

资料来源：根据 U.S. Energy Information Administration. *Petroleum & Other Liquids.* http://www.eia.gov/dnav/pet/hist/ LeafHandler.ashx?n= PET&s=MCRIMUS1&f=A 的进口、出口、生产量数据计算制图

2. 油气价格联动机制减弱

2009 年初至 2010 年 3 月 1 日，原油价格上涨 73%，但美国天然气价格却下降 15%。2012 年世界原油价格每桶高达 110 美元左右，天然气每百万英热单位 9—18 美元，但美国国内天然气最便宜时只卖到 2 美元。从图 13 可见，2010 年前，原油价格与天然气价格变动趋势除个别年份例外，大体相同；2010 年开始出现偏差：原油价格上涨，天然气价格却下降。

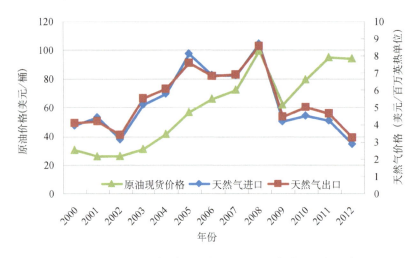

图 13   2000—2012 年美国原油现货、天然气进出口价格变化

资料来源：根据 U.S. Energy Information Administration. *Natural Gas*. June 28, 2013; *Petroleum & Other Liquids*. Cushing. OK WTI Spot Price FOB. July 24,2013 数据制图

注：（1）"原油现货价格"为俄克拉荷马州库欣的西得克萨斯原油现货离岸价格。（2）"天然气进口"或"天然气出口"包括管道天然气与液化天然气的进口或出口

同样，图 14 显示的是 2010—2014 年美国原油和天然气价格变动情况，从中可见，2011 年、2014 年两者价格变动方向并不一致。

图 14   2010—2014 年美国原油价格和天然气价格变动情况

资料来源：*BP Statistical Review of World Energy*. June 2015. p.15, p.27.

注："美国原油"指西得克萨斯中质原油现货价格；"美国天然气"指美国亨利中心天然气价格

3. 传统能源出现替代应用

比如，在交通行业中，增加天然气替代石油；在发电行业中，增加天然气替代煤炭。2005—2010 年美国用于交通的燃料天然气消费量增长了 43.5%，页岩油气发电在天然气的消费总量中从 2005 年的 26% 攀升至 2010 年的 30.1%。从能源结构看，石油和煤炭的比重下降，分别从 2006 年的 40.6% 和 24.2%，下降到 2012 年的 37.1%和 19.8%；而包括页岩气在内的天然气比重显著增加，从 24.4%提高到 29.6%。换言之，清洁能源的比重从 35.1%增加到 43.1%（图 15）。

图 15   2006—2012 年美国能源结构变化

资料来源：根据 *BP Statistical Review of World Energy*. p. 41. 2007—2013 历年数据计算制图

4. 创造就业

从图 16 可见，自 2003 年以来美国采矿业(包括石油和天然气开采)就业人数（除 2009 年经济危机时期有所下降外）逐年增加，已从 52.5 万人增加到 2012 年的 95.7 万人，年均增长 6.9%。九年来就业人数在总就业人数中的比重从 0.38%上升到 0.67%。

图 16   2003—2012 年美国采矿业就业人数及变化状况

资料来源：根据 Labor Force Statistics from the Current Population Survey. *Annual Averages-Household Data-Tables from Emploment and Earnings*. 2004—2013 历年数据计算制图

注：（1）采矿业包括采矿、采石和石油与天然气开采。（2）左轴为就业人数；右轴为采矿业就业人数在总就业人数中的比重。（3）"同比增长"指即年采矿业就业人数比前一年人数增加量（2009 年出现减少）

5. 促进区域经济的增长

各地页岩气的开发不仅给本地带来经济收入，还带来新的就业机会。比如，2008 年马塞勒斯页岩气的发展给宾夕法尼亚州带来了 23 亿美元的经济收入，创造了 2.9 万个就业机会，给州政府和当地政府带来 2.4 亿美元的税收。

6. 为制造业发展提供廉价能源

2010 年以来，美国页岩气商业化发展为正在推进的"重振制造业"战略提供了低成本的保障，低廉的天然气能源减缓了制造业工资上涨的压力。

（二）给他国乃至世界能源市场带来的影响

美国的"页岩气革命"也给他国带来程度不一的影响。

1. 主要油气进口来源地遭受冲击

比如，北美自由贸易的加拿大、墨西哥对美国的管道天然气出口量不断下降。在美加贸易中，天然气管道贸易是一项重要内容，加拿大管道天然气出口 100% 输往美国。2001 年美国来自加拿大的管道天然气进口达 1090.2 亿立方米，来自墨西哥的达 6.5 亿立方米；到 2012 年分别下降到 838 亿立方米和 0。美国国内天然气价格的不断下降也直接影响到来自加拿大和墨西哥的管道天然气的进口价格。

当然，石油进口来源地受到页岩气开发的影响各有不同。比如，美国从墨西哥、中南美洲、西非、欧洲等地的石油进口有所下降，但来自中东和加拿大的石油进口在增多。对其可有几种解释：第一，石油因其产品链（石油化工品的原料）将继续作为主要能源存在多年，不可能完全被其他能源所替代。根据英国石油公司（BP）数据，2011 年美国石油已探明储量 37 亿吨，占世界总储量的 1.9%，石油储采比为 10.8，远远低于世界平均储采比 54.2。2012 年美国石油已探明储量提高到 42 亿吨，占世界总储量 2.1%，但石油储采比只有 10.7，低于世界平均储采比 52.9。为此，美国需要进口一定数量的原油来保证石油供应安全，主要原油产地对美的石油供应不会下降很多。第二，中东一些国家的石油提炼技术比较落后，常常出口原油，进口汽油等石油产品，美国石油冶炼业利用其先进的提炼技术，为中东等地加工一定量的石油产品，而这一业务不会受"页岩气革命"的影响。第三，其他因素也会影响到美国进口石油状况。比如美国石油跨国大公司对产油地的投资、与产油国的贸易合同的签订与履行、拉美地缘政治因素以及欧洲产油地资源状况等，都会影响到美国从这些国家进口石油的状况。

2. 可再生能源发展受到影响

自美国大力开发页岩气以来，可再生能源的开发步伐相对缓慢起来。根据皮尤慈善基金会和彭博新能源财经 2013 年 4 月发布的报告，2012 年美国绿色能源投资为 356 亿美元，比之前一年下跌 37%。自

2009 年以来，除了 2011 年重新居于世界绿色能源投资最多国家外，美国投资均少于中国，居于全球第二，2012 年中国在风力发电站上的投资达 650 亿美元。[①]

值得注意的是，目前在美国的带动下，加拿大、墨西哥、阿根廷、澳大利亚、中国、印度、印度尼西亚等国都对页岩气进行了勘探或开发。由此可以预测未来 10 年能源结构中作为第三大能源的天然气将超过煤炭，成为第二大能源，甚至可能与石油并驾齐驱。由此也将减缓非化石能源即可再生能源的开发力度。

3. 世界地缘政治和能源供应格局将改变

随着页岩气的大开发，美国能源自给程度不断提高，中东的能源战略地位正在发生转变，美国对外战略的重心已从保证能源供给安全转到保护国土安全和经济安全。目前美国石油协会正在呼吁政府批准天然气出口，期望分享国际市场高油价利润，政府也谨慎地希望通过扩大油气出口来弥补贸易逆差。不过，油气下游行业却担心出口将拉动国内油价的提高，从而削弱能源成本的竞争优势。不管怎么说，油气自给率的提高与出口的增加，将提高美国在世界油气领域的话语权，增加在世界经济中的影响力。

4. 抑制油气价格飞涨状况

一旦美国大规模出口天然气，以及随着其他国家也着手大力开发页岩气资源，世界油气价格的飞涨状况将会得到一定的抑制。分析 2014 年油气价格下跌的原因，主要有以下几个因素。

第一，美国非常规能源的迅速发展增加了全球能源的供应量。2014 年世界石油生产 42.2 亿吨，比上年增加 2.3%；消费 42.1 亿吨，只增加 0.8%。其中北美生产增加 10.5%，但消费下降 0.1%；中东的生产增加 1.1%；欧洲石油消费比前一年下降 1.2%。观察世界油气产量的增加，有相当一部分是来自美国非常规能源大开发带来的增量。图 17 显示的是自 1990 年以来美国非常规天然气（包括致密气、煤层气和页岩气）的生产状况，从中可见，总产量在不断提高，尤其是 2007 年页岩气开采水力压裂技术的突破，其后产量迅速增长。根据国际能源署数据，目前全球非常规天然气产量在天然气生产中已经占到 17%的比重，到 2040 年将提高到 31%。[②]

除了开发非常规天然气外，美国还大量开发非常规石油，如致密油和页岩油。2014 年仅在北达科他州、得克萨斯州和新墨西哥州的油田的非常规石油日产量就达到 360 万桶。[③] 图 18 显示的是 2010—2014 年美国致密油的日产量。从中可见，2010—2014 年五年中致密油在原油中的比重不断上升，2013 年已经超过 45%的比重了。根据国际能源署报告，2014 年美国原油产量 1181 万桶/天，比上年增加 150 万桶，超过俄罗斯的原油日产量，成为世界最大的原油生产国。[④]

---

① 美国有线电视新闻国际公司网站：《中国在绿色能源投资方面打败美国》，2013-04-17。

② 该数据来自安妮·费茨：《全球天然气行业三大革命》，法国《回声报》网站，2015-05-31，见《参考消息》，2015-06-02(4)。

③ 该数据来自《美国成为世界头号石油生产国》，法国《回声报》，2015-06-10，见《参考消息》，2015-06-12(4)。

④ 原油数据来自俄罗斯《晨报》网站 2015-02-11 报道，见《美超俄成最大产油国》，《参考消息》，2015-02-13(4)。

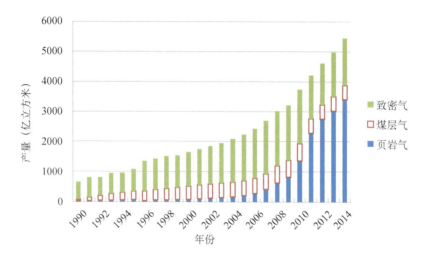

图17 1990—2014年美国非常规天然气产量变化状况

资料来源：1990—2012 年数据来自 International Energy Agency, Unconventional Gas Database，http://www.iea.org/ugforum/ugd/ shalegas/ index.html.2015-08-14/ 2015-08-14

注：图内 2013 年页岩气数据来自美国《国际先驱报》2014-12-04 报道，见《传统产油国坚守产量 美国页岩气公司：奉陪到底！》，网易新闻，http://news.163.com/14/1208/17/ ACV8UNT300014AEE.html；2014 年页岩气数据根据 PAM 中国聚丙烯酰胺网 2015-06-01 报道的日产量 329 亿立方英尺的数据计算；2013 年和 2014 年致密气和煤层气数据为估计数，其中致密气估计数的计算基于 2012 年实际数据、根据国际能源署估计的 2020 年美国致密气将达到 2600 亿立方米需年均增长 6.56%计算得出；而煤层气数据根据美国煤炭产量与煤层气产量之间的正相关关系（根据 2011 年和 2012 年数据计算的煤炭产量每下降 1%，煤层气产量就下降 0.1567489 个百分点）以及 2013 年和 2014 年煤炭数据计算出煤层气数据

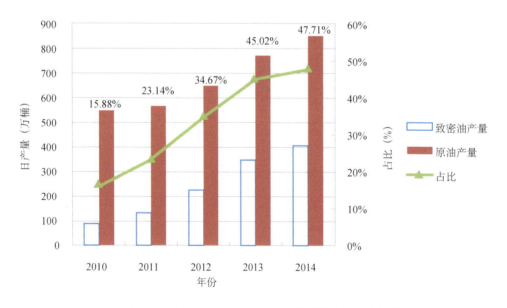

图18 2010—2014年美国原油生产中非常规原油致密油的日产量

资料来源：赵前《美国致密油增长潜力与发展前景》，http://www.oilobserver.com/case/article/ 1297#commentform。该数据取自 EIA，2014-12-04/2015-08-17。此处根据数据计算制图

注：2014 年数据为估计数据

非常规油气的开发，不仅提高了美国能源的自给能力，也增加了世界的供应量。从石油产量看，2014 年中东地区日产石油量 2855.5 万桶，比上年增长 1.27%；美国一个国家日产石油量 1164.4 万桶，比上年增长 15.64%。

第二，油气最大用户经济增长疲软或增幅降低，导致油气需求下降。2014 年世界各国经济增长依然不平衡，虽然北美国家经济复苏，但油气大户欧洲经济依然疲软，而中国经济增长速度也在放慢，从而世界油气需求难以与供应同步增长，甚至出现下降。虽然中国在油价大幅下降时增加进口，充实储备，但最大消费经济体欧盟的油气消费出现了下降（石油和天然气消费分别下降为-1.55%和-11.65%），最终使得油气价格下跌势头难以阻挡。

第三，中东石油国为维持财政稳定，或坐看美国高成本页岩企业淘汰出局，竞相增产。欧佩克成立于 1960 年，成立初始的目的就是为了统一和协调成员国的石油政策，稳定和繁荣石油市场。为了稳定油价，欧佩克实行原油生产配额制度，当油价下跌时成员国按照比例相应减产，油价上升过度时则增产。但是当 2014 年 7 月后原油价格出现不断下跌，甚至一度下跌到 50 美元以下时，欧佩克主要成员国如沙特阿拉伯等国在美国减产的呼吁下，不仅不减产，反而扩大生产，以保持市场份额。有媒体认为欧佩克的这一态度就是为了打击与之竞争市场份额的美国页岩气（油）企业。

第四，气候因素。欧洲是世界天然气主要消费地区，2014 年欧洲中部冬季天气的温和使得欧洲天然气消费大幅下滑，全年天然气消费比上年下降了 11.6%，一定程度上减少了欧洲的天然气消费量。

由此，尽管 2014 年美国因乌克兰问题对俄罗斯实行经济制裁，影响到俄罗斯的天然气贸易，但是由于上述因素的综合作用，世界油气价格不升反而下降。

五、总结与启示

从上可见，美国页岩气发展战略是通过白宫规划、国会立法、政-产-学-研合作的路径加以推进的。20 世纪 70 年代中期面对国际能源价格波动，联邦政府提出开发包括页岩气在内的非常规能源，期望以此扩大国内能源供给量，保障能源安全。行政部门推动国会立法，对页岩气等非常规天然气生产实行税收优惠和补贴政策。

20 世纪 90 年代中期面对国内天然气产量下滑、国内外环境保护运动的高涨及经济可持续发展的困境，政府提出加大可再生能源、天然气（包括页岩气）等清洁能源的开发，加大页岩气技术创新，以保护环境，稳定能源价格。行政部门推动国会通过立法，加大政府在研发中的预算拨款，以及鼓励政、企、学合作，促使页岩气开采技术获得重大突破。

2009 年以后面对经济危机，美国政府强调页岩气行业在创造就业、降低制造业燃料成本，实现再制造业化战略上的至关重要的作用。同样，政府通过推动立法，实现财政预算拨款，资助可再生能源的技术创新，授予地方政府发行清洁能源债券、可再生能源债券等的一定权力。

页岩气遍及世界各地，根据美国政府多家机构组成的研究团队对 32 个国家、49 个页岩气沉积盆地的初评，全球页岩气技术可采资源量 29.2%在北美，27%在亚太，43.8%在其他地区，其中中国页岩气资源最为丰富，约占世界 20%比重。但是"页岩气革命"最先发生在美国，究其原因，在于美国比之其他国家具备三个条件：第一，科研的深入与技术的创新。研究团队多年的钻研与企业的实践结合在一起，使得水平压裂法和水井钻井技术等开采技术获得突破性进展及改善，成本不断下降。第二，政府政策的支持。政府加大科研经费的投入，实施新能源开发补贴政策，通过政策推进企业能源转换、替代、并网。第三，能源价格的上涨。21 世纪初以来的能源价格上升为页岩气的大开发提供了可能，利润空间的增大促使中小型私营企业积极投资。

美国页岩气发展战略的实施为中国能源发展提供了一定的借鉴。根据 BP 统计，2015 年中国能源结构中煤炭占 68.49%的比重，石油占 17.68%，天然气 4.73%，虽然中国正在大力发展风能、太阳能、水电、核电等可再生能源，并且其比重已经上升到 9.09%，但化石能源比重依然超过 90%。为了承诺降低碳排放量的目标，中国首先需要发展的是能够对煤炭进行替代的清洁能源，除了开发风能、太阳能等可再生能源外，也需增大天然气在化石能源中的比重。据中国国土资源部调查，中国陆域页岩气地质资源潜力为 134.42 万亿立方米，可采资源潜力为 25 万亿立方米，理论上可满足中国今后两个世纪的天然气需求。[1] 中国已经制定出《页岩气发展规划（2001—2015 年）》，并在试采区开发出 62 口页岩气井，但因为地质技术条件艰巨及地理位置偏远，开采成本极大，每口井成本竟高达 1600 万美元（而美国只有几百万美元）[2]，所以需要政府在研发领域投入资金给予支持。同时以技术折股方式鼓励外国投资者向中国转移开采技术，以税收优惠的条件吸引国外投资者前来中国投资。当然应看到，虽然页岩气蕴藏量丰富，作为天然气被视为清洁能源，但依然属于化石能源，随着不断开发也会有所减少，不可再生。所以可再生能源的研究、开发依然需要继续推进。此外，在企业新能源的转换与替代、并网方面政府也应做好协调、引导和服务工作，必要时可依据《环境保护法》采取行政措施，要求企业进行能源转换，对企业所需要的电网改造给予一定的补贴。[3]

---

① 中国新闻网，《国土部：中国页岩气资源潜力达 134 万亿立方米》，2012-03-01.http://finance. chinanews.com/ny/2012/03-01/3711518.shtml.
② 资料来自中国网，《华尔街日报:中国或难以复制美式页岩气革命》，2012-10-24.见 http://www.china. com.cn/international/txt/2012-10/31/content_26958093.htm.
③ 在这方面，太阳能、风能开发中已经给我们很多教训：一方面国内电力不足，另一方面大量风电、光电过剩，被白白浪费。

近代日本财界巨头
涩泽荣一的对华经济扩张活动

周　见*

摘　要：在近代日本对华侵略和经济扩张的历史上，日本财界巨头涩泽荣一是一位尤为值得关注和研究的人物。本文分三个部分对涩泽荣一的对华经济扩张活动做实证性的考察和分析论述。第一部分通过对所举三个事例的分析，论述了涩泽荣一在日本政府对外经济扩张政策的制定上起到的推动作用以及他对中国政府制定经济政策过程的介入和影响；第二部分主要是考察日清起业调查会、东亚兴业株式会社以及中国兴业公司的创立和改组过程，论述了这些企业在日本对华资本输出等方面占据的重要地位和涩泽荣一起到的组织、引领作用；第三部分主要考察的是日本邮船股份公司与欧美企业争夺中国航运市场的情况，进一步论述涩泽荣一亲自参与创立的企业在打入和吞食中国主要产业部门过程中所起到的主力军作用。笔者希望，本文所做的这些实证性的考察和分析，能为多层面地探究和解读近代日本对华经济扩张和掠夺的历史提供一个侧面的参考。

关键词：涩泽荣一　对华经济扩张　政策建议　企业活动

涩泽荣一（1840—1931）是日本近代史上最著名的实业家，在明治维新后日本经济迅速崛起的过程中发挥了极为重要的作用。他致力于引进和普及西方的股份公司企业制度，一生亲自组织和参与创办的近代企业多达 500 余家，这些企业遍布几乎所有的近代产业部门，为近代日本工业化的成功奠定了基础，故被后人称为"日本近代资本主义之父"。不仅如此，涩泽荣一在实业思想上也颇有建树，他提出的"道德经济合一说"影响广泛，颇受人们的青睐和赞赏，因此也被视为近代日本工商界的精神领袖。然而同日本近代历史上的其他重要人物一样，涩泽荣一也是一位颇具两面性的人物。他作为近代日本财界的缔造者和领袖，在近代日本对华经济侵略和扩张中表现得极为活跃，始终扮演着策划者和组织者的角色。因此，对于近代中日经济关系史的研究来说，涩泽荣一的存在是不容忽视的，但是由于种种原因，

---

* 周见，中国社会科学院世界经济与政治研究所研究员，日本神户大学经济学博士。

目前中国学界对涩泽荣一的对华经济扩张活动还缺乏较为全面和具体的研究，故本文拟就此做一专题性的考察和论述。

一、政策上的参与和主张

对于后起的资本主义国家日本而言，企业的对外扩张活动更为迫切地需要政府在政策上的大力支持和保护，否则在与西方列强各国的争夺中，仅凭自身的力量是很难达到占领海外市场的目的。对于这一点，作为日本财界领袖的涩泽荣一领悟至深，并对参与政策的制定表现出了极大的积极性。他经常代表企业界主动向日本政府献计献策，提出相关主张和建议；他对中国的动向也极为关注，甚至为了解决对华经济扩张活动遇到的一些问题，直接向中国政府提出希望和建议，在内外两个方面都留下了诸多干预和影响政策制定的事例。

（一）竭力主张和敦促日本政府免除棉花进口税和纺织品出口税

明治维新之后，日本相继出现了一批近代产业部门，其中纺织业的发展尤为迅速。西方先进技术和设备的引进以及大型纺织企业的建立使纺织业的生产能力急剧扩大，生产和国内需求之间的矛盾随之尖锐地表现出来，十分迫切地需要迅速地扩大海外出口市场。然而，与欧美相比较而言，日本纺织业的国际竞争能力在当时还有较大的差距，因此迫切需要日本政府在政策上给予扶持。以此为背景，由纺织业企业组成的大日本纺织联合会于 1888 年向日本政府提交了请愿书，要求对棉花进口实行免税措施，1890年在再次向日本政府提出免除棉花进口税请求的同时，又提出了免除棉纱出口税的请求。这两份请愿书所表达的基本主张是，日本纺织业所需原料棉花大多需要进口，进口税的支付必然导致纺织品原料成本的增加；而纺织品出口税的支付必然影响在海外市场的销售价格，这些都是造成出口纺织品缺乏竞争能力的因素，也直接影响了日本纺织业的发展和纺织品海外市场的扩大，因此应该从速废除以上两税。

涩泽荣一在 1883 年发起创立了日本第一个近代大型纺织企业大阪纺织会社，后又担任了纺织企业联合组织——大日本纺织联合会的顾问，故对纺织业的情况和海外市场的需要十分熟悉和了解，因此他极支持该会提出的免税要求和请愿活动。可是日本政府出于多方面的考虑，并没有立刻接受大日本纺织联合会的免税要求。为了尽快促成此事，涩泽荣一做了大量的斡旋和说服工作。他一方面屡次拜访大藏大臣、农商务大臣等政府要员以及众议院、贵族两院议长，当面陈述理由和主张，另一方面敦促大日本纺织联合会继续派人进行海外市场调查，以充实要求免税的理由和说服力。然而，政府方面对免除这两项课税的利弊一直权衡不定，故迟迟难以做出决断。面对这种情况，涩泽荣一自然不甘就此罢休，他以东京商业会议所会长的名义向大藏大臣、农商务大臣再次十分郑重地提出了建议，同时还向众、贵两院议长提交了请愿书，敦促政府和众、贵两院倾听业界的要求，尽快通过免税议案。他在建议和请愿书中写道："本邦对输出的棉纱和输入的棉花实行课税，就国家经济而言实非上策，免除此项制度，乃是今日当务之急和舆论所望之事。"①为了得到政府和众、贵两院的理解和支持，涩泽荣一还分别附带提交了一份详细说明请求免税的理由报告书。在这份报告书中，涩泽荣一从本国纺织业的状况、国内外关税情况、本国棉纱与印度棉纱在生产销售上的比较、本国棉纱输出应有的渠道、废除关税和国内棉花种植的关系、废除关税和国库收入的关系六个方面，通过具体数字和相关统计，十分详细地说明了免除两税的理由和根据。涩泽荣一认为，通过免税提高面纺织品的竞争能力，日本将从中得到巨大的利益。他指出"为了拓展我国棉纱输出的销路，最为合适的就是向支那出口，但从明治 25 年的情况来看，中国上海从外国进口棉纱的数量达到 231 578 捆，再加上牛庄、宁波等其他港口的进口以及中国内地手纺棉纱，其数量更是不知要翻几倍。假如现在我国有相当于上海进口额 3 倍的 70 万捆棉纱在中国内地被消费和使用，中国将无可置疑地成为我国棉纱出口最为理想的对象，当这一切能够得到实现之时，我国能得到工资 700 万元的收益，再加上现计工资数量，一共会有 11 107 525 元的巨额收入，仅此一项可为数十万劳动者提供生路，足以增进国富"。②他还指出"有人忧虑，废除棉花输入税和棉纱输出税会使国库收入大为减少，将使国家各种费用支出受到阻碍。而实际上，我国棉纱作为样品只有少量输出，因输出不大，故废除棉纱输出税，并不会影响国库收入。而废除棉花输入税，一年会减少 30 余万元的税收，似乎看上去使国家利益受到损失，但实际上正如说过的那样，众多的从业者在本国得到了的工资收入，增进了国富，因此就国家经济而论，废除此税，对于增进国富是件有利无损的事情，绝对不该犹豫不定"。③

在纺织业的强烈要求和涩泽荣一的不懈努力之下，日本众、贵两院在 1894 年首先通过了废除棉纱输出税的法案，1896 年又通过了废除棉花输入税法案。应该说，这两个废税法案的通过，使正处于崛起阶段的日本纺织业如虎添翼，受益巨大。一方面使棉纺织品的原料成本明显降低，另一方面使棉纺织品的出口变得更为有利可图，并大大地提高了其在中国市场上的价格竞争能力，从而有力地促进了纺织品对华出口的迅速增加，在推动对华经济扩张活动中发挥了重要的作用。

（二）建言李鸿章效仿日本统一币制

1889 年初，涩泽荣一了解到清政府根据驻德、意公使许景澄的建议拟对货币制度进行改革，认为此事与日本关系巨大，特意就此在东京经济学协会组织了专题研讨，并以该协会委员长的名义亲笔给李鸿章写了一封信。④他在信中首先强调自己只是民间人士，所谈之事与政府及党派活动完全无关，以示不谋只图一帮利益之意。但从信的内容看，却正是当时日本政府所希望而又不便通过外交渠道向清政府表达的。他在信中说，"……最近听说贵国政府，将要订货币的条例，我觉得这关系到亚洲大局的利益，和本

① 《涩泽荣一传记资料》，第 20 卷，涩泽青渊记念财团龙门社，第 391 页。

② 《涩泽荣一传记资料》，第 20 卷，涩泽青渊记念财团龙门社，第 393 页。

③ 《涩泽荣一传记资料》，第 20 卷，涩泽青渊记念财团龙门社，第 394 页。

④ 《涩泽荣一传记资料》，第 27 卷，涩泽青渊记念财团龙门社，第 295—296 页。

地区的盛衰都有关系，不能不仔细考虑，故将敝会的意见呈送给阁下……"，"……现在贵国既要铸币，就应当把眼光放之远大，以亚洲各国的通用货币为铸币基础，重量配搭，均一为要"，并直言建议清政府顺应墨西哥银元已经成为亚洲普通货币这一实际状况，以墨币为标准，改革币制，统一币值，以便于比较计算，达到"彼此俱利""贸易得便""富源更殖"的效果。

应该说，涩泽荣一的这一建议确有符合世界贸易原理之处，对清政府改革币制不无参考价值。首先，当时清政府实行的货币制度是一种不完全的银、铜平行本位制，即纹银和铜钱之间无主辅币之分。政府对铜钱的铸造虽有一定法定标准约束，但对纹银铸造却未加干涉，故纹银的重量、成色则随时随地有所不同，与铜钱的比价极不稳定，这样便为外币的大量流入和使用提供了条件，致使货币流通极端混乱。其次，墨西哥银元当时在中国已有大量流通，它比纹银便于使用和计算，遂能够通行南北，故此民间要求改良币制自铸银元的呼声日趋强烈。这样看来，按涩泽荣一的建言进行币制改革，以墨西哥银元为标准，统一币值并非完全没有基础，而对改变货币流通混乱状态也会起到一定作用。然而，就当时中日两国经济情况和发展水平来看，如按涩泽荣一的建言进行币制改革，日本将毫无疑问从中获得莫大的经济利益。因为到 19 世纪 80 年代，日本棉纺等近代工业产品的生产和竞争能力已大有提高，对中贸易的主动和优势地位已经形成，如果能按其所望排除两国货币使用和兑换方面的不便，那么对华贸易条件将大有改善，显然这对于降低出口成本，增加企业出口，进一步扩大在中国的销售市场和原料来源都十分有利。此外，中国所需白银因长期不能自足而需进口加以弥补，外国银元之所以源源不断流入中国也与此有很大关系。而进口白银的主要来源是日本，因而实行银本位制与墨西哥银元统一币值，也就是同日本银元统一币值，将有利于增大日本控制和操纵中国货币市场的可能性，这对日本对华经济扩张活动来说有着重要的作用和意义。由此看来，涩泽荣一给李鸿章的这封信，目的并非完全是为了达到"彼此俱利""贸易得便""富源更殖"的贸易目的，而更为主要的则是出于对华经济扩张活动本身的需要。

李鸿章收到涩泽荣一的建言信之后，并没有直接给他回信。但 1889 年 3 月李鸿章在给伊藤博文一封信中[①]，曾提到涩泽荣一给他的这封信，并说反复阅读了这封信，认为币制改革问题非常重要，表示愿意把涩泽荣一的建言留作以后再作参考。然而，从后来的情况来看，此事并无下文，这自然让涩泽荣一感到颇为失望。

（三）就清政府拟采取"加税裁厘"财政措施提出对策建议

涩泽荣一在主张尽一切可能为增加日本对华出口、扩大国外市场提供政策保障的同时，也非常重视分析和研究中国经济政策变化和调整对日本经济扩张可能产生的影响，以帮助日本政府寻找和选择相应的对策。

---

① 国家清史编纂委员会：《李鸿章全集》信函六，合肥：安徽教育出版社，2008，第 514 页。

甲午战争后，《马关条约》的签订使日本从中获得了极大的政治和经济利益。然而，对于中国来说，巨额战争赔款的支付以及海关税收、内地税收等自主权力的进一步丧失，则必然导致经济状况的不断恶化，也使本来就已经入不敷出的国家财政危机越发严重。在这样的背景下，清政府别无他途只能与列强协商，通过对税制的调整来增加财政收入，以使财政状况有所好转。为此，总理衙门向清帝上奏了名为《酌定械器制造货物税饷以重国课而保利权》的奏折。该奏折提出了以废除厘金为条件换取外国同意增加关税的设想，即主张通过加税裁厘的办法来达到增加国家财政税收的目的。显然，对于已经获得诸多既得特权的列强来说，任何有碍于其利益得到最大限度满足的调整都是他们所不愿接受的。因此，该奏折在上海登报之后，立刻引起日本等国和外商的强烈不满和反对，日本驻华公使立即向总理衙门发出照会，要求确认真假。涩泽荣一对此事极为关注，经与三井物产社长益田孝等相关人士商讨，以东京商业会议所会长的名义致函外务大臣大隈重信，向他说明了此事的梗概，并提出了应对此事的建议，其全文如下。[①]

《关于清国制造业课税问题的建议》

外务大臣大隈重信殿下

据悉，清国总理衙门近有奏折奏与该国皇帝。该奏折提出，为增加税额收入，应提高关税及通行税，以增加税额收入，并将以往仅限外国人使用的子口税三联单制度扩至内地人，以获商业上的有利之处。另外，对在清国内开设工厂制造产品的商家，不论是外商还是内商，在产品销售之前需课以百分之十的出产税。如所用原料购于内地并运至所设工厂，则按子口税三联单方式，课以三倍的通行税，以期摆脱自国财政上的困境。如按这一课税方法，清国国内的外商和内商所设工厂实际上将被课以百分之二十五的重税。此事，见诸报刊之后，上海商业会议所对该课税方法甚为不满，向驻在北京的各国公使表达了反对的意见。当时，李鸿章恰在欧洲访问行至英国，与英国首相萨利斯伯里侯爵会面时曾陈述了本国财政上的困难，并说增加关税乃是为了筹措赔款所需费用，实为迫不得已之事，望得到同意。对李鸿章提出了什么样的税率尚无确切报道，传说是将由原来的百分之五提高到百分之十。英首相表示在向上海商业会议所咨询后再作答复，并将其意转告上海商业会议所。上海商业会议所召开了委员会就此事作了充分的讨论，并将意见向英首相以及英国驻北京首席公使克罗内尔·登比作了禀报。其要旨如下：如完全废除以往清国人输入国内的外国商品或输出外国的本国商品所课厘金税，那么取而代之，可同意其以相当于关税税额一半的通行税（对外国人采取同样的方法）来相应增加关税。虽然按《马关条约》所规定的在清国内地从事制造业应免负一切税金义务，但如若从国外输

---

① 《涩泽荣一传记资料》，第 21 卷，渋沢青淵記念財団龍門社，第 185—186 页。

入原料、产品输出国外之时可免课输出入关税，另对原料取自内地、并在内地销售的产品免课厘金税，可同意课以百分之十的出产税和相当其半额的通过税。

以上为近来清国内热议的课税问题之梗概，此事与我国制造业的兴衰关系巨大，决不可掉以轻心。按本会议所之见，如若采纳总理衙门之奏请，在清国企业制造将被课以重税，其制品将无法同从我国等输入的制品相抗衡，那么在清国正在蓬勃发展的生丝制造以及纺织企业将受到极大阻碍，其他各种产业也难以蓬勃发展。然我国与清国一衣带水，理应能够控制这一广阔市场，我国纺织会社发展迅猛，已达百万锤，棉纱以及其他制品将大举流入中国市场，另外我国生丝也可与该大帝国的竞争，有利于在美国声价的提高。反之，如若按上海商业会所的意见，产品应负税额减少，而清国国内的制造业因此会勃然而起，迅猛发展，其结果，我国将失去在东洋的一大市场，甚至会制造出一个大的竞争对手。如果这样，我国制造业的前景将甚为令人担忧。显然从国策上说，乘清国制造工业发展可能受阻之机大力发展我国的制造业不失为一大良策。概而言之，关于课税之事，是采纳总理衙门的奏折，还是采纳上海商业会议所的意见，对我国制造工业的影响有天渊之别。应知道，按前者实行，对我国经济实为有利。我国确有业者准备在清国设立工厂，但数量比较有限，不应为少数人的利益而牺牲国家的公益。切望阁下对此深察利弊所在，以求促进我国制造业的发展，故本会提出上述建议。

明治 29 年 10 月 8 日

东京商业会议所会长　涩泽荣一

从涩泽荣一提出的这份意见书的内容来看，至少有三点是值得注意的。其一，涩泽荣一对清政府拟加税裁厘一事本身是否违反《马关条约》的问题没涉及。这看来似乎与日本外交当局所持的强硬态度有些不同，但从当时的情况来看也可以得到解释。因为在西方列强强加给清政府头上的所谓"协议关税"制度下，清政府虽然不能自主决定关税，但并没有因此而完全失去提出关税问题交涉的权利。而且，此事所涉及的是所有列强国家，并非完全取决于日本。而从英国这个主要当事国的态度来看，虽然提出种种条件加以刁难，但并没有拒绝交涉，还设计了方案。这样或许在涩泽荣一看来，日本有必要考虑和准备在进行此事交涉时，日本提出什么样的方案对己有利。其二，针对总理衙门的方案，英国提出的方案则主张免去那些原料来自国外、产品出口国外的在华外商企业的出口税，而对那些原料取自内地、产品在内地销售的企业，不论是华商还是外商，只能征收 10%的出产税和相当于其半额的通过税。涩泽荣一认为如果从这两种方案中选择其一的话，那么清总理衙门的方案对日本相对有利。这似乎让人感到有些意外。然而，涩泽荣一对这其中利弊得失的权衡则是出于一种独到的深谋远虑。也就是说在他看来，总理衙门的方案不仅使外商需交纳进出口关税会有所提高，同时由于出产税的征收，中国国内制造业的税务负担将变得极为沉重，中国制造业会将因不堪重负而难以作为，其产品也将因此而丧失在国内外市场上的竞争能力，而这恰恰为日本扩大出口提供了有利条件。首先，生丝同为中日两国的最主要出口产品，以往在国际市场上相互竞争激烈，而因出产税的征收和出口税的增加，中国生丝将在数量和成本上都会变得难以同日本继续对抗，日本生丝的声誉将大有提高，原来的市场必然会被日本取而代之。其次，在甲午战争前后，中国棉纺织业展现出较为迅速的发展势头，已使日本感到一定的威胁，而出口税的提高和出产税的征收将会妨碍中国纺织业产品走向国际市场，这样的结果无疑是日本所求之不得的。此外，进口税的提高虽然使日本对中国出口棉纱等产品的利润会受到一定影响，但对于同其他列强争夺中国的市场来说并不是一件无利可得的事情，因为日本产品无论是成本还是价格方面的承受能力比英美要强。再次，如按总理衙门的方案实行加税裁厘，在华外商企业以往享受的特权将受到一定限制，纳税负担将明显增加，日本在华企业自然也不例外。但从在华外商企业的情况来看，日资企业还远不及英国，在数量上相当有限。因此，涩泽荣一认为，从日本整个国家的角度来看，这些在华企业的利益得失与日本国内为数众多的出口企业相比还显得微不足道，即使让他们为之付出一定的牺牲也符合日本的利益。由此可见，涩泽荣一为国谋划可谓用尽心机，他并不关心中国的财政状况能否因此而得以好转，更不愿意看到中国因近代工业的形成而成为日本未来的竞争对手，这其中所表现出来的以邻为壑意识和欲取姑予策略虽然与其在给李鸿章信中所做的表白完全相反，但作为对日本政府的建言却是不需加以隐讳的。

清政府提出的裁厘加税之事先后持续了较长一段时间，并因 1900 年义和团运动的发生而一度被搁置一旁。而后的 1901 年，清政府被迫签订《辛丑条约》，接着又和英国订立了《中英续议通商行船条约》（即《马凯条约》）。在《马凯条约》的交涉中，清政府重提裁厘加税之事，英国虽然同意中国将关税加到 12.5%，并另可对不出口的土货征收一道销场税，但同时附有一个条件，即凡享受最惠国待遇的各国一致承诺时始得实行此条款。而事实上享受最惠国待遇的国家多达 19 个，态度无法得到统一。而在这一过程中，与日本的交涉进行得更为艰难。日本先是指责中国诋毁《马关条约》，后又采取"相让而别求抵换利益"的策略，并以拒绝批准《通商行船条约》相威胁，迫使中国必须答应日本提出的在新开口岸以及上海、天津、厦门、汉口开辟日本租界等条件。由此可见，凡享受最惠国待遇的各国一致承诺时始得实行的条款使《马凯条约》必然成一纸空文，因为对于腐败无能的清政府来说获得任何不带条件的承诺都是不可能的。也正是因为如此，加税裁厘一直拖到清朝覆没也没能实现。这一结果无疑是列强各国早就预料到的，也是日本所能够接受的。而对于涩泽荣一来说，尽管这一结局使其无从验证他在建议书中提出的主张是否"中的"，但只要日本的对华经济扩张能够畅通无阻，不论为之倾注多少心血都是值得的。

二、创立对华投资专门机构极力推进对华资本输出

资本输出是日本对华实行经济扩张并达到控制中国经济命脉这一根本目的的重要手段。尽管与欧美列强各国相比，日本政府和企业在资金实力方面还有较大差距，但早在明治维新后不久日本就已经意识

到了进行资本输出的必要性，并开始具体考虑对中国如何进行资本输出的问题。甲午战争之后，伴随诸多特权的获得，日本对中国开展资本输出的热情进一步高涨起来。而在这一过程中，涩泽荣一所起到的作用显得尤为突出。1877 年涩泽荣一接受政府的委托，曾与三井物产的益田孝一起赴上海，他作为日本第一国立银行的董事长与清政府签订了提供贷款合同，从而成为日本对华进行资本输出活动的先行者。到了 19 世纪末 20 世纪初，清政府引进外资态度进一步趋向积极，欧美列强抢占中国资本市场的竞争和角逐也随之变得更加剧烈。日本自然不甘袖手旁观，为了打入其中，政府和企业都在焦急地寻求对策。而此时的涩泽荣一倍感责任重大，认为这正是他发挥财界领军人物组织作用的大好时刻。在他看来，要与欧美强大的资本力量一争高低，尽快扭转单个企业力量不足的被动局面，首先必须做的一件大事就是合财界之力做好企业组织上的准备，为此他先后亲自策划和组建了两个公司，专门从事对华进行资本输出活动。

（一）创建日清起业调查会和东亚兴业株式会社

日俄战争之后，作为取得胜利一方的日本在列强各国中的地位得到了进一步的提高。它对朝鲜的统治得到了各国的承认，而且取代沙俄，得到了在中国东北地区的诸多权益。但是，日本并没有因此而感到满足，而是得寸进尺，把争夺权益和经济扩张的视野扩展到整个中国。从中国的情况来看，义和团运动平息后，清政府的经济政策也出现了一些新的变化，开始重新考虑举借外债修筑铁路的计划，一些地方官员的态度也比较积极。1906 年，湖广总督张之洞和四川总督锡良重提修建川汉铁路之事，并开始筹划引进外资相关事宜，从而使西方列强争夺铁路权益的活动重新活跃起来，也引起了日本政府和财界的高度关注。

在对中国开展经济扩张活动时，日本历来重视实地调查以及各方面情报的收集和分析。早在 1898 年，为了配合日本政府争夺在福建省内的铁路修筑权，三井物产就曾派人到福建等地进行过实地调查。因此，面对中国各方面出现的变化，三井、大仓等企业都在加紧调查和收集情报工作，同时也感到有必要建立一个从事对华进行各种调查和斡旋活动的机构，以适应扩张活动的需要。作为财界首脑，涩泽荣一对日本企业在中国的活动状况非常了解，因此他十分赞同和支持这一想法。在他看来，日本尚没有一个为企业对华投资提供服务的专门窗口组织，这使扩张活动不能不受到很大影响。于是，他亲自出面，连同三井物产的益田孝、大仓组的大仓喜八郎、日本邮船的近藤廉平、日清汽船的白岩龙平等一起，于 1907 年 4 月共同发起成立了日清起业调查会。

日清起业调查会为自己规定的主要任务是，对中国经济情况进行全面的调查，承担与中国方面交涉有关铁路贷款、工程承包以及材料供应等工作。对于日清起业调查会的成立，日本政府相当重视，不仅从资金方面给予很大的支持，而且还经常派政府官员赴该会出席会议。涩泽荣一曾多次主持召开会议，交流情报，并就中国的铁路修筑等热点问题进行讨论。为了开展对华投资活动，该会在组织上做了具体部署，指定三井物产天津分公司经理安川雄之助为代表统一负责在当地与中国方面交涉有关铁路贷款、工程承包以及材料供应等事宜。

1908 年 8 月，在日本政府的支持下，由涩泽荣一挂帅，以日清起业调查会为基础成立了日本第一个对华投资机关——东亚兴业株式会社。之所以做出这样的决定，其直接目的是适应与欧美企业争夺奥汉铁路贷款权的需要。三井、大仓等企业以及日清起业调查会在争夺川汉铁路的权益中都曾表现得相当活跃，但结果并没有如愿以偿。这其中虽然掺杂了种种政治和外交方面的因素，但一个重要的原因在于，欧美企业与各国的银行团联系密切，资金力量雄厚，而日本的企业在此方面显得比较薄弱，故此在竞争中无法占据上风。对此，身处竞争第一线的三井物产上海支店长山本条太郎就曾大有感受。他说："长江流域实为竞争残酷之地，对于日本商人来说，令人感到遗憾的事情每天都在发生，究其原因就在于列国与投资银行合为一体，提供贷款和器材销售同时进行。而日本除贸易以外，金融机关没有充分发挥作用。因而，即便铁路枕木的推销还可以，但在与提供贷款推销器材相互结合进行的欧美企业面前，日本在推销机车、火车、铁轨等器材方面却几乎找不到机会。"[1]由此不难看出，为了扭转日本在这种竞争中的不利局面，日本迫切需要一个具有辛迪加性质的企业联合投资机构，而东亚兴业株式会社的创立恰恰为的就是适应这种需要。

东亚兴业株式会社的创立发起人有涩泽荣一、益田孝、大仓喜八郎等共为八人。在组织形态上采取了股份制，创立资本为 100 万日元，头号股东是三井家族，持有 1000 股，岩崎小弥太、大仓喜八郎、各持 500 股，古河虎之助持 400 股，涩泽荣一、高桥是清、安田善之助、铃木马左分别各持 300 股。可见，东亚兴业株式会社的主要出资者，几乎包括了当时日本工商界的所有头面人物，说明它的创立是日本企业界的一件大事，得到了这些重要人物的一致认可和大力支持。

1909 年 8 月 18 日，东亚兴业株式会社举行了创立大会，涩泽荣一作为议长主持大会议程，选出了董事和社长，并一致通过了会社章程。该会社章程的第一条规定：本企业的名称为东亚兴业株式会，在清国的名称为日清兴业公司；接下来的第二条规定："本会社以经营以下业务为目的：即在清国从事铁路、土木、矿山、造船、电气等相关事业的调查设计，并接受与此有关的委托；直接或间接对这些事业进行投资，或为其提供资本。"这就是说，东亚兴业株式会社的宗旨是专门从事对中国开展经济扩张活动，任务是面向所有的重要产业部门和领域，从事实地调查和规划设计，直接或间接对这些事业进行投资，或为其提供贷款。从东亚兴业株式会社的这一宗旨和任务中可以看出，它的创立意味着日本对华进行资本输出在组织体系上向前迈进了一步，对经济扩张活动的全面展开具有重要的战略意义。

---

[1] 国家资本输出研究会编：《日本の资本输出——对中借款研究》，多贺出版株式会社，1968，第 179 页。

（二）东亚兴业株式会社在日本对华经济扩张中的地位和作用

东亚兴业株式会社作为日本政府和财界相互结合的产物，其根本任务就是通过资本输出，实现对中国经济的全面渗透和控制。因此，创立伊始，便以一种新的姿态出现在对华经济扩张的舞台上，它把触角伸至中国各地，与中国各界广泛接触，利用各种渠道，大量收集情报，并迅速做出反应，因而很快就发展成为日本对中国进行资本输出的主力军，其所获业绩相当可观。

一、从贷款数量来看，在 1912—1922 年这十年，东亚兴业株式会社与中国签订贷款协议共 34 项，贷款总额达 5842.96 万日元。[①]应该说，贷款在数量规模上是相当可观的。因为，在同一期间内，在数量上超过这一规模的，只有日本政府和由兴业银行、台湾银行、朝鲜银行组成的银行团这两家[②]，"而以精工控制了中国东北地区的满铁株式会社和军火贸易商泰平组这样的所谓国策企业"当时也还没有达到这一水平。这无疑说明，东亚兴业株式会社在对华资本输出方面具有举足轻重的地位。

二、从贷款对象来看，对南浔铁道和京绥铁道贷款权的获得特别值得注意。如上所述，日本对中国的铁路权益觊觎已久，并在《马关条约》签订后无所顾忌地加入了西方列强争夺中国铁路权益的行列。但从结果来看，除满铁株式会社在中国东北地区如愿以偿获得了多条铁道的修筑权之外，在关内地区日本企业所获贷款权的项目有限，且规模较小，贷款额大多在几万到几十万日元之间。因此可以说，这两条铁道贷款权的获得非常重要，对日本在中国内陆地区的经济扩张具有很大战略意义。

三、从贷款对象企业的分布地区来看，从南到北，从沿海到内地，涵盖区域广泛，包括江苏、江西、四川、湖北、河南、河北以及上海、北京、武汉等中国最主要的大城市；从贷款涉及的行业来看，除铁道之外，主要是电信行业和纺织行业。而这两个行业都是属于外国资本看好的行业，相互竞争非常激烈。电信行业在中国的出现时间不长，发展空间巨大，打入该行业无疑会带来很大的政治利益和经济利益。而纺织行业则是当时中国最为主要的近代产业，也是中日两国企业竞争最为激烈的行业，对中国纺织企业进行贷款，显然可以进一步增强日本资本在这一行业中的势力，对完全实现对这一产业的控制非常有利。

四、从贷款的资金来源上看，东亚兴业株式会社自身提供的资金数量相对有限，大部分的资金是由政府储金部、三井系列企业、兴业银行、台湾银行、正金银行等提供的。这种情况足以说明，东亚兴业株式会社在日本的对华资本输出中主要扮演的是组织者的角色，它一方面为日本政府的资本输出政策和实现战略意图服务，另一方面把企业的剩余资本汇集在一起，为其在中国寻找合适的投资对象，这诸多方面的职能显然是一般企业难以具备的。

---

① 国家资本输出研究会编：《日本の資本輸出——対中借款研究》，多贺出版株式会社，1968，第 181—182 页。
② 国家资本输出研究会编：《日本の資本輸出——対中借款研究》，多贺出版株式会社，1968，176 页。

东亚兴业株式会社的资本输出活动完全适应了日本对华经济扩张战略的需要，而它之所以能够担负起这样的使命，应该说与日本政府给予的大力扶持和财界及涩泽荣一本人给予的指导和热心帮助有着密切的关系。实际上，涩则荣一在东亚兴业株式会社成立之后并没有出任任何具体职务，但他始终与东亚兴业株式会社保持着相当频繁的联系。东亚兴业株式会社的经营管理者也一直把涩泽荣一当做在财界的最大靠山，经常向他通报工作情况和有关中国方面的情报，请他给予指点和关照。因此在涩泽荣一的日记中有关东亚兴业株式会社主要人物白岩龙平、小田切万寿之助、山本条太郎等来访的记录几乎每月都有，最多时甚至一个星期之内多达数次。尽管涩泽荣已在日记中很少涉及与这些人之间谈话的具体内容，但至少可以说明他对东亚兴业株式会社在中国的经济扩张活动非常了解，并负有巨大的责任。

（三）创立和改组中国兴业公司

中国兴业公司和后来由它改组而成的中日实业公司是涩则荣一直接参与发起创立的对华投资专门机构。但与东亚兴业株式会社有所不同，这两个公司都是与中国的合资企业，其发起和创立隐含着新的图谋。

按照《森恪》一书的记载[①]，中国兴业公司的发起和创立过程是这样的。三井财阀为了进一步推动对华经济扩张，于 1911 年初指派三井银行的尾崎敬业赴中国进行实地考查，经过近一年时间的考查，尾崎敬业提出一份题为"对华投资论"的调查报告。该报告认为，中国虽然正处于前所未有的政治动荡之中，但不管国体如何变化，只能依靠借款来进行开发的状态不会改变，因此当务之急在于创立两国合办的投资机构。这份报告得到了三井物产上海分公司山本条太郎、高木陆郎、藤濑政次郎、森恪等的认同和推崇，他们对中国的情况十分熟悉，深知如以合办公司的名义进行活动，可以避开作为外国法人受到的种种限制，更有利于经济扩张的进一步展开。于是，他们马上开始了创立合资企业的斡旋活动，正式拟定了一份建议书并附上尾崎敬业的在华调查报告书《对华投资论》，分别呈送给内阁总理大臣桂太郎、大藏大臣若规礼次郎、军务局长田中义一、政界元老井上馨、财界要人涩泽荣一、大仓喜八郎、益田孝等。这份建议书很快得到了上述各方面的肯定和支持，并决定由涩泽荣一亲自出马全面负责这一工作。这样在涩泽荣一的主持之下，很快拟定出了创立中日合办公司的草案，并围绕挑选中国方面合作伙伴事宜进行了反复商议，最后决定把目标放在此时已经辞去临时大总统的孙中山身上。在他们看来，孙中山虽然辞去临时大总统，处境变得有些微妙，但他在中国仍有巨大的影响和号召力，无疑是两国合办企业比较理想的人选。这样，如何将孙中山拉入他们设计的局内便成了解决问题的关键，所幸最终还是找到了机会。孙中山辞去临时大总统后，曾通过日本驻华领事表达过希望访问日本的愿望，以求吸取日本的经验获得日本在资金方面的支持。但日本外务当局不愿因此而影响与袁世凯方面的关系，对此迟迟不作答复，孙中山为此感到有些困惑和失望，决定赴美国进行访问。高木陆郎、森恪等立刻觉察这其

① 山浦贯一：《森恪》，原書房，1982，第 197－204 页。

中有机可乘，认为如果借此机会以合办企业为由邀请孙中山来日访问，不仅在外交上便于政府做出解释，而且更重要的是有利于做孙中山的说服工作，促使他下决心同意与日本就此进行合作。这一想法得到了涩泽荣一和财界的大力支持，决定邀请孙中山对日本进行访问，以完成创立合办公司这件准备已久的大事。

1913 年 2 月 14 日，孙中山开始了对日本进行为期 40 天的访问，他的到访受到了日本朝野上下非常隆重的欢迎，也得到了涩泽荣一的极为热情接待。然而，日本政府最为关心的乃是成立合办企业之事，为了确保此事的成功，负责该事务的大藏省次官胜田在 2 月 18 日特意致函涩泽荣一，就成立合办企业之事再次表明态度，其要点是：表面上政府与该公司无关，但实际上予以充分支持；合办公司应效仿东亚兴业会社，以开扩经营为主；公司一切事务由涩泽荣一一人主持，并会同适当范围的银行家、实业家共同筹划；东亚兴业公司对江西铁道的借款有获取中国权益之嫌，此次与中方会谈应回避与其之间的关系。日本政府的全面支持使涩泽荣一倍感肩负的使命非常之重大，他在出席各种礼仪性活动的同时，与孙中山就如何开展中日经济合作问题交换了意见，主持完成了日中合办会社计划书草案的制定，并得到了日本大藏省次官胜田的认可。

从内容上看，涩泽荣一主持制定的这份日中合办会社计划书草案包括创立宗旨、公司名称、组织形式、营业内容、资金和股份、股东大会、股票转让、营业地点、董事和总裁的设置和选举办法、债券发行、资本的中介、创立事务等方面的条款。而在围绕这些条款进行协商的过程中，双方主张分歧最大的一项就是关于公司的国籍问题，也就是公司根据哪国法律设立的问题。涩泽荣一、益田孝在谈判中提出了按照日本法律设立的要求，理由是如按中国法律，日本人会对之产生怀疑；而孙中山则强调，这关系到国家主权问题，中国已有公司法，故按中国法律设立该公司为宜，否则难向中国国民交代。由于双方争执不下，决定暂且搁置待以后研究决定。此外，针对按计划书所定，中方应在资本金的半数 250 万日元中，第一次交付 62.5 万日元，孙中山提出中方在筹集资金上存在困难，如日本方面愿意通融的话，他本人愿意承担这 62.5 万日元。而涩泽荣一认为，如果孙中山一人承担这笔资本金，则会失去合办公司的意义，希望中国方面最好能找到 10—15 位实业家共同出资为好。对此，孙中山表示，这需要回国后筹办，但同时他提出中国实业家手中虽持有大量的不动产，但缺乏现金，因此希望以不动产抵押的方式向日本借款，对此涩泽荣一表示可以考虑，但并未做具体约定。总之，双方进行的讨论和谈判尽管没有完全达成一致，但在涩泽荣以看来，问题的关键在于孙中山做出了回国后负责落实创立该公司计划的承诺，日本方面通过谈判已经基本达到了预定目的。

孙中山因宋教仁被刺而提前回国之后，出于政治形势和反袁策略方面的考虑，他在公司国籍问题上以"待日后中国法律制定后即改为中国公司"为条件做了妥协，接受了日方的主张。这样，涩泽荣一经过与日本政府的一番沟通之后，于 8 月 11 日在东京举行了中国兴业公司成立大会，他作为该公司的创立发起人和主要股东出席大会，亲自担任了大会主席，并在会上被推举为公司顾问。然而，伴随着中国政治时局的急剧变化，中国兴业公司的运转从一开始便陷入了无法启动的困境。面对孙中山二次革命的失败以及他本人不得不逃亡日本这样一种局面，日本政府和涩泽荣一都清楚地意识到只能随机应变，对中国兴业公司进行改组，这样才能使其正常地发挥作用。而善于窥测风云的袁世凯立刻抓住了这个机会，开始通过各种方式向日本政府和涩泽荣一表示期待合作的意向，"希望日本对中国兴业公司进行根本改组，另与中方有实力者合作，重新成立公司"[1]，并向涩泽荣一发出了访华邀请。而对此，日本政府和涩泽荣一做出的反映都相当积极，接受了访华的邀请，并做好了各方面的准备。[2]尽管此后事出不巧，涩泽荣一因身体方面的原因而没能亲自成行，但仓知铁吉作为其指令的代表在访中期间与民国政府工商总长张謇及杨士琦就改组兴业公司问题做了协商并达成一致，决定将公司名改为中国企业公司（后又改称为中日实业公司）；孙中山名义下的股份由中方袁世凯政府代理人接受；确认公司为日本国籍，在中国境内享受与中国公司一样的待遇；对中方股东进行调整更换。

1914 年 4 月 25 日，中日双方在东京正式召开了改组中国兴业公司大会，至此袁世凯民国政府与日本政府完成了一场充满政治色彩的交易。通过这场交易，袁世凯政府达到了打击孙中山革命党人势力的政治目的；而日本企业获得的是欧美企业在中国尚未获得的特权，从而为日后对中国的经济扩张活动铺好了道路。

（四）中日实业公司开展的对华资本输出活动

出于对华经济扩张的需要，日本政府和财阀对中日实业公司寄托了极大的希望。在他们看来，以促进中日实业公司的合办事业为理由，日本向中国政府提出各种要求无疑是有根有据顺理成章的事情。因此，中日实业公司刚一成立之后，涩泽荣一和日本财界要人就在日本政府的精心安排之下对中国进行了为期 40 余天的访问。在这次访问中，涩泽荣一对中国的经济状况作了细致的考察，拜访了袁世凯，并与杨士奇等进行多次磋商，以中日实业公司日方代表的名义，向中方提出了诸多具体要求和希望，如他敦促中方尽快履行原定对中国电话事业贷款计划（1913 年 12 月 7 日仓知与杨士琦会谈时商定好了的由日本为中国电话事业提供贷款 1200 万日元，所需电话机械全部从日本购入）；希望由日方派遣技师人员对中国的煤、铜、铁等矿山资源进行调查，以尽快开展挖掘等合作事宜；希望中国铺设四平街至洮南铁路所需器材全部从日本购入；希望在中日实业公司内设立电话部，负责在中国尚没有电灯的城市从事经营电灯事业；等等。由此可见，日本财界以中日实业公司为工具想要实现的计划颇为庞大。

当然中国方面对日方的要求也并非有求必应，往往是视时局变化见机行事。如关于电话贷款一事，中方考虑到与西方国家关系的问题，就曾以中国电话事业发展的基本方针尚未最后确定为由，暂且没有答应日方的要求。而两年后的 1916 年，中方却主动向日方提出，希望与日本签订总额为 1000 万日元的

[1] 俞辛存：《辛亥革命时期中日外交史》，天津：天津人民出版社，2000，第 343 页。
[2] 李廷江：《日本财阀与辛亥革命》，北京：中国社会科学出版社，1994，第 301 页。

电话贷款合同。从背景上来看，中方态度之所以发生这样的变化，显然是与袁世凯企图通过向日本示好以缓和政治上外交上的不利地位有直接关系。再如，对于中日实业公司的出现，西方列强颇感不满，因而多有攻击和批判。当时德国就公开指责杨士琦，既担任政府要职，同时又兼任营利公司的董事长，实属不当。最终，杨士琦不得不屈服于外界压力，没过三个月的时间就辞去了公司董事长的职务。

由于受政治和外交因素的影响和制约，中日实业公司的起航虽非一帆风顺，但从后来的情况来看，它在日本对华经济扩张这个舞台上的表现还是相当活跃的。1915 年，中日实业公司继承了森恪以个人名义与中国安徽裕繁公司签订的铁矿石销售契约，并以预付金的形式为其提供了 20 万日元的贷款，并得到了民国政府的批准。接着，中日实业公司出面纠集投资者，成立了东洋制铁株式会社。中日实业公司又与东洋制铁株式会社签订了特别合同，规定中日实业公司由裕繁公司购买的铁矿石全部售给东洋制铁株式会社。而后为了确保日本对铁矿石的需要，中日实业公司又从各方面筹集资金共 700 余万日元贷款给裕繁公司。[①]

从中日实业公司对华资本输出的总体情况来看，1916 年以后取得了很大的进展，这一变化与袁世凯死后日本寺内内阁对段祺瑞政府采取援助政策有关，同时也说明中日实业公司在对华经济扩张中的作用和地位越来越明显和重要。据相关资料统计，1915—1923 年，中日实业公司中国提供贷款共为 36 笔，总金额达 2930 余万日元，规模已相当可观。[②]虽然就数量而言，还与东亚兴业公司有一定差距，但就单独一家而论，显然是台湾银行、朝鲜银行、正金银行、兴业银行这些最热衷于对华投资的大银行所不能相比的，而从贷款的对象企业来看，遍及矿山、电讯、纺织、铁道等重要部门，由此可见，中日实业公司不愧为日本对华资本输出的主力军和别动队，它所起到的作用是绝对不容低估的。

三、抢占中国航运市场

西方列强打开中国大门之后，经济扩张首先对准的目标是中国的航运业。日本是后来者，但深知其中的重要，因而迫不及待地加入了角逐者的行列。在为之而展开的激烈而又残酷的争夺中，日本由弱到强，甚至后来力挫群雄，达到了独揽一方的程度。日本之所以能够后来居上，原因来自多方面，可以说日本政府的全力支持和涩泽荣一的海运企业创立活动都是其中最为重要的因素。

（一）日本邮船接连开辟途经中国的海外新航线

日本邮船创立于 1885 年，是在日本政府的强力干预之下由三菱会社和共同运输会社合并而成。涩泽荣一参与了谋划创立该公司的整个过程，并在 1893—1909 年一直担任该公司的董事。

---

① 国家资本输出研究会：《日本の资本输出——对中借款研究》，多贺出版株式会社，1968，第 197—198 页。
② 国家资本输出研究会：《日本の资本输出——对中借款研究》，多贺出版株式会社，1968，第 197—198 页。

　　日本邮船成立前后，日本纺织业的发展相当迅猛，纺织品的出口和所需原料棉花的进口急剧增加，使得对海洋运输的需求十分强烈。但当时日本海运航线多为沿海航线，与国外之间的航线只有驶至上海、海参崴等地的近海航线，还没有开通远洋航线，因而进出口商品的运输大部分控制在欧美的海运公司手里。为了改变这种局面，日本邮船成立之后，首先把开辟远洋航线看作当务之急，积极着手更新和增加设备，淘汰旧式帆船，普及使用新时汽船，为开辟远洋航线作了多方面的努力。而在这一过程中，涩泽荣一发挥了重要作用。他不断地向政府发出呼吁，强烈要求对海运企业实行财政补贴，采取特殊的保护措施。另外，他周旋于外商和日本进出口企业之间，为开辟远洋航线作组织上的准备。正是在他的穿针引线之下，日本邮船与日本纺织联合会、印度塔塔商会分别签订了进出货物和包运合同。就这样，日本开通了第一条远洋航线——孟买线（神户、门司、上海、香港、新加坡、马尼拉、哥伦布、孟买、兼行锡兰），日本对外贸易的远洋运输就此翻开了新的一页。

　　由于日本邮船的加入，远洋航行的国际竞争骤然之间变得格外激烈和残酷。西方航运企业在孟买航线上的棉花运输价格原来为每吨 17 卢比，为了争夺客户，日本邮船一开始就将价格定每吨 12 卢比，对此西方航运企业立刻采取了反攻措施，将价格一下子就降到每吨 1.4 卢比，试图凭借强大的实力把日本邮船置于死地。面对这一生死攸关的局面，涩泽荣一并没有被西方航运企业的高压气势所吓倒，他沉着应对，向日本纺织纺织业发出了团结起来一致对外的呼吁。正是在他的号召之下，日本纺织联合会的所有加盟企业做出了将棉花的进口运输业务全部委托给日本邮船的决定，从而使日本邮船在这场角逐中取得了胜利。

　　继孟买线的成功开通之后，日本邮船再接再厉，又于 1896 年开通了欧洲线（横滨、神户、门司、上海、香港、新加坡、槟榔屿、哥伦布、压锭、苏伊士、塞得港、那不勒斯、马赛、伦敦），北美线（东航经太平洋、巴拿马至纽约，西航经苏伊士运河走地中海入大西洋至北美各埠、中国停天津大沽口），澳大利亚线。后来，又开通了南美线（中国、墨西哥、阿根廷、巴西），甲谷陀线（横滨，神户、门司、上海、香港、暹罗、仰光、新加坡、槟榔屿），旧金山线（香港、上海、长崎、神户、横滨、檀香山、旧金山）。这些远洋航线的开通，说明日本海运业已实现了崛起，它完全改变了日本对欧美远洋运输企业的依赖，也改变了世界海洋运输的格局。同时也意味着日本已经把中国的远洋航运纳入了自己控制的范围之内，并为对华经济扩张高潮的到来提供了不可缺少的条件。因为，从日本邮船开辟的上述远洋航线来看，每条线路都途径中国当时最为主要的港口，这样既可以担负起对中国进行商品输出的任务，又可以把中国出口的原料和物品运回日本，或者转运到世界各地。

　　按照 1896 年通过的《航海奖励法》《造船奖励法》和 1899 年通过的《特定航路助成金措施法案》，日本政府每年为日本邮船提供数额极为可观的补助金，这使日本邮船的实力不断地得到加强。因此，日本邮船感到底气十足，在开辟远洋航线的同时，也把矛头直接指向中国。伴随日本对中国输出纺织品和输入棉花等原料的增加，日本邮船先后开辟了多条对中国各地的近海航线。例如，大阪神户上海线（大阪、神户、门司、上海），神户上海线（神户、长崎、上海），横滨上海线（横滨、神户、上海），门司上海线（门司、上海），名古屋上海线（名古屋、上海），大阪青岛线（大阪、神户、门司、青岛），神户天津线（神户、大阪、门司、天津），横滨牛庄线（横滨、长崎、天津、牛庄），上海大连线（上海、天津、大连）。可见，日本主要港口都有对中国沿海港口的航线，而中国沿海的主要沿海港口，从南到北大多都被这些航线所纳入其中。不仅如此，为了适应日本钢铁企业对中国大冶铁矿石的需要，日本邮船还开辟了日本汉口线（若松、八幡、长崎、神户、上海、大冶、汉口）和神户沙市线（神户、上海、沙市）。这说明日本邮船已经把手伸到中国内陆地区，以中国的内陆航运为新的舞台，向欧美列强发起了新的挑战。

伴随日本邮船对中国航线的迅速增加，日本轮船在中国港口的出入日趋频繁，在中国轮船航运中所占的份额得到了不断提高。据统计，1896 年，在中国通商口岸进出的船只中，英国船只所占比重为67.14%，德国、美国和日本所占比重分别为 10.83%、1.57%、4.39%。到了 1903 年，英国船只所占比重下降到 48.12%，德国和美国船只所占比重分别上升为 13.88%、1.77%，而日本船只所占比重大幅上升为17.63%，已仅次于英国，跃居为第二位。[1]

（二）创立和重组新的航运企业与欧美争夺中国航运市场

湖南汽船会社创立于 1902 年，是日本为了在中国内陆地区从事航运业经营而专门创办的企业。涩泽荣一是该会社的创立发起人和主要股东，并担任顾问一职。

湖南汽船的创立可以说是与甲午战争后中国国家主权的不断丧失联系在一起的。1895 年清政府与日本签订了《马关条约》，其中第 6 款第一项规定，增开长江流域的四个城市沙市、重庆、苏州、杭州为通商口岸；第二项明确规定："日本轮船可驶入下列各口，附搭行客、装运货物：（1）从湖北省宜昌溯长江以至四川省重庆府；（2）从上海驶进吴淞口及运河以至苏州府、杭州府"。[2]三年后的 1898 年，清政府颁布了《内港航行章程》，该章程对外国轮船的航行区域又作了这样的规定：仅在国内航行的外国船经向海关提供登记手续，可在已定通商港口和内陆港口（即非通商港口）之间自由航行。[3]也就是说，按照这一章程，外国船只的航行区域已不仅限于通商港口之间的区域，可以自由地开往所有内陆港口，从而使外国船的活动空间顿时变得极为广阔，商机将随之而来层出不穷。因此，此章程一公布就立刻在日本引起巨大反响，一时间跃跃欲试者纷纷登场。1899 年，大东汽船会社的白岩龙平为此专门派河本矶平到中国湖南进行了 50 余天的实地考察。与此相隔不久，日本邮船的社长近藤廉平也到中国各地进行了考察，并在回国之后向日本政府提出了有关在扬子江流域增加航线的建议。1900 年白岩龙平举行招待会，约请涩泽荣一以及各界诸多实力人物出席，就打入中国内陆航运业之事进行了专题讨论。而后，涩泽荣一与白岩龙平、近藤廉平、大仓喜

① 中国航海学会：《中国航海史》（近代航海史），北京：人民交通出版社，1989，第 203 页。
② 王铁崖：《中外旧约章汇编》，第一册，1982，第 616 页。
③ 王铁崖：《中外旧约章汇编》第一册，1982，第 349 页。

八郎、益田孝、安田善次郎、中桥德五郎等企业界头面人物发起成立了"湖南汽船会社发起人会"，并联名向日本政府提出了请愿书，请求政府对创立湖南汽船会社和开设航线给予支持。他们一再强调"湖南不亚于四川，拥有广阔肥沃的土地，将来大有希望，眼下外国人尚未把手伸到该地区之中。这一带的人民虽排外主义倾向严重，但战后以来对日本表示同情，不仅存在欢迎日本企业的倾向，而且清政府也有意把常德和长沙改为通商口岸，故如一旦开设汽船航线，可使从日本输出棉纱、棉布、海产品以及杂物和从湖南输入日本所需稻米、麻、药材、煤炭等变得大为方便，这不仅可使彼此之间的贸易关系更为紧密，而且对日本开发该区域非常有益"。① 而日本政府也认为此事意义重大，故向众、贵两院提交了给予湖南汽船会社补助的议案，并获得通过。该议案决定按照6%的平均利润率对湖南汽船会社实施补助。

湖南汽船会社创立总资本为150万日元，且有政府为后盾，故创立伊始就势气逼人，专门设计和制造适于浅水航行的轮船"湘江号"和"沅江号"。沅江号于1904年3月开始在汉口-湘潭间的航行，每月航行8次，途中停泊长沙，并在新堤、宝塔州、城陵矶、岳州、芦林潭、湘阴、靖港等处停船，由此日本开始在洞庭湖航路上的定期航行。湖南汽船会社1906年又建造了武陵号（1458吨），1907年2月开始在湖南航路上使用，使湖南航路的轮船达到3只，总吨数为3328吨，成为湖南航路上最大的一家轮船公司。②

在湖南汽船会创立之前，除了上面提到的日本邮船之外，还有大阪商船会社和大东汽船会社已经在长江流域开设了航线。湖南汽船创立之后，这四家日本会社在与欧美轮船公司展开激烈争夺的同时，彼此之间也多有摩擦和冲突，以致形势显得十分混乱。这种局面长期持续下去，显然对日本并非有利。于是，日本政府出面进行干预，决定将这四家会社合并为一个会社，以合众之力，一致对外。这一决定得到了财界和这四家公司的支持和响应，于1907年举行了合并大会，成立了日清汽船会社。涩泽荣一担任了日清汽船会社创立委员长。该会社社长为石渡邦之承，涩泽荣一与近藤廉平、中桥德五郎出任董事。

由四家会社合并而成的日清汽船会社实力相当雄厚。其总资本金为810万日元，拥有汽船14艘（总吨位为29 353吨）、小型蒸汽船21艘（总吨位为559吨）、小型蒸汽拖船和客船17艘（总吨位为788吨）、趸船10艘（总吨位为9761吨），总和吨数为40 461吨。其已就航线路为11条，分别为：上海汉口线，航行船只为6艘，每周发船为4班次以上；汉口宜昌线，航行船只为2艘，每周发船为4班次；汉口湘潭线，航行船只为2艘，每周发船为2班次；汉口常德线，航行船只为1艘，每周发船为1班次；鄱阳湖线，航行船只为1艘，每月发船为6班次；上海苏州线，航行船只为3艘，每日为1班次；上海杭州线，航行船只为4艘，每日为1班次；苏州杭州线，航行船只为4艘，每日为1班次；镇江清江浦线，航行船只为3艘，每月为20班次；苏州镇江线，航行船只为2艘，每月为10班次；镇江扬州线，航行船只为210艘，未定班次。③ 可见，就航线路已基本形成网络，途经区域涉及诸多省市。

---

① 《涩泽荣一传记资料》第16卷，渋沢青淵記念財団龍門社，第719页。

② 朱荫贵：《国家干预经济与中日近代化》，北京：东方出版社，1994，第235页。

③ 《涩泽荣一传记资料》第8卷，渋沢青淵記念財団龍門社，第309页。

为了扶持和保证日清汽船会社的发展，日本政府对日清汽船会社采取了十分优厚的补助措施，第一阶段为期 5 年，每年的补助金额高达 80 万元（相当其资本总额 1/10）。不仅如此，日本政府还专门向日清汽船会社发布了内容多达 53 条的"政府命令书"，对日清汽船会社的经营目的、业务范围、资产数量等各方面做出明确的规定。如第二条规定，该会社应以在清国内河、沿海及相关联的航路上从事水运业经营为目的，但必要时也可从事仓库业及代理业务方面的经营；在第七、八、九条中，对航行线路、使用船只数量、吨位、航行次数作了规定；第二十六条规定，该会社应在本命令第七条指定航线的起点、终点和靠岸港口设立支店或代理店，未经递信大臣许可，总社和支店以及指定的船只，均不得采用外国人做事务员或船长、驾驶员、机务长、机务员；在第三十三条中，对政府指定航线所支付的补助金额作了规定，同时还规定，如指定的船只不能达到规定的航行距离和次数，将按比例扣除相应数量的补助金；第五十一条规定，在命令书开始实施后的六个月内，会社应添备三艘新制造的钢制汽船，总吨数须在 3500 吨以上，最大速度需在每小时 11 海里以上；等等。[①] 从命令书中的这些内容中不难看出，"日清汽船会社已被置于日本政府的严格控制之下，它已完全成为日本国家政权代理机关的殖民性企业，成为一家为日本对外扩张'国策'服务的特殊股份公司——国策会社。它和同年成立的南满铁道株式会社一样，是日本扩充在华交通运输实力的左右手，而这一南一北，遥相呼应，是日本'占据中国交通'的重要环节"。[②]

以日本政府的强力支持为后盾，日清汽船会社向欧美企业发起进攻，并很快在竞争中占据了有利地位，在长江流域的势力扩展迅速，在 1906—1913 年这 7 年多的时间里，日本轮船在长江各口岸的进出口吨位增加了 46.9%，其比重由 17.8%上升为 29.1%[③]，已将德国、法国、美国远远抛在身后，成了仅次于英国的第二大侵略扩张势力。而且日清汽船会社收益状况也一直看好，在 1907—1913 年这一期间里，利润率逐年有所提高，在 1912 年甚至达到 17%这样的高水平。[④] 这无疑说明，日清汽船会社已经完全实现了其创立的宗旨，可谓是日本对华经济扩张中的一支不可缺少的劲旅。

以上笔者分三个方面考察和论述了涩泽荣一作为日本财界首领在近代日本对华经济扩张中的表现，但相对于他所扮演的多重角色而言，仅此这些还不能完全反映出其全貌。事实上，涩泽荣一在对华经济扩张中所起的作用是非常广泛和多重的。众所周知，三井财阀一直是近代日本对华经济扩张的急先锋和主力军，其活动最为引人注目，发挥作用之大别无其他企业所能相比，而涩泽荣一与三井之间的关系极为密切和特殊，对三井财阀具有巨大的影响力，与三井财阀对华经济扩张活动有着千丝万缕的联系，相关事例颇为丰富，但受篇幅所限只能另做考察和分析。

① 《涩泽荣一传记资料》第 8 卷，渋沢青淵記念財團龍門社，第 296—305 页。
② 朱荫贵：《国家干预经济与中日近代化》，北京：东方出版社，1994，第 239 页。
③ 樊百川：《中国轮船运业的兴起》，北京：中国社会科学出版社，2007，第 263 页。
④ 严中平：《中国近代经济史统计资料选辑》，北京：科学出版社，1958，第 218 页。

上海莫干山路工业遗产的保护开发初探

张秀莉　代四同*

摘　要：莫干山路位于上海市普陀区苏州河南岸，源起于外国人的越界筑路，兴盛于甲午战争后外人在华投资办厂的热潮，得益于苏州河便利的水运和沪西低廉的地价。莫干山路工业企业以纺织印染业和面粉业为主，新中国成立前是沪西工业区的重要组成部分，新中国成立后在公私合营基础上进一步发展和强化，改革开放后随着上海城市定位和产业结构的调整，这些工业企业逐步退出莫干山路。2000 年以后，莫干山路逐步形成了利用工业遗产打造的文化创意产业园区——M50，取得了一定成就，但莫干山路工业遗产保护开发也存在着一些问题。本文对莫干山路工业遗产的来龙去脉和开发路径进行了系统剖析，希望能对工业遗产的保护开发有所启示。

关键词：莫干山路　工业遗产　M50 创意园　工业布局

引　言

莫干山路位于上海市普陀区，全长 582 米，西侧为昌化路，南侧为澳门路，北侧和东侧为苏州河。苏州河流经此处时，由北向迅速转为西向，形成以莫干山路为中心的两面环水尖角区域，面积不到 0.22 平方公里，却拥有约 1.3 公里的岸线。莫干山路遗存众多工业遗产，且保存较为良好。

工业遗产保护开发的研究，主要应围绕建筑的规划设计、历史街区的变迁、史学价值的挖掘三个方面展开。目前对莫干山路工业遗产保护开发研究的关注点集中在建筑的美学价值、立面改造和景观设计[①]、产业结构和工业布局的调整[②]，以及开发路径的总结。[③]对莫干山路工业遗产的史学价值挖掘

---

* 张秀莉，上海社会科学院历史研究所研究员；代四同，上海社会科学院历史研究所硕士研究生。

① 学术成果主要有：徐峰、韩妤齐、黄贻平：《苏州河南岸莫干山路地块历史产业建筑群概念性保护规划》，《上海应用技术学院学报》（自然科学版）2005 年第 4 期；黄贻平等：《苏州河南岸莫干山地块旧工业建筑群改建中的几点思考》，《工业建筑》2004 年第 8 期；张松：《上海产业遗产的保护与适当再利用》，《建筑学报》2006 年第 8 期。

② 学术成果主要有：王美飞：《上海市中心城旧工业地区演变与转型研究》，华东师范大学 2010 年硕士学位论文；陈友华：《上海市中心城工业布局调整规划》，《城市规划》1985 年第 1 期等。

③ 学术成果主要有：徐峰、韩妤齐、黄贻平：《上海近代产业建筑的保护性利用初探——以莫干山路 50 号为例》，《新建筑》2004 年第 6 期；肖建莉：《利用文化创意产业激活城市遗产——以 M50 为代表的莫干山路历史工厂为例》，《上海房地》2007 年第 2 期；洪启东、童千慈：《从上海 M50 创意园看城市转型中的创意产业崛起》，《城市观察》2009 年第 3 期；阮仪三、张松：《产业遗产保护推动都市文化产业发展——上海文化产业区面临的困境与机遇》，《城市规划汇刊》2004 年第 4 期；吕梁：《创意产业介入下的产业类历史地段更新——以上海市"M50 创意园"为例》，同济大学 2006 年硕士学位论文；王璐：《上海旧工业厂房的改造与再利用研究》，东华大学 2007 年硕士学位论文等。

较少。就历史研究而言，目前有关于莫干山路的整体论述①，新中国成立后的变迁情况尚无涉及；也有对莫干山路企业的个体研究②，但缺乏对企业厂房建筑变迁的梳理。本文从新中国成立前的历史回顾、新中国成立后的历史变迁两个方面阐述莫干山路工业遗产的来龙去脉，并以 M50 为案例对现有保护开发路径进行剖析，最后结合日本群马县富冈制丝场和德国汉堡仓库街的经验，对沪西工业区工业遗产的保护开发提出一点思考。

一、莫干山路工业区的形成及初步发展

1. 莫干山路工业区形成的原因

1843 年上海开埠后，外国人在黄浦江沿岸建立了租界，以租界为主导推动上海城市化进程。随着经济增长和人口增加，上海城区不断向外拓展，毗邻租界的沪西郊区成为扩展的主要目标。外国人扩展公共租界的主要方式是越界筑路。1864 年，公共租界修筑了极司菲尔路（今万航渡路），使公共租界的范围扩张到沪西地区；1899 年，莫干山路一带被划入公共租界；1900 年，修筑了劳勃生路（今长寿路）、小沙渡路（今西昌路）、戈登路（今江宁路）；1907 年东京路（今昌化路）修筑；1908 年澳门路和莫干山路同时修筑。在此后的二十多年里公共租界持续对莫干山路进行扩建和维护。③越界筑路推动了这一地区商贸的繁荣和市政的完善，为外国人在此投资办厂创造了条件。

1895 年《马关条约》签订后，外国人取得了在华设厂的特权，掀起在华开办工厂的高潮。1907 年，英商江苏药水厂搬迁到沪西小沙渡路，开外商在沪西地区办厂先河，此后沪西地区外商企业数量迅速增加。外商在沪西地区投资办厂，主要是因为这些工厂污染严重，无法在租界内生产，沪西地区毗邻租界尚不属于租界，工部局无法对其进行管辖，给了外商可乘之机。由于外商的刺激，华商也掀起了办厂高潮。华商工厂主要集中在沪西地区，因为这一区域靠近租界，市政基础和道路交通较为完善，社会治安较为良好，市政管理较为规范，同其他区域相比更为便捷和安全。

便利的交通和低廉的地价也是促使企业在莫干山路建厂的因素。沪西地区位于苏州河南岸，航运十分便利。苏州河联系太湖流域和上海，工业生产所需的各种原料可以通过苏州河水运源源不断地运往上海，在上海生产的许多工业品也通过苏州河运往内陆各省。1913 年沪宁铁路麦根路货站（后称上海东站）修建后，更加推动了这一地区交通的便捷性。此外，苏州河沪西段当时拥有大量未开发的空地，地

① 郑祖安：《苏州河"莫干山路工业区"的形成及其历史地位》，《现代上海研究论丛》第 3 辑，上海：上海书店出版社，2006。
② 学术成果主要有：张豪、武文斌著《中国近代面粉厂的发展历史》，《粮食加工》2016 年第 4 期；陈蓉著《图说上海纺织企业的先驱——申新九厂》，《上海档案》2011 年第 4 期；等等。
③《上海公共租界工部局工务处关于莫干山路扩建的文件》，上海市档案馆存档，档号：U1-14-3874。

价较低，随着沪西地区的逐渐开发，地价不断攀升，到 1931 年，毗邻莫干山路的西苏州路地价已经达到每亩约 20 000 两。[①]

2. 莫干山路工业区的初步发展

截止到 20 世纪 30 年代初，沪西地区已经成为上海主要工业区之一，主要以面粉业、纺织业和化学产业为主。莫干山路主要是面粉业和纺织业，是当时全国最大的面粉生产基地、全国最大棉纺织企业所在地。截止到 1939 年，莫干山路共有工厂企业 12 家（表 1），其中面粉业 5 家，纺织业 6 家，堆栈 1 家。其中生产规模较大、效益较高的有 3 家：阜丰面粉厂、申新纺织第九厂（简称"申新九厂"）和统益纱厂。这些企业以华商居多，所生产的工业品知名度较高，质量卓越，远销国内外，且属国货，使莫干山路成为当时国货运动的主要阵地（图 1）。

表 1 建国前莫干山路的企业概况[②]

工厂名	成立时间	建筑规模	区位
信源堆栈	1905 年	占地 20 亩	路南
信大面粉厂	1924 年	——	信源堆栈西侧
统益纱厂	1919 年	占地 39 亩	路东南
申新纺织第九厂	1931 年	占地 60 亩	路北
阜丰面粉厂	1898 年	占地 80 亩	澳门路和莫干山路之间，西靠东京路（今昌化路）
福新第二面粉厂	1914 年	8 层钢筋混凝土大楼	阜丰面粉厂西侧
福新第四面粉厂	1920 年	——	福新八厂西侧
福新第八面粉厂	1921 年	6 层钢筋混凝土大楼	福新二厂西侧
信和纱厂	1937 年 12 月	占地 40 亩	阜丰面粉厂南侧
信孚印染厂	1939 年	——	信和纱厂与阜丰面粉厂中间
信义机器厂	1938 年，厂房 1940 年修建		信和纱厂东侧
寅丰毛纺织染厂	1939 年	——	原福新四厂区域

[①] 张辉：《上海市地价研究》，南京：正中书局，1935，第 15 页。

[②] 根据郑祖安：《苏州河"莫干山路工业区"的形成及其历史地位》等资料整理而来。

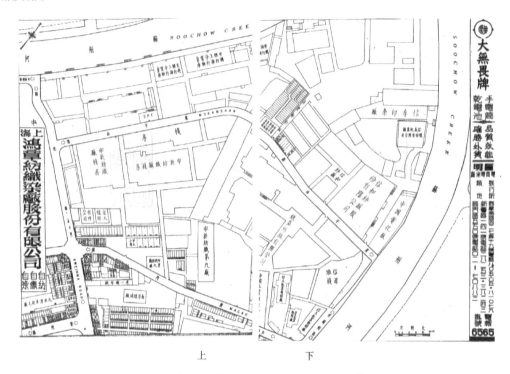

上　　　下

图 1　新中国成立前莫干山路企业分布图 [1]

3. 战时的畸形繁荣

1937 年"八一三"事变后，上海工业遭到严重破坏。当时上海的工业主要集中在闸北、杨浦、浦东一带，闸北受创最严重，毁损过半，杨浦成为火窟，浦东工业区也损失甚大。苏州河南岸的沪西工业区位于租界内，相对安全，大批工人企业和生产设备转移至此，出现"战时繁荣"。出现"战时繁荣"的直接原因是战争促使大量人口涌入租界，刺激了日用工业品需求的增加。此外，逃到租界的人们多数有一定的资金实力，他们将资金投资工业生产，经营工业。[2] 据上海公共租界的统计，截至 1938 年年底，上海租界内的工厂数已达到 4700 余家，超过 1937 年前两倍以上。[3]

莫干山路的华商企业在"八一三"事变后也一度停业，但一个月后就陆续恢复生产，不少企业的业务规模较 1937 年前有所增加。[4] 棉纺织业方面，1937 年抗战全面爆发后，上海租界以外的沦陷区纱厂，不是被敌人炮火所毁，就是被日军强占，而内地对纱布的需求量极为殷切，所以在租界内继续开工的纱厂无不获利丰厚。以申新九厂为例，其在这一时期显著的特征是设备和产量的增加。1939 年，申新九厂订购泼拉脱条卷机、并卷机各 1 台，以及纳斯米式精梳机 6 台，斯马来纱锭 24 000 枚。此后又向统益纱厂购进沙可罗威尔细纱机 20 台，购入后又接长为每台 400 纱锭。1940 年申新九厂又自造大中型拈线机

① 张震西：《上海市行号录图录》，上海福利营业股份公司，1947 年 10 月，第 484、485 页。

② 陈真、姚洛合编：《中国近代工业史资料 第一辑》，北京：生活·读书·新知三联书店，1957，第 111 页。

③《新华日报》（重庆），1940 年 3 月 11 日。

④《华商厂先后开工》，《申报》，1937 年 9 月 17 日，第 6 版。

20 台，成为当时远东最大的棉纺织厂。[1]产量方面，1937—1940 年，申新九厂的棉纱线产量增加了 33 230 件，棉布产量增加了 4857 千公尺。[2]这一时期，申新九厂全面抗战前的债务逐步还清，信用状况大大改善，不少银行主动向其放款，资金运用能力大大增强（表 2）。[3]

表 2　申新九厂账面盈利折合黄金数[4]

年份	盈利（法币千元）	盈利按时价折合黄金（市两）
1937	2 251.13	19 626.2
1938	6 912.66	42 882.5
1939	10 720.00	35 997.3
1940	10 937.35	20 142.4
1941	12 290.45	14 868.7

莫干山路的面粉行业也出现"战时繁荣"。由于租界人口激增，物价上涨，市场投机盛行，面粉价格飞涨。以阜丰、福新为代表的华商面粉厂一方面以较低的价格大量购进澳大利亚、加拿大、美国等地的小麦，一方面高价出售面粉，获利丰厚。[5]福新二厂、八厂在全面抗战初期由于销路锐减而亏损，但很快就摆脱了这种状态，1939 年两厂盈利 210 万元法币（表 3）。1940 年，日方封锁租界，禁止小麦运入华商面粉厂，不少中小规模的面粉厂被迫停工。此时，政府又对面粉实行平价发售，福新、阜丰两厂每日供给 5000—8000 包面粉，因此 1940—1941 年，除福新、阜丰两厂因需维持平价面粉而继续开工外，其余的华商面粉厂均已停工。[6]

表 3　福新二厂、八厂盈亏情况（1937—1941）[7]

年份	盈亏（法币千元）	盈亏按时价折合黄金（市两）
1937	-323.72	-2 822.3
1938	407.02	2 524.9
1939	2 100.00	7 051.7
1940	1 932.06	3 558.1
1941	-38.07	-46.1

---

[1] 上海社会科学院经济研究所编：《茂新、福新、申新系统 荣家企业史料》（下册），上海：上海人民出版社，1980，第 72、73 页。

[2] 根据申新九厂账表资料编制，引自上海社会科学院经济研究所编：《茂新、福新、申新系统 荣家企业史料》（下册），上海：上海人民出版社，1980，第 73 页。

[3] 根据申新九厂账表资料编制，引自上海社会科学院经济研究所编：《茂新、福新、申新系统 荣家企业史料》（下册），上海：上海人民出版社，1980，第 82、83 页。

[4] 根据申新九厂账表资料编制，引自上海社会科学院经济研究所编：《茂新、福新、申新系统 荣家企业史料》（下册），上海：上海人民出版社，1980，第 74 页。

[5] 全面抗战初期，各面粉厂的小麦来源主要是国内各产麦区，1939 年日军开始管制小麦，各面粉厂开始向澳大利亚、加拿大、美国等处订购大量洋麦。

[6] 陈真、姚洛合编：《中国近代工业史资料 第一辑》，北京：生活·读书·新知三联书店，1957，第 125 页。

[7] 根据福新二厂、八厂红账编制，引自《茂新、福新、申新系统 荣家企业史料》（下册），上海社会科学院经济研究所编：上海：上海人民出版社，1980，第 79 页。黄金时价引自上海社会科学院经济研究所编：《上海解放前后物价资料汇编》第 118 页"上海黄金（焙赤）市价及其指数表"中各年度月平均市价计算。

1941 年 12 月 8 日，太平洋战争爆发，日军进驻租界，接管了英美等国在上海的产业，租界内的华商企业也被占领。棉纺织业方面，日军接管后部分企业仍继续开工生产，但到了次年 9 月，日军对纺织业企业实行军管理，开工企业由 65 家下降到 52 家。莫干山路实行军管的纺织企业有统益、信和、申新九厂等。[①]由于这些企业的股东大多数为华人，是纯粹的华商产业，日军接管不久后便"归还"给华商。这些企业随即恢复生产，如统益纱厂在日军归还后立即召开股东大会，将该厂股本增资到 3000 万元。[②]面粉业方面，日军进驻租界后，福新、阜丰二厂也一度停工，租界内的面粉供给完全依赖日商，但由于生产不足，经日军商讨后由福新二厂复工生产。到抗战后期，其他华商面粉厂也陆续开工，但由于日本人对电力、原料和市场的控制，华商面粉厂大多生产不足（表 4）。

表 4　1944 年上海市面粉厂统计表[③]

厂名	每日生产量（包）	厂名	每日生产量（包）
华商		日商	
阜丰	26 870	三兴一厂	5 000
福新二厂	13 000	三兴二厂	5 000
福新七厂	13 664	三兴三厂	6 000
福新八厂	14 000	三兴四厂	4 100
华丰和记	8 000	三兴五厂	5 200
合计	75 534	东福	5 300
		华友强身	2 200
		合计	32 800

4. 战后的复兴与再次衰落

抗日战争胜利后，国民政府开始接收日伪企业，急剧扩充上海的官僚资本，最典型的是在日本内外棉 8 家厂、日华 5 家厂、同兴纱厂、公大三厂、东亚制麻株式会社的基础上成立中国纺织建设公司，上述各厂分别改为中国纺织建设公司第一、二、三、六、七、十一纺织厂，第一印染厂，第一绢纺厂，第一制麻厂，第二机械厂和上海被服总厂。到 1947 年，上海的工业生产总值为 11.51 亿元，接近 1936 年 11.82 亿元，可见战后不到两年的时间里，上海的工业生产得到显著恢复。[④]棉纺织业也在这一时期有所恢复，据当时的从业人士描述，"仅仅在 1946 年一年中，每只纱锭就赚了一只纱锭"，即一个纱厂在当年获得的利润足以买下同等规模的另一家厂。[⑤]莫干山路的企业在战争中损失相对较小，工业基础较好，因此很快恢复生

---

① 《统益纱厂解除日敌"军管理"的有关文件》，上海市档案馆存档，档号：Q194-1-21；《中华民国纱厂联合会关于中纺、信和、崇信、统益四厂在日军管理期内的损失请保留继续交涉的函》，上海市档案馆存档，档号：S30-1-362-7。

② 《四公司增资讯》，《征信日报》，1943 年 5 月 30 日。

③ 《面粉工业》第 1 卷，第 7 期，陈真：《中国近代工业史资料　第四辑》，北京：生活・读书・新知三联书店，1961，第 424 页。

④ 徐新吾：《上海近代工业史》，上海：上海社会科学院出版社，1998，第 295 页。

⑤ 王菊：《近代上海棉纺业的最后辉煌（1945—1949）》，上海：上海社会科学院出版社，2004，第 130 页。

产，部分企业还在一定程度上扩大生产规模，以统益纱厂为例，统益纱厂在战后随即增建了 2 号房平屋顶层、汽车间、男女淋浴室、蒸饭间和其他厂房若干座。[1]莫干山路又成为上海的纺织业生产中心，为国民经济的恢复发挥了重要作用，由于这些企业大多为私营，为此后调整私营工商业和公私合营埋下了伏笔。

棉纺织业很快又陷入危机。主要原因是美国纺织品的大量购进和内战的爆发。抗日战争胜利后，美国纺织品大量涌入中国，与此同时国民政府还扶植日本的纺织业，使日本廉价的纺织品再次占据中国市场。内战爆发后，国民政府将棉纺织业纳入战时管制，采取棉纱限价配售、限价收购、运销管制等政策，由此引发了敲诈勒索等行为。[2]1947 年 6 月，国民政府成立了纺织事业调节委员会（纺调会），规定：①国营纱厂所生产的棉纱以及政府机构用收购、交换、代纺和其他方法取得的棉纱，全部交给纺调会集中分配销售；②民营纱厂也必须参加联合配销，不能将产品售给没有纺调会发的购纱证的客户，售价必须按照纺调会规定的价格；③民营纱厂的棉纱除了自己织布要用的纱外，其余的应全部在一定时期内售给有购纱证的客户，如过期还有棉纱没有售完，由纺调会按成本收购。[3]这一规定在流通领域对民营棉纺织厂实行极大限制。1946 年 8 月，国民政府开始发行"金圆券"，强制全面限价，各棉纺织厂的生产成本远高于限价标准，这意味着售出的棉纺织品越多，损失越惨重。以申新九厂为例，申新九厂在 1948 年 8 月 20 日到 10 月底共售出棉纱 9401 件，棉布 68 446 件，损失十分巨大。[4]

面粉业方面。抗战胜利初期，国民政府接收了日本人的面粉厂，私营面粉厂返还给私营实业家，但后来国民政府接收的面粉厂陆续标售转让，使当时上海的面粉厂全部转为私营。各厂生产规模已大不如 1937 年前，以阜丰面粉厂为例，1936 年阜丰面粉厂日产面粉 47 000 多包，抗战胜利后日产仅为 27 000 包，近乎压缩了一半。如同棉纺织业一样，面粉业很快也遇到了危机。危机的主要原因是国民政府的强行控制政策。1947 年 4 月，国民政府颁布禁止面粉转口法令，规定上海区（苏、浙、皖）的面粉除自由流通外，一律不准出口。这一法令导致大量面粉无法外销，面粉企业损失巨大，福新面粉公司就有 30 多万包面粉无法销售而在仓库发霉变质。[5]在这一法令下，上海的面粉业损失惨重。到 1949 年，上海仅存机器面粉厂 11 家，其中莫干山路占了 6 家，分别为阜丰面粉厂以及租用的裕通厂、福新一厂、三厂、七厂、二厂、八厂（二厂和八厂后合并）[6]，莫干山路成为上海的面粉业中心。

① 《统益纺织股份有限公司关于建筑莫干山路 2 号房平屋顶增建部分的文件》，上海市档案馆存档，档号：Q194-1-1；《统益纺织股份有限公司关于建造莫干山路 25 号汽车间工程的合同》，上海市档案馆存档，档号：Q194-1-2；《统益纺织股份有限公司关于建筑莫干山路 25 号男女淋浴室、蒸饭间及装置电气卫生等工程合同》，上海市档案馆存档，档号：Q194-1-3；《统益纺织股份有限公司关于建筑莫干山路 25 号三层宿舍一座厂房一间及装置三层宿舍电气工程合同》，上海市档案馆存档，档号：Q194-1-4。
② 刘克祥：《棉麻纺织史话》，北京：中国大百科全书出版社，2000 年，第 142 页。
③ 王菊：《近代上海棉纺业的最后辉煌（1945—1949）》，上海：上海社会科学院出版社，2004，第 161 页。
④ 上海社会科学院经济研究所：《荣家企业史料》（下册），上海：上海人民出版社，1980，第 620 页。
⑤ 陈真：《中国近代工业史资料 第四辑》，北京：生活·读书·新知三联书店，1961，第 425、426 页。
⑥ 上海市档案馆：《上海档案史料研究》，2008，第 13 页。

二、新中国成立后莫干山路工业区的调整、发展与回落

1. 新中国成立初期莫干山路工业企业的调整

1949 年后的国民经济恢复时期，上海的工业布局没有太大变化，这主要由当时的客观情况所导致：①旧上海已有的工业、交通运输和城市公共事业方面拥有很大的潜力，只要局部和少量的投资就可以保证生产；②恢复时期由于财政的限制不可能有大规模的投资。

1950 年 6 月，中共中央七届三中全会召开，正式把调整私营工商业列为国家财政经济状况根本好转的三个条件之一。调整私营工商业的主要措施有：加工订货、调整和减轻私营工商业的税收、调整贷款等。经调整，私营工业开始出现新的变化：①私营工商企业的产销计划、经营方向开始受到政府的管控和引导；②以器制造为代表的重工业和棉毛纺织、面粉等关乎国计民生的轻工业得到恢复和发展，时装、高级百货、金银首饰等行业被削弱。由于中央政府对上海"为全国服务的老工业基地"的定位，上海在私营工商业调整中产业结构变化明显，有利于国家经济建设的机械工业和冶金工业比重上升，纺织印染、面粉等轻工业比重有所下降，此外还淘汰了一批不利于国计民生或盲目发展的企业。莫干山路上的工业企业这一时期有所恢复和发展，但已不如从前。产业结构的调整带动产业布局的调整。1951 年 10 月，中共上海市委、市人民政府编制《上海市发展方向图》提出：原沪东、沪西、沪南工业区规模不宜扩大，在 10—15 年内加以整理，使工业区切合工业发展的需要；另辟北新泾、长桥、吴淞、浦东、虹江 5 个易燃易爆危险品工业区以及彭浦五金机械工业区，把污染苏州河的有害工业区布置到桃浦，铺设道路、沟渠，以配合新工业发展。[①]《上海市发展方向图》充分体现了私营工商业调整对上海产业结构的影响，一方面中心城区的工业规模得到控制，另一方面重工业开始向外围疏散。

随着国民经济的恢复和发展，工业生产对原材料的需求逐步上升。1951 年，中央政府对棉纱实行统购，控制棉纱资源，保证国家纺织工业生产计划的顺利完成。1954 年，政务院颁布《对于实行棉布计划收购和计划供应的命令》及《关于实行棉花计划收购的命令》，对棉花和棉布实行全面的统购包销。对原材料的统购包销政策对上海的纺织企业影响很大，企业生产原材料不足，市场流通渠道也被国营企业垄断，经营上遇到困难。不少私营企业主因失去信心，存在消极怠工、管理不善的情况。例如，莫干山路上的上海信和纱厂的经营者曾屡次要求减薪裁员，并拖欠工人工资，导致生产规模下降，拖欠人民银行 92 亿元欠款。[②]

经过私营工商业调整和统购包销政策，私营企业的力量下降。在此基础上，中央政府开始对私营工业企业进行全行业公私合营。上海的公私合营具有一定代表性，合营过程中充分考虑了生产的需要和行

---

① 《上海人民政府志》编纂委员会：《上海人民政府志》，上海：上海社会科学院出版社，2004，第 340 页。

② 《信和纱厂目前的严重情况——中共上海市委政策研究室关于上海市工商业困难情况与维持生产的调查材料》，上海市档案馆存档，档号：A4-1-14-51。

业的实际情况，使公私合营同生产改组结合起来，有步骤地进行，先是重要行业，再是其他行业。莫干山路的公私合营情况为：1950 年信和纱厂实行公私合营；1954 年统益纱厂、信孚印染厂实行公私合营，但两厂仍在原有厂房上各自生产；1955 年申新九厂实行公私合营；1956 年寅丰毛纺厂、阜丰面粉厂、福新面粉二厂、三厂、六厂、八厂、信大面粉厂实行公私合营，同年将公私合营后的阜丰面粉厂和福新面粉二厂、八厂合并，定名为"阜丰福新面粉厂"；1957 年，寅丰毛纺织厂也实行公私合营。这些私营企业被纳入计划经济体系。此后，上海同全国其他地区一样，进入大规模社会主义建设时期。为了在工业生产上更好地支援全国各地的社会主义建设，上海进一步进行工业布局调整，主要有两大措施：一是合理布局工业，建立近郊工业区；二是逐步减少市区人口，建立卫星城镇。这两项措施成为此后上海进行城市改造的基本路径。

2. 20 世纪 60 年代的工业改组和技术改造

1956 年 4 月，毛泽东发表《论十大关系》，提出要充分利用沿海的工业基地。5 月，陈云来上海传达毛泽东关于"上海有前途，要发展"的重要指示。根据这一指示，上海第一届党代会通过了"充分利用，合理发展"的工业方针。[①]在这一方针影响下，上海的工业基建项目迅速增多，每个项目的规模也从零星添建增加到数十万元，甚至百万元以上的投资。虽然绝大部分都可以就地扩建解决，但也有相当部分需要考虑新建迁建，此时交通运输、电力和城市公共事业也有所发展，这一系列因素要求上海的工业生产开始向郊区转移。1956 年 9 月，上海市规划建筑管理局编制了《上海市 1956—1967 年近期规划草图》，规定：一部分纺织工业、无严重危害的机电工业和能够采取技术措施、减少危害性的工业可以就地发展；允许历史上已经形成的沪西、沪东、沪南工业区内的工厂局部扩建；对于某些工厂可以计划扩大再生产；原址周围无地扩建的，如造船、黑色金属、机电、精密仪表、化学工业和某些妨碍卫生的肠衣业、皮革业等须予新建、迁建。规划新建、迁建工厂的备用地有：彭浦、桃浦、漕河泾、华泾、闵行、北新泾、蕴藻浜和浦东陈家湾。[②]在这一周期长达 10 年的规划指导下，上海对产业结构和产业布局进行了三次大规模改组，形成了彭浦、桃浦、漕河泾、北新泾等市郊工业区，而沪西、沪南、沪东等老工业区得到集中发展。

对莫干山路影响较大的是 1958—1960 年的第二次工业改组。第二次工业改组受到大跃进的影响。1958 年春天，上海在基本建设层面出现了大跃进，力争完成国家交给上海生产钢铁、生产机电设备、生产精密仪表以及各种高级、尖端工业产品的任务，工业项目大大增多，投资规模也迅速扩大，对已有的工业布局造成了压力，因此要求从生产能力过剩的行业中腾出厂房和劳动力，支援急需发展的行业。普陀区的主要措施是大幅度减少棉纺业，主要从"改""迁""并"三个方面入手。①"改"：将部分传统轻

[①]《上海市第一届人民代表大会第四次会议柯庆施同志代表市委关于"充分利用、合理发展"上海工业方针的报告及总结发言》，上海市档案馆存档，档号：B1-1-618。

[②]《上海城市规划志》编纂委员会：《上海城市规划志》，上海：上海社会科学院出版社，2001，第 91 页。

工业改为机械、电子等重工业以及毛纺、化纤等高级纺织行业，前后有 10 家棉纺织厂改为机械、电子、仪表、毛纺、化纤等厂，其中统益纱厂改为上海第十一化纤厂，信和纱厂改为上海第十二毛纺织厂；②"迁"：将一部分印染纺织企业迁往外省市，支援外省市建设，前后有 7 家 100 人以上的纺织印染厂的技术设备和职工"连人带马"迁往外省，其中信孚印染厂迁往河南郑州，遗留下的厂房被信和纱厂收回，用于扩大生产；③"并"：留下来的企业出于扩大生产的考虑开始实行合并，主要是小厂并入大厂，区位相邻、业务相似的工厂进行合并，如 1958 年 10 月，信义机器厂和大昌源铁厂合并，改称"上海市纺织机械厂"①；1959 年 5 月，为增加高级网眼布的生产，满足出口需要，国强织造厂并入申新九厂②。这次调整使莫干山路上增加了机械、电子、仪表等重工业行业，传统轻工业集中于少数几个大型企业，纺织印染业和面粉业整体有所衰落，呈现出"轻重并举"的局面。传统轻工业比重的下降降低了莫干山路作为工业生产中心所具有的聚集效应，加速了企业的退出。这次调整中大量的厂房建筑被保留，除部分用作居民住宅外，大部分主体功能不变，依旧为工业生产所使用。

剩余的工业企业得到集中，生产规模扩大，开始进行技术改造。技术改造源于第二次工业改组。1958 年柯庆施在上海市人民委员会全体会议上提出："上海今后的工业建设，应该向高级的、大型的、精密的方向发展。"③此后上海开始发展高级、精密、尖端产业。技术改造在 1962—1965 年的第三次工业改组中达到高潮。对于纺织业来说，要求以"高、精、合、防"为主，进一步发展高级纺织品，适应人民生活水平的提高和工业进出口的需要，主要措施有：纺织产品设计向多品种、高级品方向发展，如发展多种混纺交织品；采用新技术生产，使产品具有防缩、防水、防蛀、防污、防霉的性能；不断改进花型设计，采用各种雕刻技术如照相雕刻、铜芯雕刻等，使产品丰富多彩。④申新九厂曾在 1960 年左右掀起研发新产品的热潮，并在开发新产品的过程中征用了申新机器厂北部的部分厂房⑤；寅丰毛纺织厂也于 1965 年开始进行技术改造，借用申新九厂旁边 1000 平方公尺的搭棚用作施工材料堆放之用。⑥技术改造使莫干山路存留的企业生产规模得到扩大，技术水平有所提高。

技术改造的同时也对厂房建筑进行了修缮。由于这些厂房建筑年久失修，设备老化，对工业生产和市民居住产生了不利影响。从第二次工业改组开始，上海市政府对这些老旧厂房进行修缮，这一工程大

①《上海市纺织机械制造公司关于经市、计委批准信义机器厂、大昌源铁厂合并决定改名为上海市纺织机械厂的通知》，上海市档案馆存档，档号：B134-1-142-89。

②《上海市纺织工业局关于同意将国强织造厂并入申新九厂继续生产的通知》，上海市档案馆存档，档号：B193-1-105-227。

③《中共上海市城市建设局委员会关于上海工业布局和城市发展方面的若干体会》，上海市档案馆存档，档号：A54-2-638-14。

④《上海市工业生产委员会技术处关于 1960 年至 1967 年上海工业发展高、精、尖产品规划的纲要（草稿）》，上海市档案馆存档，档号：B43-2-11-1。

⑤《上海市房屋调整委员会办公室关于要求对重机公司与东风厂的违反房管政策行为进行严肃处理、原申新机器厂行车以北的房屋移交给申新九厂使用的报告》，上海市档案馆存档，档号：A54-2-1372-54。

⑥《公私合营上海寅丰毛纺织厂关于申请借用莫干山路公路 1000 平方公尺搭棚作施工堆料用的函》，上海档案馆存档，档号：B257-1-4472-25。

约持续到第三次工业改组结束后。主要有以下三个措施。①危房修建：对危房要分别采取原拆原建、翻建、迁建等方式，分批进行改造，优先改造对居民生活影响较大、矛盾突出的危房；②原地改建扩建：20 世纪 60 年代后期上海城市建设用地开始紧张，纺织化纤企业扩大生产规模，纷纷在原地改建扩建，如1966 年 4 月，申新九厂因新建冷却水回用泵房水池工程而拆除 35 平方米的全结构平房①；③拔点移地迁建：一些企业与居民区交错混杂，难以改造，因此需要另选厂址、异地迁建，如 1964 年 3 月，寅丰毛纺织厂由于原有厂房无法安装进口设备而迁建，迁建地址为陆家嘴路 169 号，寅丰毛纺织厂在此修建了8640 平方米的二层楼钢筋混凝土结构厂房，并安装了全套进口毛精纺机 9800 锭及主要印染设备。②众多企业在外地迁建，将生产中心也搬离了莫干山路，在一定程度上加剧了莫干山路的整体衰退。

3."文化大革命"时期的停滞

"文化大革命"时期上海的经济建设基本停滞，转为革命斗争，在阶级斗争的指导下进行工业生产。"文化大革命"期间上海的棉纺织业损失较大，"文化大革命"之前年平均增长率为 6.2%，"文化大革命"十年年平均增长率仅为 3.9%。③这一时期上海的棉纺织业有几个显著的特征：①技术改造的持续推进，如统益棉纺织厂在 1966 年上半年开始进行设备更新，将近 30 台粗粉机陆续拆除，并在旬阳路桥南侧租用 1亩多的土地搭建棚屋，用于堆放机器，这次技术改造持续 3 年左右④；上海第十一化纤厂在 1972 年 11 月改进生产工艺，将纶帘子线直接纺工艺改为切片纺工艺，并为此增加投资 270 万元，土建 1222 平方米。⑤②不少纺织企业为支援内地和边疆地区而外迁，如立丰印染厂、静安棉纺织厂等 7 个厂前往福建，纬纶纺织厂迁往西藏林芝，也有为内地新设工厂而援助设备和人员的，如宁夏新立织造厂，留下来的纺织企业也被部分调整转业。⑥莫干山路的纺织企业由于生产规模较大，在国民经济中占有重要地位，在"文化大革命"期间并没有迁往外省市，而是通过技术改造的方式进一步发展。尽管如此，还是抵消不了"文化大革命"期间频繁的政治运动给工业生产带来的负面影响。"文化大革命"也将上海市原有的工业布局打破，莫干山路虽然仍是上海的纺织业和面粉业中心，但在国民经济中的比重进一步下降，原有的行业垄断优势逐渐丧失，为改革开放后上海市中心城区工业布局的调整创造了条件。

---

① 《上海市城市建设局关于同意申新九厂拆除自有房屋的函》，上海市档案馆存档，档号：B134-6-1420-25。
② 《上海市纺织工业局关于上海寅丰毛纺织厂迁建四库的请示》，上海市档案馆存档，档号：B134-6-1065-20。
③ 龚仰军：《上海工业发展报告 生产力的空间布局与工业园区建设》，上海：上海财经大学出版社，2007，第 94 页。
④ 《公私合营统益棉纺织厂填报建设用地申请表》，上海市档案馆存档，档号：B257-1-4828-10。
⑤ 《上海市纺织工业局革命委员会关于上报上海第十一化纤厂锦纶帘子线直接纺改切片纺设计方案的报告》，上海市档案馆存档，档号：B134-3-528-32。
⑥ 参见《上海市纺织工业局关于静安等七个厂迁往福建省的报告及市计委的批复》，上海市档案馆存档，档号：B134-3-27；《上海市纺织工业局、福建省轻工业厅关于上海立丰印染厂、上海静安棉纺织印染厂等七个厂的迁厂协议书》，上海市档案馆存档，档号：B134-3-27-15；《上海市纺织工业局关于上海纬纶毛纺织厂迁往西藏林芝后若干问题的报告》，上海市档案馆存档，档号：B134-3-36-37；《上海市纺织工业局关于支援宁夏新立织造厂设备和人员的函件》，上海市档案馆存档，档号：B134-3-22；《上海市纺织工业局革命委员会关于将部分工厂调整转业的请示报告》，上海市档案馆存档，档号：B134-3-200-1。

三、改革开放后莫干山路工业区的功能转型

党的十一届三中全会以后，上海开始改革开放，着手恢复国民经济。上海恢复和调整工业生产的办法是发展周期短的产品，确定了 17 大类、22 种日用消费品作为生产重点，满足人民对生活必需品的需要，解决市场短缺产品的生产能力。[①]此外对工业结构也进行了一定调整，重工业比重有所下降，轻工业比重有所上升。

1985 年 2 月，上海市政府制订了《关于上海经济发展战略的汇报提纲》，确定了上海市未来的经济发展战略：①城市定位上，到 20 世纪末把上海建设成为开放、产业结构合理、科学技术先进、具有高度文明的社会主义城市；②城市工业布局上，重点向杭州湾和长江口南北两翼展开，创造条件开发浦东，筹划新市区的建设，今后新建工业企业都要放到新区；③中心城区产业调整上，鼓励以对外贸易、经济、金融、咨询服务、旅游为重点的第三产业的发展等。[②]中央政府也意识到了振兴上海的重要性，要求各地予以支持。在此影响下，上海开始对产业结构和产业布局进行调整。产业结构方面，市区工业转向第三产业，郊区开始布局汽车、电站设备、钢铁、石油化工、家用电器、建筑材料、食品医药等工业。产业布局方面，国务院在 1986 年批准了《上海市城市总体规划方案（修改稿）》，要求今后新建工厂和规模较大的扩建项目，一般应安排在卫星城；中心城工业用地，按规模规划为工业区、工业街坊、工业点；与居民矛盾大的一些工厂或车间，将结合生产发展和技术改造，逐步向功业街坊、工业区或卫星城迁并；适当发展高层厂房；对于占用办公大楼、住宅、公寓、学校进行生产的工厂和仓库，要积极创造条件，逐步让出，恢复建筑原来的使用功能。[③]根据这一规划，沪西工业区被划分为若干个工业街坊，莫干山路便是其中之一。工业街坊和居民区混杂交错，生产经营影响了居民的正常生活，且所处空间狭小，难以扩大生产规模，企业发展受到限制，这一系列因素为此后工业街坊的调整创造了条件。

1992 年 10 月，党的"十四大"报告明确提出要把上海建设成为"国际经济、金融、贸易中心之一"。1993 年，上海市政府制定了《上海中心城区工业布局调整实施规划（初稿）》，并召开了"中心城区工业布局调整实施规划及政策措施研讨会"，开展了对中心城区内的生产性企业的普查，并规划在 1997 年以前分期分批向外疏解和转移。在此指导下，纺织工业局通过行业和产品结构的调整，腾出 150 块、共计 83.9 万平方米的土地。[④]

1996 年 2 月，上海市第十届人民代表大会批准《上海市国民经济和社会发展"九五"计划与 2010 年远景目标纲要》。《"九五"计划》对市内工业布局的调整措施有：在内环线以内地区，实行"退二进三"

① 周国雄：《转型发展中的探索与实践》，上海：上海人民出版社，2014，第 165 页。
② 《上海人民政府志》编纂委员会：《上海人民政府志》，上海：上海社会科学院出版社，2004，第 342 页。
③ 《上海城市规划志》编纂委员会：《上海城市规划志》，上海：上海社会科学院出版社，2001，第 110 页。
④ 《中国工业年鉴》编辑部：《上海市工业年鉴 1994》，1994，第 357 页。

战略，重点建设中央商务区和中心商业区，形成以金融、贸易为主体的富有活力的城市功能区；在内环线两侧地区，实行"工业园区化"战略，重点调整改造工业街坊和工业区，形成以工业和第三产业为主体的具有实力的城市功能区；在外环线以外地区，实行"中中外"战略，重点建设若干个制造业中心。[①]根据《"九五"计划》的指导，撤销了 38 个地段好、环境污染严重、经济效益差的工业街坊。1997 年普陀区开展苏州河废水治理改造工程，将苏州河沿岸工业街坊的调整纳入其中，控制工业街坊的污水排放，调整其产业产品结构，并关停相关污染企业。调整后的工业街坊融入上海城市建设之中，一部分被转入重大市政工程改造，如高架道路、大型绿地空间、轨道交通等，一部分被改造为大型商场或住宅区。

城市定位的转变和产业结构的调整使传统轻工业由盛转衰。纺织业在 20 世纪 80 年代以后已不适合在中心城区发展，其自身也面临着原材料紧张、债务负担沉重、国内外竞争加剧、行业负担沉重等问题。从 1992 年开始，上海在全市范围内进行纺织工业大调整，对长期亏损、资不抵债、难以维持的企业采取关、停、并、转、迁、租、卖、破等措施，转向以大服装、大装饰和产业用纺织品为代表的高端纺织之路。1996 年，上棉二十二厂（原申新九厂）宣布全面关车停产。同年 6 月，上棉二十二厂主要领导和惠州红子鸡集团达成 1 万平方米厂房租借协议，由红子鸡集团出资 5000 万元对织布车间进行改造装修。同年 12 月 8 日，上海红子鸡美食总汇开张营业。此后，上棉二十二厂领导为优化投资环境，拆除 8000 平方米的旧厂房，动迁 35 户居民，建造了一座可以停放 350 辆各类车型的停车场。并修建了加油站，与江苏月星家具集团签订了 5 万平方米的租赁合同，开办月星家具城。[②]到 20 世纪 90 年代末，纺织业整体退出中心城区。

纺织业等传统轻工业的退出对莫干山路所在区域产生了重要影响：①这些企业退出后，腾出了大量土地，为发展第三产业和都市工业提供了空间；②这些企业退出中心城区，是传统轻工业转型的标志之一，此后传统轻工业开始进行技术革新和产品结构调整，实现再生；③这些企业退出后，对当地民生造成了一定影响，不少职工面临失业和再就业的压力，如何安置这些企业职工成为众多企业面临的问题；④由于企业经营不善，缺乏资金，退出后无力对厂房设施进行修缮，为招商引资带来了一定困难；⑤企业退出后留下大量厂房建筑设施，成为重要的城市工业遗产，对于城市文脉的塑造具有重要意义。

伴随着传统轻工业的退出，上海开始对历史建筑进行保护再利用。1991 年 12 月 5 日，上海市政府颁布了《上海市优秀近代建筑保护管理办法》[③]，根据历史、艺术、科学的价值将历史建筑分为全国重点文物保护单位、上海市文物保护单位和上海市建筑保护单位三个级别，并规定可在优秀近代建筑相对集中地区划定优秀近代建筑风貌保护区，保护区内应保护体现城市传统和地方特色的环境风貌，保持原有街区的基本格局，新建或改建建筑物的色彩、体量应与区内的环境风貌特色相协调等。这是中国第一部有关近代建筑保护的地方性政府法规，根据这一管理办法，上海市政府在 1994 年初批准了 175 处市级建筑

① 中共上海市委党史研究室编纂：《中共上海党史大典》，上海：上海教育出版社，2001，第 606 页。
② 中共上海市委党史办、上海市现代上海研究中心：《纺织工业大调整》（口述上海），上海：上海教育出版社，2007，第 77—78 页。
③ 1991 年 12 月 5 日上海市人民政府发布，1997 年 12 月 14 日上海市人民政府第 53 号令修正并重新发布。

保护单位的优秀近代建筑。1995 年，上海市营城规划设计所、市房产局技术处经过联合调查研究，提出了这批近代建筑的保护范围与控制地带，并上报审批。[①]但在 20 世纪 90 年代末大规模城市建设过程中，历史建筑的内在价值并没有得到充分重视，被大规模拆毁，旧上海的历史风貌区毁坏严重。此外，因对历史建筑保护利用的认识和研究不足，仅有的一些保护开发工作也是对历史建筑的"破坏"。1999 年《上海市城市总体规划（1999—2020）》中明确规定优秀产业建筑要受到保护，保护的方式为"保护与利用相结合"。此后上海市各界开始对城市规划进行反思，对历史建筑和街区的开发提出了"拆、改、留并举"的方针，并在具体开发项目中展开了积极探索，苏州河沿岸的艺术仓库和 M50 就是在这一时期诞生的。[②]

2001 年，上海市政府开始新一轮旧城改造，改造的重点之一就是解决历史建筑的保护问题。2002 年 7 月 25 日，上海市第十一届人大常委会第四十一次会议通过了《上海市历史文化风貌区和优秀历史建筑保护条例》（以下简称"《条例》"），这是具有法律效力的历史建筑保护法规。《条例》提出了对历史建筑的保护工作由单体建筑的保护扩展到历史文化风貌区的保护，并于 2003 年确定了中心城 12 个历史文化风貌区。《条例》也正式提出对工业建筑进行保护，这在国内尚属首例。

2006 年国家文物局正式发出《关于加强工业遗产保护的通知》，2007 年国务院发出《关于开展第三次全国文物普查的通知》，把工业遗产列为重要普查对象。在这一通知的指导下，上海各界掀起了对工业遗产进行调查、保护、再开发工作。政府方面，开始对一些工业遗产进行抢救性保护，如将位于普陀区宜昌路 130 号的上海啤酒有限公司改造为梦清园苏州河展示馆等；企业方面，不少开发商和投资者开始主动寻找工业建筑再利用项目，并注入大量资金，将工业建筑改造为高档餐饮、娱乐和艺术中心；学界方面，上海交通大学、同济大学、复旦大学纷纷开始对工业遗产进行普查研究，并取得了突出成果，如上海交通大学在 2009 年出版的《上海工业遗产实录》和《上海工业遗产新探》，对上海市现存的工业遗产进行了详细梳理。莫干山路的工业遗产，如阜丰面粉厂，也进入保护规划阶段。人们对工业遗产所蕴含的价值有了越来越深刻的认识，上海的工业遗产保护开发与再利用工作步入正轨。

四、莫干山路工业遗产的保护开发现状——以 M50 为例

目前统计在册的工业遗产主要有阜丰面粉厂旧址（含厂房、办公楼各 1 幢）、福新面粉公司旧址（含二厂厂房、小包装面粉仓库、四厂厂房、八厂厂房）、阜丰里（原阜丰面粉厂在宅区，含里弄建筑）、信和纱厂旧址（含厂房、仓库、食堂、锅炉房、烟囱等）、申新纺织公司旧址（四层职工宿舍楼 2 幢）等。还有一部分尚未统计在内。目前主要有以下三类利用途径：第一种为文化创意产业基地，以 M50 为代

① 《上海城市规划志》编纂委员会：《上海城市规划志》，上海：上海社会科学院出版社，1999，第 400 页。
② 宋颖：《上海工业遗产的保护与再利用研究》，上海：复旦大学出版社，2014，第 16 页。

表（图 2）；第二种导入商业业态，成为商业服务中心的一部分，以月星家居广场为代表；第三种则改建为居民住宅区，以阜丰里小区为代表。第一种为目前莫干山路工业遗产保护开发的主要趋势。

图 2　M50 现状实景①

莫干山路 50 号，简称 M50，拥有自 20 世纪 30 年代至 90 年代各个历史时期的工业建筑 4.1 万平方米，是目前苏州河畔保留最为完整的民族工业纺织建筑遗存。莫干山路 50 号厂房建于 1933 年，原为棉花仓库。1937 年，由于七七事变的影响，周志俊将青岛华新纱厂的部分设备迁至上海莫干山路 50 号，建立信和纱厂，以英商名义向香港政府注册。1938 年 4 月开始正式生产经营，挂牌为"英商信和纱厂"。1940 年初纱厂由"英商"改为"华商"。1941 年太平洋战争爆发，日军接管信和纱厂。1944 年下半年，周志俊斥巨资赎回纱厂，并于 1945 年 10 月全面复工。新中国成立初期改为信和棉纺厂。1961 年改为"信和毛纺厂"。1966 年改为上海第十二毛纺厂。1994 年改为上海春明毛纺织厂。

1999 年，上海春明毛纺织厂由于经营不善资产重组，4 万余平方米的厂房调整出租。据当时上海华宇毛麻（集团）有限公司党委书记、总经理赵长征回忆道："当时厂方出租的客户五花八门，只要有人愿意租赁，厂里就同意出租。一时间，引进了大大小小共有 100 多家客户入驻，其中有小商小贩，也有服装厂、印刷厂等小企业，甚至连锅炉房、煤场都借给人家做煤饼、卖棒冰……"2001 年 6 月 28 日，上海市经委规划室主任夏雨来厂调研，指出"市经委正在规划建设都市型工业园区，你们这里（指春明毛纺织厂）已经有基础，我们支持你们进行改造"。在此指导下，厂方先后清理掉小商小贩和一些无关企业，引进印刷、服装、广告制作、快递公司等企业。2002 年 2 月 5 日，"上海春明都市型工业园区"挂牌

---

① 笔者拍摄。

成立。2004 年后，赵长征作出决定：充分挖掘春明厂所承载的上海民族工业发展的历史文化价值，并同现代文化、城市文化融合于一体，推动春明工业园区向文化艺术园区转型。[①]

2000 年 5 月，画家薛松入驻厂房的染整车间，成为第一个进驻莫干山路 50 号的艺术家。2002 年香格纳老板劳伦斯将厂区的锅炉房进行改造，并在此成立了莫干山路 50 号第一个画廊。同年 5 月，西苏州河路 1131 号和 1133 号仓库拆迁，艺术家搬迁到莫干山路 50 号。淮海西路 720 号的艺术家也因拆迁于次年 2 月入驻莫干山路 50 号。到 2010 年年底，这里的工作室和画廊已有 21 家（图 3）。2005 年 4 月被上海市经委挂牌为上海创意产业聚集区之一，命名为"M50 创意园"。

图 3　M50 文化创意企业[②]

M50 创意园将厂区划分为数十块小区域（图 4）进行招租，产生多赢的局面。业主方可以获取充足的租金，并利用租金进行厂区维护和改造；艺术家可以花费较低的租金拥有宽阔的创作空间，并利用这些工业遗产产生创作灵感；政府可以节省二次开发成本，地块迅速升值带动周边区域的联动发展。此外，M50 创意园逐渐成为上海的文化创意产业基地之一，对于上海城市形象的塑造和经济结构的转型具有十分积极的意义。

---

① 中共上海市委党史办、上海市现代上海研究中心：《纺织工业大调整》（口述上海），上海：上海教育出版社，2007，第 205—206 页。

② 笔者拍摄。

图4　M50 导览图[1]

在 M50 创意园的开发过程中，产权模糊是一个显著的问题。1999 年春明毛纺厂破产后，产权的拥有方为上海纺织集团，具体执行方仍为春明毛纺厂。1999 年，香港新鸿基有限公司旗下的上海凯旋门企业发展有限公司同普陀区达成土地转让协议，支付约 3 亿元取得莫干山路的开发权，这意味着作为开发商的上海凯旋门企业发展公司可以随时拆除莫干山路上的工业建筑。[2]到 2004 年，M50 创意园周围的老旧厂房基本上全被拆除。以上海市重大工程建设办公室为代表的政府部门认为，莫干山路地段已经被卖掉，上海凯旋门企业发展有限公司有权在此进行新的开发，地段上的老旧厂应当全部拆除。而春明纺织厂和上海纺织集团则不愿转让土地上所附着的厂房建筑的产权，他们希望把 M50 创意园做大做强，并为此积极奔走和协调。产权模糊直接影响了艺术家和企业的入驻，他们始终担心园区被拆迁而无心对园区开展较大规模的改造。产权模糊本质上是政府权责的不明晰。在 M50 创意园的开发过程中，上海纺织集团未直接把产权转让给政府，而是直接过渡到民营企业手中，政府也未及时对此采取措施，没有发挥主体作用，因而在此后的开发中处于被动。这一问题直到 2005 年上海市经委挂牌后才得以解决。

产权的模糊直接导致园区在运营管理上存在诸多问题，这从园区艺术家和企业入驻情况可以看出（表5）。

---

① 笔者拍摄。

② 宋颖：《上海工业遗产的保护与再利用研究》，上海：复旦大学出版社，2014，第 80 页。

表 5　M50 创意园艺术家和企业入驻情况①

楼号	名称
0	贝碧欧美术颜料有限公司、上海艾可画廊有限公司、上海城集装饰设计有限公司、上海抱一艺术品有限公司
1	艾可画廊、东京潘画廊
2	艺术家工作室
3	上海源园文化艺术有限公司、上海浪朝装饰设计有限公司、北京罐子文化传媒有限公司上海分公司、北京那利里商贸有限公司、南通鸿禧文化创意有限公司、上海鸿彩商务服务咨询有限公司、上海承林文化艺术有限公司、上海上垣艺术品有限公司、YELAN ART、上海熏依社画廊
4	于南澄工作室、北极熊画廊、陈瑞福工作室、徐东平工作室、刘震工作室、陈向东工作室、Dhome、上海迈锡尼艺术品有限公司、李国勇工作室、上海名堂艺术品有限公司、彭蓬菁工作室、蒋天一工作室、上海唯艺品牌设计咨询有限公司、上海荧视包装设计有限公司、Vanguard Gallevg、Designaffairs 大略设计机构、上海巨佳雕塑设计工程有限公司、上海崇真文化传播有限公司、琨布·雷工作室、张仲琪工作室、上海圆宜堂文化传播有限公司、米奥艺术空间 Meou Art Space、科勒（中国）有限公司、Johnathan 工作室、Caramel Cafe By OSHADAI、张敦恒工作室、上海坤艺文化传播有限公司、伽一倍艺术空间 Sunny Studio、华府艺术空间、上海创伟企业管理有限公司、OSHADAI
5	艺术家工作室
6	上海玉衡文化艺术有限公司、上海视觉艺术学院、杨研工作室、上海钧得艺术品有限公司、island6 六岛艺术中心、上海丹邑图文化设计制作有限公司、上海一起企业发展有限公司、上海爱庐室内装饰设计有限公司
7	艺术家工作室
8	虞守海工作室、张恩利工作室、陈强工作室、上海润形广告有限公司、薛松工作室
9	学古斋、艺术家工作室
10	艺术家工作室
11	上海半度文化艺术有限公司、上海河路文化传播有限公司、新时线媒体艺术中心办公室 Chronus Art Center Office
12	园区食堂、下午茶
13	全摄影画廊、艺术家工作室
14	李世光工作室、杨研工作室
15	上海合适展示设计制作有限公司
16	新时线媒体艺术中心 Chronus Art Center、上海香格纳画廊、许德民工作室、上海网庭信息科技有限公司、上海瑞智艺术品有限公司、
17	上海吉品堂平面设计有限公司、上海悦道书摊文化艺术有限公司、上海创集文化传播有限公司、上海大悦实业发展有限公司、当年暗房俱乐部 D.N.Darkroom Club、源迹艺术品（上海）有限公司、上海悦禄文化艺术有限公司、华谊兄弟时尚（上海）文化传媒有限公司、天线空间、上海乐隆文化传播有限公司
18	香格纳画廊-H 空间、艺术家工作室
19	艺术家工作室
20	丁乙工作室
21	艺术家工作室

① 表格由笔者于 2016 年 10 月 7 日实地调查整理后得出。

楼号	名称
22	艺术家工作室
23	艺术家工作室
24	艺术家工作室
25	艺术家工作室

从表 5 可以看出，M50 创意园存在着以下问题：①定位不明确，业态重复率高，园区内企业同质化严重；②园区内以初级文化艺术品消费为主，缺乏相应的增值服务，导致艺术家和企业的核心竞争力不足；③园区内存在一些非文化企业，使"文化创意产业园"变得"名不副实"；④园区服务设施较少，仅有少量餐饮服务，为艺术家和企业带来不便。此外，随着入驻艺术家和创意机构的增多，M50 创意园的建筑空间变得越来越有限。租金也越来越昂贵，且在不断攀升之中。租金的增长使园区内的艺术家和企业具有很强的流动性，一方面，他们因为昂贵的租金而随时可能退出园区，另一方面，租金的上涨增加了运营成本，使他们随时都有可能陷入运营危机。更为重要的是，虽然 M50 创意园成立之初对这些厂房的历史文化价值较为重视，但事实上并没有充分挖掘。吸引艺术家前来的主要原因是这些厂房自身的建筑特点，而非其所蕴含的历史文化内涵，艺术家热衷于从厂房的巨大空间、建筑风格、通风设备和排水管道中寻求创作灵感，而对这些建筑背后所凝结的工业文化记忆不甚了解。

关于政府在工业遗产保护开发中的权责，可以借鉴日本群马县富冈制丝场的相关经验。日本群马县富冈制丝场是日本明治维新时期为了改善日本生丝质量，利用法国技术和技术人员而设立的一所示范性机器制丝工场。1987 年，由于日本产业布局的调整，富冈制丝场停业。停业后的富冈制丝场保留了大量自明治维新时代开始的各个时期的工业建筑，以明治维新时期的工场建筑最为著名。停业后，片仓工业株式会社对工场实行不出租、不转卖、不破坏的政策，每年花费巨额成本进行维护，维护费成为企业不小的负担。于是，2005 年，片仓工业株式会社采取"建筑无偿赠与，土地有偿转卖"的方式，将富冈制丝场的开发利用任务转移到地方政府手中。地方政府获得富冈制丝场的所有权后，开始充分发挥制丝场所承载的社会教育和旅游观光功能。由于无力承担制丝场具体的开发工作，政府随即引入了 NPO 等社会团体共同参与制丝场的开发。民间力量的引入为制丝场带来了活力，如 NPO 投入运营的产业观光学习馆、富冈制丝场同好会、富冈制丝场世界遗产传道师协会等。这些措施激发了民间保护富冈制丝场的热情，在参与保护的过程中，也使富冈制丝场的公共价值得到充分发挥。在这个过程中，政府扮演了"推动者"和"引导者"的角色，对富冈制丝场进行了前瞻性的定位和导向，再引入民间力量之后，又充分调动起相关资源进行优化配置，高效利用各类人才，同时保证相关政策的协同跟进，使各方利益均得到保证。富冈制丝场的保护开发取得了成功，2004 年，富冈制丝场连同近代绢丝产业遗迹群被列入世界遗产名录。此外，由于地方政府的宣传传播，使富冈制丝场在开发利用的过程中凝聚了民众的共识，对于增强当地民众的自豪感和认同感，有着重要作用。①

关于保护开发的具体措施和运营管理，可以借鉴德国仓库街的相关经验。仓库街位于汉堡旧港区，建于1888年，长1500米，宽150米至250米，面积为30万平方米，曾是汉堡港的仓库物流基地，也曾是世界最大的仓储式综合市场，但随着自由港区的扩大而逐渐失去其原本的重要性。仓库街和莫干山路在诸多方面相似，都因内河航运的便利而兴起，其遗产建筑均保存较好，且各自所承载的功能也有一定的相似性。从城市规划角度来讲，汉堡政府充分考虑了保护开发的整体性，结合仓库街的现状，将其定位为旧城区与新城区的结合点，将紧邻仓库街的没有太多保留价值的旧城部分拆除，建成港口新城，这样新城面积得以扩大，旧城也较好保留下来。从历史文化方面来讲，政府将仓库街视为汉堡城市记忆的承载地，在对其进行开发的同时，注重历史文化内涵的挖掘，对相关建筑设施不做过多干涉。例如，仓库街一片靠中心水道的连体仓库，被一家生产火车模型的工厂所利用，但这家工厂并没有对仓库建筑进行大规模改建，而仅仅是将公司名字镶嵌在旧仓库墙体上，没有任何大招牌影响旧仓库建筑的景观；仓库街还十分注意建筑细节的保护，如仓库顶部用来吊装货物的定滑轮和挂钩，也保存完好，甚至可以重新使用。②从业态方面来讲，仓库街在政府统一规划布局下，业态种类多样，有主题博物馆、文化创意公司、贸易公司、资讯和展览中心等，在一定程度上保证了仓库街的整体活力。仓库街对于工业遗产的保护开发，在一定程度上实现了建筑功能和文化功能的"双重活化"。

五、结　语

综上所述，莫干山路工业区见证了上海民族工业的诞生、演变及调整，也见证了印染纺织业、面粉业等轻工业由盛转衰的历史进程。这些工业遗产保留着当时的生产设备，记录着当时的生产技术，曾创造出巨大的经济效益，也曾吸纳大量的产业人口，推动这一地区的城市化进程。对于曾在此工作和生活的人们来说，这些工业遗产凝聚着独特的个体精神价值，是个人记忆不可或缺的一部分。莫干山路工业区的工业遗产为上海工业发展作出了突出贡献，在对这些工业遗产的保护开发时，应当充分体现其丰富的物质内涵、社会内涵及文化内涵。

目前上海已经进入后工业化时代，产业结构向可持续发展的绿色产业转变，文化创意产业逐步成为新的经济增长点，工业遗产的开发再利用成为必然。不少老旧厂房转化为文化创意产业园区，这些文化创意产业园区对于增强城市向心力，提高城市软实力有着不可忽视的作用。莫干山路工业区工业遗产的保护开发，不仅是对上海工业文化的重要传承，也对当下的产业转型产生积极意义。

---

① 邹怡：《日本是如何保护和利用工业遗产的》，《文汇报》，2016年2月19日，第W06版。
② 刘会远、李蕾蕾：《德国工业旅游与工业遗产保护》，北京：商务印书馆，2007，第130—132页。

　　莫干山路工业遗产的保护开发，源于企业在政府对产业结构和布局进行宏观调整的压力下，所做出的自发性探索行为。企业利用遗留下来的工业厂房和设备，吸引艺术家和企业入驻，将老旧厂区盘活，打造成文化创意产业园区。园区具有一定规模后，政府提供政策和资金支持，使其更好地发展。政府的宣传也引起人们对这些工业遗产的共鸣，调动了全民的积极性。但政府在先期工作中的缺失，使一些工业遗产尚未保护便遭到破坏；另外，由于民间力量代替政府作为开发先导，缺乏统一的规划和定位，出现产权模糊、开发无序、利用层次较浅等问题。针对这些问题，首先要将政府置于开发的主体地位，界定各方产权和权责，同时依托政策优势实现全民参与；其次，将保护开发工作融于统一规划之下，明确工业遗产在城市变迁中所扮演的角色和定位，除必要的修复外，不对建筑设施做较大的改造，保持建筑景观原有风貌，同时融入情景式、体验式业态，避免出现业态重复单一的局面。莫干山路工业遗产的保护开发，对其他老工业区的工业遗产保护开发同样具有借鉴意义。

当代中国产业问题研究综述

郭旭红[*]

摘 要： 以中国知网学术文献总库中整理获得 56 825 篇文献为研究对象，对当代中国产业问题研究进行了文献计量分析和主题内容研究。文献计量分析表明，改革开放以来，产业问题研究呈现出明显的阶段性特征，大量文献研究主要集中于 2001 年之后，研究方法以实证分析为主；产业问题研究既未引起国内主流学术界高度重视，也少有跨学科研究。主题内容研究发现，产业问题研究的主要内容包括第一产业、第二产业、第三产业以及产业结构相关研究，研究重点从主要集中于工业化研究逐步转向产业结构转型和融合发展研究。

关键词： 当代中国 产业问题 文献计量分析 主题内容研究

本文运用文献计量分析法，结合中国产业研究的文献阅读，对 1978 年 1 月 1 日至 2016 年 12 月 14 日中国知网学术文献总库收录的产业研究文献（包括期刊论文、会议论文、学位论文、工作报告、报纸）进行梳理，分析评价产业研究的现状，探讨产业研究的主题内容和发展趋势，以期有助于官、产、学、研各界能够更好地把握产业史研究的核心内容、关键问题，推动中国产业史研究向更加成熟的方向发展，补齐中国经济学的这个"短板"。

一、文 献 概 况

在中国知网（英文缩写"CNKI"）学术文献总库中，以"篇名"为检索项，以"中国产业"为检索词，对获取的文献逐篇识别，符合中国产业研究主题的文献共有 56 825 篇（截至 2016 年 12 月 14 日），文献类型包括研究论文（期刊、会议论文）、学位论文、研究报告以及报纸（图 1）。

改革开放前，中国经济社会处于极端落后和贫困的状态，学术界研究产业经济的论文寥寥无几，1962 年、1963 年分别仅为 1 篇。改革开放以来，中国经济社会快速发展，创造了"中国奇迹"。相应地，学术界围绕中国产业的研究逐渐增多，但呈现明显的阶段性特征。1978—1991 年，由于传统经济发展模式的弊端、计划经济体制的束缚等因素影响，中国经济处于"短缺状态"，产业文献数量呈"极少

---

* 郭旭红，中国社会科学院当代中国研究所博士后。

型"状态。1978 年、1979 年、1980 年，产业文献数量均为零；1981—1984 年，每年仅有 1 篇；1985—1991 年，年均仅有 15 篇。1992—2000 年，中国基本建立起社会主义市场经济体制，经济发展由温饱型向小康型转变，产业文献数量由 1992 年的 59 篇增加至 2000 年的 906 篇，年均为 284 篇。这段时期，产业文献呈"稳中提升"态势。2001 年至今，随着中国经济体制改革的逐步完善，对外开放由政策性开放向制度性开放转变，对外贸易促进了产业大发展。2015 年，中国人均 GDP 为 8000 多美元，处于由中高收入国家迈入高收入国家行列的阶段。中国经济发展促使产业研究突飞猛进，国内学者掀起了研究产业的热潮，产业研究进入了"黄金时期"，产业文献成果丰硕。从图 1 文献的时间分布看，2001—2011 年，产业研究的文献数量呈直线上升趋势，从 2001 年的 1225 篇攀升至 2011 年的历史峰值 4572 篇。但是，2012—2016 年，中国处于"速度回落、结构调整、动力转换"的关键时期，提质增效成为经济社会发展的核心问题。产业史研究的文献数量有螺旋式下降的势头。这段时期，从研究主题看，产业研究由探讨某一产业发展的动因、主要途径及目标，逐步转向研究产业结构转型升级、科技革命对产业的挑战、大数据与智能化、产业融合发展等多个领域。由此可见，"转方式、调结构"的经济社会现实对产业研究产生了重大影响，也反映了产业研究来源于经济社会实践，同时要为政府决策部门提供理论与政策参考。从这一方面来说，《产业与科技史研究》诞生恰逢其时。

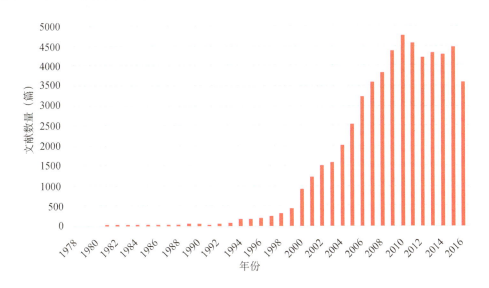

图 1　1978 年 1 月 1 日至 2016 年 12 月 14 日中国产业研究发表的文献数量

资料来源：根据 CNKI 学术文献总库相关数据计算整理

以"篇名"为检索项，分别以"中国农业""中国工业""中国服务业""中国产业结构"为检索词，对 1978 年 1 月 1 日至 2016 年 12 月 14 日的期刊进行检索，并对获取的文献逐篇识别，符合中国农业、工业、服务业、产业结构研究主题的文献分别为 19 389 篇、29 704 篇、1717 篇和 1946 篇。统计结果表明改革开放以来，学术界对中国工业研究最多，其次是农业，第三是产业结构，而服务业研究最少。这是由于改革开放以来，中国实施赶超型的工业化战略，工业一直是国民经济建设的主导产业，工业发展阶段、主要任务、工业结构演变规律等成了学界的研究主题。农业在国民经济中的基础地位不可动摇，也得到了应有的研究。相比而言，服务业和产业结构的关注度较低。以工业化发展阶段来说，1979—1997 年是"求富"阶段，这一阶段经济发展的主要任务是纠正改革开放前畸重畸轻的产业结构，农、轻、重工业同步发展。研究农业的文献年均为 152 篇，工业为 225 篇，前者比后者多 73 篇，服务业研究在 1992 年仅有 1 篇，到 1997 年共有 61 篇。产业结构研究在 1987 年才开始引起学界关注，当年为 4 篇，到 1997 年共有 122 篇。1998—2012 年是"新型工业化"阶段，这一阶段经济发展的主要任务是调整产业结构，以实现经济高速增长。研究农业的文献年均为 771 篇，工业为 1256 篇，学界对服务业和产业结构的研究也逐渐增多，服务业和产业结构年均为 74 篇和 81 篇。2012 年至今是"提质增效"阶段，研究农业、工业的文献年均突破 1000 篇，分别为 1195 篇和 1649 篇，研究服务业和产业结构的文献年均都在 100 篇以上，分别为 137 篇和 151 篇（图 2）。这一阶段"稳增长、调结构"成为经济社会发展的核心任务，经济增长的动力由要素驱动向创新驱动转变，工业成为技术创新的最重要载体，因此工业研究文献仍然占据领先优势，相应地，服务业与产业结构研究成为学界的另一热门话题。但是，目前中国正处于经济转型的关键时期，相对于经济发展和社会需要来说，产业研究还很薄弱，还不能满足保持"双中高"的需要，理论落后于实践。服务业的基础差、竞争力弱，但作为未来一段时期经济增长的新亮点，应该受到学界足够重视和高度关注，产业结构问题也理应成为亟待研究的重要课题。

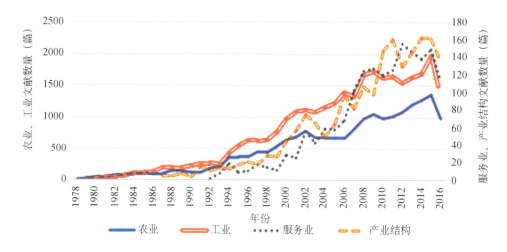

图 2　1978 年 1 月 1 日至 2016 年 12 月 14 日中国农业、工业、服务业、产业结构的文献数量

资料来源：根据中国知网 CNKI 学术总库数据计算整理

注：农业、工业为左轴，服务业、产业结构为右轴

从国内发表产业研究论文的期刊来源看（表1），产业研究成果高度集中于经济学和管理学领域，而跨学科视角的产业研究论文数量寥寥无几。在 533 类 CSSCI 来源期刊拟收录目录（2014—2015）中，关注产业研究的占 286 类，占比 53.7%，说明中国产业研究受到国内学界的关注。但是从国内发表产业研究名列前茅的 CSSCI 来源期刊看，中国产业研究并没有得到国内主流学术界的高度重视。

表1 国内发表中国产业经济论文最多的 CSSCI 权威期刊情况（前 10 名）

序号	期刊名称	文献数（篇）	文献占比（%）
1	中国工业经济	373	35.7
2	产业经济研究	141	13.5
3	数量经济技术经济研究	121	11.6
4	管理世界	114	10.9
5	经济研究	73	7.0
6	世界经济研究	71	6.8
7	经济学（季刊）	62	5.9
8	经济学动态	42	4.0
9	中国社会科学	30	2.9
10	中国经济史研究	17	1.6
	合计	1044	100

资料来源：根据 CNKI 学术文献总库数据整理

注：统计文献数量包含中国产业、工业、农业、服务业、产业结构论文。检索方法先以"篇名"为检索项，分别以"中国产业""中国农业""中国工业""中国服务业""中国产业结构"为检索词；再从检索结果中以"文献来源"为检索项，分别以表 1 中的 10 篇文献为检索词，进行检索，时间范围为 2003 年 1 月 1 日至 2016 年 12 月 14 日

从研究主题分布情况来看（表2）：第一，研究主题紧密联系中国产业经济现实状况。"工业化"成为产业经济研究的核心问题，究其原因可能在于工业化不仅是经济现代化的核心内涵和国家现代化的战略基石，也是经济现代化和国家现代化的推动力。工业特别是制造业既是技术创新的源泉，也是技术创新的使用者和传播者，是关系某国经济长期发展绩效的关键。第二，研究主题侧重于关注工业生产率提高与技术进步。制造业技术创新、高技术产业的创新绩效、生态工业、工业全要素生产率、工业能源要素配置效率、制造业与服务业融合发展等成为产业研究关注的焦点。第三，"产业结构与产业绩效"成为目前及未来一段时期产业经济研究的热点问题，究其原因可能在于供给侧结构性改革从本质上要求"调结构"要发挥"稳增长"的结构效应，以及世界工业进入 4.0 时代的科技创新效应引起了业界、学术界的密切关注。此外，农业产业化研究也引起了学术界的广泛关注。第四，跨学科研究近乎空白。研究主题几乎完全集中在经济学与管理学领域，从事跨学科的产业经济研究较少，从历史角度研究产业经济的更少，这就为产业史研究者提供了广阔的研究视野。

表 2 产业研究关注的焦点问题（前 9 名）

序号	主题细分	文献数（篇）	文献占比（%）
1	产业结构与产业绩效	39 872	38.62
2	工业化	33 720	32.66
3	农业产业化	19 565	18.95
4	生态工业	3 976	3.85
5	制造业技术创新	3 022	2.93
6	制造业与服务业融合发展	2 045	1.98
7	高技术产业的创新绩效	814	0.79
8	工业全要素生产率	200	0.20
9	工业能源要素配置效率	37	0.04
合计		103 251	100

资料来源：根据 CNKI 学术文献总库数据整理

注：以"篇名"为检索项，以表 2 中的 9 个主题作为检索词，对中国知网 CSSCI 学术文献总库数据进行检索，时间范围为 2003 年 1 月 1 日至 2016 年 12 月 14 日

从文献影响力来看（表 3），产业研究的高被引文献（被引次数在 30 次以上）具有三个重要特征：第一，在研究内容上，产业经济的高被引文献侧重于关注工业增长、技术创新、产业结构变迁等经济增长的核心问题；第二，在研究方法上，高被引文献多采用实证分析，规范研究较少；第三，从期刊来看，高被引文章多数刊载于国内权威期刊上，如《中国社会科学》《经济研究》《中国工业经济》等，显示国内权威期刊在推动中国产业经济研究方面竭尽全力，成为该研究领域的前沿"重镇"。这为产业史研究的专业辑刊如《产业与科技史研究》的蓬勃发展奠定了坚实基础，同时也提出了更高的要求。

表 3 国内产业研究的高被引文献（前 7 名）

序号	文章名称	作者	期刊名称	发表时间	被引次数
1	中国产业结构变迁对经济增长和波动的影响	干春晖，郑若谷，余典范	经济研究	2011	788
2	FDI 对中国工业增长和技术进步的贡献	江小涓，李蕊	中国工业经济	2002	425
3	中国工业发展战略及政策的选择	郭克莎	中国社会科学	2004	169
4	全口径中国文化产业投入产出效率研究——基于三阶段 DEA 模型和超效率 DEA 模型的分析	蒋萍，王勇	数量经济技术经济研究	2011	131
5	环境规制对产业技术创新的影响——基于中国面板数据的实证分析	赵红	产业经济研究	2008	103
6	1949 年以来中国工业化的"轻、重"之辨	武力，温锐	经济研究	2006	59
7	中国特色农业现代化和农业发展方式转变	洪银兴	经济学动态	2008	31

资料来源：根据 CNKI 学术文献总库检索结果整理

二、文献内容述评

当代中国产业研究文献内容主要包括四个方面：第一产业、第二产业、第三产业、产业结构及其调整。围绕上述四个方面的研究文献可谓汗牛充栋，笔者选取国内外有影响力的学术杂志，知名专家、学者的权威性观点或者年轻新锐前沿的学术观点加以述评，以期回顾改革开放 30 多年产业研究的状况，更好把握未来产业研究的目标方向，也期为产业政策制定者提供一定的参考和借鉴。

（一）第一产业研究

根据《国民经济行业分类》（GB/T 4754—2011），第一产业包括农、林、牧、渔业（不含农、林、牧、渔服务业），这里只讲农业。农业是实现现代化，全面建成小康社会的基础。推进农业现代化，加快农业发展方式的转变，提高农业的质量和效益，是目前经济社会发展战略的重要组成部分。国内关于农业经济发展方面的研究文献，重点主要集中在农业发展方式的转变、农业结构调整、农业现代化的实现、农业的质量和效益问题以及未来农业的发展方向等方面，下面对上述代表性的观点进行综述。

1. 农业发展现状

国内学者围绕农业发展取得的成就、面临的严峻挑战和新的发展机遇，进行了大量研究。

改革开放前 30 年，农业发展取得的巨大成就：改革了农村的社会经济结构；进行了大规模的农林水利建设，改善了农业生产的基本条件，提高了农业的生产力水平。但也受到两次严重的挫折，分别是"大跃进"和"文化大革命"对农业生产的摧残。[1]胡亦琴研究了农业可持续发展的基础是土地的可持续利用，创新农地流转制度是提高土地要素配置效率，实现农业可持续发展的突破口。[2]党国英认为土地制度缺陷、农业经营组织政策失误以及劳动资源配置缺陷分别影响农业经济效益、降低农业资本效率以及农业劳动生产率，上述三点是当前农业发展面临的基本问题。因此必须确立新的农村改革战略，以提高农业竞争力。[3]蔡昉和王美艳指出从总体上说，中国农业发展正处于从解决食品供给和农民收入问题转向解决农业生产方式问题的新阶段。土地经营规模不经济导致农业资本报酬递减、产业缺乏自立性和竞争力；农业发展的政策思路受农业产业特殊论的观念束缚，致使农业过度依赖政府补贴和保护，阻碍现代化农业生产方式的转型。建议通过土地制度和户籍制度改革，解除制约土地经营规模扩大的体制性障碍。[4]中央农村工作领导小组的陈锡文指出 21 世纪以来，从整体上说，中国农业形势逐年趋好，农业发展出现新的动向，同时面临严峻挑战。新动向主要表现在五个方面：主要农产品进口数量不断增长、农产品价格国际竞争力下降、世界贸易组织（WTO）对农产品的影

① 刘中一：《中国农业经济问题研究》，北京：人民出版社，1981，第 3—10 页。
② 胡亦琴：《农地流转制度创新与中国农业可持续发展》，《学术月刊》2011 年第 9 期。
③ 党国英：《中国农业发展的战略失误及其矫正》，《中国农村经济》2016 年第 7 期。
④ 蔡昉、王美艳：《从穷人经济到规模经济——发展阶段变化对中国农业提出的挑战》，《经济研究》2016 年第 5 期。

响加深、农村经济社会发展的重大变化使原有政策成效逐步递减，农业生产成本与农民收益受到挑战。面临六个方面的挑战：国际国内农产品价格倒挂的压力、农业生产成本上升的挑战、中国是WTO 成员方的挑战、传统农业生产方式导致农业生态环境系统难以为继、农业科技的实力不强、农业生产的组织化和市场化程度较低。[①]

2. 农业发展方式转变的重点以及主要途径

转变农业发展方式是经济发展方式转变不可缺少的组成部分。国内学者围绕转变农业发展方式进行了大量研究，主要集中在农业发展方式遇到的突出问题、转变的重点任务和关键问题以及主要途径等方面。

叶兴庆指出农业发展方式转变的突出问题主要表现为：产能透支；成本上涨；价格倒挂；"黄箱"收窄。[②]韩长斌指出农业现代化发展滞后，面临三方面的严峻挑战：农业资源环境制约凸显；农业结构失衡突出；农业发展质量效益不高。转变农业发展方式是推进农业现代化的基本路径。农业发展方式转变的重点任务包括：挖掘粮食增产新潜力；培育现代农业产业体系；注重农产品质量安全；注重科技创新、经营方式创新。[③] 解决农业发展方式转变的关键在农业科技创新、管理创新、提高农业科技成果转化率等。洪银兴认为提高全要素生产率可以从根本上改变传统农业发展方式；不仅是增加农业剩余，更重要的是改善农产品品质以及扩大农产品品种。农业技术现代化，蕴含着"农产品品质"的范式，不能沿袭传统的"石油农业"道路，而应选择"绿色农业和生态农业"道路。为确保农业现代化的实现，要将科技和人力资本等新的现代生产要素融入农业制度中。[④] 姜长云提出在经济新常态下，依靠科技创新加快农业发展方式转变已迫在眉睫。应健全农业科技多元融资机制、强化产业创新转化的动力支撑、推进科技与经济的融合发展等。用现代产业发展理念如产业链-供应链-价值链的有机结合、科技创新与农业经济的融合发展等，推动农业科技创新、商业模式创新、业态创新以及制度创新的协同发展。[⑤]王敬华和钟春艳指出农业科技创新和成果转化，能够促进农业生产经营方式转变、优化农业产业结构、提高农业装备水平。这是农业发展方式转变的主要动因。因此，需要从健全农业科技成果转化体系，培育转化能力等方面进行农业管理创新。[⑥] 谢培秀指出要抓好农业发展方式的五个转变：推动农业发展方式向优质特色化、市场化、适度规模化、信息化与现代化方向转变，注重提高农业竞争力、农业技术创新和农村产权制度改革，注重可持续发展，走资源节约、环境友好、产出高效、产品安全的现

---

① 陈锡文：《中国农业发展形势及面临的挑战》，《农村经济》2015 年第 1 期。

② 叶兴庆：《演进轨迹、困境摆脱与转变我国农业发展方式的政策选择》，《改革》2016 年第 6 期。

③《中共中央关于制定国民经济和社会发展第十三个五年规划的建议》（辅导读本），《加快转变农业发展方式》，北京：人民出版社，2015，第 95—98 页。

④ 洪银兴：《中国特色农业现代化和农业发展方式转变》，《经济学动态》2008 年第 6 期。

⑤ 姜长云：《创新驱动视野的农业发展方式转变》，《改革》2015 年第 12 期。

⑥ 王敬华、钟春艳：《加快农业科技成果转化 促进农业发展方式转变》，《农业现代化研究》2012 年第 2 期。

代农业发展道路。[①]刘丽伟和高中理提出以"双创"驱动农业发展方式的根本转变,其具体路径为:培养"多元型"人才;规避农业科技创新风险、文化创意风险;发展创意农业产业集群;改善创意农业发展环境。[②]韩长斌指出实现农业发展方式根本性转变的重点表现在五个方面:促进农产品供给由注重数量增长向注重总量平衡、结构优化和质量安全转变;促进农业发展由主要依靠资源消耗向资源节约、环境友好转变;促进农业生产条件由主要"靠天吃饭"向提高物质技术装备水平转变;促进农业劳动者由传统农民向新型农民转变;促进农业经营方式由一家一户分散经营向提高组织化程度转变。[③]武甲斐和张红丽采用 G-L 指数以及 Greenaway-Milner 细分法实证分析了加快转变农业发展方式的着力点,研究显示主要在三个方面:开展农产品水平型产业内贸易、促进农业产业化与企业化发展、提升农业要素禀赋价值的合理化。[④]

3. 农业结构调整

这方面的研究文献主要集中在农业结构调整的总体评价、发展趋势以及需要关注的重点问题。高强和孔祥智指出中国经济迈入新常态,农业发展迈入新阶段。农业综合生产成本增加、农产品供求结构性矛盾突出,对外依赖程度加深,国家粮食安全以及重要农产品有效供给面临严峻挑战。因此,农业要适应新形势的发展需要,审视政府与市场的边界,促进农业结构调整,在优势的基础上制定新的农业结构调整战略。[⑤]张兵和刘丹指出经济全球化趋势加剧,农业结构战略性调整面临新的形势,同时也被赋予了新的内涵,在调整视野、内容、对象及标准上都显著不同。农业结构战略性调整应以市场为导向,进行科技创新,维护农民的主体地位,发挥政府的引导、服务、调控作用,利用国际国内两种资源,保障农产品有效供给,促进农民持续增收。农业结构调整应从战略高度把握调整的目标和方向,跳出农业范畴。农业结构调整的着力点是提高生产力水平、提高品质、规模经营、开拓市场和升级服务。[⑥]李国祥提出调整农业结构是促进农民增收的关键。除此之外,农村相关制度创新、改善农产品交易条件、促进农产品市场交易稳定等也是重要的措施。[⑦]

4. 农业经济增长质量和效率

在经济新常态下,提质增效是经济社会发展的重大战略任务,农业经济的质量和效率是提质增效的重要组成部分。因此,提高农业经济的质量和效率的主要途径和政策措施等,成为学界研究农业问题的热门话题。

---

① 谢培秀:《新常态下我国转变农业发展方式的思考》,《中州学刊》2016 年第 1 期。

② 刘丽伟、高中理:《以"双创"驱动我国农业经济发展方式转变探析》,《经济纵横》2014 年第 11 期。

③ 韩长赋:《毫不动摇地加快转变农业发展方式》,《求是》2010 年第 10 期。

④ 武甲斐、张红丽:《新形势下我国转变农业发展方式的着力点研究》,《经济问题》2016 年第 11 期。

⑤ 高强、孔祥智:《中国农业结构调整的总体估价与趋势判断》,《改革》2014 年第 11 期。

⑥ 张兵、刘丹:《当前农业结构战略性调整需要关注的问题》,《农业经济问题》2013 年第 8 期。

⑦ 李国祥:《农业结构调整对农民增收的效应分析》,《中国农村经济》2005 年第 5 期。

改革开放 30 多年来，追求数量的农业经济增长方式导致农业可持续发展难以为继，农业经济增长质量是效益优化和可持续发展的统一。提高农业经济增长质量是农业发展方式转变的目标。[①]王宝义和张卫国实证研究了农业生态效率的特征、成因及提升生态效率的措施。1993—2013 年，从总体上说，农业生态效率趋于"降-升-降-升"的提升态势，呈现平缓右偏型"W"结构；东部、中部和西部地区效率走势与全国基本一致；中部、东部地区差异较大；省际效率态势总体上差别较大。不同地区由于资源禀赋、生态负面影响以及经济增长的阶段不同，要采取差别化战略，提升农业生态效率措施，促进农业生态化和可持续发展。[②]

5. 生态农业

生态农业成为未来农业未来发展的方向，学界围绕该问题进行了大量研究。部分学者认为未来农业的方向是朝着生态农业方向发展的，也有学者认为农业现代化是未来农业发展的主要目标。

（1）围绕生态农业，多数学者系统研究了生态农业的总体特征、地区差异和变动机理等。刘应元等构建了非期望产出模型，运用 2000—2010 年的面板数据测算各省农业碳排放量，研究各省的生态农业发展状况。结果表明 21 世纪以来，从整体上说，各省生态农业发展较快，但是农业资金和农业劳动力存在大量冗余，东部、中部和西部之间的生态农业发展存在较大差异。[③]程序认为现代生物能源产业从根本上保障了生态农业的高经济效益，为生态与经济的"联姻"、破解环保产业化的"两难"选择，以及重振生态农业，带来了新的机遇。[④]洪传春、刘某承和李文华探讨了生态农业的有效模式。他们研究认为，农林复合经营符合中国人多地少和小农经济的国情，体现了"现代、高效、循环"的生态农业特点，成为生态农业发展的有效模式；加强农林复合经营中的科技发展、技术应用的效果评估以及金融与财政政策的支持，有利于农林复合经营的可持续发展。[⑤]克利福德·柯布和成文杰从全球视野论证了不完全属于公共也不完全属于私人的土地所有权符合建设性后现代有机思维的方式，能够处理复杂的生态与社会系统，促使生态农业的大发展。[⑥]刘小龙认为，集经济效益、社会效益、生态效益和文化生活于一体的生态旅游农业是未来农业高层次的发展形态。[⑦]

（2）围绕农业现代化，大量文献探寻了农业现代化路径及相应的制度保障。没有农业现代化，国家现代化是不完整、不牢固的。学者围绕农业现代化的实现问题展开了大量研究。武力提出中国共产党对农业现代化探索分为三个时期：1921—1952 年，通过民主革命为工业化和农业现代化解除体制障碍，实

---

① 任保平、钞小静、魏婕：《中国经济增长质量发展报告（2015）——中国产业和行业发展质量评价》，北京：中国经济出版社，2015 年，第 88 页。

② 王宝义、张卫国：《中国农业生态效率测度及时空差异研究》，《中国人口·资源与环境》2016 年第 6 期。

③ 刘应元等：《中国生态农业绩效评价与区域差异》，《经济地理》2014 年第 3 期。

④ 程序：《以生物能源产业重新振兴中国生态农业》，《中国生态农业学报》2013 年第 1 期。

⑤ 洪传春、刘某承、李文华：《农林复合经营：中国生态农业发展的有效模式》，《农村经济》2015 年第 3 期。

⑥ 克利福德·柯布、成文杰：《建设性后现代视阈下的中国生态农业》，《江苏社会科学》2014 年 01 期。

⑦ 刘小龙：《中国农业发展的新天地——生态旅游农业》，《生态经济》2001 年第 8 期。

现"耕者有其田";1953—1978 年,为了国家安全和赶超,农业现代化要服从于工业化的大局;1978—2011 年,改革开放带来了农业现代化的新局面。1978—2011 年又分为三个阶段,即 20 世纪 80 年代以"包产到户"推动农业发展阶段,90 年代以产业化带动农业发展阶段,21 世纪前 10 年以科学发展观为指导的全面推进阶段。[①] 温铁军、董筱丹和石嫣指出中国农业本体论问题应充分考虑人地关系高度紧张的基本国情、城乡二元结构体制的制约因素。为探寻新的农业激励和补偿机制,农业政策应转向农业的多功能性和综合价值,以实现农业现代化。[②] 汪洋指出农业是实现现代化的基础,应把解决好"三农"问题作为政府工作的"重中之重",大力推进现代化建设。为此,一要创新现代农业发展的体制,创新农业经营方式、农村产权制度、创新科技等现代要素支撑体系;二要促进农业内部协调发展和城乡协调发展,提高现代农业产业素质;三要坚持绿色发展,是农业现代化的基本要求;四要有全球思维,统筹用好国际国内农业高级资源和市场;五要共享成果,让农民从农业现代化建设中真正获益。[③]

(二) 第二产业研究

根据《国民经济行业分类》(GB/T 4754—2011),第二产业包括采矿业(不含开采辅助活动)、制造业(不含金属制品、机械和设备修理业)、电力、热力、燃气及水的生产和供应业、建筑业,这里只讲工业。学术界关于工业的研究主要集中在五个方面:工业发展演变进程、工业经济增长的动力机制、工业经济增长方式转变的因素、工业结构调整和转型升级、工业经济增长的质量和效益。其中,工业结构调整、转型升级和工业经济增长方式转变是相互影响、相互促进的,前者是后者的主要任务和基本途径,后者是目标,加快转变工业经济发展方式是提高工业经济增长质量和效益的前提保障。目前,中国正处于"转方式、调结构"的关键时期,工业经济的"转方式、调结构"是经济社会发展的重中之重,因此学术界围绕这一问题展开了激烈的讨论,成果丰硕。但是关于工业的提质增效研究相对欠缺,这为产业史研究者留下了广阔的研究空间。

1. 工业发展演变进程

新中国的工业发展和工业化进程分为两个重要时期。一是 1949—1978 年传统社会主义工业化道路时期。该时期工业化道路的特征是:①以封闭的计划经济体制、极低的人均国民收入为基本国民经济背景。②以快速发展赶超资本主义国家、建立独立的工业体系、满足国内市场需求为目标。③以优先发展重工业、优先发展国有经济并逐步实现对其他经济成分的改造、采用高关税和高估本币等方式推进进口替代、采用外延增长方式改善工业生产布局和区域经济不平衡为四项基本工业化战略。[④]二是 1979 年至今,为中

① 武力:《论中国共产党对农业现代化的伟大探索》,《中共党史研究》2011 年第 7 期。
② 温铁军、董筱丹、石嫣:《中国农业发展方向的转变和政策导向:基于国际比较研究的视角》,《农业经济问题》2010 年第 10 期。
③ 《中共中央关于制定国民经济和社会发展第十三个五年规划的建议》(辅导读本),北京:人民出版社,2015,第 69 页。
④ 武力:《中国工业化路径转换的历史分析》,《中国经济史研究》2005 年第 4 期;中国社会科学院工业经济研究所:《中国工业发展报告》(2000),北京:经济管理出版社,2000,第 2—3、15—17 页。

国特色社会主义工业化道路时期。其基本特征可以概括为：①以市场化改革、对外开放和较低的人均国民收入为基本国民经济背景。②以改善国民经济结构、促进经济发展和人民富裕为目标。③以农业、轻工业、重工业均衡发展，多种经济成分共同发展，积极利用外资和国内外两个市场，梯度发展的区域经济政策为四项基本工业化战略。[①]　武力和高伯文指出毛泽东意识到苏联工业化模式的弊端，积极探索中国工业化道路，并提出了一些很好的思想，但没有从根本上突破苏联模式。以邓小平和江泽民为核心的党的第二、第三代领导集体进行了全新的探索，提出了在经济市场化中发展社会主义工业化等一系列新的思想，极大地推进了中国工业化的进程。[②]　汪海波提出新中国工业化道路分为两个历史阶段。一是计划经济体制时期实行的传统工业化道路，二是经济体制改革时期实行的新型工业化道路。他预计到 2020 年基本实现新型工业化。[③]武力提出新中国的工业化经历了三次道路选择，这些选择分别是：20 世纪 50 年代以"单一公有制"为基础的"优先发展重工业"道路；80 年代选择以"改革开放"为基础的"外延型全面发展"道路；世纪之交以社会主义市场经济为基础的"新型工业化"道路。这种历史性的选择，既是特定环境和经济发展阶段的产物，同时也反映了中国共产党和政府对工业化问题的认识逐渐成熟。但是，由于中国经济发展极不平衡，又是人均资源匮乏的人口大国，新型工业化道路的转换要经历艰难的调整和较长的过程。[④]

武力和温锐研究了 1949 年以来工业化中的"轻、重"关系，提出了 1949—2005 年工业化中的"轻、重"关系有三次大的转变。这三次大的转变分别是：1949—1978 年求强阶段、1979—1997 年求富阶段和 1998—2005 年探索新型工业化道路阶段。"轻、重"关系分别表现为"重重轻轻"，"农、轻、重"同步发展，政府和企业均通过结构调整寻找新的经济增长点。通过对工业化三大转变的研究，认为要纠正"轻、重"问题的五个认识误区。[⑤]张占斌提出新中国成立后，中国采取优先发展重工业战略是符合当时特殊的国际环境和中国国情的，既有重大的历史作用，又有很大的历史局限性。其中蕴含的比较优势理论为今后经济建设提供了宝贵的经验。[⑥]吴敬琏指出要建立促进技术进步和效率提高的体制，用信息化带动工业化，加快服务业发展，走新型工业化道路。[⑦]　董志凯提出有中国特色的工业化道路经历了三个阶段：20 世纪 50 年代至 80 年代是优先发展重工业阶段，90 年代以来进入工业化中期阶段，21 世纪以来处于中期向后期的过渡阶段。[⑧]刘世锦指出高新技术对传统产业的渗透、融合或改

① 陈佳贵、黄群慧：《中国工业化与工业现代化问题研究》，北京：经济管理出版社，2009，第 4 页。

② 武力、高伯文：《试论马克思主义工业化理论的实践与发展》，《马克思主义研究》2003 年第 4 期。

③ 汪海波：《汪海波文集》，北京：经济管理出版社，2011，第 249 页。

④ 武力：《1949 年以来中国共产党关于工业化道路的认识演进》，《党的文献》2004 年第 2 期；武力：《中国工业化路径转换的历史分析》，《中国经济史研究》2005 年第 4 期。

⑤ 武力、温锐：《1949 年以来中国工业化的"轻、重"之辨》，《经济研究》2006 年第 9 期。

⑥ 张占斌：《中国优先发展重工业战略的政治经济学解析》，《中共党史研究》2007 年第 4 期。

⑦ 吴敬琏：《思考与回应：中国工业化道路的抉择》(下)，《学术月刊》2006 年第 1 期。

⑧ 董志凯：《新中国工业化的路径与建树》，《中共党史研究》2009 年第 9 期。

造，资源配置和产业结构的国际化程度高，发展理念和发展战略的重大转变，工业化阶段完成时间显著缩短等，是新型工业化的显著特点。[①]陈佳贵和黄群慧对于 1995—2010 年全国四大板块，七大区域，31 个省、自治区和直辖市的工业化水平、特征和问题进行了系统、连续的分析和评价，认为经过"九五""十五""十一五"三个五年计划，中国已经基本走完了工业化中期阶段，进入"十二五"之后步入工业化后期阶段，这对于中国的工业化进程是一个重要的里程碑。[②]

2. 工业经济增长的动力机制

多数文献认为工业增长的动力因素，主要包括技术创新、制度创新、人力资本、企业创新、工业竞争和市场需求。江飞、武鹏和李晓萍指出 2003 年以来，投资驱动的经济增长模式是导致工业增长效率恶化的根源，国际金融危机加剧了效率恶化的趋势。加快工业经济增长动力由投资驱动转向效率和创新驱动，其关键是理顺政府与市场的关系，政府要为市场建立完善的制度体系，促进技术创新与技术转移，尊重创新主体的创新意愿，充分发挥市场对工业创新资源配置的决定性作用。[③]刘传江和黄伊星运用 Lindh 和 Malmberg 经济增长模型，引入年龄结构因子，研究 2009—2010 年的中国工业经济增长率的贡献度，中壮年劳动者对工业经济增长的贡献率最大，推动了中西部地区的工业经济增长。[④]张兵兵和沈满洪指出工业经济增长与工业水资源节约、产业结构变化之间均存在长期均衡关系，水资源短缺是阻碍工业经济增长的重要因素，产业结构变化比工业经济增长对工业水资源节约的影响效果更加显著。[⑤]赵霄伟运用空间 Durbin 面板模型，选取城市（地级市以上）工业面板数据对 2004—2009 年地区工业经济增长的因素进行实证分析，研究表明，提高环境规制强度对地区经济增速具有抑制作用，东部、东北地区环境规制竞争促进经济增长，中部地区阻碍经济增长，而西部地区增长效应不显著。[⑥]蔡昉指出：工业竞争力包括企业竞争力和产业竞争力，前者是工业竞争力的基础，后者是条件；发挥劳动力资源比较优势，并对产业、技术和分工进行理性选择，是提升工业竞争力的现实途径。[⑦]蔡昉指出中西部工业加速发展主要依靠政府的政策效应、直接投资效应，但造成产业结构呈重化工业化。未来经济可持续发展要利用区域间的雁阵模式，充分发挥中西部劳动力资源丰富的比较优势。[⑧]有学者认为供给侧结构性改革促进经济增长。饶映雪和戴德艺构建空间计量模型，通过对 1999—2013 年中国 261 个城市（地级市以上）面板数据的考察表明，空间溢出效应对工业经济增长具有显著正相关，要适当控制工业用地增量，加大资本、

① 刘世锦：《正确理解"新型工业化"》，《中国工业经济》2005 年第 11 期。
② 陈佳贵等：《工业化蓝皮书 中国工业化进程报告 1995—2010》，北京：社会科学文献出版社，2012，第 3 页。
③ 江飞涛、武鹏、李晓萍：《中国工业经济增长动力机制转换》，《中国工业经济》2014 年第 5 期。
④ 刘传江、黄伊星：《从业人口年龄结构对中国工业经济增长的贡献度研究》，《中国人口科学》2015 年第 2 期。
⑤ 张兵兵、沈满洪：《工业用水与工业经济增长、产业结构变化的关系》，《中国人口·资源与环境》2015 年第 2 期。
⑥ 赵霄伟：《环境规制、环境规制竞争与地区工业经济增长——基于空间 Durbin 面板模型的实证研究》，《国际贸易问题》2014 年第 7 期。
⑦ 蔡昉、王德文、王美艳：《工业竞争力与比较优势——WTO 框架下提高我国工业竞争力的方向》，《管理世界》2003 年第 2 期。
⑧ 蔡昉、王美艳、曲玥：《中国工业重新配置与劳动力流动趋势》，《中国工业经济》2009 年 08 期。

劳动力要素投入，提高工业用地的质量和效率，工业用地要根据经济发展的不同阶段、不同产业结构地区实行差别化管理。[①] 刘元春和朱戎利用残差计量分析方法考察制度创新对工业经济增长及其效率的影响因子，研究表明工业经济增长的核心因素是工业企业的全要素生产率（TFP），工业经济制度变迁是促进工业经济增长的关键，制度结构性变化有助于提高工业经济增长效率。[②]

3. 工业经济增长方式转变的因素

多数学者认为在经济全球化背景下，国际贸易是工业发展方式转变不可忽视的因素，环境规制对工业发展方式的绿色转变有重要影响，其影响强度随着环境规制强度的大小而不同，技术创新是工业发展方式转变的最主要原因。赵文军和于津平运用 30 个工业行业面板数据构建了计量模型，研究了中国工业经济增长方式的变化特征，结果表明 21 世纪以来粗放型的工业经济增长方式呈现出强化趋势，进口和外资直接投资（FDI）有利于工业经济增长方式转型，而出口不具有促进作用。[③] 查建平等通过考察 2004—2011 年工业经济增长方式与环境规制演变的特征，指出从全国范围来看，工业经济增长方式呈生态型、集约型趋势，东部、中部与西部的环境规制强度依次递减，全国与东部环境规制对经济增长模式转变的影响强度较大，中部及西部的影响具有一定的时滞性，形成差异的重要因素是市场化程度。[④] 李斌等认为环境规制影响工业经济发展方式。他们指出环境规制通过影响绿色全要素生产率，而促使工业发展方式转变，但由于环境规制强度存在"门槛效应"，当环境规制强度小于门槛值 1.999 时，环境规制对工业发展方式转变的促进作用不显著；而当环境规制强度大于门槛值 1.999 而低于 3.645 时，提高环境规制强度有利于工业发展方式转变；当环境规制强度大于门槛值 3.645 时，增强环境规制将对工业发展方式转变产生负面影响。环境规制要同时跨越科技创新和所有制结构门槛。[⑤] 戴翔和金碚的实证研究揭示，服务贸易进口技术含量促进工业经济发展方式转变；技术含量高的新型服务贸易进口的促进效应显著强于技术含量较低的传统服务贸易进口。从工业行业分组来说，服务贸易进口技术含量对技术密集型工业发展方式转变的效应最大，资本密集型工业的效应次之，最后是资源密集型和劳动密集型工业。在全球服务业呈"碎片化"发展的趋势下，中国企业不仅应注重服务贸易进口"数量"的扩张，更应提升服务贸易进口的"质量"，以服务于工业经济发展方式的转变。[⑥] 张璐和景维民指出在经济全球化背景下，国际贸易影响中国工业发展方式转变。他们综合运用 LMDI 分解分析和回归分析方法，测算了国际贸易影响工业发展方式绿色转变的结构效应和技术效应。他们的研究显示：生产技术清洁度是促使工业发展方式

① 饶映雪、戴德艺：《工业用地供给对工业经济增长的影响研究》，《管理世界》2016 年第 2 期。

② 刘元春、朱戎：《中国工业制度体系变迁、市场结构与工业经济增长——计量与实证研究》，《经济学动态》2003 年第 4 期。

③ 赵文军、于津平：《贸易开放、FDI 与中国工业经济增长方式——基于 30 个工业行业数据的实证研究》，《经济研究》2012 年第 8 期。

④ 查建平、郑浩生、范莉莉：《环境规制与中国工业经济增长方式转变——来自 2004—2011 年省级工业面板数据的证据》，《山西财经大学学报》2014 年第 5 期。

⑤ 李斌、彭星、欧阳铭珂：《环境规制、绿色全要素生产率与中国工业发展方式转变——基于 36 个工业行业数据的实证研究》，《中国工业经济》2013 年第 4 期。

⑥ 戴翔、金碚：《服务贸易进口技术含量与中国工业经济发展方式转变》，《管理世界》2013 年第 9 期。

绿色转变的主要因素；国际贸易可以有效改进工业 SO_2 和 CO_2 减排的技术创新，而且对 SO_2 的效应强度较大；由于净出口规模快速扩张，国际贸易的"污染天堂假说"仅受到微弱支持。污染排放尚未成为影响中国参与国际分工的重要因素，促使工业发展方式绿色转变的主要动因是技术进步，环境管制与贸易开放相互促进，良性发展。[①]

4．工业结构调整和转型升级的因素

全球视阈下工业结构转型升级的因素很多，主要有经济体制改革、产业政策、劳动力成本上升、企业创新以及全球价值链（GVC）嵌入度等；与此同时，有研究认为技术封锁、内需不足等是阻碍工业转型升级的国际国内因素。

童健等构建了要素投入结构、环境规制与工业行业转型升级的模型，研究工业行业转型升级的影响因素。他的研究表明：环境规制对东部、中部和西部三个区域工业行业转型升级的影响均呈现 J 型特征，环境规制的资源配置效应、技术效应影响污染密集行业和清洁行业，J 型曲线的拐点取决于上述影响的相对大小。东部、中部和西部地区的环境规制强度依次增强。政府应采取差异化的区域性环境规制，促进东部、中部和西部地区工业行业转型升级。[②]付保宗提出促进工业转型升级的因素包括厘清政府作用边界、推进工业领域体制机制改革；转变产业准入管理方式、健全产业退出机制；创建公平的市场竞争环境，释放企业技术创新动力，构建绿色制造体系。[③]周平提出工业转型升级是新常态下经济迈入中高端水平的关键，要坚持多措并举化解过剩产能，建立以企业为主体、产学研用相结合的协同创新机制以及完善社会保障托底政策。[④]王玉燕和林汉川采用 1999—2012 年工业行业的面板样本数据，将结构优化、技术创新、绿色驱动以及经济效益四大要素纳入工业转型升级评价模型，测算中国工业转型升级影响因素。其研究表明：全球价值链（GVC）嵌入程度的加深促进工业转型升级，在劳动密集型和高技术工业中效果显著；高技术工业的发展、工业化进程的加快、经济自由度的提升以及行业内竞争性的加强均对工业转型升级具有显著的推动作用，而金融业的发展阻碍了工业转型升级。[⑤]任志成和戴翔实证研究了中国出口企业转型升级的倒逼机制问题，结果表明，劳动力成本提高对出口企业转型升级整体上形成"倒逼"作用，但其效应因行业、地区和企业类型的不同而不同。对劳动密集型出口企业的倒逼效应强于资本和技术密集型出口企业，对东部地区出口企业的倒逼效应显著，对中西部地区出口企业的效应无明显表现。[⑥]也有学者研究工业转型升级的制约因素。王维指出国内外经济环境条件的变化使工业转型升级迫在眉睫。然而，内需不足、创新收益不高、教育

---

① 张璐、景维民：《技术、国际贸易与中国工业发展方式的绿色转变》，《财经研究》2015 年第 9 期。

② 童健、刘伟、薛景：《环境规制、要素投入结构与工业行业转型升级》，《经济研究》2016 年第 7 期。

③ 付保宗：《当前我国工业转型升级的进展、障碍与对策》，《经济纵横》2016 年第 3 期。

④ 周平：《新常态下的工业转型升级》，《中国统计》2015 年第 12 期。

⑤ 王玉燕、林汉川：《全球价值链嵌入能提升工业转型升级效果吗——基于中国工业面板数据的实证检验》，《国际贸易问题》2015 年第 11 期。

⑥ 任志成、戴翔：《劳动力成本上升对出口企业转型升级的倒逼作用——基于中国工业企业数据的实证研究》，《中国人口科学》2015 年第 1 期。

支撑不够以及人才往行政部门流动等是制约工业转型升级的国内因素；技术封锁、重振制造业战略、跨国公司在华市场竞争以及迫使人民币升值等是国际制约因素。[①]

5. 工业经济增长的质量和效益

学术界研究工业经济增长质量的学术论文较少，以"工业增长质量"为检索词，以"篇名"为检索项进行检索，1995 年的文献数量为 27 篇，是文献最多的年份。这与"九五"计划提出实现两个根本性转变，以转变经济增长方式为中心，提高经济增长的质量和效益紧密相关。1996 年、1997 年、2007 年、2010 年、2013 年分别仅为 17 篇、18 篇、15 篇、14 篇、14 篇文献。即使在经济新常态下，以"提质增效"为核心促进经济发展方式转变的重大战略，学术界研究工业增长质量的文献每年不超过 10 篇，2013—2016 年分别仅为 5 篇、2 篇、2 篇、6 篇。以"工业经济增长质量"为检索词，以"篇名"为检索项的文献数量更少。除了 1995 年为 15 篇以外，1996—2016 年每年均不超过 10 篇。[②]这为产业史研究者提供较大的学术研究空间，同时也成为学术界亟待研究的问题。提高工业增长质量和效益是"十三五"及未来一段时期提质增效的重要内容，关系到 2020 年中国第一个百年目标的实现。因此，对于产业史学者来说，研究工业经济增长质量具有重要的研究价值和现实意义。

对于工业增长质量内涵的研究，早期的学者主要从广义的角度进行分析认为工业增长质量主要是指在工业产值增长的过程中工业效率与效益、工业结构、产品质量预计出口与工业竞争力四大方面的提高。[③]但是，由于统计数据和研究方法的限制，也有学者从狭义的角度讨论经济增长质量的变化。[④]涂正革、杨文举、陈诗一、庞瑞芝、董敏杰等使用 SBM 方向性距离函数测算了中国工业的全要素生产率，认为工业与环境应能够实现良性的互动发展，工业在增长的同时能够不以大量资源的耗竭为代价，则说明工业增长质量较好。[⑤]张同斌等采用静态、动态等多重方法，研究工业企业增长质量的差异，研究表明由于公有制企业的制度优势和政策偏好，其增长质量显著高于非公有制工业企业。要素回报是导致差异的主要因素，两类企业增长质量正在协同提升，其质量差距逐渐缩小。[⑥]宋潞平运用数据包络曲线和 Malmquist 指数模型研究

---

① 王维：《全球视角下的中国工业转型升级制约因素分析》，《亚太经济》2012 年第 4 期。

② 根据 CNKI 数据库相关数据计算整理。

③ 吕政：《论提高工业增长质量》，《中国工业经济》，1995 年第 12 期；郭克莎：《所有制结构变动与工业增长质量》，《管理世界》1998 年第 1 期。

④ 李桢业：《工业结构转型与工业增长质量——以中国浙江省为例》，《浙江社会科学》2008 年第 10 期；李玲、陶锋、杨亚平：《中国工业增长质量的区域差异研究——基于绿色全要素生产率的收敛分析》，《经济经纬》2013 年第 7 期。

⑤ 涂正革：《环境、资源与工业增长的协调性》，《经济研究》2008 年第 2 期；杨文举：《中国地区工业的动态环境绩效：基于 DEA 的经验分析》，《数量经济技术经济研究》2009 年第 6 期；陈诗一：《能源消耗、二氧化碳排放与中国工业的可持续发展》，《经济研究》2009 年第 4 期；庞瑞芝、李鹏、路永刚：《转型期间我国新型工业化增长绩效及其影响因素研究——基于"新型工业化"生产力视角》，《中国工业经济》2011 年第 4 期；董敏杰、李钢、梁泳梅：《中国工业环境全要素生产率的来源分解——基于要素投入与污染治理的分析》，《数量经济技术经济研究》2012 年第 2 期。

⑥ 张同斌、马丽园、高铁梅：《中国工业企业增长质量的分布特征变动与差异分解研究》，《数量经济技术经济研究》2016 年第 8 期。

研究综述 183

2003—2012 年 12 个沿海省市的工业经济增长质量的影响因素。其研究表明：无论长期还是短期，区域的开放度和专业化程度均促进工业增长质量的提高，开放度对于短期的影响更大，区域内企业消化速度缓慢造成长期影响减弱；在长、短期内，第三产业比例过高制约工业增长质量提高；长期来说，提高区域的创新能力能够促进工业增长质量，而短期内无明显作用。[①]任保平等从广义的角度对工业经济增长质量进行定义，认为工业增长质量是在工业结构、国民素质、工业外部性以及工业产品质量一定的情况下生产效率的最大化；利用修正的三阶段数据包络分析（DEA）模型对工业经济增长质量进行态势评价与趋势分析。中国工业化过程仅 60 余年，工业总量的快速增长并没有带来工业发展质量的提高，工业结构、工业能源消费以及工业污染等问题日益凸显。在追求工业数量增长的过程中，如何通过关于增长质量实现高级的工业化，不仅关系未来工业发展模式和方向，也关系中国经济发展方式战略转型的顺利实现。[②]经济增长的最优目标是数量、质量和效益相统一。[③]任保平等提出工业增长质量的提高以数量的增长为前提。工业增长质量不仅包括工业内部结构的优化、增长效率的提高，同时还应该包含工业增长对于国民素质、生态环境以及工业产品质量等方面的影响。[④]有学者认为工业结构转型和升级促进经济增长质量的提高。李桢业采用结构转型，运用工业结构演进的一般理论，分析工业增长质量的影响因素，其研究表明特化-普化增长型区域的工业经济增长质量较高，并且其技术水平或生产效率高的行业能够促进工业结构转型。[⑤]

（三）第三产业研究

根据《国民经济行业分类》（GB/T 4754—2011），第三产业即服务业，是指除第一产业、第二产业以外的其他行业，包括交通运输、仓储和邮政业、信息传输、计算机服务和软件业、批发和零售业、住宿和餐饮业、金融业、房地产业、租赁和商务服务业等，本文仅研究广义上的服务业。相比工业经济理论研究，学术界对服务业研究较薄弱。究其原因，一是受现实状况影响而对服务业发展重视不够；二是受服务业本身特点的影响，相比农业和工业，服务业内部各个行业差异较大，这就增加了探寻服务业发展一般规律的难度。改革开放以来，随着工业化进程的加快，服务业快速发展，在国民经济中地位不断上升。因此，学术界要更多关注服务业发展问题和服务业经济理论的研究。

1. 服务业发展的趋势、特点和意义

相比其他学者，江小涓对服务业的概况、趋势等方面的研究比较深入。江小涓认为服务全球化是经济全球化的当代特征和重要组成部分，其研究包括人力资源重要性、知识密集的生产者服务、劳动力

① 宋潞平：《工业增长质量与区域特性》，《济南大学学报》（社会科学版）2015 年第 3 期。
② 任保平、钞小静、魏婕：《中国经济增长质量发展报告（2015）——中国产业和行业发展质量评价》，北京：中国经济出版社，2015，第 23 页。
③ 任保平、李娟伟：《实现中国经济增长数量、质量和效益的统一》，《西北大学学报》（哲学社会科学版）2013 年第 1 期。
④ 任保平、钞小静、魏婕：《中国经济增长质量发展报告（2015）——中国产业和行业发展质量评价》，北京：中国经济出版社，2015，第 106 页。
⑤ 李桢业：《工业结构转型与工业增长质量——以中国浙江省为例》，《浙江社会科学》2008 年第 10 期。

"虚拟"跨境流动以及广泛的非经济影响。服务全球化有利于解决全球性问题、促进世界经济增长，中国应该更积极地融入全球分工体系，促进服务业发展。江小涓指出服务外包作为一种新型的全球产业组织形态，具有重要的理论研究价值。服务外包将加速服务业创新、提高劳动生产率，这是产业组织的重大变革和新的增长动力。[①]

2. 促进服务业生产率提高的主要因素

大多数学者认为，改革开放以来，服务业全要素生产率（TFP）呈递增趋势，但各省、自治区和直辖市的服务业 TFP 呈区域性和行业差异性，而且递增幅度递减。这主要是由于服务业的发展采用粗放型的发展方式。加快技术进步是解决上述问题的关键因素。

毛艳华和李敬子认为服务贸易的行业结构与出口规模呈现优化发展和快速扩张态势，其中的动力机制是服务业出口的本地市场效应。这为服务贸易战略提供了新视野，对加快服务业市场开放、实施扩大内需、推进服务贸易与服务业的结构调整等具有启示意义。[②]王恕立和胡宗彪运用序列 DEA-Malmquist 生产率指数法研究了服务业总体以及细分行业的 TFP、纯技术效率与规模效率增长率、技术进步。其研究认为服务业总体及细分行业的 TFP 均呈现上升态势。20 世纪 90 年代，服务业 TFP 提高的主导因素是技术效率改进，21 世纪后，则主要是技术进步。技术效率改进从纯技术效率向规模效率转变，粗放型的服务业发展方式依然显著。同时，服务业 TFP 增长的行业异质性较大，服务业 TFP 增长滞后于工业（制造业）行业。1990—2010 年，TFP 及 TFP 增长的行业异质度降低，而技术进步提高。可能的原因是服务业体制的渐进性改革，以及现代信息技术对服务业资源配置的异质影响。[③] 刘兴凯和张诚运用非参数的 Malmquist 指数方法考察了 1978—2007 年中国 28 个省、自治区和直辖市服务业要素生产率(TFP)，研究其变化的阶段性和区域性特点。结果显示，改革开放以来，服务业 TFP 不断增长，但提高幅度呈阶段性下降态势。在 TFP 的变化中，技术效率的"水平效应"有限，技术进步的"增长效应"显著。从空间分布上来说，东部、中部和西部地区的 TFP 增长及其分解存在区域性差异，且呈长期的收敛趋势。[④]王恕立等采用 Malmquist-Luenberger 指数法考察了 2000—2012 年、2004—2012 年中国 31 个省、自治区和直辖市服务业 TFP 的变化情况，并且与未考虑环境因素的情况进行比较分析。其研究显示：服务业 TFP 增长呈较大的行业和区域异质性，环境因素显著降低了服务业增长绩效和服务业 TFP 增长率，服务业发展中出现了破坏生态环境和浪费资源的粗放型增长。技术进步是提高服务业 TFP 的源泉，提升技术效率促进服务业增长有较大的空间。[⑤] 杨勇运用科布-道格拉斯(Cobb-Douglas)生产函数模型，测算 1952—2006

---

① 江小涓：《服务外包：合约形态变革及其理论蕴意——人力资本市场配置与劳务活动企业配置的统一》，《经济研究》2008 年第 7 期。

② 毛艳华、李敬子：《中国服务业出口的本地市场效应研究》，《经济研究》2015 年第 8 期。

③ 王恕立、胡宗彪：《中国服务业分行业生产率变迁及异质性考察》，《经济研究》2012 年第 4 期。

④ 刘兴凯、张诚：《中国服务业全要素生产率增长及其收敛分析》，《数量经济技术经济研究》2010 年第 3 期。

⑤ 王恕立、滕泽伟、刘军：《中国服务业生产率变动的差异分析——基于区域及行业视角》，《经济研究》2015 年第 8 期。

年服务业 TFP 增长率及其对服务业产出率的贡献，指出 1980 年以前服务业 TFP 增长率对服务业产出率的贡献波动较大；之后渐趋平稳，但总体水平偏低。[①]

3. 服务业转型和结构调整

大量文献主要集中在全球视阈下大力发展生产性服务业和新兴服务业，"互联网+服务业"是经济发展的新动力、服务业转型的新引擎。目前，"互联网+服务业"成为学术界研究服务业转型升级的热门话题。"互联网+服务业"成为中国经济发展的新动力，未来发展潜力和空间巨大，促进经济结构转型升级。[②]郭世英等指出，从总体上说，服务业结构优化呈上升趋势。但还不尽合理，必须改造传统服务业，科学发展生产性服务业和新兴服务业，优化消费性服务业结构，提高服务业人员素质，促进服务业结构朝着合理化、科学化方向发展。[③]王燕和张辉指出在现代社会，民生需求从追求基本生存的物质消费转向民众生活质量提高阶段。服务业转型是民生质量提高的反映以及民生创新的重要内容。在新形势下，服务业转型的方向是公共服务、生态协同、就业容量和社会管理等。[④]迟福林指出，中国经济正处于转型升级的历史拐点。加快经济的服务化进程符合工业化中后期经济发展的客观趋势。"十三五"时期，要形成以服务业为主导的经济转型的新格局。[⑤]

4. 增加公共服务供给

孟祥峰指出增加公共服务供给是践行共享发展理念的必由之路；要增强政府公共服务职责，发挥市场对公共服务供给方式的创新作用，不断提升公共服务的质量和效率。[⑥]宋小宁等基于 2000 多个县级样本数据，构建 FE-OLS 和 GMM 模型研究制约地方政府供给公共服务的因素。研究显示增加一般性转移支付规模对基本公共服务供给影响效果甚微，应该依靠专项转移支付。[⑦]许继芳和周义程认为政府、市场与社会失灵同时存在导致公共服务供给的质量和效率低下。要突破政府、市场和社会的惯性思维模式，借鉴新公共管理理论，政府要从直接生产者向兼任生产、安排和培育者的转换，也即从单一角色向动态角色转换。[⑧]邓宗兵等构建三阶段 DEA 模型，对中国 31 个省份公共服务供给效率进行实证研究。结果显示，多数省份技术效率处于规模报酬递增阶段，全国总体尚有约 25.9% 的改进空间；公共服务财政支

① 杨勇：《中国服务业全要素生产率再测算》，《世界经济》 2008 年第 10 期。
② 梁达：《"互联网+"：服务业发展的新引擎》，《宏观经济管理》2015 年第 11 期；刘小明：《以"互联网+"促进运输服务业转型升级》，《宏观经济管理》 2015 年第 10 期。
③ 郭世英、王庆、李素兰：《中国服务业结构优化升级问题分析》，《河北大学学报》 (哲学社会科学版)2010 年第 3 期。
④ 王燕、张辉：《民生创新与服务业转型》，《中共中央党校学报》2014 年第 1 期。
⑤ 迟福林：《"十三五"推进服务业主导的经济转型》，《国家行政学院学报》2015 年第 2 期。
⑥《中国中央关于制定国民经济和社会发展第十三个五年规划的建议》(辅导读本)，北京：人民出版社，2015，第 235 页。
⑦ 宋小宁、陈斌、梁若冰：《一般性转移支付：能否促进基本公共服务供给?》，《数量经济技术经济研究》2012 年第 7 期。
⑧ 许继芳、周义程：《公共服务供给三重失灵与我国公共服务供给模式创新》，《南京农业大学学报》(社会科学版)2009 年第 1 期。

出对效率影响有限，人均 GDP、人口密度、城镇化水平、居民教育年限等对效率有显著影响，各省份应提高管理水平或者扩大生产规模来改善公共服务供给效率。[①]

5. 服务业增长质量和生产效率

服务业增长质量是产业史研究需要关注的重点问题。近年来，对于中国服务业质量的研究主要有以下方面：一是对服务业生产效率和全要素生产率进行测算[②]；二是对服务业的水平、结构、分布进行综合评价研究[③]；三是对服务业与经济增长和制造业发展关联性的研究[④]；四是对服务业集聚程度及其影响因素的相关研究。[⑤]上述研究对服务业增长质量的整体态势进行了全面测度，但是缺乏定量层面的综合分析，定量研究仅仅针对服务业发展的速度和生产效率等指标，缺少对于服务业增长质量的定量综合评价研究。任保平从多维角度综合评价中国服务业增长质量，采用科学的统计分析方法对中国服务业增长质量进行更为全面和准确的测度。他还从总体维度和分项维度研究服务业增长质量的变动趋势，寻找服务业增长质量波动的原因，探寻提升增长质量的路径。[⑥]

（四）第三产业与农业、工业融合发展

多数学者认为随着经济全球化、产业市场化的快速推进，工业、农业和服务业将日益融合，共同促进未来中国经济社会持续健康发展。刘奕和夏杰长提出以服务业促进农业现代化是农业现代化的有效途

---

① 邓宗兵等：《中国区域公共服务供给效率评价与差异性分析》，《经济地理》2014 年第 5 期。

② 顾乃华：《1992—2002 年我国服务业增长效率的实证分析》，《财贸经济》，2005 年第 4 期；顾乃华、李江帆：《中国服务业技术效率区域差异的实证分析》，经济研究，2006 年第 1 期；蒋萍、谷彬：《中国服务业 TFP 增长率分解与效率演进》，数量经济技术经济研究，2009 年第 8 期；谭洪波、郑江淮：《中国经济高速增长与服务业滞后并存之谜——基于部门全要素生产率的研究》，《中国工业经济》2012 年第 9 期；杨青青、苏秦、尹琳琳：《我国服务业生产率及其影响因素分析——基于随机前沿生产函数的实证研究》，《数量经济技术经济研究》，2009 年第 9 期；杨向阳、徐翔：《中国服务业全要素生产率增长的实证分析》，《经济学家》2006 年第 5 期；杨勇：《中国服务业全要素生产率再测算》，《世界经济》2008 年第 10 期。

③ 华尔诚：《论服务业在国民经济发展中的战略性地位》，《经济研究》2001 年第 12 期；江小涓、李辉：《服务业与和中国经济：相关性和加快增长的潜力》，《经济研究》2004 年第 4 期；李江帆、曾国军：《中国第三产业内部结构升级趋势分析》，《中国工业经济》2003 年第 3 期；程大中：《中国服务业增长的特点、原因及影响——鲍莫尔-富克斯假说及经验研究》，《中国社会科学》2004 年第 2 期；程大中：中国服务业存在"成本病"问题吗？《财贸经济》2008 年第 12 期；张军、刘晓峰、谢露露：《中国服务业的新经济地理特征》，《统计研究》2012 年第 5 期。

④ 顾乃华、毕斗斗、任旺兵：《中国转型期生产性服务业发展与制造业竞争力关系研究——基于面板数据的实证分析》，《中国工业经济》，2006 年第 9 期；江静、刘志彪、于明超：《生产者服务业发展与制造业效率提升：基于地区和行业面板数据的经验分析》，《世界经济》2007 年第 8 期；徐从才、丁宁：《服务业与制造业互动发展的价值链创新及其绩效——基于大型零售商纵向约束与供应链流程再造的分析》，《管理世界》，2008 年第 8 期；原毅军、刘浩：《中国制造业服务外包与服务业劳动生产率的提升》，《中国工业经济》2009 年第 5 期。

⑤ 陈建军、陈国良、黄洁：《新经济地理学视角下的生产性服务业集聚及其影响因素研究——来自中国 222 个城市的经验证据》，《管理世界》2009 年第 4 期；盛龙、陆根尧：《中国生产性服务业集聚及其影响因素研究——基于行业和地区层面的分析》，《南开经济研究》2013 年第 10 期；王晶晶、黄繁华、于诚：《服务业集聚的动态溢出效应研究——来自中国 261 个地级及以上城市的经验证据》，《经济理论与经济管理》，2014 年第 3 期。

⑥ 任保平、钞小静、魏婕：《中国经济增长质量发展报告（2015）——中国产业和行业发展质量评价》，北京：中国经济出版社，2015，第 123 页。

径。他们提出要拓宽农业产业化的资金渠道，从扶持加工转向补贴服务；抓住产业链的"两端和两翼"，以服务驱动链网、链群整合；加快形成服务业引领的农业产业链。[1] 蒋丽丽和周丹指出农业现代化是服务业发展的重要动力。[2] 王耀中和江茜运用垄断竞争理论，研究生产性服务业促进农业现代化效率提升的机理机制。其研究表明，生产性服务业和农业现代化具有相互推动的效应，东部地区的推动效应较小，中西部地区长期的推动效应显著，短期内有所波动。[3] 刘戒骄指出中国加入 WTO 后，服务业与工业之间具有唇齿相依的关系。服务业的开放促进工业竞争力的提升，同时工业的发展促使服务业效率的提高，并且为服务业提供更好的发展条件。[4] 顾乃华指出服务业对工业发展具有显著的外溢效应，主要表现为"外溢生产效应"和"外溢改革效应"，前者如为工业品生产提供专业化的中间产品；后者如拓展工业品销售市场，为工业转移剩余劳动力提供有效渠道，均对工业发展具有积极的促进作用。[5]

围绕中国未来经济增长的主导产业，是由服务业承担还是由工业承担？学术界展开了大量研究。未来产业发展的方向是以服务业为主导还是以工业为主导，学术界至今尚未达成共识。江小涓和李辉认为，虽然服务业的增长率没有达到预期目标，但经济增速依旧居全球首位。因此，服务业发展滞后并没有阻碍国民经济的增长率，中国经济尚未进入服务业高速增长的阶段。[6] 郭克莎通过考察国际上不同国家产业结构的演变特征，提出中国产业结构偏差较大，从长期来说，这将导致产业结构变动方向无效率，因此，应控制工业部门扩张以快速发展服务业。[7] 张世贤提出中国产业结构演变态势不符合遵循世界一般模式的轨迹。政府调控投资的产业结构时，应按照产业的资本边际效率标准。目前，工业投资的资本边际效率高于服务业，应扩大工业投资占比，提升国民经济中的工业比重。[8]

夏杰长和倪红福认为服务业与工业界限日益模糊，"你中有我，我中有你"的新格局正在形成。未来较长一段时期，中国经济增长不是谁主导的问题，而是服务业和工业的"双轮驱动"。应摒弃从片面强调工业主导转向单纯强调服务业主导的传统思想，树立从传统产业的市场干预(投资补贴、产品补贴、税收和关税优惠等)转向水平型措施(网络、制度、平台)的新产业政策思路。[9] 渠慎宁和吕铁认为从经济增长潜力来说，服务业占 GDP 比重的提高，将导致工业技术创新对经济增长效应的减弱，而服务业技术创新的增长效

---

① 刘奕、夏杰长：《以服务业促进农业现代化：思路之辨与路径选择》，《宏观经济研究》2014 年第 5 期。

② 蒋丽丽、周丹：《农业现代化对我国服务业占比影响分析》，《管理世界》2013 年第 9 期。

③ 王耀中、江茜：《生产性服务业对农业现代化效率的影响》，《商业研究》2016 年第 1 期。

④ 刘戒骄：《服务业的开放及其对工业的影响》，《管理世界》2002 年第 6 期。

⑤ 顾乃华：《我国服务业对工业发展外溢效应的理论和实证分析》，《统计研究》2005 年第 12 期。

⑥ 江小涓、李辉：《服务业与中国经济：相关性和加快增长的潜力》，《经济研究》2004 年第 1 期。

⑦ 郭克莎：《我国产业结构变动趋势及政策研究》，《管理世界》1999 年第 5 期。

⑧ 张世贤：《工业投资效率与产业结构变动的实证研究》，《管理世界》2000 年第 5 期。

⑨ 夏杰长、倪红福：《中国经济增长的主导产业：服务业还是工业？》，《南京大学学报》(哲学·人文科学·社会科学)2016 年第 3 期。

应并不显著。服务业具备"经济稳定器"的作用，而工业技术进步对宏观经济的外部性效应强于服务业。未来产业结构在迈向"中高端"的过程中，应促使工业和服务业的均衡发展。[①]

上述研究对于澄清中国未来产业发展方向有着积极的意义。究竟服务业还是工业承担经济增长发动机的角色？随着经济发展阶段的不同、主要目标和任务的不同，服务业、工业对经济增长发挥的作用也有所不同。在目前全球产业大融合、大发展的背景下，不应过度追求某一产业的快速发展，也不应将服务业产值比重的提高作为实现"双中高"的标准，要在坚持工业是国民经济支柱产业的基础上，将制造业的技术创新与服务业的组织创新有效耦合，协调工业和服务业融合互动发展，以挖掘新的经济增长点。

三、产业结构研究

产业结构是经济结构最主要的内容，它反映各个产业部门之间的构成比例及其相互联系、相互制约的关系。学术界对于产业结构的研究主要集中在五个方面：产业结构及其调整的研究趋势、产业结构调整与经济增长的关系、产业结构调整的动力机制和解决的关键问题以及经济新常态下产业结构调整研究。

（一）产业结构及其调整的研究趋势

以"产业结构调整"为篇名对 CNKI 数据库进行文献检索，1979—1984 年的文献数量总计 19 篇，1985 年后该数字呈井喷式增长，当年的文献数量高达 254 篇（图 3）。

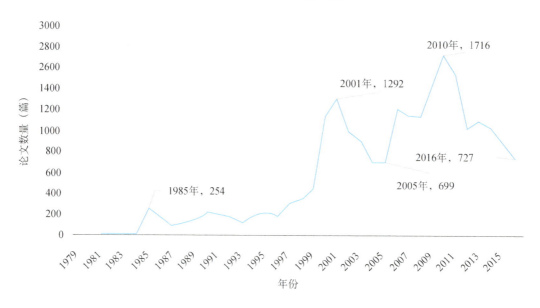

图 3　1979 年 1 月 1 日至 2016 年 11 月 5 日以"产业结构调整"为篇名的论文数量

资料来源：根据 CNKI 数据库相关数据整理

---

① 渠慎宁、吕铁：《产业结构升级意味着服务业更重要吗？——论工业与服务业互动发展对中国经济增长的影响》，《财贸经济》2016 年第 3 期。

　　1985 年杨治的《产业经济学导论》引入中国后[①]，国内学术界开始逐渐研究产业结构调整。20 世纪 90 年代，研究产业结构调整的文献数量徘徊在 500 篇左右。21 世纪初期，随着社会主义市场经济体制的逐步建立，产业结构调整的研究达到历史新高，2001 年突破 1000 篇，是 1999 年的两倍多。但随后，"产业结构调整"的研究论文逐渐降到 2000 年以前的水平。这并不能说明学术界对产业结构调整问题的关注度降低（图 4），而是对"产业结构调整"问题的研究开始转型，从以"产业结构调整"为篇名转向以"产业结构调整"为主题，从孤立研究"产业结构调整"转向宏观视阈下研究"产业结构调整"。2008 年国际金融危机以来，新自由主义的发展受到严重质疑，更多的观点倾向于政府对宏观经济的调控。产业结构调整，作为中国政府宏观调控的着力点，在应对国际金融危机冲击的热论中受到了更多关注。图 4 显示，2008 年以后，学术界对"产业结构调整"的关注度显著提高，2009 年、2010 年和 2011 年连续三年以"产业结构调整"为主题的文献数量均在 10 000 篇以上，随后有所降低，2012 年 1 月 1 日至 2016 年 12 月 14 日年均在 8000 篇以上。

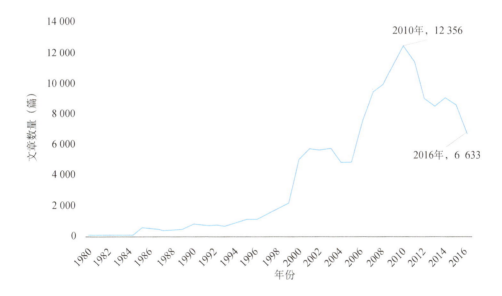

图4　1980 年 1 月 1 日至 2016 年 12 月 14 日"产业结构调整"研究学术关注度

资料来源：根据 CNKI 数据库相关数据整理

　　如果拓宽考察范围，学术界对"产业结构及其调整"研究的关注度从未衰减（图 5）。特别是 2000 年以后，学术界的研究热情高涨，2000—2005 年，每年的论文数量均在 10 000 多篇，2006 年提高到 24 816 篇，国际金融危机以来直到 2016 年，年均论文 30 000 多篇。从另一个意义上来讲，越来越多的学者关注"产业结构及其调整"问题的研究，虽然采取的研究方法各异，观点彼此交锋，彼此的分歧可能大于共识，但给政府对于产业结构调整的宏观政策提供了更多的理论依据。

[①]　杨治：《产业经济学导论》，北京：中国人民大学出版社，1985。

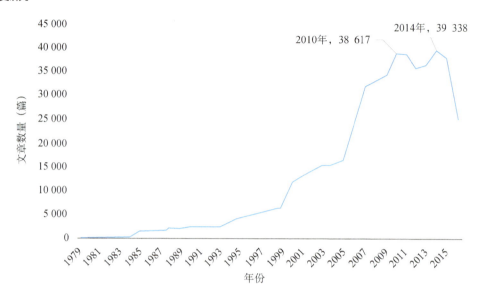

图 5　1979 年 1 月 1 日至 2016 年 12 月 14 日"产业结构"研究学术关注度

资料来源：根据 CNKI 数据库相关数据整理

通过对新中国成立以来的"中国产业结构及其调整"文献的梳理，可以看出改革开放前 30 年"中国产业结构及其调整"的研究非常欠缺，以"产业结构"为主题的论文仅有 6 篇，以"产业结构"为篇名的论文数量尚属空白，因此，对新中国产业结构及其调整的研究将成为产业史研究者肩负的重任，将对新常态中国"调结构"与"稳增长"发挥历史的借鉴作用。改革开放 30 多年了，对"产业结构及其调整"的文献进行回顾，及时进行经验总结，将为"十三五"及未来一段时期中国经济向好发展提供前瞻性的思考。

（二）产业结构调整与经济增长的关系

国内学术界对于产业结构调整与经济增长关系的研究文献丰硕，但结论并不完全趋同。第一种观点认为产业结构调整有助于经济增长。王海波提出产业结构调整是中国当前经济发展中一个最重要的问题。[1] 吕铁和周叔莲指出产业升级和结构调整能够实现产业间生产率的均衡化，促进经济增长方式从粗放型逐步转向集约型。[2] 刘志彪和安同良用 Moore 结构交化值指标对中国 1978—1990年、1990—1999 年产业结构变动度进行了测算，他们认为产业结构快速变动促进了中国经济的高速增长。[3] 干春晖等指出产业转型与升级有助于经济持续增长。产业结构合理化对经济增长的促进作用，呈现出较强的稳定性，而高级化则具有较大的不确定性。现阶段产业结构合理化对经济发展的贡

---

① 王海波：《王海波文集》，北京：经济管理出版社，2011，第 387 页。
② 吕铁、周叔莲：《中国的产业结构升级与经济增长方式转变》，《管理世界》1999 年第 1 期。
③ 刘志彪、安同良：《中国产业结构演变与经济增长》，《南京社会科学》2002 年第 1 期。

献远大于产业结构高级化。[1]熊映梧等指出在优化结构（包括产品结构、技术结构、产业结构）的基础上才能实现适度的经济增长。[2]周少甫等指出产业结构优化是经济增长的重要推动力。[3]纪玉山和吴勇民认为产业结构动态演进是经济增长的原因。[4]

第二种观点认为产业结构调整无益于经济增长。部分学者认为产业结构调整对经济增长的贡献呈现出下降态势。刘伟和张辉实证研究表明，改革开放30多年来，产业结构变迁对经济增长的贡献度逐步让位于技术进步而呈现不断下降趋势。[5]郭克莎认为自20世纪90年代以来中国严重的产业结构偏差，制约了经济增长速度。[6]

第三种观点认为产业结构优化调整促进经济持续稳定的增长，是有先决条件的。黄茂兴和李军军以31个省（市、区）的面板数据为样本，构建计量模型所进行的实证研究表明，技术选择和合理的资本深化，可以提升劳动生产率，促进产业结构升级，实现经济持续快速增长。这意味着技术选择和资本深化是产业结构优化和促进经济增长的条件。[7]刘伟和李绍荣的研究表明，只有以效率为前提的产业结构调整，才能促进经济长期稳定增长。[8]范方志和张立军认为合理的金融结构能够促进产业结构调整，进而推动经济增长。金融结构转变是产业结构调整和升级、促进经济增长的条件之一。[9]

第四种观点认为产业结构调整对经济增长的促进作用呈现阶段性特征。刘元春认为以二元经济转型为主导的产业结构升级对经济增长的贡献，超过经济体制改革，是经济高速增长的核心要素。郑若谷等认为改革开放以来，产业结构演变对经济增长的促进作用具有明显的阶段性特征，无论长期还是短期均有显著的推动作用。[10]

（三）产业结构调整的动力机制

产业结构调整是动态演变的过程，既是纵向运动，即时间上的继起变化；又是横向运动，即空间上的传导变化。从时间上看，产业结构是不断向高级化演变的过程，是由技术进步所导致的新兴产业技术不断取代原有产业技术基础，引起产业结构的物质技术根本性变更的过程。[11]从空间上看，产业结构的转

① 干春晖、郑若谷、余典范：《中国产业结构变迁对经济增长和波动的影响》，《经济研究》2011年第5期。
② 熊映梧等：《论产业结构优化的适度经济增长》，《经济研究》1990年第2期。
③ 周少甫、王伟、董登新：《人力资本与产业结构转化对经济增长的效应分析——来自中国省级面板数据的经验证据》，《数量经济技术经济研究》2013年第8期。
④ 纪玉山、吴勇民：《我国产业结构与经济增长关系之协整模型的建立与实现》，《当代经济研究》2006年第6期。
⑤ 刘伟、张辉：《中国经济增长中的产业结构变迁和技术进步》，《经济研究》2008年第11期。
⑥ 郭克莎：《总量问题还是结构问题？——产业结构偏差对我国经济增长的制约及调整思路》，《经济研究》1999年第9期。
⑦ 黄茂兴、李军军：《技术选择、产业结构升级与经济增长》，《经济研究》2009年第7期。
⑧ 刘伟、李绍荣：《产业结构与经济增长》，《中国工业经济》2002年第5期。
⑨ 范方志、张立军：《中国地区金融结构转变与产业结构升级研究》，《金融研究》2003年第11期。
⑩ 郑若谷、干春晖、余典范：《转型期中国经济增长的产业结构和制度效应》，《中国工业经济》2010年第2期。
⑪ 中共中央党校经济学教研部：《中国产业结构调整问题调查》，北京：中共中央党校出版社，2015，第1页。

变需要通过创新驱动来实现。[①]产业结构的纵向变化和横向运动，都需要充分发挥市场的决定性作用和政府的宏观调控职能，但是学术界关于产业结构调整的动力机制分歧较大。

1. 产业结构调整中的政府作用

相关文献表明，政府行为对产业结构演变具有显著的影响。宋凌云和王贤彬的实证研究表明，从短期来说，政府产业补贴政策有助于产业结构变动，但政府补贴的结构变动效应没有长期性。[②]郭杰用实证方法研究了新中国成立初期和改革开放后，政府财政支出在中国产业结构演变中起到巨大作用。[③]胡向婷和张璐从理论和实证角度研究了政府直接投资对产业结构变迁的影响。从整体上看，政府的投资行为会促进地区间产业结构差异化；政府设置贸易壁垒会促进地区间产业结构趋同。[④]褚敏和靳涛认为地方政府主导的发展模式阻碍产业结构升级，纯粹的国有企业垄断有利于产业结构升级，行政垄断是制约产业结构升级的重要因素。[⑤]周明勇和肖宏伟研究了地方政府通过投融资形成区域产业集聚区，从而在区域产业结构调整中扮演重要角色。[⑥]

2. 产业结构调整中的市场作用

市场机制倒逼产业结构调整。江小涓指出，在产业结构调整方面，政府的产业政策会引起较多的负面作用，相反，市场竞争起着决定性作用，成为产业结构调整的基本途径。[⑦]李稻葵和徐翔认为结构改善的主要动力是市场机制，任何短期或刺激性政策驱动均不利于结构改善。因此，结构调整应充分发挥市场机制的作用，坚持市场化道路。[⑧]张超和刘志彪认为市场机制在产业结构调整中发挥决定性作用，而政府则发挥辅助性调控作用。[⑨]但是，有学者认为市场调节阻碍产业结构调整。陈英提出在市场经济体制下，只有依靠技术创新才能推动产业结构"升级"，市场机制在产业结构升级中的有限性决定了政府部门必须介入。[⑩]蔡飞指出在中国的资源型地区，由于要素自由流动不畅、核心技术缺乏、利益机制传导受阻等问题，市场机制在调节产业结构中的作用受到严重限制，这些地区产业升级缓慢、产业结构严重失衡。[⑪]

---

① 任保平、钞小静、魏婕：《中国经济增长质量发展报告——创新驱动背景下的中国经济增长质量》，北京：中国经济出版社，2014，第24、48 页。

② 宋凌云、王贤彬：《政府补贴与产业结构变动》，《中国工业经济》2013 年第4 期。

③ 郭杰：《我国政府支出对产业结构影响的实证分析》，《经济社会体制比较》2004 年第3 期。

④ 胡向婷、张璐：《地方保护主义对地区产业结构的影响》，《经济研究》2005 年第2 期。

⑤ 褚敏、靳涛：《为什么中国产业结构升级步履迟缓——基于地方政府行为与国有企业垄断双重影响的探究》，《财贸经济》，2013 年第3 期。

⑥ 周明勇、肖宏伟：《论区域产业结构调整中政府角色》，《经济体制改革》2014 年第2 期。

⑦ 江小涓：《市场竞争应该成为我国产业结构调整的基本途径》，《财经问题研究》1995 年第8 期。

⑧ 李稻葵、徐翔：《中国经济结构调整及其动力研究》，《新金融》2013 年第6 期。

⑨ 张超、刘志彪：《市场机制倒逼产业结构调整的经济学分析》，《社会科学》2014 年第2 期。

⑩ 陈英：《产业结构调整过程中的动态经济学》，《经济社会体制比较》2007 年第6 期。

⑪ 蔡飞：《产业结构失衡与调整的市场机制研究——山西产业结构调整的再思考》，《技术经济与管理研究》，2014 年第3 期。

3. 产业结构调整中政府与市场共同作用

中国产业结构发展涉及平衡和高度化，即增量结构和存量结构。政府对产业结构调整的宏观调控包括总量平衡和结构平衡两个方面。政府对结构调整发挥积极作用的同时，必须注意政府对产业结构的"管制"是有成本的，因此要充分发挥市场的调节作用。[1] 王积业指出要深化改革，运用计划和市场两种机制促进产业结构优化调整。[2] 董志凯指出"调结构、稳增长"的关键在于政府与市场如何协调，健全的市场经济机制是"调结构"的核心动力。[3]

（四）产业结构调整解决的关键问题

产业结构调整主要包括产业结构调整的目标取向、实现途径以及政策措施三个方面，这是产业结构调整亟待解决的关键问题。

1. 产业结构调整的方向与目标

目前，中国正处于从工业化中后期向后期转化的阶段，产业结构调整的方向愈加显得重要，引起学术界的激烈争论，至今尚未达成共识。有学者认为产业结构调整的方向必须以发展服务业为主要推动力。郭克莎通过考察不同国家产业结构的演变特征，提出中国产业结构偏差较大，从长期来说，将导致产业结构变动方向无效率，因此，应控制工业部门扩张以快速发展服务业。[4]也有文献认为产业结构调整的方向必须以工业为主动力。江小涓和李辉认为，中国经济尚未进入服务业高速增长的阶段。[5]也有学者不同意上述观点。何德旭和姚战琪认为现代产业结构调整的方向以高新技术产业为动力，以现代服务业和制造业为车轮，带动产业结构整体升级。[6] 对于产业结构调整的多目标协调，学术界的讨论由来已久。陈家泽指出在产业结构转换时期，要重新组合资产存量、重新分配资源，使市场经济体制改革与之相适应。[7]陈建军指出中国加入 WTO 以来，随着经济全球化进程的加快，沿海发达地区已迈入产业结构快速调整时期，产业结构调整的目标模式是：多元化、国际化以及知识经济化。[8]上述文献研究表明，产业结构调整的目标与宏观经济形势紧密相关，也与经济发展阶段相匹配。

2. 产业结构调整的实现手段

产业结构优化调整是一国（地区）产业经济发展面临的共同课题。由于各个国家（地区）产业发展路径和轨迹的不同，产业结构调整的任务也不同，其调整的实现手段也有差异。王积业提出要实现 2010

---

[1] 洪银兴：《发展经济学与中国经济发展》，北京：高等教育出版社，2005，第7—8页。

[2] 王积业：《我国产业结构的调整与优化》，《中国社会科学》1991 年第 3 期。

[3] 董志凯：《协调政府和市场在结构调整中的作用》，《当代中国史研究》2016 年 01 期。

[4] 郭克莎：《我国产业结构变动趋势及政策研究》，《管理世界》1999 年第 5 期。

[5] 江小涓、李辉：《服务业与中国经济：相关性和加快增长的潜力》，《经济研究》2004 年第 1 期。

[6] 何德旭、姚战琪：《中国产业结构调整的效应、优化升级目标和政策措施》，《中国工业经济》2008 年第 5 期。

[7] 陈家泽：《论产业结构调整过程中的目标政策体系和经济体制改革》，《经济体制改革》1989 年第 3 期。

[8] 陈建军：《论我国沿海发达地区的产业结构调整及其目标特征》，《经济地理》2002 年第 6 期。

年远景目标，产业结构调整要从适应性调整转向战略性调整，如按市场需求培育新的经济增长点，重视引进先进技术与合理利用外资，正确选择支柱产业，以及深化改革克服结构调整所遇到的体制障碍等。① 蔡昉通过剖析传统经济发展战略，并与"大国模型"进行比较，认为传统经济发展战略引致产业结构演变中形成偏差和瓶颈制约。问题的解决应从深化改革出发，转变经济发展战略，通过调整利率、汇率及价格改革，实现产业结构高度化，调整产业结构。② 顾鹏和马晓明指出在产业结构调整时，应考虑资源环境综合成本，这是发挥市场机制配置产业资源、优化产业结构需要综合考虑的重要因素。③董志凯认为产业结构调整必须与投资结构调整、经济发展方式转变结合起来。④

在遵循市场规律的前提下，产业结构调整应加强政府引导，发挥市场作用，将两者有机结合，实现产业结构优化。张超和刘志彪指出产业技术创新升级和产业存量资本调整等重点领域，应充分运用利率、资本市场等市场手段，发挥政府在风险保障、产能监测等方面的行业调控作用，有效利用税收、财政等政策调控手段，加快产业升级和结构调整。⑤

3. 产业结构调整的政策设计

产业结构调整的政策设计主要包括产业转移与产业承接政策、产业结构调整中的外资政策、产业结构调整相关配套政策。

（1）产业转移与产业承接政策

产业转移与产业承接政策分为区域间和国际间。学术界对于区域间产业转移与承接政策，主要有三种观点：第一种观点认为区域产业转移滞缓，依靠政府推动。傅允生通过研究浙江产业转移，认为东部地区部分产业存在路径依赖与锁定效应，面临"就地转型"和"区际转移"的抉择困境。因此，要实现有效的区际产业转移，就必须依靠政府推动和企业决策。否则，劳动密集型产业转移因进程缓慢而错过转移的良好机遇。⑥刘嗣明探寻了区际产业转移的困境，由于区际市场环境、产业制度等差距悬殊，对区际产业转移形成很强的制约作用，东部地区向中西部地区大规模产业转移很难进行。基于此，一方面，东部地区要加快产业快速发展，增强全国及东部地区的经济实力，为国家帮助中西部地区作出更大贡献；另一方面，中西部地区要加快产业发展，积极改善经济环境，为承接中西部地区产业准备更充足的条件。⑦

第二种观点认为区域产业转移产生环境负外部性，需要依靠政府解决相关问题。环境污染是伴随区际产业转移产生的负外部性问题。谢丽霜指出西部地区承接产业转移要把握好技术和市场准入门槛，政

① 王积业：《产业结构：从适应性调整转向战略性调整》，《经济学家》1997年第3期。
② 蔡昉：《我国产业结构调整的方向和手段》，《经济学家》1990年第4期。
③ 顾鹏、马晓明：《以产业结构调整为目标的产业环境评估》，《技术经济与管理研究》2011年第10期。
④ 董志凯：《投资结构调整与经济结构变迁的回顾与展望——兼及增长方式转变（1950—2010）》，《中国经济史研究》2012年01期。
⑤ 张超、刘志彪：《市场机制倒逼产业结构调整的经济学分析》，《社会科学》2014年第2期。
⑥ 傅允生：《东部沿海地区产业转移趋势——基于浙江的考察》，《经济学家》2011年第10期，第84—90页。
⑦ 刘嗣明、童欢、徐慧：《中国区际产业转移的困境寻源与对策探究》，《经济评论》2007年第6期。

府要采取适当措施，完善环境经济政策，防范东部地区产业转移带来的环境污染。[1]魏玮和毕超构建污染避难所效应模型和 Poisson 模型，研究区域产业转移中确实存在污染避难所效应，政府应加强环境规制，防止区域产业转移中的污染转移。[2]产业"空心化"是区域产业转移产生的另一个负外部性问题。[3]朱汉清比较研究了要素转移和产业转移，为克服区域产业转移造成的"产业空心化"，需要政府在推动劳动密集型产业转移的同时，引入高端生产加工环节，促进产业转型升级。[4]杨秀云和袁晓燕研究了区域产业转移的空心化特征及原因，建议政府采取区域产业政策以减轻空心化。[5]

第三种观点认为，区域产业转移能够促进区域协调发展，政府可以据此推动区域经济协调发展。陈刚和张解放的实证研究显示，区际产业转移具有发展效应、扩大效应和优化效应；相对落后地区利用产业转移效应和有效承接，是促进区域产业发展的有效路径。[6]张孝锋、蒋寒迪、陈建军、葛宝琴、刘力、覃成林的研究也表明了上述观点。[7]

学术界对于国际产业转移与承接政策，主要有两种观点。有学者认为国际产业转移不利于产业结构调整。叶祥和晏宗新从虚拟经济和实体经济的角度研究了发达国家在国际金融活动中居于主导地位，控制全球产业链的高端环节，制约了发展中国家产业结构的优化，其实质是经济掠夺。[8]也有学者不同意上述观点，张琴认为承接国际产业转移有利于产业结构优化，引进外资越多，第二、三产业的产值比重越高，外商直接投资比间接投资更有利于产业结构调整，应改善外资产业政策环境，实现外资产业政策转型。[9]范文祥应用多元回归方法，研究了 1983—2007 年国际产业转移对中国产业结构的影响，结果表明国际产业转移对产业结构升级具有阶段性影响。[10]陈勇提出了国际产业转移的政府规制，主要包括经济安全规制和反垄断规制。[11]

（2）产业结构调整中的外资政策

外资进入是产业结构优化的有效途径。洪银兴指出在经济全球化背景下，调整和优化产业结构实行开放型经济，需要利用国际资源，积极引进外资和技术人才，以带动国际新技术和新知识的引入。国家

① 谢丽霜：《西部地区承接东部产业转移的环境风险及防范对策》，《商业研究》2009 年第 1 期，第 95—98 页。
② 魏玮、毕超：《环境规制、区际产业转移与污染避难所效应——基于省级面板 Poisson 模型的实证分析》，《山西财经大学学报》2011 年第 8 期，第 69—75 页。
③ Zhao X，Yin H. Industrial Relocation and Energy Consumption: Evidence from China. *Energy Policy*. 2011. 39（5）. pp.2944-2956.
④ 朱汉清：《要素转移与产业转移的比较研究》，《经济学家》2010 年第 12 期，第 58—64 页。
⑤ 杨秀云、袁晓燕：《产业结构升级和产业转移中的产业空洞化问题》，《西安交通大学学报》（社会科学版）2012 年第 2 期，第 2—6 页。
⑥ 陈刚、张解放：《区际产业转移的效应分析及相应政策建议》，《华东经济管理》2001 年第 2 期。
⑦ 张孝锋、蒋寒迪：《产业转移对区域协调发展的影响及其对策》，《财经理论与实践》2006 年第 4 期，第 104—107 页；陈建军：《长江三角洲地区产业结构与空间结构的演变》，《浙江大学学报》（人文社会科学版）2007 年第 2 期，第 88—99 页；刘力：《区域产业结构协同的"双转移"战略：广东省证据》，《改革》2009 年第 8 期，第 62—68 页；覃成林：《区域协调发展机制体系研究》，《经济学家》2011 年第 4 期，第 63—71 页。
⑧ 叶祥松、晏宗新：《当代虚拟经济与实体经济的互动——基于国际产业转移的视角》，《中国社会科学》2012 年第 9 期。
⑨ 张琴：《国际产业转移对我国产业结构的影响研究——基于 1983—2007 年外商直接投资的实证分析》，《国际贸易问题》2012 年第 4 期。
⑩ 范文祥：《国际产业转移对我国产业结构升级的阶段性影响分析》，《经济地理》2010 年第 4 期。
⑪ 陈勇：《FDI 路径下的国际产业转移与中国的产业承接》，东北财经大学 2007 年博士学位论文。

要采取一系列有效发展政策。首先，要根据经济增长的不同阶段，依据国内资源条件、历史传统、经济结构及政治制度等因素，选择合适的新技术及引进方式；其次，要创造优越的接受外资、吸收新技术的环境。[①]田素华指出引进外资不利于上海市第一、二产业发展，有利于第三产业发展。其外资政策应当立足本地区引进外资所面临的大环境，明确外资产业投向的调控目标。外资政策应当投向增量外资产业方面，倾向于基础产业、基础设施建设，加强支柱产业投资，鼓励老企业技术改造。[②]傅强和周克红的研究表明引进外资与产业结构调整具有很强的正相关性。外资促进产业结构高级化，改善产业技术的有机构成，提升产业的整体素质。政府要制定相应的产业政策，给予必要的规范和引导，明确外资引进的重点领域。

（3）产业结构调整相关配套政策

政策性金融与市场性金融的有机融合，可以使金融政策对产业结构进行优化调整。韦超指出扩张型政策的实施效果受短期产业结构不合理的制约，基础产业滞后使国民经济发展遭遇掣肘。这说明经济增长模式要从数量型转向质量效益型，应充分发挥金融政策促进各产业的优化配置功能，消除结构不合理的现象，实现经济的良性循环。[③]张旭和伍海华指出产业结构调整中要以银行金融模式为主导，同时借助资本市场，注重货币政策与产业结构调整的有机结合。[④]

（五）经济新常态下产业结构调整研究

改革开放以来，中国的产业结构实现了多元化，但是未能实现高级化和合理化，造成了产业结构的低端锁定和结构失衡，导致了经济增长率的下滑。目前，中国产业结构处于从多元化向高级化和合理化转变的新常态，是合乎产业结构演化规律的必然常态。产业结构升级是新常态下"提质增效"的核心问题，也是中国从经济大国向经济强国过渡的关键。多数学者主张经济新常态下"调结构"也是促进经济社会发展的重要课题。张云等认为新常态下产业结构低碳转型是实现中国量化减排目标的重要途径。因此，要严控高碳行业增长，注重能源效率与碳生产率"质量"指标，降低高、低碳行业间的"数量"比例，降低产值增长率和宏观经济成本，实现较高水平的减排目标。[⑤]魏杰和杨林认为产业结构调整是新常态下经济发展的主要任务，产业结构调整可能会导致企业经营困难甚至破产，政府应该承担大部分产业结构调整成本。[⑥]经济结构战略性调整是新常态下转变经济发展方式的主攻方向，其中，产业结构调整是中心任务。推动战略性新兴产业、先进制造业健康发展，加快传统产业转型升级，推动服务业特别是

---

① 洪银兴：《发展经济学与中国经济发展》，北京：高等教育出版社，2005，第9—10页。

② 田素华：《外资对东道国的产业结构调整效应分析》，《上海经济研究》2004年第2期。

③ 韦超：《发挥金融政策在产业结构调整中的作用》，《金融研究》1993年第9期。

④ 张旭、伍海华：《论产业结构调整中的金融因素》，《当代财经》2002年第1期。

⑤ 张云、邓桂丰、李秀珍：《经济新常态下中国产业结构低碳转型与成本测度》，《上海财经大学学报》2015年第8期。

⑥ 魏杰、杨林：《经济新常态下的产业结构调整及相关改革》，《经济纵横》2015年第6期。

现代服务业发展壮大是新常态下产业结构调整的三个主要方向。[1]新常态下产业结构调整升级的驱动力主要包括：经济增速由高速转向中高速增长；要素供给条件明显变化，推动经济增长由要素驱动为主转向以效率和创新驱动为主；消费结构由以物质和实物消费为主转向以服务消费为主；经济发展方式由速度数量型逐步转向质量效益型。[2]产业结构优化和升级是供给侧结构性改革的主要方面，是全面建成小康社会的经济保障。[3]

[1] 任保平、钞小静、魏婕：《中国经济增长质量发展报告（2015）——中国产业和行业发展质量评价》，北京：中国经济出版社，2015，第 23 页。

[2] 王跃平：《中国产业结构调整和转型升级研究》，合肥：安徽人民出版社，2013，第 112—113 页。

[3] 武力：《中国产业结构的演变及其启示》，《百年潮》2016 年第 3 期。

以循环经济理念统领资源型城市转型发展与承接产业转移

郑有贵　武　力　王瑞芳　王　蕾*

摘　要：基于 2015 年对内蒙古自治区乌海市、四川省攀枝花市、贵州省六盘水市等地的调研结果，本研究认为，西部地区资源型城市通过承接东部地区产业转移推进转型发展时，需要更新理念、创新思路和改进政策，以实现绿色发展、循环发展、低碳发展。在理念更新、思路创新方面，地方地府应走出单纯非资源化的认识误区，克服零乱承接东部地区产业转移的盲目做法，以循环经济理念为统领，以构建循环产业体系为方向，谋划产业布局。在政策改进方面，加大对资源枯竭城市实施转型发展财政转移支付力度的同时，相关部门还要从促进循环产业体系形成和持续发展出发，对价格机制、支持政策、区域统筹协调机制等加以完善。

关键词：资源型城市　转型发展　承接产业转移　理念更新　政策改进

承接东部地区产业转移，是西部地区资源型城市实现转型发展的重要路径。基于 2015 年课题组对内蒙古自治区乌海市、四川省攀枝花市、贵州省六盘水市等地的调研结果，本研究认为，西部地区资源型城市在通过承接东部地区产业转移推进转型发展时，要以循环经济理念统领产业布局和政策改进，促进循环产业体系的构建和可持续发展。①

一、创新转型发展思路和更新承接产业转移理念

西部地区资源型城市为承接东部地区产业转移，促进自身转型发展，在产业布局方面，要创新发展思路，以构建循环产业体系为方向。

（一）构建循环产业体系，实现靓丽转型

在全国经济发展从高速增长向中高速增长的速度换挡期，2014 年乌海市、攀枝花市、六盘水市地区

---

* 郑有贵，中国社会科学院当代中国研究所第二研究室主任、研究员；武力，当代中国研究所副所长、研究员；王瑞芳，当代中国研究所第二研究室副主任、研究员；王蕾，当代中国研究所助理研究员。

① 内蒙古自治区乌海市刘春、全觉民、刘虎、朝格图，四川省攀枝花市杨自力、彭本瑜、张鸿春，贵州省六盘水市张瑞炎、张海琼等同志在组织参观、座谈、提供资料等方面予了大力支持，在此一并感谢。

生产总值分别增长 8.8%、9.3%、14.1%^①，比全国平均值 7.4%分别高出 1.4、1.9 和 6.7 个百分点。其中一个重要原因是这些资源型城市利用当地资源优势发展循环经济。乌海市 2011 年被列入全国第三批资源枯竭城市。该市按照国务院《关于进一步促进内蒙古经济社会又好又快发展的若干意见》提出的"以乌海及周边地区为重点建设全国重要的焦化生产加工基地"的定位，以循环经济理念和构建循环产业体系的思路，承接产业转移和促进转型发展。在该市所调研的 16 家企业（海勃湾区 7 家、乌达区 4 家、海南区 5 家）中，凡在循环产业体系中利用当地资源的企业，都呈现出良好发展的态势，已投产的企业满负荷运转，分期建设的企业实现了边建设边投产，且在建项目都具有一定的规模。例如，东源科技公司 BDO、PBS^②一体化项目，设计建成全国最大的 BDO 生产基地，建成投资预计 375 亿元，投产后年产值为 433 亿元。

（二）构建循环产业体系，增强承接产业转移的集聚力和转型发展的内在动力

在循环经济理念下，乌海市形成了由乌达工业园、海勃湾千里山工业园、海南西来峰工业园和低碳产业园区组成的"一区四园"的乌海经济开发区发展格局。2014 年内蒙古自治区批复的《乌海经济开发区总体规划（2012—2030）》显示，规划面积 239 平方公里，其中海勃湾工业园区 48 平方公里，乌达工业园区 40 平方公里，海南工业园区 52 平方公里，低碳产业园 99 平方公里。这是一种差异化的园中园的循环产业体系，乌达工业园区以氯碱化工为主导；海勃湾千里山工业园以发展新材料、新能源、新型建材，培育装备制造业、轻工业为主导；海南西来峰工业园以煤化工为主导。这种整体设计的"一区四园"被列入首批国家低碳工业园区试点。该市产业布局总的方向是，在淘汰落后产能的基础上，按照"食物链"设计产业链条，在延长产业链条上下工夫，在资源精深加工上做足文章，统筹推动煤、电、化及相关产业一体化发展，加快培育配套产业和下游产品，提高资源就地转化增值率和产业精深加工度。以乌达区为例，2014 年精细化工产业占工业总产值的比重为 20.5%，预计 2017 年将提高到 50%，成为乌达区工业经济转型的主导支柱产业。

以循环经济为理念统领产业布局，立足发挥资源型城市的自身优势，不仅是当地企业，也是东部地区企业产业转移的吸引力所在。当问及企业负责人为什么愿意到乌海市进行投资，或将本在北京、上海、浙江、大连、陕西等地的产业转移过来时，他们的回答较一致，即除了享受西部大开发的税收、产业、土地方面的政策优惠和有相对完备的园区基础设施外，更主要的是有独特的吸引力，主要体现在以下三个方面。

一是在循环产业体系中，上游企业产品（也包括"废物"）是下游企业的原料，有利于实现产业链的无缝连接，企业可以获得较为齐全的原料。大连九信生物化工科技有限公司负责人告诉我们，选择在乌海市做佳瑞米精细化项目，企业生产所需的约 20 种原料，当地就可以获得十七八种，其中有当地独特的资源，有上游企业的产品，副产品蒸汽、"废物"等，而且价格比在大连市低许多。

---

① 调研时有关部门提供资料。下文中，凡为调研时有关部门提供的数据，注释省略。

② BDO、PBS 均为化工生产项目名称。

　　二是在循环产业体系中，园区内企业与企业之间可实现产业链的衔接和副产品蒸汽等的有效利用，将富集的资源优势甚至包括"废物"在内的产品链衔接的优势，转变为低成本优势。仅以电与蒸汽价格为例，乌达区自备电厂平均发电成本仅为 0.22—0.24 元/千瓦时（含过网费和备用容量费），远低于东部沿海发达地区的平均工业电价 0.8—1 元/千瓦时，也低于内蒙古自治区平均工业电价 0.36—0.43 元/千瓦时；化工企业所需蒸汽可利用当地发电副产品的蒸汽，成本仅为 50 元/吨，比南方地区蒸汽平均价格 260 元/吨低许多。凭借自备电和蒸汽的低价格优势，使得乌达区大量基础产品成本较低，0.2 元/千瓦时的用电差价可使每吨电石成本低 700 元、烧碱成本低 400 元、工业硅成本低 2600 元；200 元/吨的蒸汽差价可使每吨 1,4-丁二醇成本低 1800 元。这种循环产业体系的低成本优势，可以给企业带来丰厚的回报，是当地企业实现发展壮大和东部地区将乌海市作为产业转移目的地的重要原因之一。依托资源优势，企业在乌海市落户的投入产出比优势明显——投入产出比大、每年产出强度大，据设计测算，东源科技公司 BDO、PBS 一体化项目为 1∶1.15 和 420 万元/亩，腾龙化工草甘膦项目为 1∶2.6 和 833 万元/亩，海欣环保 PVA 系列项目为 1∶0.86 和 286 万元/亩，永宁药业头孢系列项目为 1∶5 和 714 万元/亩，佳瑞米精细化项目为 1∶4 和 740 万元/亩，恒业成有机硅项目为 1∶1.15 和 514 万元/亩，源宏医药原药项目为 1∶3 和 1250 万元/亩，美方能源 LNG 项目为 1∶1.65 和 330 万元/亩，其中不少是填补内蒙古自治区空白产业项目。

　　三是在循环产业体系中，对生产中所产生的废气、废渣、废水进行综合循环利用，可以减轻企业在控制环境污染上的压力，也是形成产业集聚的重要原因之一。被视为最严格的新《中华人民共和国环境保护法》自 2015 年 1 月 1 日开始实施后，增大了企业的环保压力。如果企业排放不达标，将随时面临停产的风险。由于当地发展循环经济，停产的风险降到了较低的水平。北京市成城交大建材有限公司在南海区的项目，处于循环产业体系中的末端，以上游企业产生的多种"垃圾"为原料（企业负责人自嘲该企业是"垃圾"处理站）生产混凝土减水剂等产品，既实现很好的经济效益，又减少园区污染物的排放，担当起一定的社会责任。

　　正是由于以循环经济理念统领产业布局有诸多优势：凸显资源齐全优势、煤电化一体化低成本优势、行业竞争力和抗风险能力较强等，当地经济发展内生的动力得以增强，龙头企业集聚力增强，产业集聚效应明显，进而形成了上下产业链的衔接和融合发展的良好态势。乌海市引进建设了工艺技术和节能环保水平先进，总投资超过 500 亿元的焦化、氯碱化工大企业及大项目，主要工业产品由最初的几个发展到五个系列 50 多种，煤、焦炭、电、电石等初级产品正在向煤焦油、炭黑、合成氨、液化天然气、粗苯、酚类、萘类、洗油加工类、各种沥青、甲醇和 PVC、烧碱、医药中间体、新型建材等多元深加工产品延伸发展。承接这些产业后，在全国一些企业停产或减产的情况下，乌海市的骨干龙头企业还能实现满负荷生产。

（三）构建循环产业体系与促进产城融合、改善人文生态并进

西部资源型城市大多是国家为实现赶超发展，在计划经济体制下，以全国一盘棋和集中力量办大事的建设思路进行布局，通过嵌入式开发而发展起来的。国家为实现赶超发展，在组织资源开发时，一般采取"先生产，后生活"的政策，在实施过程中以生产原料为主，伴生极其严重的环境污染，城市功能也较单一，几乎是以服务单一产业发展为主要功能。乌海市、攀枝花市、六盘水市等，无一例外都是按照国家统一的开发建设模式发展的，乌海市和六盘水市主要是为采煤业服务而发展起来的，攀枝花市是为钢铁基地建设而发展起来的。

以发展循环经济和建设生态文明为统领，促进产城融合、改善人文生态环境和社会民生，是针对以资源开发为主要目的建设模式的一种补偿式调整，更是西部地区资源型城市适应新常态、引领新常态而实现转型发展的必然选择。谁主动选择，谁就可以在转型发展中增添魅力、活力，焕发生机。乌海市藉以防凌汛为初始目的而兴建黄河海勃湾水利枢纽为契机，统筹规划，在打造"沙地绿洲、水上新城"上做文章，改善生态和人文环境。为此，除控制工业排放、发展循环经济和发挥黄河海勃湾水利枢纽改善小气候外，乌海市还着力推进转型发展。一是坚持以水为魂，以"环乌海湖"为核心和支撑，加快推进城市转型，以实现从"乌"（煤矿业）到"海"（水上新城）的历史性转变。黄河海勃湾水利枢纽成功蓄水，面积 118 平方公里水面正在形成。甘德尔河治理一期、二期工程实现联合调度运行，高山草甸灌溉工程、桌子山矿区复绿引水南线工程全部完工，40 余座新建景观湖实现蓄水。以此为基础，乌海市稳步推进全国水生态文明试点城市建设，优化城市空间布局，引导人口向生态环境良好的"乌海湖"周边集中，实现乌海人"水贯城中、城在水中、依水而居"的设想。二是加快生态文明建设。4 年间乌海市累计用于生态建设的资金超过 60 亿元，实施了40 多项生态重点工程，投入近 1 亿元实施了约 1040 万平方米的地质环境治理项目，相继建成八大主题公园，新增园林绿地面积 490 万平方米，全市森林覆盖率达到 17.5%，建成区绿化覆盖率达到40.8%，人均公共绿地面积达到 18.4 平方米。该市已经成为全国绿化模范城市，正在创建国家园林城市。三是加快文化建设。在开展图书馆、文化馆（群艺馆）社区综合文化站、文化活动室和文化活动广场等公共服务建设的同时，该市以地方文化特色资源推动人文氛围的营建，如依托当地浓郁的书画文化氛围举办书画艺术节、建设全国书法城，促进了市民文化素养的提升，为和谐社会的构建奠定了人文环境基础。通过促进产城融合、人文生态建设，该市已成为黄河明珠、乌金之海、书法之城、沙漠绿洲、葡萄之乡、赏石之城，城市更具魅力。四是大力推进民生建设和创新社会治理。自 2004 年开始实行以统一城乡户籍制度为突破口的城乡一体化改革以来，该市近期以"十个全覆盖"为抓手推进城乡公共服务均等化，在全市推进以煤矿区为主的棚户区改造，并以智慧城市建设为突破口启动了"数字乌海"建设——乌海市也因此成为全国首批信息惠民试点城市。以上措施改善了民生，为和谐平安城市的发展奠定了基础。正是这些人文生态建设和社会民生条件的改善，既为转型发展奠定了坚实的基础，也使转型发展具有了较强的内生动力。其成效突出体现在：除了快速承接东部地区产业转移外，这些措施还促进了人口向中心城市的集聚，促进了产城融合，促进了产业间的融合发展。如旅游与文化、工业、农业等领域融合发展，依托特色资源、人文历史和区位交通等优势，乌海市正在设想打造"中国户外城市"，以融合丰富的沙漠、河流、草原、高山、湿地等景观。2014年乌海市旅游总收入 24.8 亿元，同比增长 22%，发挥了旅游业在经济转型和城市转型中的综合带动作用。由此，乌海市实现了第三产业的快速发展，第三产业在三大产业中的比重由 2011 年的 26%上升为 2014 年的 35.3%，年均提高 3.1 个百分点。

与乌海市一样，在三线建设中发展起来的攀枝花市和六盘水市，也大力改善环境、推进生态立市。在此基础上，攀枝花市和六盘水市还以独特的三线精神凝聚人心，利用三线工业文化资源发展三线旅游，发展循环经济，取得了很好的效果。例如，与当地的气候资源结合起来，攀枝花市开发的阳光之旅、六盘水市开发的体验凉都文化之旅都获得了良好的口碑。

生态人文建设和产业结构改善的共同作用，为资源型城市的转型发展创造了良好的环境，形成了品牌效应，使转型发展步入快轨。

综上所述，西部地区资源型城市，在承接东部地区产业转移、促进转型发展时，要走出以下两个认识误区。

第一，资源型城市的转型发展，在结构调整上要走出单纯非资源化的认识误区，如以煤兴城的城市提出要非煤化。在资源如煤炭供应紧缺而价格较高时，资源型城市依靠单纯"卖"资源，就可以获得丰厚的收益，往往缺乏发展接续产业和综合开发利用资源的积极性，也就会埋下不可持续发展的种子，结构性问题日益积累。因而，资源型城市在转型发展中，调整产业结构成为必然选择，但也应当因地制宜，就多数而言，主要是改变过度依赖资源、单一提供原料、资源浪费、不注重发展接续产业、城市功能与配套设施不完善、环境污染严重等发展不可持续的问题。如果陷入单纯非资源化的认识误区，为调结构而调结构，将失去发展的优势，得不偿失。

第二，在承接产业转移时，不应凌乱引入东部地区产业，也不应把无关企业堆积在产业园区搞所谓的企业集群，而应基于当地的资源优势，推进产业链的延伸和连接，形成资源（包括生产中所产生的废气、废渣、废水）的综合循环利用，实现多次开发，走绿色发展、循环发展、低碳发展之路。如果这样，既可以大幅度提高附加值，又可以将资源优势转换成低成本优势，以此集聚产业链上的各类优质龙头企业，进而形成优势产业。为此，政府在引导承接东部地区产业转移促进转型发展时，应当从产业链的延伸和发展循环经济上进行统筹规划和引导支持，促进循环产业体系的形成和发展。

二、促进循环产业体系形成和持续发展的政策改进

（一）构建有利于循环产业体系形成和持续发展的价格机制

形成产业链延伸连接的循环产业体系，促进绿色发展、循环发展、低碳发展，需要从以下两个方面对价格政策加以改进。

第一，完善自备电价格政策，切实把资源优势转换成低成本的发展优势，更好地促进资源的就地开发利用。国家已启动煤炭绿色利用的政策，着力提高电煤比例。依托煤炭资源发展起来的城市，实施煤电化一体化中遇到一个重要的问题，即在同一区域内，甚至是在同一工业园区内，在用电上对有自备电厂企业与无自备电厂企业实行不同的价格，后者远高于前者。如此，有碍循环产业体系的构建和可持续发展。乌达工业园区的内蒙古君正能源化工股份有限公司，在全行业不景气的情况下，2014 年还能盈利，其中一个最重要的因素，是由于自备电价格较低。海南工业园区的技术装备位列全国先进水平的焦化企业——神华乌海能源西来峰煤化工公司，与西来峰发电厂不仅属于同一上级公司，而且在产业链进行衔接。即便这种属于同一上级公司、地处同一产业园区而厂房相邻、产业链接的两家用电企业，仍然不能享受自备电价格政策，当地电价低的优势在该企业得不到体现，先进技术装备的优势不能发挥，在石油价格处于低位、新能源发展受影响而导致对焦煤需求不足的情况下，不得不削减生产。鉴此，从有利于构建循环产业体系和将资源优势变为区域发展优势出发，需要改进自备电价格政策，即在自备电厂范围的界定上，将每个企业的自备电厂，改为以产业园区的产业链来界定，避免每个企业小而全地兴办自备电厂，更好发挥园区集中统一兴办自备电厂的规模效应、充分利用园区资源、实现园区产业的进一步分工合作，进而提升资源型城市转型发展能力和内在动力。

第二，构建缓和替代产品价格波动对循环产业体系和新能源产业发展冲击的机制。资源型城市在构建循环产业体系过程中，会遇到替代产品价格波动带来的障碍。现阶段，石油价格在低水平徘徊，影响着新能源及相关产业的发展，如乌海市、六盘水市受煤气化产业的发展影响，有可能使当地循环产业链断裂。这种波动可能是中长期的，也可能是短期的，但它使企业对于发展循环经济和新能源产业缺乏明确预期而信心不足，不利于可持续发展的实现。为此，在价格政策上需要加以改进，建立起新能源价格补贴、税收优惠与所替代产品价格波动的联动机制，以减轻所替代产品价格波动对循环经济和新能源产业发展的负面影响。

（二）加大、改进对承接产业转移和转型发展的支持

国家对资源型城市转型发展，在基础设施、产城融合、人文生态方面予以大力支持，是属于补偿性政策调整，也是促进公平发展的具体体现。在加大对资源枯竭城市实施转型发展财政转移支付力度的同时，还要对支持政策加以完善。

第一，围绕循环产业体系的构建，完善科技创新支撑体系，统筹构建工业园区统分结合的中试和技术检测平台。乌海市大力促进以企业为主体、市场为导向、产业化为目的的科技创新体系的形成，逐步将发展方式导入创新驱动、内生增长轨道。该市对新建新型科技研发机构按照自治区政府、盟市政府、企业 1:1:2 比例共同出资，促进新型科技研发机构创新发展，已有自治区级企业研发中心 14 家、研究院 6 家（分别是内蒙古君正氯碱化工技术研究院、内蒙古煤焦化工新材料研究院有限公司、内蒙古东源高分子材料科学研究院、内蒙古恒业成有机硅研究院、内蒙古汉森葡萄产业研究院、内蒙古联丰稀土化工研究院）。在政策的完善上，需要进一步围绕转型发展，以促进循环经济的发展为重点，一方面大力支持重点产业领域关键技术研发；另一方面，在产业园区统筹建设统分结合的中试和技术检测平台，以满足企业特别是东部地区产业转移企业的需求。

第二，构建差异化的园区基础设施网络，为生产生活服务。根据乌达区的经验，需要立足于差异化的产业发展定位，建设适合于产业发展的差异化基础设施，形成覆盖全、强度大、专业化深、可靠性高、服务水平提高的基础设施网络。其中，有些内容是容易被忽视的，如在生产方面，可组织统筹蒸汽利用，协调做好水、电供应；在治污方面，着力构建工业"三废"处理系统；在生活设施上，统筹兴建园区宿舍、食堂、商业等服务设施。统筹服务体系建设，既可以节约土地、资金等，又可以获得规模效应。这些服务系统的构建，政府首先要在产业园区建设规划上加以通盘考虑，同时通过政策引导，促进企业间合作完成，如"三废"处理系统主要由政府投资，统筹供汽、食堂、宿舍、商业等可由政府统一规划、企业合作投资。

第三，加大对矿山地质环境治理的支持力度。环境治理是资源型城市发展到一定阶段普遍遇到的问题。例如，乌海市矿山开采中形成的露天煤矿和灭火工程的大量出现，带来了较为严重的生态环境破坏问题。据统计，乌海市有矿山企业 122 户，其中煤矿矿山企业 51 户。在矿产开发过程中，由于剥除矿体表层土壤，造成约 86 平方千米地表土遭到破坏（包括采坑、渣堆、塌陷、排弃场），附近的土壤被污染；露天开采过程中产生的大量废石、废渣、煤矸石渣，除占用大量土地外，当硫含量达到 1%时，在一定温度、压力和通风条件下，还会诱发煤矸石山发生煤矸自燃。此外，矿山开采中废气、粉尘、废渣排放，造成大气污染，诱发酸雨，使得土壤的酸性增强，生态系统失衡，造成矿山地质环境恶化。近年来，乌海市高度重视矿山地质环境问题，坚持"在保护中开发，在开发中保护"的原则，把矿山地质环境的保护与治理作为实现矿业经济可持续发展的保障性工程和改善生态环境的民生工程。自 2005 年来乌海市不断加大投入力度，编制了《全市矿山地质环境保护与治理规划》，基本查清了全市矿山地质环境现状，确定了全市矿山地质环境治理的重点区域；按照国土资源部的有关要求，出台了《乌海市矿山地质环境治理监管实施意见》，为治理工作打下了基础；2012 年乌海市上报地质环境治理和保护项目 8 个，其中海南区 32 公里灰岩矿区地质环境恢复治理项目、乌达区三道坎砂坑地质环境恢复治理项目已在自治区立项，乌达区巴音赛沟煤矿和红旗煤矿矿山地质环境治理项目已基本完成。据国土部门测算，若彻底改变乌海市矿区地质环境面貌、恢复矿区生态环境，单靠乌海市财力难以支撑，需要自治区乃至国家进一步加大支持力度。

（三）构建区域统筹协调发展机制

西部地区的资源型城市，都试图通过承接东部地区产业转移实现转型发展，也面临行政区域内和行政区域间如何协调产业布局的问题。例如，在内蒙古自治区西部"小三角"经济区，包括乌海市与相邻的鄂尔多斯市鄂托克旗（内设蒙西和棋盘井工业园区）、阿拉善盟阿左旗（内设乌斯太工业园区），都基于丰富的煤炭和石灰石资源，形成了以煤炭、电力、化工、建材、钢铁冶金为主的特色产业体系。但是，由于"小三角"经济区在行政管理上涉及 3 个盟市级政府、5 个区县级政府和 6 个具有部分行政职能的工业园区，在利益驱动下，各行政主体各自为政，在区域内存在工业园区布局重复、产业同质、要素配置低效、资源利用难充分、环境污染控制难度较大等问题。攀枝花市、六盘水市与周边地区也遇到类似问题。为此，应当从发展规划、产业分工协同、共同市场构建、基础设施建设、环境保护联防联控、城市功能定位、社会保障覆盖等方面进行统筹规划和协调推进，并发挥好区域中心城市的功能和经济增长极的辐射带动作用。

从"被遗忘"到走入研究视域的"澳门工业":

《被遗忘的"工业起飞"——澳门工业发展史稿（1557—1941）》书评

赵新良*

摘 要：《被遗忘的"工业起飞"——澳门工业发展史稿（1557—1941）》是一部将中国传统史学与西方经济史学研究方法相结合的澳门经济史研究著作，富有开创性和启发性。该书在丰富的史料和翔实的数据基础上，对 1557—1941 年澳门工业发展和社会发展进行了深入的分析，向人们证实了澳门不仅是一座赌城，而且是一座有着自身特色工业的城市。澳门工业是中国工业的重要组成部分。本文从该书的选题视角、理论方法、史料利用等方面对其内容、特点等进行浅评。笔者认为，当前澳门学研究方兴未艾，但是澳门历史研究的深入却进入瓶颈期。该书的完成开创了澳门史研究的新领域，也指明了澳门史研究的新方向。

关键词：澳门 工业史 本土史学

在澳门四百五十余年的历史中，其经济形态在鸦片战争前以"大帆船贸易"为主要特征，在鸦片战争后则以"烟、赌"为主要特征。关于古代澳门经济史，学者较多关注葡萄牙的海上贸易。1845 年，澳门被开辟为葡萄牙管制下的自由港，与近在咫尺的香港竞争，以挽救其颓败的国际贸易。然而，由于客观条件的限制，"自由港"并未扭转澳门每况愈下的经济。于是澳葡政府转而寻求其他措施支撑日益庞大的各项开支，如赌博合法化、鸦片加工与转口贸易、苦力贸易等。鸦片战争后相当长的一段时期内，赌博、鸦片和苦力贸易成为近代澳门财政的支柱产业，以致近代以来澳门成为世人眼中的藏污纳垢之地，并因此屡遭诟病。由此引出的一个问题就是，澳门是否除了这些海上贸易和非正常商业活动外，就没有其他因素推动澳门社会、经济进步了呢？为了解答这个疑惑，澳门大学历史系汤开建教授对澳门工业发展历史这一专题展开深入研究，并完成了一部对澳门近代史研究具有奠基作用的厚重之作——《被遗忘的"工业起飞"——澳门工业发展史稿（1557—1941）》（以下简称《被遗忘的"工业起飞"》）。作者结合

---

* 赵新良，《广州大典》研究中心助理研究员。

尘封已久的大量中、葡、英等语种文献史料，系统梳理和探讨了 1941 年太平洋战争前澳门工业的门类、发展轨迹及其在澳门社会和经济发展中的重要作用。

一、《被遗忘的"工业起飞"》之全书概要

《被遗忘的"工业起飞"》全书分为五大部分。在第一部分中，作者根据澳门历史档案馆、澳门中央图书馆、葡萄牙海外历史档案馆等机构所藏的相关档案及其他文献史料，对于澳门工业研究历史进行细致的回顾，并对澳门工业发展历史进行分期。通过作者的梳理不难看出，尽管工业发展不如"大帆船贸易"和"烟、赌"给澳门城市带来的经济利益高，但是其社会价值是毋庸置疑的。澳门工业推动了澳门经济的多元发展，成为一道独特而靓丽的风景线，澳门工业史研究也因此具有了重要的意义。

第二部分"古代澳门的工业：1557—1845 年"揭示了澳门工业自 1557 年澳门开埠就已出现。此后近三百年间是澳门古代工业的发展时期，工业发展极其缓慢，见于记载者有铸炮、造船、印刷、采石四大工业门类，此外又有织造、钟表、织席、制铜、刺绣、烧灰等早期工业，尽管史料较少，语焉不详，但是足以证明澳门工业的存在。

第三部分"澳门近代工业的形成及手工业的发展：1845—1910 年"描述了在鸦片战争后，由于内外环境的影响，澳门的近代工业逐渐出现的过程。到 19 世纪 80 年代，澳门形成了以玻璃制造、缫丝、水泥、造船、制烟、印刷等近代工业和鸦片、爆竹、神香、酿酒、焙茶等近代手工业为主体的格局。然而，由于 19 世纪后期澳葡殖民当局与清政府的关系长期处于紧张对峙状态，澳葡殖民当局的主政者更多地关注是否可以从清政府手中获得更多的主权，能否占领更多的土地，并无精力对刚刚起步的澳门近代工业予以关注和支持。再加上 19 世纪中后期澳葡殖民当局醉心于推行承充专营，对近代澳门工业的发展带来巨大冲击。由于缺乏政策的扶持，在鸦片战争后长达六七十年的时间内，澳门工业虽曾有过短暂的发展，但是很快就衰落了。可以说，19 世纪澳门近代工业已经萌芽或者形成，但是由于历史和地理条件的限制，直至 20 世纪初，澳门都未能发展为一个工业城市。

第四部分"民国前期澳门工业的发展与繁荣：1911—1941 年"记述了 1910 年葡萄牙民主革命成功后，澳门社会经济出现前所未有的变化，葡萄牙政府开始重视海外殖民地的实业发展，1914 年 10 月 28 日颁布的第 985 号大总统令中规定改善原有实业之法，并新设实业之法，对海外殖民地的实业发展予以大力支持。此后的几任澳督多是改革派官员，他们均提出要发展澳门的工商业，并制定了一系列发展澳门工业的措施：一是填海造地，增造澳门的土地面积，在新填海地设立工业区，以发展工业；二是保护澳门本土工业，对澳门本土生产的工业产品，实行减免税政策，并对外来工业品提高税率；三是主办工业展览会，宣传和推广澳门的工业及工业产品，吸引各地的实业家，争取各地厂商对澳门投资并建立工厂。除此之外，加上澳门本身庞大的廉价劳动力市场及其主要投资领域投资额相对较小，当时内地政治

环境不利于发展工业，故中国内地以及香港、澳门的商人多愿将其资本投入到澳门的工业生产中。20 世纪 20 年代，澳门工业才真正走上发展与繁荣之路。其主要表现在工业门类的迅速增加。从澳门主要工业门类的统计数来看，工厂总数从 1920 年的 62 家，发展到 1932 年的 187 家[①]；工业生产总值从 1920 年的132.82 万元，增长至 1931 年的 447.62 万元。[②]这些数据反映了这一时期澳门工业发展的迅速。

第五部分"澳门工业发展的特点及影响"，作者指出，同古代工业相比，澳门近代工业特点更为明显：近代澳门工业体系是以手工生产、微型工厂群、日用品为主；资本结构以华人资本为主，外资极少参与；产品以外销为主；对中国内地依赖程度较高。澳门近代工业的影响亦较大：对于中国工业发展具有促进作用；改变澳门传统的"烟、赌"二业独大的格局，促使澳门经济多样化；伴随着工业的发展，大批工会组织出现，对于社会的稳定发展和华人社会凝聚力的增强具有重要意义；澳门工业产品行销世界，提高了澳门的知名度；更为重要的是近代的工业发展积累了人才、技术、资金等，为 20 世纪 60 年代以后的工业发展打下了良好基础。

概而言之，在《被遗忘的"工业起飞"》一书中，汤教授详细论证了澳门工业各行业发展的历史、各行业发展的大致规模；在此基础上，详细考察了工业发展与社会、经济的互动关系。

二、《被遗忘的"工业起飞"》之特点

《被遗忘的"工业起飞"》作为一部将研究视域集中于澳门本土的史学著作，对四百五十余年的澳门工业发展历史展开了分阶段的研究和论述。作者在搜集大量中、葡原始文献和档案的基础上，展开较深入细致的条分缕析，考核辨证。作者解构了澳门工业资本结构、主体工业体系、工业发展模式和澳门工业与内地的关系，作者还挖掘了许多鲜为人知的澳门工业发展史实和内容，展现了数百年来澳门工业发展概貌。除此之外，作者还明确指出了"澳门工业发展的影响"，包括澳门工业发展史在中国工业史上的地位、传统经济格局的改变、工业领导者对社会发展的影响和澳门工业对澳门声誉的提高等。从其内容来看，该书具有如下特点。

（一）研究视角的拓展性

早期的澳门历史研究存在两种倾向：重早期而轻近代，重中葡关系而轻澳门本土。1999 年龙心刚博士列出澳门回归以前 20 年内澳门历史研究中的七个重点，即关于葡人居留澳门缘由、葡人居留澳门性质、澳门主权地位、澳门贸易史、中葡关系发展对澳门的影响问题、澳门早期历史的考古问题、近代人物与澳门等。[③]如果说回归之前 20 年内地对于澳门历史研究尚处于起步阶段，那么自 20 世纪 90 年代中

---

① 参见汤开建：《被遗忘的"工业起飞"——澳门工业发展史稿（1557—1941）》，表 60，第 230 页。
② 参见汤开建：《被遗忘的"工业起飞"——澳门工业发展史稿（1557—1941）》，表 58，第 221、222 页。
③ 龙心刚：《近 20 年来澳门史研究综述》，《南京社会科学》1999 年第 2 期。

期以后，内地的澳门历史研究则有较大发展，专门史研究著作呈现"井喷"之态，如政治史①、法制史②、经济史③、社团史④、博彩史⑤、华商与华人社会史⑥、新闻史⑦、教育史⑧、城市史⑨、体育史⑩、音乐史⑪、戏曲史⑫、绘画史⑬等领域都出现一批水平非常高的学术著述。但这还远远不够，专题式研究还有很大的推进空间。汤教授呼吁：澳门历史研究须向近现代史领域拓展；须拓展专题史研究；须从新的层面拓展澳门历史与社会内在机制的研究。⑭澳门史大家金国平教授亦极力倡导展开专题研究："澳门研究领域不乏通史，尚缺专题研究。分门别类的研究为科学史学不可或缺的建筑材料，否则'空中楼阁'的出现在所难免。"⑮

澳门经济史研究的深入是推进澳门史研究的方向之一。从此前研究状况看，澳门经济史研究多集中于早期的葡萄牙海上贸易和近代博彩、鸦片、苦力贸易等特殊经济形态，而对于在经济史中占重要地位的工业史则较少提及。⑯这似乎向人们说明澳门近代并无工业发展，但《被遗忘的"工业起飞"》一书却

① 吴志良：《澳门政治制度：沿革、现状和展望》，澳门公共行政管理学会，1993；吴志良：《澳门政制》，澳门基金会，1995；吴志良、陈欣欣：《澳门政制社会研究》，澳门成人教育学会，2000；吴志良：《生存之道——论澳门政治制度与政治发展》，澳门成人教育学会，1998。后来该书又先后重版，分别为《澳门政治制度史》，上海：上海社会科学院出版社，1999；《澳门政治制度史》，广州：广东人民出版社，2010。

② 何志辉：《从殖民宪制到高度自治：澳门二百年来宪制演进述评》，澳门理工学院"一国两制"研究中心，2009；何志辉：《澳门社会的司法变迁》，澳门学者同盟，2009。

③ 顾广：《澳门经济与金融》，武汉：中国地质大学出版社，1989；黄启臣、郑炜明：《澳门经济四百年》，澳门基金会，1994；张廷茂：《明清时期澳门海上贸易》，澳门：澳亚周刊出版有限公司，2004。

④ 娄胜华：《转型时期澳门社团研究：多元社会中法团主义体制解析》，广州：广东人民出版社，2004。

⑤ 胡根：《澳门近代博彩业史》，广州：广东人民出版社，2009；胡根：《澳门早期博彩业》，香港：三联书店有限公司，2011；赵利峰：《尴尬图存——澳门博彩业的建立、兴起与发展（1847－1911）》，广州：广东人民出版社，2010；张廷茂：《完清澳门番摊赌博专营研究》，广州：暨南大学出版社，2011。

⑥ 林广志：《晚清澳门华商与华人社会研究》，暨南大学 2005 年古代史博士研究生学位论文。

⑦ 程曼丽：《〈蜜蜂华报〉研究》，澳门基金会，1998；李长森：《近代澳门外报史稿》，广州：广东人民出版社，2010；林玉凤：《澳门新闻出版四百年》，载吴志良师、金国平、汤开建主编：《澳门史新编》第四册，澳门基金会，2008。

⑧ 刘羡冰：《澳门教育史》，澳门出版协会，2007。

⑨ 黄远娜：《十九世纪澳葡政府城市的基本建设》，澳门大学 2003 年史学研究硕士学位论文；严忠明：《一个海风吹来的城市：早期澳门城市发展史研究》，广州：广东人民出版社，2006。

⑩ 关于澳门体育史之研究主要是汤开建教授之系列论文：《明清时期西洋体育在澳门的传播》，《世界汉学》2005 年第 3 期，第 148—162 页；《清中后期西洋体育在澳门的传播》，《社会科学》2005 年第 5 期，第 102—109 页；《民国时期澳门近代体育的形成与发展》，澳门《行政》杂志 2005 年第 68 期，第 491—526 页；《民国时期澳门兴起的各项体育运动》，《澳门研究》2005 年第 30 期，第 184—193 页。

⑪ 汤开建：《16 世纪中叶至 19 世纪中叶西洋音乐在澳门的传播与发展》，《学术研究》2002 年第 6 期，第 49—54 页。

⑫ 余勇：《清中后期粤剧在澳港地区的传播和发展》，《澳门历史研究》2006 年第 5 期 10 月，第 94—100 页；另外，在余勇《明清时期粤剧的起源、形成和发展》（北京：中国戏剧出版社，2009 年）一书中亦有专门章节论及澳门戏曲发展问题。

⑬ 关于澳门美术史主要参见莫小也系列论文：《澳门早期西洋美术述论》，《美术观察》2005 年第 1 期，第 81—85 页；《十九世纪澳门水彩画探微》，《艺术探索》2005 年第 2 期，第 5—9 页；《澳门美术的起源与流变》，《艺术探索》2008 年第 1 期，第 5—9 页；《澳门与早期中国外销画》，《美术观察》2010 年第 1 期；《澳门水彩画的独特历程》，《天津美术学院学报》2010 年第 1 期，第 51—54 页；等等。

⑭ 汤开建：《走出瓶颈：澳门历史研究现状与前瞻》，《澳门理工学报》（人文社会科学版）2013 年第 2 期，第 26—27 页。

⑮ 吴志良：《澳门政治制度史》，广州：广东人民出版社，2010，第 363 页。

⑯ 参见汤开建：《被遗忘的"工业起飞"——澳门工业发展史稿（1557－1941）》之《序言·学术史回顾》，第 10 页。

向研究者展现了澳门另一风貌。通过该书我们可以发现，在澳门四百五十余年的历史中，不论是以海上贸易为主要特征的古代澳门，还是备受世人指摘的以"烟、赌"为特征的近代澳门，工业始终在澳门社会经济中占有一定比重，在某些特定的时期甚至对澳门社会经济的发展和转型起了关键性作用。《被遗忘的"工业起飞"》作为一部聚焦研究澳门内部社会变迁的成功范例，对于加深近代澳门社会、经济、文化等各方面的研究具有极高的参考价值。

（二）研究理论和方法的突破性

历史研究必不能离开理论的指导。于沛称："没有理论就没有历史科学。"[1]澳门工业史研究亦是如此。但是当前实证主义、总体史观、后现代主义等史学思潮蜂拥而至，新制度史、新文化史、概念史等史学新方向席卷而来[2]，多种理论与方法的传入也给研究者造成取舍的困难。如何运用传入的史学理论和史学方法进行澳门历史研究成为摆在澳门历史研究者面前的一大问题。汤教授清晰地意识到澳门历史研究中存在的这一问题，提出在研究中既要运用西方史学理论和方法，又要避免这些理论与方法带来的弊端，他指出："澳门历史研究者要学会对史学理论、史学方法的取舍和运用。"[3]

首先，该书为制度经济史学之应用典范。在《被遗忘的"工业起飞"》一书中，作者在研究民主时期澳门工业发展时首先关注到政府政策对于工业发展的影响，如作者注意到晚清时期澳葡殖民当局对工业实行苛征及诸多限制，而到民主政府建立后，葡萄牙中央政府、澳葡殖民当局对于当时的工业发展均给予政策扶持，最明显的例子就是澳葡殖民当局制定法例以减轻和免除工商业投资者的负担。

其次，该书应用了计量史学方法，定量分析为定性分析提供了充足的证据。作为一部研究澳门工业的著作，当中必然会考虑工业的发展状况及其在澳门经济中的地位。为阐述这一问题，汤教授运用计量史学方法对澳门工业的各行业（尤其是近代澳门工业）发展进行量化统计和分析，书中仅统计表格多达62处。通过这些统计我们不难看出，晚清时期在除澳门近代工业企业之外，尚有一批对澳门社会、经济产生重大影响的传统手工业，其中以神香、爆竹、酿酒、焙茶为最。此外，根据书中统计，1867年澳门工厂数量不足50家，多从事制茶、神香、制烟等行业；到1896年，整个澳门的工厂数量增长到147家，可以看出晚清时期是澳门近代工业的形成时期，此30年间澳门工业有一定的发展；但是到1910年，澳门的工厂数量较1896年不增反减至120家，作者推测因1900年前后中葡政局的影响导致澳门工业的萎缩。[4]至民国时期，澳门工业各行业不论是工厂数量还是各行业产值都较前一时期有较大幅度增长，这是作者首次提出的论断。通过大量资料统计，汤教授将以往澳门历史研究中缺乏论据之工业史定性论断中隐含着的模糊的数量判断明晰化，从而对那些包含着模糊的数量判断的定性论断加以验证，检

① 于沛：《没有理论就没有历史科学——20世纪我国史学理论研究的回顾和思考》，《史学理论研究》2000年第3期，第5—20页。
② 汤开建：《走出瓶颈：澳门历史研究现状与前瞻》，《澳门理工学报》（人文社会科学版）2013年第2期，第26页。
③ 汤开建：《走出瓶颈：澳门历史研究现状与前瞻》，《澳门理工学报》（人文社会科学版）2013年第2期，第26页。
④ 参见汤开建：《被遗忘的"工业起飞"——澳门工业发展史稿（1557—1941）》之表1、表2，第47、49页。

验和修正了很多传统的看法，并在此基础上提出新的论断——民国时期是澳门工业的发展与繁荣时期。在此基础上，作者还通过详尽的资料列明近代澳门工业中华商资本与外商资本的数量，以及各行业从业人员的数量，并通过这些大量的统计得出以下结论：澳门传统工业的资本结构是以华人资本为主体，外资极少参与；工业体系以手工工厂、微型工厂为主体；产品以日常生活用品为主；市场以出口外销、满足海外市场需求为主。民国时期澳门工业的发展改变了传统的经济格局，使澳门走上经济多元化的道路。大量工业从业人员的出现为大批工业组织的出现奠定了基础。该书精细地勾勒出澳门社会发展的轨迹，为社会史研究提供强有力的依据。

宏观研究与微观研究的结合运用也是该书的亮点。宏观与微观的结合运用并不矛盾，反而更加相得益彰。伊格尔斯认为微观研究和宏观研究不但要共存且须互相补充。[①] 陈启能亦认为历史研究"应是微观研究和宏观研究的结合，个案分析和结构、过程分析的结合"[②]。汤教授在研究中先是注意到国际环境、经济政策等宏观因素之影响，又能分门别类地注意各行业、厂商之微观发展轨迹，这种显微镜式的剖析能更清晰地展现澳门社会经济结构及其历史发展的推动因素，将四百余年的澳门工业发展宏图完整、清晰地呈现于读者面前。

（三）史料搜集与利用的科学性

学术研究中，理论是灵魂，资料是血肉，所用理论方法是否独到和有创新性、所用资料是否丰富和准确可信也就成为判断学术研究优劣的重要标准。历史学作为一门实证科学，史料之重要性更是不言自明。没有或缺乏史料的历史研究，可谓无源之水，无本之木。梁启超在其《中国历史研究法》一书中说："史料为史之组织细胞，史料不具或不确，则无复史之可言。"[③] 著名历史学家傅斯年有言："史学就是史料学。" 从以上两位史学大家之言可以看出史料是历史研究的基石和核心，其重要性更胜于理论。曾业英教授指出，要做到历史研究符合历史事实，必须做到"论从史出"[④]。桑兵教授有言："乾嘉考据，讲究征必有信，近人治史，重视第一手资料。"[⑤] 汤教授历来强调治史者必须掌握原始、可靠的史料。在撰写《被遗忘的"工业起飞"》一书的过程中，作者认为澳门工业史研究之所以无法深入，其原因在于澳门近代工业史资料具有分散性、芜杂性、多语性等特点，致使澳门及葡萄牙档案馆等馆藏的相关资料（尤其是葡语资料）难以被发掘利用。

① 〔美〕Iggers G G 著：《二十世纪的历史学——从科学的客观性到后现代的挑战》，何兆武译，沈阳：辽宁教育出版社，2003，第 119 页。

② 陈启能：《略论微观史学》，《史学理论研究》2002 年第 1 期，第 28—29 页。

③ 梁启超：《中国历史研究法》第四章《说史料》，北京：商务印书馆，1947，第 54—55 页。

④ 曾业英：《关于历史研究的学术规范问题》，《光明日报》2001 年 4 月 17 日，http://www.gmw.cn/01gmrb/2001-04/17/GB/04%5E18754%5E0%5EGMB3-107.htm.

⑤ 桑兵：《庚子勤王与晚晴政局》，北京：北京大学出版社，2004，第 13 页。

　　基于上述认识，汤教授进行了大量的资料搜集和整理工作，许多尘封已久的档案、方志、年鉴、报刊等多种中、葡文原始资料被发掘出来，如藏于澳门中央图书馆和澳门历史档案馆中 1879 年、1885 年、1890 年、1921—1941 年等出版的 *Anuário de Macau*（《澳门年鉴》）或 *Directório de Macau*（《澳门指南》），又如澳大利亚国立图书馆所藏的 *Governo da Provincia de Macau e Timor, 1886-1887*，以及 *O Commercio e industria do cha em Macau e a lei de 27 de Dezembro de 1870*。此外，《澳门政府宪报》《香港华字日报》《大众报》《华侨报》以及英文报刊 *Macao Review*（《澳门评论》）等资料的广泛利用在本书中尚属首次。《被遗忘的"工业起飞"》一书中共征引文字史料 207 种，其中中文资料 149 种，外文史料 57 种。在大量运用中西文一手史料的基础上，作者力求论证过程证据充分，其内容具有可信性，超越了以往的"简单重复或无据之言"。

　　在澳门历史研究中，大量外文（如葡、英等语种）史料是无法绕开的，成为制约深入研究的一大障碍。汤教授曾提出：若要使得澳门历史研究继续深入下去并走向繁荣，必须组建专业的档案文献翻译机构，必须投入相当的人力、物力和财力，必须有步骤、有计划地将全球澳门史料的搜集、整理及翻译工作落到实处。[①]在澳门工业史研究中语言多样化难题同样存在，澳门的工业史资料多来自中、英、葡三种文字，而这三种文字的资料又以葡文为最多，葡文资料在整个工业史资料中至少占 60%以上。作者自称"曾一件一件翻阅、检索、辑录、翻译这些藏于故纸堆中的资料"，才保证了该书的完成。

　　史学研究中仅仅搜集资料是不够的，更重要的是对史料的组织与利用。王国维在 20 世纪初提出对当代中国史学影响深远的"二重证据法"。[②]陈寅恪曾概括指出王国维的史学方法是以下三条：①取地下之实物与纸上遗文互相释证；②取异族之故书与吾国之旧籍互相补证；③取外来之观念与固有之材料互相参证。[③]汤开建教授在《被遗忘的"工业起飞"》一书中运用中西史料互证之法对澳门工业发展史料进行甄别和利用，做到"考而后信"。如何大章、缪鸿基合著之《澳门地理》中关于澳门工业史的内容丰富，对 20 世纪初澳门工业有详细的介绍，被视为最直接的第一手资料。但是由于当时印刷条件的限制，该书的印刷质量粗糙，内中文字错讹甚多，以致带来严重错误。最为明显的例子为书中在介绍 20 世纪 20 年代澳门著名火柴制造厂昌明号营业额时称，"昌明号创辑（建）于民国十二年，每年营业值五千万元"[④]。而据 1932 年出版的《澳门的实业》记载，该年全澳门火柴出口值总计 90 万元，证明前之"五千万元"为"五十万元"之误。[⑤]而今之学者蔡佩玲所著《澳门火柴业》一书则称 1931 年时澳门火柴工人为 4900 多人，外销火柴金额为 3000 万港元以上。[⑥]作者根据澳葡政府统计资料，1930 年

① 汤开建：《走出瓶颈：澳门历史研究现状与前瞻》，《澳门理工学报》（人文社会科学版）2013 年第 2 期，第 30 页。

② 王国维：《古史新证——王国维最后的讲义》，北京：清华大学出版社，1994，第 2 页。

③ 陈寅恪：《王静安先生遗书序》，《王国维遗书》第 1 册，上海：上海古籍出版社，1983，第 2 页。

④ 何大章、缪鸿基：《澳门地理》第五章第三节《工业》，广州：广东省立文理学院，1946，第 71—74 页。

⑤ 汤开建：《被遗忘的"工业起飞"——澳门工业发展史稿（1557—1941）》，第 136 页。

⑥ 蔡佩玲：《澳门火柴业》，香港：三联书店（香港）有限公司、澳门基金会联合出版，2010，第 37 页。

澳门火柴出口值为 724 767 元，1932 年出口值为 90 000 元，到 1950 年火柴出口值才达到 5 490 070 元。[1] 据此推翻《澳门地理》与《澳门火柴业》二书之错讹。这样的例子在该书中并不少见。

该书使用西文资料的比例较高，其中还有很多葡萄牙学者未能发现的外文尘封史料。新史料的利用，不仅"填补了历史拼图的缺失，刷新或回复了历史图像"[2]，而且对于澳门历史研究中原有问题的解决及新研究视角的提出提供了可能。

（四）学术规范的典范性

注释严格是一部高水平的学术著作所必须具备的。作者在《被遗忘的"工业起飞"》一书中力求论据出自原始的档案、文献或报刊等资料，力求书中每个论据都有出处，都有注释，其形式则严格按照国际通行的学术要求一一标明，每条注释都清楚的列出其出处、页码以及版本信息等。这反映出作者学术态度之严谨。

真正的学术规范不仅是指注释的完备，更重要的是在于尊重前人的研究成果，尊重学术的积累。作者在该书《绪论》中对澳门工业史研究进行详尽的回顾与评论，客观公正的评价了他人在澳门工业史研究中的成果和贡献，又尖锐地指出澳门工业史研究中存在的"资料、内容不能创新，转引不加注释，对于书中错讹不加考证"等学术失范行为。[3]汤教授身体力行试图扭转学术研究中的这种不正之风，为后来者树立治澳门史之典范。

三、从《被遗忘的"工业起飞"》看工业发展与澳门经济、社会的关系

澳门经济史是澳门历史研究中最为引人注目的方向之一。而澳门工业在澳门经济发展中占有重要地位，甚至在某些时候对于澳门社会经济的发展和转型起着关键性作用。[4]《被遗忘的"工业起飞"》一书在研究澳门工业发展的基础上，进一步勾勒澳门经济、社会的发展轨迹，向读者展示了一幅架构宏富的历史场景。

（一）从经济发展来看，澳门工业的发展打破传统的"烟、赌"二业独大的经济格局，使澳门经济走向多样化

从 19 世纪中期开始，由于澳葡政府实行承充专营制度，博彩与鸦片均进入垄断性的专营中，并成为澳葡殖民当局的主要财政来源。晚清时期，在 1867—1911 年的澳葡殖民当局财政总收入中，博彩与鸦片

---

[1] 汤开建：《被遗忘的"工业起飞"——澳门工业发展史稿（1557—1941）》，第 170、171 页。

[2] 桑兵：《庚子勤王与晚清政局》，北京：北京大学出版社，2004，第 10 页。

[3] 汤开建：《被遗忘的"工业起飞"——澳门工业发展史稿（1557—1941）》，第 11—17 页。

[4] 汤开建：《被遗忘的"工业起飞"——澳门工业发展史稿（1557—1941）》，第 10—11 页。

收入均占到殖民当局总收入的 50%以上，最低年份为 1894—1895 年度，为 51%，最高年份为 1905—
1906 年度，达 81%。可知，"烟、赌"二业独大成为晚清时期澳门经济发展格局的特征。故时人评论澳
门："工厂则绝无仅有，所以维持市面者，厥惟烟赌。"[①]20 世纪 20 年代开始，澳门工业走向繁荣，原
有经济格局得到改变。

首先，从工厂（含手工工厂）数量来看，其数量之多，分布密度之高，为澳门历史上不曾出现之景
象。19 世纪中后期，澳门到处是赌场和鸦片馆，至 20 世纪则工厂林立。据 1896 年的统计，澳门的工厂
有 726 间"中式工业及生产场所"，除去路氹 122 间，则澳门半岛建有 604 间工厂及作坊；据马楂度
（Álvaro de Melo Machado）总督 1913 年的数据，全澳则有近 500 间大小工厂。随着 20 世纪 20 年代澳门
工业的繁荣，澳门半岛上的工厂大大增多，10 项传统工业的工厂数由 1920 年的 62 家增至 187 家。据汤
教授估计，如果将火柴、纺织、染布、电镀、铸造、金属制品、蚊香、制楜等业算入在内，到 1932 年
时，澳门半岛上工厂应在 1200 家左右（含家庭式作坊）。[②]在不足 3.5 平方公里的区域内，容纳了 1200
家左右大小工厂，平均每平方公里有 340 余家工厂。由此可见澳门半岛 20 世纪 30 年代工厂数量之多、
工业分布密集度之大。

其次，从工业从业人数来看，各行业吸纳之工人数量在澳门总人口中占有相当大的比例。1896
年公布的澳门工人总数为 4883 人，1931 年澳门 13 个主要工业门类的从业人数为 7789 人，此外，还
有从事其他行业的工人。作者推算这一时期澳门工厂从业人员总数应在 1.3 万人以上，如再算上爆
竹、神香、火柴等工业中接活回家加工作业的 3 万多妇女和儿童，则 20 世纪 30 年代澳门工业从业人
员应在 4.3 万余人。若以 1927 年澳门人口统计总数计，全澳为 157 170 人，计澳门工业人口占全澳人
口总数的 27%。

最后，从工业生产总值及工业品出口值可以看出工业在澳门经济中的重要地位。以澳门工业门类
的数据为例，1930—1932 年各行业平均生产总值数总计为 1095 万元，1932 年 10 个主要工业门类出
口总值为 925 万元，占当时澳门出口总值的 63%。这反映澳门工业在澳门的社会经济总量中举足轻重
的地位。

从上述三个方面可以看出，到 20 世纪 30 年代，在澳门经济发展的总量中，工业所产生的经济价值
在澳门经济发展的总量中比重日益加大。可以说，澳门工业的发展与繁荣是澳门经济多元化的表现，对
于澳门经济的发展起到了巨大的促进作用。

---

① 《陈希豪之澳门谈》，《申报》1932 年 2 月 9 日第 9 版，转引自汤开建：《被遗忘的"工业起飞"——澳门工业发展史稿（1557—
1941）》，第 10 页。

② 汤开建：《被遗忘的"工业起飞"——澳门工业发展史稿（1557—1941）》，第 230 页。

（二）从社会发展方面来看，澳门工业的发展对于澳门社会的稳定及华人群体凝聚力的产生具有十分重要的作用

首先，大批工人组织的成立促使近代澳门社会的稳定。自 19 世纪中期开始，先后成立的工业组织有上架行会馆（1840 年）、工羡行会馆（1854 年）、泥水行会馆（1855 年）、同益堂（1898 年）、永胜堂（木箱业）、咸鱼栏行（咸鱼业）、广结鎯木行（大木业）等。民国初年又建立华商总会、首饰行、建筑行及茶居西友行。20 世纪 20 年代以后，随着澳门工业的发展与繁荣，澳门的工业组织数量更多。据 1922 年 5 月 30 日《澳门宪报》记载，殖民当局颁布法令将"所有在澳已成立的工会并未经政府核准立案者，着即一律关闭解散"，这次被解散的工会即达 68 家之多。而该年澳葡殖民当局新批准的工会有 12 家：草履工会、造酒工会、建筑工人公会、泥工工会、油漆工会、爆竹工会、罐头工会、香业工会、生肉工会、排字工会、宰猪工会及均益酱园工会。[①]这一时期澳门的工业组织超过100 家。[②]据此可知，20 世纪 20 年代澳门工业组织数量之多。

澳门工业的大发展吸纳了数量庞大的工业从业人员，新的社会阶层的出现推动了澳门社会结构的变化。各行业从业人员为维护自己所属阶层的利益组成为数众多的利益共同体，即为不同的工业组织。当这些工业组织之间，或与其他社会力量之间的力量得以控制和平衡时，澳门社会就趋于稳定。民国前期，不管是中国内地的社会动荡还是葡萄牙的国内政局变乱，均没有对澳门社会产生多大的影响，这种情况应该与澳门社会内部形成的各种职业团体有重要关系。

其次，随着工业的发展与繁荣，澳门的经济结构发生变化，工业在澳门社会经济中所占比重日渐增大，工业对澳门社会的影响力亦随之增大。因此，一批工厂主逐渐成为澳门华人社会的领袖。1874—1920 年的 40 余年间，澳门工业界共有 52 人担任镜湖医院总理之职，来自大木、制烟、爆竹、神香、水泥、建筑、染布、罐头、食品、面粉等 10 个行业。[③]可以看出，19 世纪末到 20 世纪初，工业界的厂商在澳门社会中具有崇高的地位。

继镜湖医院之后的又一澳门华商社团澳门商会（后更名为中华总商会）于 1913 年成立。该会在澳门社会之影响，更甚于镜湖医院，其值理均为澳门华人社会的领袖。20 世纪初，澳门工业界企业家不少都名列其中，如赵立夫、陈茂昆、黄涉川、梁镜波、李旭轩、高可宁、刘耀墀、董庆堂、沈香林等[④]。这些工业界的资本家进入澳门华人社会的领袖阶层，凝聚了澳门华人的力量。

---

① 《澳门政府宪报》1922 年 5 月 27 日，第 21 号。

② 汤开建：《被遗忘的"工业起飞"——澳门工业发展史稿（1557—1941）》，第 232 页。

③ 镜湖医院：《镜湖医院征信录》，广州：大同印务局，1922。

④ 《澳门中华总商会成立七十周年纪念特刊》之《澳门中华总商会历届值理、理事、监事、会董名表（1913—1983）》，1984。

最后，20 世纪澳门妇女解放运动的发展与工业的发展有密切关系。澳门工业中，手工业生产占据主导地位，这一类制造工业尤其适宜妇女工作，如纺织、神香、爆竹、火柴等。近代澳门工业的发展使得澳门大批妇女走出家庭从事各种工业生产。1896 年全澳工业从业人员总数为 4883 人，其中女工数量为 680 人，占全部工人的 14%；1921 年，全澳从业工人总数为 2711 人，其中女工数量为 926 人，占全部工人数量的 34%；1922 年全澳从业工人总数为 3497 人，其中女工数量为 1239 人，占全部工人数量的 35%；到 1931 年时全澳从业工人总数为 5188 人，其中女工数量为 3325 人，女工占全澳从业工人总数的 64%。[1]从女工在澳门从业工人总量中的比例变化可以看出，在 20 世纪 20 年代后，妇女大量进入工厂工作。不仅如此，还出现献身澳门妇运、致力于提高自身地位的杰出女性，如出生于 1907 年的曾枝西，在 1935 年就组织了具有相当规模的"妇女救助社"。该社以全新织造厂女工为主体，开展妇女运动，成绩显著。澳门工业的发展促使当时的妇女从家庭走向工厂，且深入参与到社会运动中，这对于澳门社会的发展起着十分重要的推动作用。

根据前述内容可知，澳门工业发展对于澳门经济的重要性不言而喻。此外，工业发展不仅成为澳葡殖民当局财政收入的重要来源，还吸纳大量劳动力，促使澳门社会结构的稳定。

四、由《被遗忘的"工业起飞"》引发的思考

在澳门历史研究中，经济史研究最为薄弱。以往研究中学者较多关注古代澳门海上贸易史和近代博彩、鸦片与苦力贸易史。这对于澳门来说是一种历史的偏见。在海上贸易和博彩、鸦片与苦力贸易等经济形态以外，1941 年以前的澳门工业亦为澳门经济的重要支撑。但是时至今日，除汤开建教授新著《被遗忘的"工业起飞"——澳门工业发展史稿（1557—1941）》外，尚没有一部专著研究澳门本土工业。即使偶有只言片语涉及澳门工业，也因史料匮乏而不能为人信服。《被遗忘的"工业起飞"》是第一部关于澳门工业发展史的高水平专著，作者在翔实资料的基础上，严密地论证了 1941 年太平洋战争爆发前澳门工业的发展历程，向读者展现出一幅完整、清晰的工业发展图景。不仅如此，作者还在书中明确了近 400 年澳门工业发展史在中国工业史、澳门历史中的重要地位，纠正了以往人们对澳门的偏见。可以说，《被遗忘的"工业起飞"》一书的出版，对于推动澳门学学科向纵深发展起到了重要的推动作用，促使研究者聚焦澳门内部社会变迁，这是建立澳门本土历史话语体系的题中之意。

但是，由于传统的澳门历史研究多围绕中葡主权、治权而展开，澳门历史研究的核心内容就长期受限而无法转向本地社会内部演进的研究，无法确立"以澳门本身为主体的研究路径"。[2]近年来这种状况

---

① 〔葡〕古万年、戴敏丽：《澳门及其人口演变五百年（1500—2000）：人口、社会及经济探讨》，澳门统计暨普查司，1998，第398—401页。
② 吴志良：《澳门历史话语权的回归》，《澳门理工学报》2013年第2期，第21页。

在一定程度上得到改变，出现如吴志良、何志辉、赵利峰、胡根、张廷茂等一批着眼于澳门社会内部演进研究的学者。但由于史料藏地分散，且语种众多，目前可以利用的史料还只是很少的一部分，这是当前澳门历史研究之"瓶颈"，但同时也为从更宽广的研究视域对澳门历史进行更深入的研究提供了可能性，《被遗忘的"工业起飞"》一书的完成就是鲜明的例证。

征 稿 启 事

　　一、《产业与科技史研究》(英文名：*Journal of Industrial & Technology History*)由科学出版社历史分社和中国科学技术史学会科技与经济社会史专业委员会共同创办，科学出版社出版。本刊暂拟半年刊，分别于每年 3 月和 9 月出版。首刊于 2017 年 3 月发行，现特向学界征求优质稿件，本征稿启事长期有效。

　　二、本刊是发表产业与科技史研究成果的专业性学术辑刊。产业与科技史研究主要以中国由传统社会向现代社会转型过程中，各实业部门的发展为研究对象，以探寻中国经济发展特有之历史基因、总结经验教训、揭示历史规律为宗旨，努力尝试结合历史学、经济学等多学科的研究方法，揭示中国产业发展的历史经验和发展脉络，为当下中国产业发展提供有益的参考。本刊下设理论探讨、学术争鸣、产业发展、区域产业、量化产业、国际比较、产业与科技、案例研究、史料发掘、口述访谈、学术动态等栏目，以期推动中国产业史研究在长时段下不同方法、不同视角、不同观点的深入对话与交流，搭建产学研各抒己见、平等讨论、共同推动中国产业发展的学术交流平台。

　　三、本刊为中文刊，欢迎海内外学者及各界人士赐稿。来稿须为首次发表（已在网络上发表的文章视同已出版），并请遵循国家有关著作权的法律规定，遵守学术规范。每人每期投稿以一篇为限。

　　四、来稿请以简体中文为准（繁体中文请自行转换字码），并附中英文题名、中英文摘要各 300 字左右、中英文关键词各 5 个。稿件篇幅以 15 000—20 000 字（含注释、参考资料）为宜，特约稿件亦将按此原则酌情处理。

　　五、来稿请按本刊撰稿体例撰写，引用文献资料，请选择权威版本并准确校对原文，注明资料来源。与文稿相关的图片一律采用正文附件方式发送原图（300dpi 以上的清晰大图，jpg 格式），并在正文相关位置标明，图片授权由作者自行负责。

　　六、本刊采取双向匿名审稿制。文章选用不拘学历资历，不限学科选题，唯学术水平与学术价值是举。来稿经初审通过后，将送请两名专家学者评审。本刊对来稿有删改权，如有不愿删改者，请于来稿中注明；编辑部在收到来稿 3 个月内发出录用通知，未有通知者可自行处理。

　　七、本刊不负责来稿内容的著作权问题。来稿请勿发生侵害第三人权利之事，如有抄袭、重制等侵权行为，概由投稿者负担法律责任，与本刊无关。

　　八、本刊发表之文字（包括纸本、网络和磁盘等形式），任何人翻印、转载、翻译等均须事先征得本刊同意。来稿若仅同意以纸本形式发表，请特别注明，未注明者视同已同意。

　　九、来稿请注明作者姓名、服务机构、职称（学历）、通讯地址、邮政编码、电子邮箱、电话或传真号码等信息。本刊依照相关规定支付薄酬，并于出版后赠送当期《产业与科技史研究》两册。

通讯地址：北京市东城区东黄城根北街 16 号 科学出版社历史分社《产业与科技史研究》编辑部

邮政编码：100717

电　话：0086-10-64011837（王　媛）

　　　　0086-10-64005207（李春伶）

电子邮箱：chanyeshi@126.com

征订须知

每期定价：88 元人民币

订购电话：0086-10-64034541，64011837

购书款汇入处

账户名：中国科技出版传媒股份有限公司

账号：7112 6101 8260 0024 615

开户行：中信银行北京中粮广场支行

JOURNAL OF INDUSTRIAL & TECHNOLOGY HISTORY

No.1, 2016

MAIN ABSTRACTS

Houma Foundry Sites and Bronze Industry of State Jin   **Su Rongyu**

Abstract: This paper studies on the Houma Foundry sites, their contents and context under the political condition of State Jin in the transition period between the Spring and Autumn to the Warring States period, around the fifth century BCE. Based on the objects unearthed at the sites, the paper points out the foundry used to cast bronzes in commercial propose, especially bronze implements, coins, as well as commodities like buckles. The output had been large, with perfect techniques, wide spread, and holding good economic efficiency. This paper re-dates the sites according to the homogeneity of casting debris and political volatility, and suggests the foundry maintained around a century, and its prosperous time might around sixty years. Combining the bronzes unearthed at tomb M251 in Taiyuan, said for Zhao Jianzi, the paper therefore suggests if the owner of the foundry was not Zhao, he should be a manager for a long time. Certainly, Zhi and Wei were also possibly sometime before and after Zhao.

Key Words: bronze industry; Houma foundry sites; State Jin; San Jin

The Impact of Khoptan Three Traditional Technology Industries on Consumer Goods Market of the Northern Song Dynasty   **Lü Bianting, Li Mengjun, Ma Qingqing**

Abstract: Khoptan was an important tributary state to the Northern Song Dynasty. Due to the unique resources, Khoptan developed three traditional industries with local characteristics such as bead jade processing, weaving and pharmaceutical producing. The products of jade, textile and drug had been very popular in the market after entering the Northern Song Dynasty. On one hand, these commodities flourished the economy of the Northern Song Dynasty; on the other hand, it led to the luxury consumption overheated, which had a negative impact on consumer goods market of the Northern Song Dynasty.

Key Words: Khotan; bead jade processing; weaving; pharmaceutical production; impact

Development of China's Bicycle Industry: 1949-1990   Guan Quan

Abstract: Through investigating the development of China's bicycle industry (1949-1990), this paper hopes to achieve the following two objectives. Firstly, the paper hopes to put forward and verify several viewpoints. (1) During the planned economy period, each firm in an industry was not exactly the same. That said, they were not completely homogeneous. There were differences between them. (2) Differences between firms were not static, and changed over time. Status of firms were up and down, and some firms grow up, some declined, even perished. (3) There were leading firms in every industry, and they played an active role in the development of industries. Secondly, the paper tries to analyze the internal reasons for the differences between firms from the aspects of technological progress and enterprise education. The paper finds that although industrial development in the planned economy period was mainly "extensive growth" (expansion of quantity and scale), there was also part "intensive growth" (quality progress). Although the planned economy lacked competition mechanism generally, the paper cannot deny there were still some competitive factors. These factors supported the development of firms, especially the leading firms. However, firms gave more emphasis on coordination at that time. It had two sides as well as the competition mechanism: not only it promoted the development of firms, but also hindered firms' development.

Key Words: extensive growth; intensive growth; principal component analysis technological progress; enterprise education

China's Hand-Rolled Cigarette Industry in 1930s   Huangfu Qiushi

Abstract: During the economic crisis in China in 1930s, due to the great decline of purchasing power, cheap cigarettes had became preferred by consumers. Under the heavy burden of cigarette tax, the machine-made cigarettes cannot meet the demands for cheap cigarettes. The cigarette hand rollers took advantage of the duty-free policy and boomed their business by fulfilling the market vacuum. With the purpose of preserving the cigarette consolidated tax revenue, the Nationalist Government reinforced the control over hand-rolled cigarette industry in many aspects, such as product appearance, raw material, equipment, distribution scope and guild, in close corporation with mechanized cigarette companies. In consideration of stabilizing social order, however, the Nationalist Government reduced the number of hand rollers by stages, instead of prohibiting all of them immediately. Under the pull of market demand, thousands of hand rollers evaded the regulations of government, continuing to provide numerous cheap cigarettes to the market in this primitive way, taking advantage of lower costs of raw materials, production and distribution.

Key Words: hand-rolled cigarette industry; economic crisis; Nationalist Government

Modern China's Efforts and Predicaments in Fostering Automobile Industry: Case of China Automotive Company
Yan Peng

Abstract: With the purpose of developing China's economy and military strength before the anti-Japanese war, the government established the privileged China Automotive Company for the prosperity of automobile industry. China Automotive Company was a Sino-Foreign joint venture engaged in assembling imported components in its initial development stage. During the anti-Japanese war, China Automotive Company was directed by the market because of the government's lack of concrete policies. Wartime needs helped China Automotive Company survive and strengthened its component manufacturing ability, but it still couldnot produce automobiles. After the war, China Automotive Company abandoned the purpose of producing automobiles due to market needs and official policies. There was some tensions between developing countries' industrial policies and market needs, so industrial policies should try to drive market needs rather than absolutely comply with them.

Key Words: industrial policy; automobile industry; new industry; China Automotive Company

Study on the Development Strategy of Shale Gas in the United States
Lin Jue

Abstract: In this paper, the author studied the background, content, implementation and effect of the development strategy of shale gas in the United States. the author believes that "shale gas revolution" occurred first in the United States, because it has the three basic conditions: in-depth scientific research and technological breakthroughs, government policies, energy prices rising. The development of shale gas in U.S. gives China some inspiration. In addition to develop wind energy, solar energy and other renewable energy sources, China should vigorously increase the natural gas in the proportion of fossil fuels to replace coal. the author recommends that the government should have finance to support the technology research and development projects in shale gas; to encourage foreign investors to mining technology by way of convert into shares technology; to attract foreign investors to invest in China in terms of tax incentives. Government should do coordination and service work in convert to alternative energy sources and network, and give certain subsidies to the enterprise for the resulting cost of corporate.

Key Words: shale gas development strategy; the United States; world oil and gas

Shibuzawa Eichi's Activities in Japan's Economic Expansion in China
Zhou Jian

Abstract： This paper explores the shipping market situation of Nissin, Toakogyo LTD and Chugoku Kogyo Co., LTD., further discusses Shibuzawa Eichi personal involvements in the creation of these enterprises and his leading role played in the process of Japanese enterprises getting into the main industries of China. The author hopes that the empirical investigation and analysis of this paper can provide a reference for the exploration and interpretation of Japanese economic expansion and plunder in China.

Key Words: Shibuzawa Eichi; economic expansion; policy recommendation; business activities

Protection and Reuse of Industrial Heritages of Moganshan Road in Shanghai

Zhang Xiuli, Dai Sitong

Abstract: Moganshan Road is located in south of Suzhou Creek, Putuo District. It originated in the cross-border road construction of foreigners, and rose in the boom of foreigners' investing and setting up factories after the Sino-Japanese War of 1894-1895. It benefited from the convenint water transport of Suzhou Creek and cheap land prices in Huxi District. The enterprises in Moganshan Road were mostly in textile industry and flour industry. Moganshan Road Industrial Area is an important part of Huxi Industrial Area before the founding of the PRC, and is strengthened after 1949. As the industrial structure adjustment in Shanghai after the reform and opening-up, a large number of enterprises began to depart Moganshan Road, leaving many industrial heritages. These industrial heritages gradually became cultural and creative parks after 2000. It has made remarkable achievements, while there have been some problems in this process. Based on the successful cases of foreign countries, this paper analyzes the historical evolution and reuse path of the industrial heritages of Moganshan Road, which will provide reference for the protection and reuse of industrial heritages in Huxi Industrial Area.

Key Words: Moganshan Road; industrial heritage; M50; industrial layout

A Review of the Research on Contemporary Chinese Industry   Guo Xuhong

Abstract: The paper makes biblio-metrological analysis and theme research about contemporary China's industrial problems, taking 56 825 literature organized in CNKI academic database as research object. The biblio-metrological analysis shows that the research of industrial problems has presented periodical characteristics since the reform and opening-up policy, and a large number of literature researches mainly concentrates after 2001, and the research method bases on empirical analysis; the industrial problems research does not get increasing attention from domestic mainstream academia, and there are a few of inter-disciplinary researches. The theme research finds out that the main content of industrial research includes primary industry, secondary industry, tertiary industry and related research of industrial structure. The emphasis will transform from the research concentrated mainly on industry to the developmental research on industrial structure transition and integration.

Key Words: contemporary China; industrial problems; biblio-metrological analysis; theme research

Research on the Transformation and Development of Resource Based Cities Guided by the Concept of Circular Economy   Zheng Yougui, Wu Li, Wang Ruifang, Wang Lei

Abstract: Based on the research of the Wuhai(Inner Mongolia Autonomous Region), Panzhihua (Sichuan) and Liupanshui (Guizhou) in 2015, this paper points out that western resource type cities need to update the innovative ideas and improvement of policies, to promote green development, circular economy development, low carbon development in the process of accepting industrial transfer and promoting transformation of development. In the renewal of ideas and thought innovation, western resource based cities should get rid of the misunderstanding of the non pure resources, overcome the blindness disorder to undertake the industrial transfer of the eastern region. Guided by the concept of circular economy, resource based cities should build the recycling industry system as the direction of industrial distribution. In the improvement of the policy, it should increase the implementation of financial transfer payments to the resource exhausted city, format the price mechanism starting from the circulation system of industry and sustainable development, and support the coordination mechanism of regional planning policies.

Key Words: resource based cities; transformation and development; accepting industrial transfer; idea renovation; policy improvement

Book Review: *The forgotten industry of Macau: Research About the Industrial Development of Macau During 1557-1941*   Zhao XinLiang

Abstract: *The Forgotten industry of Macau: Research About the Industrial Development of Macau During 1557-1941* is an enlightening monograph that combines the methods of western economic history and traditional historiography. It performs its analysis by combining the ample historical materials and large numbers of useful data. Professor Tang Kaijian analyzes deeply that the development course of Macau's industry which had its own path, and Macau's industry improved China's industry. This paper shows the special visual angle of selecting this topic, the new theoretical approaches and the documents and historical data. This paper has done some comments for the details and features of the book. This paper believes that the book would open a new field in Macau historical research.

Key Words: Macau; industrial history of Macau; local history